国家社科基金
后期资助项目

日本"北方领土"问题政策研究

A Study of Japan's Policy on the "Northern Territories" Dispute

李 凡 ◎ 著

国家社科基金后期资助项目
出版说明

后期资助项目是国家社科基金设立的一类重要项目，旨在鼓励广大社科研究者潜心治学，支持基础研究多出优秀成果。它是经过严格评审，从接近完成的科研成果中遴选立项的。为扩大后期资助项目的影响，更好地推动学术发展，促进成果转化，全国哲学社会科学规划办公室按照"统一设计、统一标识、统一版式、形成系列"的总体要求，组织出版国家社科基金后期资助项目成果。

全国哲学社会科学规划办公室

目 录

绪 论 ··· 1

第一章 战前日苏两国对"北方领土"的争夺 ························· 15
 一、日俄两国最初国界线的划定 ··· 15
 二、日本出兵改变两国界线划定 ··· 29
 三、苏联出兵改变两国界线划定 ··· 39

第二章 国际"冷战"与"北方领土"问题 ····························· 48
 一、战时美国对苏联领土要求的承诺 ···································· 48
 二、战后美国否认对苏联领土要求的承诺 ····························· 54
 三、《旧金山对日媾和条约》与"北方领土"问题 ·················· 64
 四、美国与日苏复交谈判 ··· 76
 五、战后初期苏联对日领土问题政策 ···································· 87

第三章 战后初期日本政府制定"北方领土"问题政策 ············ 102
 一、吉田茂内阁制定"北方领土"问题政策 ·························· 102
 二、鸠山一郎内阁制定"北方领土"问题政策 ······················· 118

第四章 日苏恢复邦交谈判与"北方领土"问题 ···················· 127
 一、日本暗示"两岛返还"交涉对策 ··································· 127
 二、日本提出"四岛返还"交涉对策 ··································· 140
 三、重光外相主张妥协对策 ·· 149

四、搁置领土问题及《日苏联合宣言》的签订 ………………… 162

第五章　日本对苏"政经不可分"领土政策 ………………… 184
  一、苏联对返还领土的新条件 …………………………………… 184
  二、日苏两国有关领土问题"存无"的争论 …………………… 192
  三、田中角荣访苏与"政经不可分"领土政策 ………………… 201
  四、苏联再度否认"北方领土"问题存在 ……………………… 213
  五、"政经不可分"政策下的日苏渔业关系 …………………… 222

第六章　日本对俄"扩大均衡"领土政策 …………………… 229
  一、"新思维"外交与"北方领土"问题 ………………………… 229
  二、日本对俄"扩大均衡"领土政策 …………………………… 239
  三、两国为戈尔巴乔夫访日作准备 ……………………………… 251
  四、两国就解决"北方领土"问题的各种主张 ………………… 261
  五、戈尔巴乔夫访问日本 ………………………………………… 277

第七章　日本对俄"多层次接触"领土政策 ………………… 289
  一、"双头政治"时期日本对叶利钦政府的政策 ……………… 289
  二、叶利钦推迟访问日本 ………………………………………… 299
  三、日俄东京宣言 ………………………………………………… 313
  四、日本对俄"多层次接触"领土政策 ………………………… 321
  五、日本为"2000年结束前解决领土问题"目标努力 ………… 339

第八章　日本对俄"阶段性解决论"领土政策 ……………… 351
  一、日本提出对俄"阶段性解决论"领土政策 ………………… 351
  二、伊尔库茨克会谈 ……………………………………………… 358
  三、小泉内阁的"日俄共同行动"领土政策 …………………… 362
  四、麻生外相有关"平分北方四岛"言论 ……………………… 373
  五、有关"北方领土"问题现状 ………………………………… 377

第九章　对有关"北方领土"问题的认识 …………… 387
　一、日本学者对"北方领土"问题的认识 …………… 387
　二、对有关"北方领土"问题的认识 …………………… 397

参考书目 ………………………………………………… 419

后　记 …………………………………………………… 425

日本关于"北方领土"略图

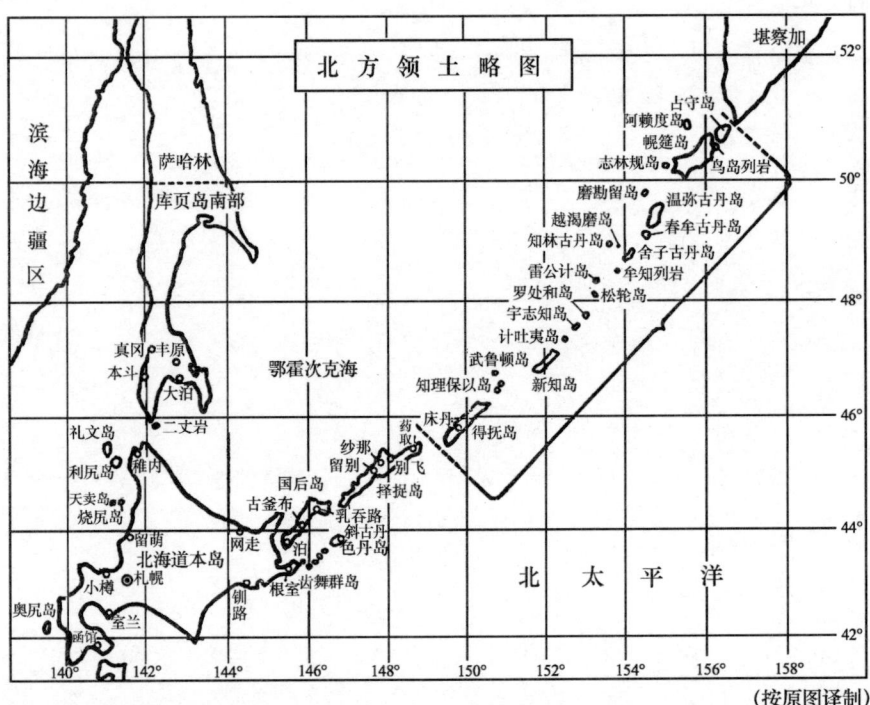

（按原图译制）

说明：本地图引自〔日〕吉田嗣延等：《日本北方领土》，吉林师范大学外国问题研究所日本研究室编译，上海，上海译文出版社，1978年。此处个别地名的用字作了繁转简处理，特此说明。

绪　论

领土是构成主权国家的基本要素之一，主权国家为捍卫自己的领土不可分割而展开的斗争，可以说随着主权国家的产生就从来没有停止过。国家与国家之间有关领土纠纷问题出现的原因、争夺的方式各种各样，但是从现代意义上的国家与国家之间有关领土纠纷问题出现的原因及争论内容看，主要是历史原因、现实原因及民族心理因素等几大方面。如从现实原因看，可以进一步看出，这其中还包括国内因素与国外因素，并涉及政治、经济、军事等方面问题。我们论述日本政府对"北方领土"问题的政策，首先要清楚"北方领土"问题的形成原因及过程。从历史发展上看，在近代资本主义国家发展过程中，日俄两国都属于后起的资本主义国家，也就是说在英法等老牌资本主义国家发展到一定程度时，日俄两国才开始走上资本主义发展道路。日俄两国在开始走上资本主义发展道路的初期阶段，分别经过了1861年俄国农奴制改革和1868年日本明治维新改革，这种由务实或者说是开明的君主，面对现实落后局面被迫实施的国内改革，很大程度上保留了封建主义残余，造成了两国在发展资本主义商品经济过程中相对迟缓，商品缺少竞争力。为了弥补本国商品经济发展迟缓及缺少竞争力的不足，日俄两国都采取了以武力开拓商品市场的手段，用武力向周边弱小国家不停地进行扩张，建立自己的势力范围及统治殖民地，用强迫方式迫使那里的人民接受自己的商品，掠夺那里的各种自然资源，甚至强迫受侵略国家人民接受其殖民统治。这就是日俄两国的近代资本主义发展历史历程。

日俄两国在向周边国家和地区进行扩张的过程中，很快在千岛群岛及库页岛地区形成争夺态势。这里特别应该指出库页岛问题，库页岛原本属于中国领土，中国唐朝时期就在此设置行政机构进行统一管理，此后各个朝代政府也皆在此设置行政机构进行管理。日俄两国趁中国清朝政府统治出现危机时，分别从南北两个方向侵占了中国领土库页岛地区，并且都宣称自己"发现"了库页岛。历史上日俄两国所实施的对外扩张政策，造成两国在历史上就存在所谓领土纠纷问题，这也是第二次世界大战后两国有关领土纠纷问题形成的历史原因。日本与苏联（俄罗斯）在"二战"后有关领土问题的争论中，都不断援引历史上有关领土问题的条约来为自己的主张辩护。

我们应该首先认识到，第二次世界大战后有关"北方领土"问题形成的最根本原因，是日本发动对外侵略战争，如果没有日本法西斯势力发动的对外侵略战争，也就不可能出现所谓的日苏两国之间领土纠纷问题。1941年12月日本发动太平洋战争后，美国方面为打败日本法西斯势力，对苏政策的核心内容就是设法使苏联尽快放弃对日本的中立政策，直接参加反法西斯同盟国方面的对日作战，最终许诺有关领土换取苏联参加对日作战。在这方面，苏联于1943年11月的德黑兰会议时就已经许诺参加对日作战，但实际上是苏联没有能力进行两面作战而采取的拖延对策。1945年2月雅尔塔会议期间，第二次世界大战整体战场形势已经十分明显地有利于反法西斯联盟方面，美苏两国才具体地讨论有关苏联参加对日作战问题。此时美国极力要求苏联参加对日作战，目的是为了减少美军在发动对日本本土进攻时的兵力损失，而苏联则提出了对日作战的交换条件，涉及的领土问题就是要求日本割让千岛群岛及库页岛南部。对此美国领导人没有提出任何反对意见，并且将其写入美英苏三国首脑签署的《雅尔塔协定》。可以说《雅尔塔协定》是战后日苏"北方领土"问题形成的最直接根源。

战后日苏"北方领土"问题形成的另外一个直接根源，是美英两国单独策划并主导的《旧金山对日媾和条约》的后果。第二次世界大战结束前夕，由于打败日本法西斯势力的目标即将实现，所以美英苏三大国各自考虑战后如何控制及扩大势力范围问题，与此同时三大国之间的矛盾也日益呈现出来。美国为了完全控制日本本土，拒绝了苏联要求占领日本北海道一部分的主张，但是按照《雅尔塔协定》的约定，苏联出兵占领千岛群岛及库页岛南部，美国则采取默认态度。

第二次世界大战结束后，国际"冷战"局面随即出现，美国对苏联的遏制政策，同样也体现在日苏两国之间的领土问题上。美国方面，首先表现为否认《雅尔塔协定》中有关将千岛群岛及库页岛南部割让给苏联的内容。其次表现为在单独起草的《旧金山对日媾和条约》中，要求日本宣布放弃对千岛群岛及库页岛南部的领土主权，但是又不写明日本放弃这些领土最终归属于苏联。结果形成了苏联占领这些领土缺少有关和平条约的法律根据，而日本虽然宣布放弃这些领土主权却仍存幻想把尚未决定归属的领土收回。美国政府对千岛群岛及库页岛南部归属问题的态度，完全依据本国政策变化而变化。这是第二次世界大战后日苏"北方领土"问题形成的直接原因之一。

第二次世界大战后，日苏两国就有关"北方领土"问题曾出现几次大规模争论。最初争论是1955～1956年间双方恢复邦交正常化谈判过程中，此后双方虽然出现几次有关领土问题的大规模争论，但是实质内容都是围绕这一框架展开的，而至今也没能突破这一框架。

众所周知，1955年6月1日举行了日苏两国恢复邦交正常化谈判，虽然此时"二战"结束已经10年，但是双方明显体现出战胜国与战败国的姿态，苏联明显处于主动性地位。在这种大背景下，日本在初期希望放弃千岛群岛及库页岛南部的主权，来换取苏联归还"北方四岛"，而苏联则要求日本正式承认千岛群岛及库页岛南部归属于苏联。这样又引发出"北方四岛"是否属于千岛群岛的范围之争，日本提出"北方四岛"不属于《旧金山对日媾和条约》宣布放弃的千岛群岛范围内，而苏联则提出"北方四岛"属于日本宣布放弃的千岛群岛范围内。苏联获知日本对"北方领土"要求的最低条件，即返还"北方四岛"中的齿舞群岛、色丹岛后，为了实现两国谈判尽快结束，主动采取让步措施，答应将上述两岛交还给日本。但是，日本则认为苏联在"北方领土"问题上还有让步的余地，拒绝接收"两岛"，而是正式提出要求返还"四岛"，否则拒绝就领土问题达成妥协。苏联本以为采取主动让步会换取日本尽快达成妥协，却反而换来日本进一步扩大领土要求，这完全激怒了苏联人，从此后苏联在"北方领土"问题上决不肯作出任何让步。此时，日本在对苏联外交关系上完全处于被动地位，不仅表现在领土问题上，而且还包括渔业问题、遣返战俘问题、日本加入联合国问题等。在这种情况下，日本首相鸠山一郎决定暂时搁置"北方领土"问题，待两国复交正常化后继续交涉，先解决其他有关问题。鸠山首相的提议获得苏联领导人同意，1956年10月两国签署了《日苏联合宣言》。

1960年日美两国重新修改《日美安全保障条约》，再次引起日苏两国有关"北方领土"问题的争论。苏联认为，新《日美安全保障条约》对自己构成更大的军事威胁。为报复日本，苏联将1956年10月签署的《日苏联合宣言》作了规定，为双方缔结和平条约后移交齿舞群岛、色丹岛问题增加新条件，即美军从日本冲绳群岛撤出后才能实施。日苏双方围绕新条件是否合理展开争论，最终导致苏联采取完全否认两国之间存在领土问题的姿态。苏联采取报复性对策，使日本在"北方领土"问题上更显被动，此后设法让苏联承认两国之间存在着"北方领土"问题，就成为日本政府对苏联政策的核心。

1972年日本首相田中角荣访问苏联，苏联希望利用本国丰富的西伯利亚自然资源来吸引日本投资发展经济，为此承认双方之间存在"北方领土"问题，然而日本则更希望利用本国强大经济实力，迫使苏联在"北方领土"问题上让步。这时期日本政府针对"北方领土"问题提出所谓"政经不可分"政策，即苏联不在"北方领土"问题上接受日本主张，日本就不与苏联在经济、技术方面开展合作的对策。显然日本企图利用经济、技术优势迫使苏联作出让步。日本经济、技术实力增强，使得双方在"北方领土"问题上的争论出现了新变化。但是，日本的经济、技术施压政策并没有收到预期效果，相反苏联再次在两国之间是否存在"北方领土"问题上采取模糊姿态。20世纪70年代末苏联发动入侵阿富汗战争后，日本随即参加西方国家主导的对苏制裁行列，两国关系降至战后最低点，与此同时，两国有关"北方领土"问题的交涉也降到了"冰"点。

1985年3月，戈尔巴乔夫成为苏联新领导人后，推行"新思维"外交政策，促进日苏双方关系出现变化。虽然日苏双方都考虑在"北方领土"问题上有所突破，但是突破到什么程度，双方各自有不同主张。苏联主张日本应首先提供经济、技术援助，培育出双方缓和的环境后，再协商有关解决"北方领土"问题，而日本则仍然坚持"政经不可分"对策。在双方僵持而无法缓解时，日本又提出了"扩大均衡"政策，即领土问题与经济关系同时发展的"扩大均衡"方式，希望能有限度地满足苏联经济、技术援助要求，来换取对方在"北方领土"问题上让步，实质上并未改变"政经不可分"的政策内核。1991年苏联总统戈尔巴乔夫访问日本，宣布承认双方存在"北方领土"问题，并且同意双方发表的联合声明里明确记载"北方四岛"的名字。这也是我们迄今为止能够看到的日本政府推行几十年对"北方领土"问题政策后，在该问题上所获得的最大成果。

  1991年12月苏联解体后，日本政府解决"北方领土"问题的心情更加急切，一方面继续利用新独立的俄罗斯急需经济、技术援助而施加压力，另一方面则拉拢西方同盟国家共同对俄罗斯施压，目的是希望叶利钦政府能够迅速、果敢地决断，接受日本"北方领土"问题的主张。日本政府咄咄逼人，不仅引起俄罗斯领导人的极大反感，而且引起俄罗斯国内民族主义兴起，无疑给双方解决"北方领土"问题带来更大阻碍。为了缓和双方的紧张关系，日本政府又提出所谓"多层次接触"政策，即调整为领土、经济、政治、安全、国际合作齐头并进的"多层次接触"政策。对于叶利钦总统本人，日本政府则实施所谓"个人关系"外交对策，加大两国领导人"个人关系"友好情感上的投入，希望叶利钦总统能够利用个人威信，果敢地决定在"北方领土"问题上接受日本主张。日本甚至提出，只要俄罗斯承认日本对"北方四岛"拥有主权，至于返还时间、方法等可以缓和解决。日本政府上述种种努力，自认为采取了最大诚意上的让步，但是俄罗斯方面则认为，日本要求返还"北方四岛"实质内容并没有任何改变。

  2000年普京总统上台后，日本急于收回"北方领土"的心气并没有减弱，特别是获知普京总统酷爱日本柔道后，更希望与这位俄罗斯新总统建立所谓"个人关系"，期盼普京总统能够偏爱发展对日关系，接受日本在"北方领土"问题上的主张。为此日本政府提出所谓"阶段性解决论"，即在俄罗斯先行返还两岛，剩下两岛保留继续交涉余地的情况下，双方缔结和平条约。1956年《日苏联合宣言》规定，日苏两国缔结和平条约后返还齿舞群岛、色丹岛，日本政府提出先行返还两岛的主张明显超出该宣言规定，受到俄罗斯方面的坚决拒绝。日本政府针对普京总统本人"个人关系"的外交活动，结果毫无收效，此后有所收敛。日本政府自认为作出最大程度让步，却仍然收效甚微，所以小泉纯一郎首相上台后采取对俄强硬政策，结果双方此前的交涉成果最终被废弃。

  日俄两国长期就"北方领土"问题争论不休，苏联政府曾经企图采用军事、政治手段强压日本妥协让步，结果毫无收效；20世纪70年代后，日本成为世界经济强国后，企图采用经济手段强压苏联及俄罗斯方面让步接受妥协，结果也是毫无收效。日本政府曾经多次借用西方国家势力强压俄罗斯妥协让步，结果遭到更大反弹，引起俄罗斯国内民族主义势力抬头，使问题更加复杂化。西方国家从自身利益考虑，任何国家都不愿因"北方领土"问题而冒犯大国俄罗斯。日本政府在实施对抗措施无效、借用外力也无效的情况下，考虑到长期拖延肯定也不利，于是日本外相麻生太郎突然提议，两国就"北方四岛"纠纷问题，按照四岛面积平均划分。麻生的提议虽然立即遭到国内外一致指责，日本政府对此也未作出任何解释，但是此事确实引起世人高度关注，这是否成为双方相互妥协解决"北方四岛"问题的发展方向？值得我们期待。

国内外学术界对"北方领土"问题政策研究的现状及研究意义是：在日本国内，学者们已出版众多有关"北方领土"问题的研究成果，本书在部分章节里，结合日本政府有关"北方领土"政策的分析，具体介绍日本国内学界代表性人物研究专著的主要观点及论述。我们归纳了日本国内有关学者的成果，从发表时间上看，明显表现为两国就"北方领土"问题出现争论时，相关成果随即涌现，相反，争论相对减弱时，相关成果问世就少，反映出日本学者们为现实争论服务的特征。

日本学者及有关人士的观点集中归纳如下：

第一，从历史上，"北方四岛"为日本固有领土。在《旧金山对日媾和条约》中日本放弃的"千岛群岛"中，不包括"北方四岛"。

第二，从国际法上，抓住第二次世界大战中及战后有关国际协定解释的余地，特别抓住《旧金山对日媾和条约》中日本宣布放弃"北方领土"，但并没规定其归属问题，强调日本拥有的合法性。

第三，利用美国方面的资料，证明日本收回领土的合理性。

第四，关于领土问题的解决，日本绝大多数学者及有关人士主张俄罗斯应归还"北方四岛"，少数学者也提出接受俄罗斯"两岛返还"的主张，或者提出"分阶段"归还主张，或者提出俄罗斯在承认日本拥有"潜在主权"基础上进行共同开发的主张。

在苏联及俄罗斯国内，以前因各种限制造成很少有人涉足该课题研究，戈尔巴乔夫推行改革后国内学术研究的禁锢被打开，学术研究自由也真正实现了，所以有关学者的研究成果陆续问世。本书也将结合具体论述，在部分章节里，具体介绍俄罗斯国内有关人士及学者就"北方领土"问题的主要观点及大体内容。

苏联及俄罗斯学者及有关人士的观点集中归纳如下：

第一，从历史上，俄罗斯人最先开发"北方领土"地区，所以应属于俄国。

第二，从国际法上，有关国际协定及文件已经规定上述领土归属俄国。

第三，指责美国因国际"冷战"遏制政策而篡改历史事实。

第四，关于领土问题的解决，苏联及俄罗斯绝大多数学者及有关人士反对归还领土，少数学者提出通过联合国主持两国共同开发领土，甚至有人提出以归还领土换取日本经济、技术帮助。苏联及俄罗斯学者及有关人士，相对更多地论述如何在维护领土主权前提下，两国联合开发问题。

我国学术界对"北方领土"问题的研究状况为：学者多发表时事评论性文章，很少发表深入研究性论文；有些相关著作中涉及该课题内容，但也仅能说是涉及而已，尚未见到有关专著问世。我国部分学者还存有不准确性认识问题，即认为日本提出的"北方领土"就是"北方四岛"问题，实际上这是对"北方领土"问题缺少深入研究的结果。日本从20世纪50年代中期向苏联方面提出进行有关"北方领土"问题交涉，内容为：包括"北方四岛"在内的整个千岛群岛及库页岛南部归属问题，其中日本提出"北方四岛"为"固有领土"，所以苏联方面应该首先无条件地归还，然后再就其他领土（除"北方四岛"外的千岛群岛及库页岛南部）问题，举行包括日本在内的有关国家参加的国际会议，讨论决定其归属问题。只不过日本提出的"北方四岛"无条件归还的愿望尚未实现，所以一直坚持要求归还"北方四岛"，造成人们对其他领土要求的忽略。现在我们还时常听到就归还千岛群岛及库页岛南部问题举行交涉的呼声。

我国研究日本对"北方领土"问题政策的学术价值及研究意义为：

（1）本研究对于进一步推动我国有关现代国际关系史的全面研究，特别是对我国周边国际关系史的全面研究具有重大价值。我国学术界以往多注重研究欧美等大国之间国际关系史以及我国与大国间关系史方面，缺少对我国周边国家之间关系史的研究。本研究希望能为这种不平衡研究状态的转变起一点铺垫作用，促进我国对现代国际关系史的全面研究。领土是构成主权国家的基本要素之一，维护国家领土完整是每个主权国家的神圣权利。领土纠纷是影响主权国家之间关系的最重要因素之一，因此研究领土纠纷问题，对于深入研究现代国际关系史发展变化具有重要学术价值。日俄"北方领土"纠纷问题具有典型性，对于我们全面认识及探询领土纠纷问题，对于推动我国现代国际关系史的深入研究具有实际价值和理论价值。

（2）本研究对于我们了解日俄关系发展变化具有重要价值。众所周知，"北方领土"问题是日俄两国关系发展中最主要的障碍，所以"北方领土"问题如何发展变化，将直接引领两国关系发展变化。日俄两国不仅是我国主要相邻大国，而且是对我国能够产生直接影响的最主要国家，我们不仅要掌握两国各自对华政策的发展变化，也要掌握两国之间关系的发展变化，这样才能够做到知己知彼，百战不殆，才能够制定出有效的对日政策与对俄政策，而日俄关系发展变化的关键点，就是所谓"北方领土"问题。

（3）本研究对于进一步推动有关领土纠纷问题深入研究具有重大价值。国内外有关领土问题研究，往往多为本国学者站在维护国家利益角度论述其领土本国拥有的合理性，表现出明显的争论性特征。作为学者，我们应不仅仅限于研究有关领土拥有的合理性，更要研究如何解决有关领土纠纷问题。从历史发展进程看，相互争论无法真正解决领土纠纷问题。我们应该在维护国家全面发展的大利益前提下，探询解决领土纠纷的新思路。我们应该重视现代国际社会中有关探询相互妥协中解决领土纠纷的发展趋势。本研究力图在进一步推动我国有关领土纠纷问题深入研究上起一定铺垫作用。

（4）本研究对于我国政治稳定、经济发展具有重大价值。良好的国际环境是我国政治稳定、经济发展的重要保障。我们不仅要了解世界大的国际环境的发展变化，更要认真了解我国周边国际环境的发展变化，稳定的周边国际环境是我国各方面发展的基础。我国与周边国家存在许多领土纠纷问题，这是我们无法回避的客观事实。我们不仅要处理好我国与周边国家领土纠纷问题，而且也要重视周边国家之间有关领土纠纷问题的发展趋势，与时俱进，从中吸取经验教训，为我国制定最有效的对策提供有价值的参考资料，这就是本研究的价值所在。

本研究的主要内容为：以日本政府对"北方领土"问题政策的形成及发展变化为对象，抓住各时期政策制定及转化线索，划分阶段并采用章节形式进行具体论述，最后采用"结束语"形式进行总结性分析。具体内容如下：

第一，历史上日苏两国有关"北方领土"的争夺。在近代西方殖民主义扩张过程中，俄国首先迫使日本于1855年2月签署《日俄友好条约》，日本被迫接受开放港口，同时划定两国在千岛群岛以择捉岛与得抚岛之间为双方国境线。1875年5月两国又签署《库页岛、千岛群岛交换条约》，日本以所属库页岛南部，换取俄国在千岛群岛所属得抚岛及其以北的18个岛屿。这样形成日本完全控制千岛群岛，俄国完全控制库页岛的局面。在该交涉过程中，日本认为遭到一定损害，加上日本在中国及朝鲜半岛扩张受到俄国势力阻止，因此于1904年2月发动对俄战争并获取胜利。根据1905年9月的《朴茨茅斯条约》，俄国被迫将库页岛南部割让给日本。这样日本改变了原来两国划定的国境线，形成日本既控制整个千岛群岛，又控制库页岛南部的局面。1917年11月俄国爆发十月社会主义革命后，日本乘机占领了库页岛北部，将整个库页岛收入囊中，再次改变两国划定的国境线。

1925年1月，日苏两国经过长期谈判后，最终签署《日苏基本条约》，按照条约规定，日本从库页岛北部撤军，同时苏联也被迫承认1905年9月签署的《朴茨茅斯条约》继续有效，即承认日本拥有库页岛南部的有效性。在"二战"期间，日苏两国虽然于1941年4月签署了《日苏中立条约》，但是1941年6月苏德战争爆发后，日本制定了"关特演"计划，企图在时机成熟时发动对苏联进攻。日本占据苏联曾经控制的领土，引起苏联人对日本人的民族仇恨，苏联就是以报日俄战争之仇为名，"二战"末期出兵并占领了包括"北方四岛"在内的千岛群岛及库页岛南部，再次改变了两国的国境线。战前两国围绕"北方领土"相互争夺是战后该问题形成的历史原因，同时也是使两个民族相互仇视的根源之一。

第二，国际"冷战"与"北方领土"问题。日本发动对外侵略是形成战后"北方领土"问题的根本原因。"二战"期间，正是为了打败日本法西斯侵略势力，美国才以"北方领土"为诱惑换取苏联同意参加对日作战。1945年2月，三大同盟国首脑签署的《雅尔塔协定》，成为苏联战后占领"北方领土"最主要的法律依据。但是，战后伴随国际"冷战"出现，美国开始改变对《雅尔塔协定》的态度，否认苏联拥有"北方领土"的合法性，使日本看到收回"北方领土"的希望。1951年9

月，美国主导旧金山对日媾和会议及签署《旧金山对日媾和条约》，虽然规定日本放弃"北方领土"所有权利，但是却没有规定放弃的领土的归属国，再次让日本看到收回"北方领土"的希望。1955～1956年日苏两国就邦交正常化问题举行谈判，美国极力反对日本在领土问题上向苏联作出让步，致使"北方领土"问题成为双方邦交正常化后的遗留问题。美国因国际"冷战"而改变对"北方领土"问题政策，是造成战后"北方领土"问题形成的重要外来因素。

第三，战后初期日本政府对"北方领土"问题政策。虽然日本战败宣布无条件投降，但是并未放弃收回有关领土的欲望。早在吉田茂就任外相时期，日本外务省就设置了专门机构研究制定媾和条约对策。吉田茂内阁成立后，更加速该工作进展，首先决定利用国际"冷战"形势，利用《开罗宣言》所谓"领土不扩大"原则，依靠美国势力的帮助，尽量减少本国领土丧失。日本政府向美国政府建议：如划定千岛群岛范围，应不包括"南千岛"，以确保"北方四岛"不被剥夺；如苏联不参加媾和会议，应不对"北方领土"作出任何决定等。但是，美国政府在对日媾和问题上并未采纳日本政府的这些建议，而是根据本国利益，决定让日本放弃"北方领土"，但又不规定放弃领土的归属国。1954年12月，鸠山一郎内阁成立后，认识到恢复日苏邦交正常化的重要性，积极推动两国邦交正常化工作。鸠山内阁制定对苏交涉的《训令十六号》文件，要求苏联在不改变"日美安全保障体制"前提下，支持日本加入联合国，尽快释放日本被俘人员。该文件在"北方领土"问题上提出："首先是返还齿舞群岛、色丹岛；其次是返还千岛群岛、库页岛南部。"在不得已情况下，"我方努力贯彻主张，特别是关于释放遣返日被俘人员及返还齿舞群岛、色丹岛，希望最后得到贯彻"。

第四，战后日本恢复邦交谈判与"北方领土"问题。1955～1956年日苏两国复交谈判过程中，日本政府代表按照《训令十六号》文件指示，在提出最大限度领土要求受挫后，暗示苏联代表返还两岛为最低妥协条件。但是，当苏联代表正式表示接受返还两岛并准备达成妥协后，日本政府又改变对策，增加返还"北方四岛"为妥协条件，使双方谈判陷入僵局。此后日本代表虽然不断变换手段，企图让苏联接受返还"北方四岛"条件，可是苏联代表决不肯再作出任何让步。最后日本政府不得不决定暂时搁置领土问题，以缔结和平条约后返还两岛，另外两岛保留继续交涉可能性，与苏联恢复邦交正常化。这样"北方领土"问题成为两国关系正常化后的遗留问题。另外，此次双方谈判引起有关"北方领土"问题的争论，双方摆出各自的主要观点、依据，以及双方在复交谈判中的约定，这成为此后双方长期争论的基本框架。

第五，日本对俄"政经不可分"领土政策。20世纪60年代初，日美两国修改《日美安全保障条约》，苏联认为自身遭到严重军事威胁。作为报复手段，苏联提出返还两岛的新条件，引起双方就"北方领土"问题的大争论，最终导致苏联否认两国之间存在领土问题。伴随着中苏关系恶化，苏联拉拢日本遏制中国，而日本需要扩大海外市场发展经济，促使两国经济贸易关系获得发展。1972年9月中日两国恢复关系正常化后，苏联采取主动拉拢日本政策，日本也希望借此收回"北方领土"，围绕日本首相田中角荣访苏，再次出现双方就有关"北方领土"问题的大争论。苏联希望利用本国丰富的西伯利亚资源吸引日本投资合作，而日本则采取"政经不可分"原则，坚持苏联不返还"北方领土"就不开展大规模经济合作，结果双方仅再次确认1956年两国就"北方领土"问题所达成的约定。

第六，日本对俄"扩大均衡"领土政策。1985年3月戈尔巴乔夫上台后，在国内推进经济改革，呼吁日本在经济、技术上给予帮助，再次引起日本收回"北方领土"的强烈欲望。日苏两国围绕戈尔巴乔夫访日，再次引发有关"北方领土"问题的大争论。苏联主张两国先开展经济合作，创造出良好环境后，再谈解决领土问题，日本则坚持所谓"政经不可分"原则予以拒绝，致使双方有关领土问题的交涉毫无进展。随着戈尔巴乔夫推行"新思维"外交，国际社会出现急剧变化，日本为扭转在解决"北方领土"问题上的被动局面，提出了"扩大均衡"政策，即同时开展领土问题交涉与经济贸易活动的政策。在日本朝野寄予厚望的戈尔巴乔夫访日问题上，苏联方面仅承认两国之间存在领土纠纷，同意将双方纠纷的"北方四岛"的名字列入联合声明中。这是日本政府长期努力获取的最好结果，苏联仅仅承认双方存在领土纠纷问题，如何解决还需要双方进一步交涉。

第七，日本对俄"多层次接触"领土政策。1991年12月苏联解体，叶利钦总统时期因新生的俄罗斯处于更加激烈的改革状态，日本希望能以经济技术援助为"诱惑"，促使俄罗斯能在"北方领土"问题上作出让步。为了进一步对俄罗斯施加压力，日本政府求助西方主要国家共同参与，结果事与愿违，引起俄罗斯极力反对。为了缓和双方紧张局面，日本政府提出领土、经济、政治、安全、国际合作齐头并进的"多层次接触"政策。此后两国领导人通过非正式相互访问，拉近了"个人关系"，叶利钦总统兴奋之下，许诺20世纪结束前缔结两国和平条约。为此日本同意俄罗斯加入西方七国首脑会议，支持俄罗斯加入亚洲太平洋经济合作组织等，并表示只要俄罗斯承认"北方四岛"日本拥有主权，至于返还时间、方法可以延缓解决。俄罗斯政府最终认为，日本要求返还"北方四岛"实质内容并未改变，拒绝继续展开交涉。

第八，日本对俄"阶段性解决论"领土政策。普京第一次就任总统时期，俄罗斯内外政策出现稳健化趋势，使得日本在"北方领土"问题上急于求成的心态有所收敛。为此日本政府提出所谓"阶段性解决论"，即俄罗斯先期返还两岛，剩下两岛保留继续交涉余地的前提下，双方缔结和平条约。对此俄罗斯认为，按1956年《日苏联合宣言》规定，可以接受返还齿舞群岛、色丹岛的要求，但是必须是缔结和约后实施，至于日本提出返还国后岛、择捉岛的要求，完全超出了该宣言的规定，拒绝就此展开交涉。小泉纯一郎内阁上台后，对俄采取强硬态度，要求就"北方四岛"同时展开交涉，导致双方交涉前功尽弃。随着俄罗斯国家经济的恢复及发展，日本经济吸引力相对降低，双方在有关"北方领土"问题上的交涉延续僵持局面。2006年12月，时任日本外相麻生太郎突然提出"北方四岛"按照面积平均划分建议，虽然立即遭到日本国内及俄罗斯国内的一片指责，但确实也引起人们的普遍注意。这是否会成为双方相互妥协解决"北方四岛"问题的发展方向，值得我们关注。目前看，双方趋向联合开发"北方四岛"的思路，但是如何处理主权问题仍然处于探索中。

本书"结束语"中提出：如何认识日俄之间"北方领土"问题长期难以解决的原因？作者认为，应该既要考虑"北方领土"问题形成的各种因素现今如何变化，又要考虑困扰该问题解决的主要因素是什么。

本研究总体思路是：以实事求是为原则，客观、公正地站在中国学者立场，撰写出中国特色的研究成果，我们不对两国领土问题主张作出对与错的判断，避免干涉他国内政之嫌。在整体研究基础上，对重点问题深入研究，最后归纳总结出自己的认识。

本书在资料使用方面，尽量利用日本政府公布及出版的有关外交档案、事件当事人的回忆录等。由于日本政府对"北方领土"问题政策还在持续推行过程中，特别是有些政策不利于现今政策的推行，所以也并非完全公布，在我们研究过程中肯定存在盲点，有待于今后政府档案公开后补充。对于近30年日本政府的政策，本研究多采用日本学者的研究成果，缺少日本政府公布的外交档案证实，这也是我们研究现代国际关系史学者所必须面对的客观事实。

本书的研究方法是：（1）以马克思主义理论为指导，以为我国改革开放服务为目的，本着实事求是的精神，在掌握大量原始资料及已有研究成果的基础上进行研究，力求做到宏观把握，微观分析，以材料和事实论证自己的观点，最后得出符合客观实际的结论。（2）以历史学的研究方法为基础，吸收国际关系学、国际政治学、国际战略学、经济学、社会心理学等学科领域与本课题研究相关的基本理论，尽量使理论分析贯穿整个研究中，力求做到史论结合，论从史出。（3）注意国内外该研究领域的最新研究动态，及时掌握最新资料与吸收他人的研究成果，使本研究能够走在该研究领域的前沿。（4）注重集思广益，开拓研究视野，在研究过程中举行几次小型学术讨论会，征求有关专家的意见，使研究具有广泛代表性。（5）以整体角度来观察战后日苏（俄）"北方领土"问题发展变化。"北方领土"问题不是孤立问题，与战后国际关系发展变化有紧密联系，要把"北方领土"纠纷与国际关系发展变化问题有机结合起来研究。（6）以发展角度观察战后日俄"北方领土"问题发展变化。"北方领土"问题的形成具有历史原因和现实原因，现实原因包括政治、经济、军事等方面。从领土纠纷发展看，同样包含着各种利益因素及民族心理。上述各种原因，伴随着国际形势的发展变化而不断出现新的变化是客观历史事实，所以我们采用发展角度观察日本不同历史时期推出的不同政策。

本书主要观点是：战后日苏（俄）"北方领土"问题的形成是多方面因素共同作用的结果，既有历史的，也有现实的；既有两国内部的，也有外部国际环境的，还有政治、经济、军事、文化等诸多因素。该问题长期得不到解决，也是各种因素作用的结果。在国际"冷战"大环境下，两国缺少信任感，缺少联系，伴随着国际环境改变，从发展趋势看，双方将逐步走向相互妥协和解之路。现今两国在社会制度与思想意识形态上趋于一致，政治、军事干扰因素降低，经济因素显得越来越重要，两国具有经济发展的极强互补性，最终将在排除外来干涉的情况下，在共同的经济合作发展中寻找出认同。

本书的理论创新程度和实际应用价值是：当今国际社会，国家间因领土问题引发的战争不断，如何解决领土问题又避免战争爆发是国际社会重要课题。领土问题基本由战争所引发，战争手段是否能够真正解决领土问题、是不是新的领土之争的起点，需要国际社会认真考虑。日苏（俄）"北方领土"问题虽没引发战争，但是相互对峙肯定无助于解决问题。苏联曾经试图利用自身强国地位，迫使日本政府在"北方领土"问题上让步，结果徒劳无功；同样日本政府试图利用经济手段，迫使苏联及俄罗斯让步，结果也是徒劳无功。事实证明，双方对抗对解决"北方领土"问题无益，那么只能走缓和、相互妥协、共同发展、相互获利之路，才是最终解决领土问题的出路。另外，领土问题往往与过去的历史相关联。如何看待历史，是向前看还是向后看，是考虑如何清算历史旧账还是求得未来共同发展，是顽固坚持领土主张还是相互妥协寻找更大利益，日本与苏联及俄罗斯有关"北方领土"问题发展演变，能够提供很好的借鉴。

第一章 战前日苏两国对"北方领土"的争夺

一、日俄两国最初国界线的划定

"北方领土"问题的出现，绝不是孤立的，而是历史上日本与沙皇俄国及苏联在有关领土问题上长期争夺发展演变的结果。

首先，我们对本书中经常出现的有关概念予以简要解释。"北方领土"一词是日本方面所言，意思为日本国土的北部，或者日本的北部领土。日本提出的所谓"北方领土"问题，是指其曾占领并统治的库页岛南部和千岛群岛归属问题。日本提出的"北方四岛"，即指齿舞群岛、色丹岛、国后岛、择捉岛，俄罗斯方面称之为"南千岛"。所谓"北方四岛"问题，就是指齿舞群岛、色丹岛、国后岛、择捉岛的归属问题。日本称"北方四岛"为"固有领土"，其解释为：这是在第二次世界大战结束前，一直被日本统治或者说"从来没有被外国人统治的"领土。

实际上，所谓"北方领土"概念或者名称，在 1955～1956 年日苏两国举行恢复邦交正常化谈判之前，是根本不存在的。日本方面在过去也称之为"南千岛"，但是 1955～1956 年日苏两国在恢复邦交正常化谈判过程中，日本政府获知苏联方面准备放弃齿舞群岛、色丹岛后，为了进一步要求苏联方面归还国后岛、择捉岛，制造了所谓"北方领土"概念或者名称。日本学者长谷川毅所著《北方领土问题与日俄关系》中记载，当时日本外务省次官发布通告："今后为回避南千岛称呼，采用称呼为北方领土。"① 此后，日本方面在各种媒体及地图上也把"南千岛"名称一律取消，改称为"北方领土"。日本此举的目的就是为了回避 1951

---

① 長谷川毅：《北方領土問題と日露関係》，東京，筑摩書房，2000 年，第 70 頁。

年9月《旧金山对日媾和条约》中已经宣布的日本放弃对千岛群岛所有主权及利权这一约定。

此前，日本也承认千岛群岛划分为南千岛与北千岛，即以得抚岛与择捉岛之间为界，以南被称为"南千岛"，即所谓"北方四岛"，以北被称为"北千岛"。即使"二战"结束后的很长时期内，日本主张齿舞群岛、色丹岛为北海道的延长部分，而国后岛、择捉岛仍然承认为"南千岛"。这样使人很自然地理解为，"南千岛"当然属于千岛群岛范围内，日本宣布放弃千岛群岛也当然应该包括"南千岛"。日本方面对于主张"南千岛"不属于"千岛群岛"范围的解释为，在1875年日俄两国签署的《库页岛、千岛群岛交换条约》中，日本是以所属库页岛南部换取俄国所属的"北千岛"的，所以"南千岛"应不属于日本在《旧金山对日媾和条约》中宣布放弃的"千岛群岛"范围内。

为了更好地探讨日本的"北方领土"问题，下面我们简略介绍日本曾占领并统治的库页岛南部和千岛群岛，即"北方领土"的概况。

"库页岛"原本为中国领土，名字来源于中国满族语。17世纪上半叶，沙皇俄国向东方扩张过程中"发现"库页岛，并将其称为"萨哈林岛"。同样，日本向北扩张中"发现"库页岛，并将其称为"桦太岛"。

库页岛位于黑龙江（俄方称为阿穆尔河）出海口的东部，东面与北面临鄂霍次克海，西南隔鞑靼海峡及涅韦尔斯科伊海峡与俄罗斯哈巴罗夫斯克边疆区相望，南隔宗谷海峡（俄方称为拉彼鲁兹海峡）与日本北海道宗谷岬相望。库页岛，南北长达984公里，东西宽为6~160公里，总面积7.64万平方公里。库页岛北部地势低平，沿岸多泻湖；中南部主要是山地，西有西库页岛山脉，东有东库页岛山脉，主峰洛帕京山海拔1609米，为全岛最高点。库页岛由于处于环太平洋地震带，因此地震频繁。

库页岛属于大陆性气候，气候寒冷，夏季短暂，冬季长达6个月，冬天的平均气温都在-19℃至-24℃之间，北方地区气温最低可到-40℃。库页岛上港口冬季封冻，北部封冻期达8个月之久。库页岛上有超过6000条河流及1600个湖泊，较大的内河有：波罗奈河（长350公里）、特米河（长330公里）、维阿赫图河和柳托加河（各长为130公里）。库页岛上有俄罗斯联邦境内最大的瀑布伊里亚-穆罗梅茨瀑布，瀑高为141米。此外，岛上拥有众多的湖泊和沼泽地，森林资源丰富，如库页岛冷杉、鱼鳞松、阔叶藤本松,高山上有石桦灌木丛和偃松。库页岛上还蕴藏石油、天然气、煤等资源。库页岛拥有丰富的渔业资源,主要为蟹、鲱鱼、鳕鱼和鲑鱼等。

记载库页岛的第一部历史文献,是中国西汉初期的《山海经》,其记载的玄股、毛民、劳民,就是指黑龙江下游地区包括库页岛在内的各民族。这说明早在公元前2世纪中国人就已经知道了有关库页岛的情况,而日本人与俄国人到公元17世纪上半叶才"发现"库页岛的存在。公元618年,中国唐朝建立统一中央集权制国家后,居住在中国东北地区的靺鞨族及其他各民族纷纷归附中央政府。从公元725年(开元十三年)起,唐朝政府就在黑水靺鞨地区建立了一整套地方行政机构,并由中央政府派来官吏监督。现存大量中外历史文献与历史资料证明,公元7~8世纪库页岛就已经成为中国领土的一个组成部分。在辽代,库页岛归属五国节度使管辖。元朝时期,居住在库页岛南部的骨嵬人不时作乱,故元世祖从公元1264年(至元元年)起下令征讨,直至公元1308年(至大元年)将其彻底降服。库页岛全境重新置于元朝中央政府管辖之下,由辽阳中书省水达达路在岛上设置万户府负责具体管理。明朝时期,中央政府在东北边疆地区实行卫所制度,在库页岛上设置囊哈尔卫和波罗河卫。明朝太监亦失哈多次奉命到黑龙江下游一带视察,曾亲自登上库页岛。库页岛上的少数民族首领也曾到北京朝见。明朝时期库页岛人被称为苦夷,称该岛为苦夷岛,后来逐渐音变为库页岛。清朝建立统一中央政权之前,公元1616年(天命元年)清太祖努尔哈赤建立后金政权,随即派兵到黑龙江下游。据文献记载,1617年库页岛便隶属于后金的版图。清朝建立统一中央政府之后,库页岛先后划归为宁古塔章京、宁古塔副都统和三姓副都统管辖。清朝康熙皇帝曾派出测量队对库页岛进行实地测量,并把测量结果绘进了《皇舆全览图》。即便是1689年中国清朝政府与俄国政府缔结的《尼布楚条约》中,也明确规定库页岛为中国领土。

千岛群岛位于今天的日本北海道的东端到俄罗斯堪察加半岛,从西南到东北,即从地理位置上看,南自北纬43度40分,东经145度33分;东北至北纬50度52分,东经156度29分,约1200海里的北太平洋上,有20余个大小不等的岛屿。在俄罗斯方面,千岛群岛根据其形态被称为"项链群岛"。从南边数,千岛群岛各岛屿为:齿舞群岛(主要为水晶岛、志发岛、多乐岛、勇留岛、秋勇留岛、贝壳岛等）、色丹岛、国后岛、择捉岛、得抚岛、知里保以岛、武鲁顿岛、新知岛、计吐夷岛、宇志知岛、罗处和岛、松轮岛、雷公计岛、牟知列岩、知林古丹岛、舍子古丹岛、越渴磨岛、春牟古丹岛、温祢古丹岛、磨勘留岛、志林规岛、阿赖度岛、幌筵岛、占守岛①，总面积 10316 平方公里。千岛群岛按地理与历史原因，以择捉岛与得抚岛之间为界，划分出南北两部分，以南称千岛群岛南部，或者称"南千岛"，以北称千岛群岛北部，或者称"北千岛"。根据日本国土地理院 2005 年 4 月 1 日最新勘定，确认南千岛，即日本方面所称的"北方四岛"总面积为 5036.14 平方公里。

千岛群岛南部，或者"南千岛"，或者日本方面所称的"北方固有领土"、"北方四岛"是指齿舞群岛、色丹岛、国后岛、择捉岛等四岛。

齿舞群岛由水晶岛、志发岛、多乐岛、勇留岛、秋勇留岛，以及贝壳岛、实岛、萌茂尻岛、椴树岛、春刈岛等组成，其中前五个岛为有人定居岛，后五个岛为无人定居岛。根据日本国土地理院 2005 年 4 月 1 日最新勘定，确认齿舞群岛为 99.94 平方公里。其中志发岛为齿舞群岛中第一大岛，面积为 45 平方公里，岛上的相泊港是由岛向海面伸出 8 公里，没有浮现在海面上的浅滩港口，是即使发生暴风雨也能保证安全的海洋渔业基地。水晶岛是齿舞群岛中第二大岛，东西 6 公里，南北 8 公里，距离根室半岛不足 3 英里，面积为 23 平方公里。多乐岛位于齿舞群岛的最北端，周围 24 公里，几乎不长树木，其最高部分也不过海拔 30 米的台地状岛屿。勇留岛面积为 10 平方公里，岛上的税库和马库两个港口水深达 8~9 米，可以停泊 30 吨级船舶 30 艘。秋勇留岛为有人定居五

---

① 和田春樹：《北方領土問題——歷史と未来》，東京，朝日新聞社，1999 年，首页所附插图。日方对此称呼为：齿舞群岛（ハボマイ群島）（包括水晶岛［タソソィリエフ島］、志发岛［セリョーヌイ島］、多乐岛［ポロンスキー島］、勇留岛［ユーリー島］、秋勇留岛［アヌーチン島］、贝壳岛［シグナリヌイ島］等）、色丹岛（シコタン島）、国后岛（クナシリ島）、择捉岛（エトロフ島）、得抚岛（ウルップ島）、知里保以岛（チリホイ島）、武鲁顿岛（ブロトン島）、新知岛（シムシル島）、计吐夷岛（ケトイ島）、宇志知岛（ウシシル島）、罗处和岛（ラショワ島）、松轮岛（マツワ島）、雷公计岛（ライコケ島）、牟知列岩（ムシル列島）、知林古丹岛（チリコタソ島）、舍子古丹岛（シヤスコタソ島）、越渴磨岛（エカルマ島）、春牟古丹岛（ハリムコタソ島）、温祢古丹岛（オネコタソ島）、磨勘留岛（マカソル島）、志林规岛（シリソキ島）、阿赖度岛（アライト島）、幌筵岛（パラムシル島）、占守岛（シェムシュ島）。

岛中最小的岛，周围12公里，面积约5平方公里。色丹岛，土语为"大岛"的意思，位于纳布岬东北40英里，是长28公里、宽9.5公里的长方形岛屿，海岸线长144公里。根据日本国土地理院2005年4月1日最新勘定，确认色丹岛及附属岛屿面积为253.33平方公里。第二次世界大战结束时，该岛上居民为877人。色丹岛属于丘陵地带，也有许多湖沼。色丹岛西北部海岸线为断崖，而东南海岸线十分弯曲，能够停泊船只的地方达20余处。色丹岛属于高山植物地带，因此环境优美，非常有利于发展旅游业。

国后岛是因岛上海岸有个叫基纳西里的大岩石而得名。国后岛从西南到东北全长122公里，最宽处30公里，最窄处6公里，根据日本国土地理院2005年4月1日最新勘定，确认国后岛及附属岛屿面积为1498.83平方公里。岛上从东南海岸到西北海岸有良好缓慢的倾斜地形，河流众多，面向太平洋沿岸为浅海，海岸线曲折，形成了许多港口，面向根室海峡为连绵的断崖。国后岛上拥有平原、湖泊及大量森林资源。

择捉岛是千岛群岛中最大的岛屿，位于国后岛的东北方向，岛长为203.5公里，宽为6~30公里，为细长形岛屿，根据日本国土地理院2005年4月1日最新勘定，确认择捉岛及附属岛屿面积为3184.04平方公里。岛上耸立着1000~1500米的活火山与死火山。东部海岸是断崖陡壁，河川径直流下，溪谷狭深，然而西部多为阶段状的台地和缓倾斜地，海岸线长，既有海岬又多港湾，大小河流180条，其中最长为26公里，形成了众多的湖泊与沼泽。

千岛群岛沿岸是日本海暖流与白令海寒流交汇处，因此成为世界三大渔场之一。千岛群岛也是鄂霍次克海通向太平洋的通道，因而具有重要的军事战略价值。

千岛群岛最早的居民是阿伊努人，日本早期也称为虾夷人①，他们为了寻找生活食物，从北海道②渡海峡来到千岛群岛南部，接着又逐渐顺着千岛群岛北上，到达千岛群岛的最北端。在阿伊努人之后，是从南方进入的日本人。江户时代初期，日本与千岛群岛之间的往来就有记录。据松前氏的记录，1615年（元和元年）阿伊努人就以海獭皮为贡品，奉

---

① 虾夷人：古代北海道一带尚处于渔猎阶段的居民，后来多数人逐渐被内地人同化。
② 北海道：古代该地称为虾夷地，江户时期该地称为松前藩，明治维新后1869年改称北海道。

献松前①藩主，作为"臣服"礼物。根据记载，1635 年（宽永十二年），松前藩的村上广义对千岛群岛进行探察。1644 年（正保元年），德川幕府绘制了日本最早的全国地图《正保御国绘图》，其中就包括了千岛群岛的地图。这是世界上最早的有关千岛群岛的地图，知床半岛与纳沙布岬的东北大小 39 个岛都有记录。这些地图反映出在当时日本已经对其有相当正确的认识。俄国斯帕波鲁夫绘制的千岛群岛地图，是 100 年以后的事情。

这里还要提到荷兰人有关千岛群岛探险问题。1643 年，荷兰人马腾·弗里斯（M. Vries）率领"卡斯特里克姆"号，受荷兰总督巴达维亚（Badauia）之命，为了寻找黄金而进行环球航海探险来到此处。马腾·弗里斯围绕择捉岛进行一周航行后登岛，并在得抚岛建立标志，宣布该岛为荷兰王国所有。虽然马腾·弗里斯仅围绕择捉岛航行一周，但是此次活动却带来重要后果，就是西方世界第一次知道千岛群岛的存在。

日俄两国原本是毫不相邻的国家，但是随着俄国势力向西伯利亚及远东地区殖民侵略扩张，与处于极力对外扩展领土的日本势力相碰撞，形成今日两国隔海相邻的状态。15 世纪末 16 世纪初，日本处于室町幕府（1338～1573）统治时期，俄国才形成统一的国家。俄国地处欧洲内陆的国家，日本地处亚洲大陆隔海相望的岛国，两国本来地理位置上相差巨大，但是，从 16 世纪中叶起，俄国沙皇伊凡四世开始加紧推行向东方扩张政策。俄国以勇猛善战的哥萨克人②为先锋，向西伯利亚及远东地区扩张势力，不仅在侵略扩张过程中吞并了所有中小国家，而且还把侵略矛头指向了东方古老文明大国——中国。1869 年 9 月，俄国与中国政府签订了《尼布楚条约》，中国将原属于自己的尼布楚周围及其以西领土割让给俄国，俄国承认黑龙江流域和乌苏里江流域为中国领土。《尼布楚条约》只是暂时划定了中俄东段国界线，因为俄国并未就此罢手，而是进一步谋划对中国更大的侵略扩张。俄国在侵略中国的同时，也把注意力投向了地处亚洲大陆与其隔海相望的岛国日本。

---

① 松前：这里指北海道。有时专指北海道渡岛半岛西南端的松前氏的城堡及其附近地区，旧称福山。

② 哥萨克人：俄罗斯人一部分，因逃避封建压迫而从俄中部流亡到边疆的部分农奴和城市贫民，自称"哥萨克"，其在突厥语中意为"自由的人"、"冒险者"等，多为军人，在沙俄对外扩张中充当先锋作用。

日本作为岛国，1868年明治维新之前是一个比较封闭、落后、自给自足的封建农业国家。日本人长期生活于海岛上，几乎没有遇到外来民族的入侵威胁。但是，从16世纪中叶以后，随着西方航海大发现，西班牙人、葡萄牙人、荷兰人先后登陆日本列岛，使日本社会发生了新的变化。不仅西方人的"洋货"使日本人大开眼界，而且西方人带来的天主教也在日本一些沿海地区迅速传播。西方人这种物质与精神方面的双重渗透，使日本幕府统治者感到了统治危机。于是从1635年起，德川幕府下令，严禁日本人出国，禁止海外日本人回国，同时也对入境的外国人作出严格限制。除了信奉新教的荷兰人可以在长崎一地开展有限度的贸易活动，对其他西方国家人员入境一概拒绝，形成了所谓"锁国"局面。

日本幕府的"锁国"政策并未能阻碍西方列强国家的入侵行径。俄国人最初了解到日本的存在，是通过荷兰人所撰写的书籍。1637年荷兰学者默卡特（Makat，1512~1594）所绘制的地图被译成俄文，使俄国人第一次模糊地了解到日本的存在。1670年荷兰学者默卡特撰写的《宇宙志》被译成俄文，该书有一章专门介绍日本列岛状况，这样就使俄国人对日本有了初步认识。《宇宙志》中介绍日本"是一大岛，位于中国以东700俄里，盛产金银和其他财宝"①。可以说这种物质上的极大诱惑力，促使沙皇俄国政府极力想要寻找到日本。1673年俄国政府向中国派遣使节团之际，同时要求他们努力搜集有关日本的情报。1678年该使节团返回莫斯科，在他们提交的报告中讲："据中国地志学者及地图所载，光荣之大日本岛乃自阿穆尔河口之前伸展至遥远之中国面前，故自中国可以两昼航行日本。据在阿穆尔河口过冬的哥萨克人观察，自河口附近之各山头，可以看到别国的各小岛。由于能够在阿穆尔河口建造大型船只，故亦可开辟由此通往中国及日本之航路。"② 这里所说的阿穆尔河就是我们中国人所说的黑龙江。该报告对日本地理方位的记述基本准确，特别是有关黑龙江口可以建造大型船只，可以航行中国及日本的建议，对后来俄国在远东地区进行扩张活动具有重要价值。

俄国人与日本人第一次接触是在1697年。1695年日本大阪商人传兵卫等12人乘坐商船从大阪向东京运送商品时，遇到风暴而顺势漂流，

---

① 黄定天：《东北亚国际关系史》，哈尔滨，黑龙江教育出版社，1999年，第63页。
② 黄定天：《东北亚国际关系史》，哈尔滨，黑龙江教育出版社，1999年，第63页。

1696年商船靠停堪察加半岛西岸，传兵卫等人登陆。1697年俄国哥萨克远征队在向堪察加南部征伐途中，发现了传兵卫等人。沙皇彼得一世（Петр I）获知此事后，立即命令护送传兵卫到彼得堡。1701年12月，彼得一世会见了传兵卫，当彼得一世获知日本盛产金银的消息后异常兴奋。为了实现与日本通商贸易的理想，1705年10月，彼得一世下令在彼得堡设置日语学校，并且聘请传兵卫负责教授日语。为了使日语学习更进一步发展，1714~1715年间俄国又将遭遇海难的另外一名日本人撒尼玛（音译）护送到彼得堡，与传兵卫共同教授日语。[①]

此时，沙皇俄国极力寻找日本，要求与其建立通商贸易关系的原因为：

（1）此时沙皇俄国正处于资本原始积累过程中，统治者们对于日本盛产黄金的传闻极其感兴趣，必然进一步刺激他们贪得无厌的本性，他们希望从日本获得渴望的黄金。

（2）沙皇俄国在对外扩张中有三条路线：即由波罗的海通往大西洋、由日本海通往太平洋和由黑海通往地中海，沙皇俄国要极力确保三条海上通道畅通无阻。在沙皇俄国由日本海向太平洋扩张战略中，日本地理位置重要，必然成为沙皇俄国垂涎的目标之一。

（3）在沙皇俄国向西伯利亚及远东地区扩张过程中，遇到的最大困难是后勤供给问题。沙皇俄国向西伯利亚及远东地区派遣的所谓"探险队"的后勤供给，多数来源于欧洲领土地区提供，在当地很难解决供给问题，所以沙皇俄国随着扩张势力不断扩大，急需在远东地区寻找到后勤供应地点，以便于自己长期立足于当地。沙皇俄国统治者急于与日本进行通商贸易活动，很大程度上是这方面因素决定的。

1732年4月，俄国政府颁布对西伯利亚与太平洋进行大规模探险的命令后，特别任命了总队长维·白令（В. И. Беринг）的助手什潘贝格（М. П. Шпанберг）兼任日本堪察队队长。经过长期准备后，1738年6月，什潘贝格率领舰队离开鄂霍次克向日本方面航行，结果途中遇到了大雾天气，使得舰队各船只之间的联系无法正常进行，各船只被迫独自按照原航线返回。1739年6月，什潘贝格再次率领船队向日本方面航行，结果他们来到了日本本州岛东北部海岸，因他们对岛上情况不了解

---

① 落合忠士：《北方領土問題——その歴史的事実・法理・政治的背景》，東京，文化書房博文社，1992年，第12頁。

而未敢冒险下船登岸，在附近海面抛锚。俄国舰队的到来，引起岸上日本岛民的惊奇，日本方面派出代表登船前来会晤，由于双方语言不通而使得交流活动无法展开。当时俄国舰队船员与日本岛民进行简单的物资交换活动后返航。俄国人什潘贝格经过两年努力终于探明了日本的方位，开辟了通往日本的航路，为此后俄国人开展对日本人的正式交往打下了基础。

为了同日本建立经济贸易关系，沙皇俄国政府决定以送几名日本遇险漂流者返回为敲门砖，换取日本政府的好感。1791年1月，日本遇险漂流者光太夫等三人被护送到彼得堡，女皇叶卡捷琳娜二世亲自出面款待，不仅赠送各种名贵礼品，而且还授予他们金质奖章或者银质奖章。与此同时，俄国政府也准备了送给日本政府的礼品及国书，并且俄国政府还组成了使节代表团专程随行护送。1792年10月，俄国代表团一行到达了日本北海道地区根室，这是俄国政府第一次正式派遣使节团到日本并要求开港通商。对于俄国代表团的突然到访，日本政府仅接受了日本遇险漂流者返回，而对于其他方面内容则采取回避态度，使得俄国代表团访问日本的真实目的未能实现。

日本遇险漂流者光太夫返回后，由于他在俄国滞留多年，记录了大量俄语条目，特别是他从东到西穿越了整个俄国领土，与俄国平民百姓及沙皇都有接触，掌握了丰富的俄国风俗政情。因此，幕府将他软禁并命其口述在俄国所见所闻，并据此撰写出大量有关介绍俄国风土人情的书籍，这对于日本人真实地了解俄国的情况起到非常大的作用。

1804年10月，俄国舰队再次来到了日本长崎，此行俄国方面又携带了四名日本遇险漂流者，但是日本政府仍然如上次做法，仅收留四名日本遇险漂流者，其他问题一概采取回避态度，并且告诉俄国方面今后不必再烦劳送回遇险漂流者。俄国两次登门要求进行通商贸易均遭失败后，便决定采取武力打开日本国门。1806年10月，俄国舰队袭击了库页岛南端久春古丹日本人集聚区，抓捕了松前番派驻的四名小吏，掠夺了日本人的大米、烟酒及衣物，烧毁了税务所、仓库、寺院、渔船及渔网。1807年9月，俄国舰队又袭击择捉岛，并且与岛上的日本守军展开激战，这也是两国军队首次交战。日本守军终因无力抵抗俄国舰队的猛烈炮火而败退，俄军登岛后大肆进行烧杀掠夺行径。俄国舰队的暴行震怒了日本幕府，1808年初幕府颁布"俄船驱逐令"，指示沿海各地："今后无论在何处海面发现俄船，应即严加驱逐，如敢靠岸，则应迅即逮捕或处死。"① 1811 年，俄国海军"季阿娜"号军舰在戈洛夫宁率领下赴千岛群岛水域勘测调查，当戈洛夫宁等七人登上国后岛后立即被日本守军扣押。海上的"季阿娜"号军舰试图救援失败后，在航行途中偶遇一艘日本运输船，便将船主高田屋嘉兵卫等六人扣为人质。经过双方长时间交涉后，俄国方面释放人质，并且表示"谢罪"后，日本方面才把戈洛夫宁等人释放。此后约 40 年里，日俄两国之间没有任何官方交往，日本北部领土呈现出相对平静的环境。

俄国在向远东地区扩张过程中，1705 年宣布拥有堪察加半岛所有权，此后以堪察加半岛为基地，开始从南至北向千岛群岛各岛屿扩张势力。1711 年俄国人占领了千岛群岛最北端占守岛、幌筵岛，1766 年到达择捉岛。

日本松前藩人沿着阿伊努人的足迹进入千岛群岛后，1754 年在国后岛建设基地并着手开发渔业。当日本幕府统治者获知俄国人进入该地域后，1785 年组织探险队对择捉岛、得抚岛展开探险活动，1799 年宣布对千岛群岛直接控制管辖，幕府官员近藤重藏也渡海来到国后岛，高田屋嘉兵卫开辟了通往择捉岛的航线。1800 年，近藤重藏到达择捉岛，并在此树立起"大日本惠登吕府"的标志。

在俄国政府多次要求日本开展双方通商贸易努力失败后，美国政府决定以武力打开日本国门。1852 年 11 月，美国海军将领培理（M. C. Perry）率领的四艘炮舰组成的舰队强行登陆日本江户，并且强行递交国书后，告诉日本政府明年春天再来交涉后离开。因美国舰队船只为黑色，故日本方面称此为"黑船事件"。该事件也为俄国政府打开与日本通商的大门创造了契机。俄国政府曾经与美国政府联系，提议双方采取共同行动，但遭到美国政府拒绝。1853 年 8 月，俄国舰队到达日本江户，向日本幕府提出举行划定两国边界问题谈判，为此日本幕府被迫同意在长崎举行两国谈判。日本幕府代表实际上在谈判中采取了拖延战术，仍然坚持拒绝态度，但最后俄国方面提出如果日本与第三国缔结通商条约时，也要与俄国缔结同样的条约，并且要求作出书面保证，日本幕府代表对此表示接受。

---

① 黄定天：《东北亚国际关系史》，哈尔滨，黑龙江教育出版社，1999 年，第 67 页。

日本幕府代表为何同意俄国方面的这种要求呢？一是日本幕府认为如果不答应俄国这一要求的话，俄国人就不会尽快离开日本。二是日本幕府坚信自己不会与第三国缔结通商条约，所以他们才敢于满足俄国方面的这一要求。然而，俄国与日本举行的这次会谈，刺激了刚刚离去的美国舰队。美国政府十分担心俄国会抢先获得更大的利益，所以不顾严冬寒冷，1854年2月，培理率领更大规模的七艘炮舰组成的舰队来到日本。

在美国强大的军事压力下，3月31日，日美两国在神奈川签订了《日美友好条约》（又称《日美神奈川条约》），这是日本与外国签订的第一个国际条约。该条约主要规定：日本向美国开放下田、箱馆（1869年改称函馆）两个港口。鉴于美国采取武力手段，迫使日本幕府打开国门，英国也采取同样办法，1854年10月迫使日本签订了《日英约定》，该条约不仅规定日本向英国开放长崎、箱馆两港口，而且还规定英国享有最惠国待遇。

美国、英国先后迫使日本打开国门，为俄国实现梦寐以求的与日本签订通商条约打造了便利环境。在俄国多次催促下，日本被迫于1855年2月7日，在下田长乐寺，日本幕府代表筒井肥田前守、川路左卫门尉与俄国政府代表普佳京（Е. В. Путятин）之间签订了《日俄友好条约》（又称《下田条约》），其主要内容为：

> 第二条款规定：今后日本国和俄国的国境应在择捉岛与得抚岛之间。择捉岛全岛属于日本，得抚岛全岛及其以北的千岛群岛属于俄国。至于库页岛，日本国和俄国之间不划分国界，维持以往之惯例。
>
> 第三条款规定：日本政府向俄国船只开放箱馆、下田、长崎三港，今后俄国船只修理，并提供加淡水、食物、缺少用品、煤炭等。①

1855年2月《日俄友好条约》是日俄两国签订的第一个双边关系条约，标志着两国从此建立外交关系。该条约也是日俄两国之间签订的第

---

① 末澤畅二、茂田宏、川端一郎编集：《日露（ソ連）基本文書·資料集》（改訂版），東京，RPプリソティソゲ，2003年，第21页。

一份有关领土问题的条约，首次划定两国之间的部分国界线，即两国在千岛群岛之间的国界线。

俄国迫使日本签订《日俄友好条约》后，并未能实现从对日本贸易中获取巨额利润的目的。日本幕府对俄国输入的商品不仅征收了高额关税，而且还限制输入商品数量，幕府控制整个贸易活动，造成俄国对日出口贸易受到极大限制。为了打破这种严格限制措施，1857年10月，俄国又迫使日本签订了《日俄补充条约》，规定日本开放长崎与箱馆进行通商贸易，取消入境船只的数量与交易额的限制，同意双方商人在交易所里进行交易活动。实际上，该条约并未取消交易所由幕府控制及垄断经营的局面，主要进出口物资仍然被征收高额关税。这样，在1858年8月，俄国迫使日本又签订了《日俄友好通商条约》，俄国方面这次获取了以下权利：

（1）两国相互派遣外交官和领事，承认其在国内自由旅行。
（2）增开神奈川、兵库等通商口岸。
（3）自由进行贸易，不受官方干涉，根据最惠国条款制定关税。
（4）领事裁判权。
（5）片面最惠国待遇。①

1859年，俄国开始在日本北海道箱馆建造俄国第一个领事馆。

日本与俄国接触库页岛最早也只能追溯到17世纪上半叶。日本德川秀忠将军时期（1605~1622），出于地理考察测绘地图需要，松前藩王子武田信弘曾连续两年派出人员登上该岛，但是活动也仅仅限于库页岛南端。俄国人则更晚，1643年第一任雅库次克督军戈洛文派"远征队"入侵中国黑龙江流域，在遭到反击逃亡途中看到了库页岛。1732年俄国的谢斯塔科夫探险队从乌达河口沿鄂霍次克海西岸到达库页岛北端。在18世纪，无论是俄国人，还是日本人，都把库页岛当作东北亚大陆的一个半岛，如1785年印制的《三国通览图说》，1804年编著的《边要分界图考》就是典型例证。

1799年沙皇俄国正式批准成立"俄美公司"，其任务是巩固沙俄在北太平洋地区的领土以及夺取黑龙江口、库页岛地区。1806年10月10日，俄美公司所属军队在库页岛南端的久春古丹袭击了松前藩藩主的税

---

① 日露、日ソ関係200年史編集委員会、杉森康二、藤本和貴夫編：《日露、日ソ関係200年史——日露の出合からシベリァ干渉まで》，東京，新时代社，1983年，第17页。

务所，焚烧仓库，并宣布库页岛为沙皇俄国所有。1850年8月1日，俄美公司所属军队到达库页岛北部的库艾格达岬，并升起俄国国旗。1853年4月，沙皇尼古拉一世（Николай I）命令俄美公司立即占领库页岛，并命令在库页岛东西两岸各建立一个哨所。同年8月，俄美公司所属军队在库页岛东岸登陆，建立了以沙俄东西伯利亚总督穆拉维约夫命名的哨所，并且公然宣布"库页岛属俄国所有"。1854年初，沙皇俄国忙于克里米亚战争，暂时从库页岛撤军。1856年，克里米亚战争结束，沙皇俄国趁英法两国在中国发动第二次鸦片战争之机，派兵重新占领库页岛，并将该岛划归沙俄东西伯利亚总督穆拉维约夫直接管辖下的区域。

日本北海道地区渔民因地缘之便，从17世纪中叶开始偷偷到库页岛南端捕鱼，久而久之便在岛的南端出现了日本人的集聚区，并且非法设置了日本人交易所、警备所等。1807年江户幕府派远山景晋赶赴库页岛，将库页岛的管辖权收归幕府，又命令仙台、会津两藩派兵驻守库页岛。1808年江户幕府相继派遣最上德内、松田传十郎、间宫林藏赴库页岛进行勘察，初步得出库页岛是一个岛屿的结论。1809年，间宫林藏再次赴库页岛进行勘察，并沿黑龙江溯流而上，访问了清政府设在黑龙江下游德楞的地方政府。由此，日本人第一次确切地得知库页岛是一个岛屿。1814年，日本幕府从库页岛撤兵，并恢复了松前藩对库页岛的管辖权。1855年日本幕府又将包括库页岛在内的虾夷地从松前藩手中收回，交箱馆奉行管辖，俄国人知道库页岛为岛屿要比日本人还晚40年。俄国人虽然多次入侵中国黑龙江口，但是直到1849年东西伯利亚总督穆拉维约夫派遣人员来此调查，才知道库页岛为独立岛屿。1852年初，俄国军队占据了黑龙江口地区，并且实施长期驻守。1853年4月23日，俄国政府下令占领库页岛。19世纪中叶，日俄两国围绕着库页岛问题的矛盾日益尖锐。1859年8月，沙俄远东总督穆拉维约夫率九艘军舰抵达日本，提出以北纬48度线划界，库页岛整体为沙皇俄国所有，日本幕府予以拒绝。1860年俄国政府强迫中国政府签订了《中俄北京条约》，侵占了包括库页岛在内的中国东北地区大片领土。在西方列强国家不断施加的压力下，日本被迫签订了一系列不平等条约，其中包括与俄国签订的不平等条约。可以说在1868年日本明治维新前，俄国与其他西方列强国家一样，利用手中的强大武力，迫使日本逐步走向半殖民地化道路。也正是在西方列强国家的不断施压下，日本国内一些有识之士，特别是下级武士阶层人士，认识到日本只有走资本主义道路，在政治、经济、军事、文化等方面全面学习西方先进资本主义国家，才能摆脱这种危险局面，甚至可以成为列强国家中的一员。日本终于在 1868 年爆发了明治维新，从此走上了资本主义发展道路。

《中俄北京条约》签订后，俄国开始从库页岛北部南下，对库页岛南部地区的日本人采取驱赶策略。针对此，1869 年 7 月 8 日，日本政府决定设置开拓使，8 月 15 日又将松前藩改称为北海道，把过去称为虾夷地的库页岛改称桦太岛，并设置在开拓使的管辖下。1870 年 2 月，俄国人在库页岛函泊逮捕并监禁了日本官吏，1873 年 4 月，俄国人在库页岛久春古丹抢劫了日本人的商店，并闯入日本官吏的住宅。由于俄国势力向东方扩张，使英美两国感到利益将受到威胁，故希望利用日本力量抵制。英美两国认为日本力量无法抵制俄国势力在库页岛上的发展，所以力劝日本放弃与俄国在库页岛上的争夺，集中力量确保北海道。这时在日本国内也出现征服朝鲜的主张，提出把库页岛让给俄国，以换取俄国在日本征服朝鲜过程中采取中立姿态。

在上述因素的影响下，1862 年 11 月，日本幕府派遣竹内保德使团赴圣彼得堡，日俄两国就库页岛问题举行谈判。两国谈判中，日本提出以北纬 50 度线划分两国在库页岛上的边界线，而俄国则坚持以北纬 48 度线划分两国边界线，谈判未获成功。1866 年，日本幕府再次派遣箱馆奉行小出秀实赴俄谈判。1867 年 3 月 30 日，日俄双方签订《库页岛暂行规定》，其中规定：俄国把俄属千岛群岛中的得抚岛等四岛让与日本；允许日本渔民在库页岛居住；两国国界仍以北纬 48 度线为界，继续保持原来的杂居状态。1874 年，日本政府任命驻俄国公使榎本武扬为代表，俄国政府任命外交大臣哥尔查科夫（А. М. Горчаков）为代表，开始举行谈判。日本代表榎本武扬提出库页岛以北纬 50 度为分界线，俄国代表哥尔查科夫提出以宗谷海峡为分界线，双方经过讨价还价后，1875 年 5 月 7 日最终签订了《库页岛·千岛交换条约》。该条约主要内容如下：

一、大日本国天皇陛下，至其后嗣，将现今所领库页岛一部分之权利及属于君主之一切权利让与全俄皇帝陛下。自今而后，全库页岛悉属俄国帝国，以拉彼鲁兹海峡为两国境界。

二、全俄皇帝陛下，至其后嗣，作为取得第一款所载库页岛权利之补偿,将现今所领有之千岛群岛,即第一占守岛一,第二阿赖度岛,第三幌筵岛,第四磨勘留岛,第五温祢古丹岛,第六春牟古丹岛,第七越渴磨岛,第八舍子古丹岛,第九牟知岛,第十雷公计岛,第十一松轮岛,第十二罗处和岛,第十三斯列道涅瓦及宇志知岛,第十四计吐夷岛,第十五新知岛,第十六武鲁顿岛,第十七知理保以及普拉特、知理耶夫岛,第十八得抚岛,共计十八岛之权利及属于君主之一切权利,让与日本国天皇陛下。自今而后,千岛群岛全岛属于日本帝国。以堪察加地方之洛帕特卡角与占守岛之间的海峡为两国之国界。①

《库页岛·千岛交换条约》的签订,是在1855年日俄两国签订《日俄友好条约》的基础上,两国之间第一次完整地解决所有边界划分问题,结束了两国长期以来就该问题举行的谈判。《库页岛·千岛交换条约》的签订,也暂时结束了两国有关领土问题的争论。根据该条约,日本以北纬50度库页岛南部换取俄国所拥有的千岛群岛的得抚岛以北的18个岛屿。这样就形成了日本完全控制千岛群岛,而俄国完全控制库页岛的新局面。

二、日本出兵改变两国界线划定

1868年日本明治维新后,一方面打着民族主义旗帜,要求西方列强国家修改不平等条约,另一方面则仿效西方列强国家开始向弱小邻国武力扩张。1874年日本进攻中国台湾省,1879年吞并臣服于中国的"藩属国"琉球王国。此时日本更重要的目标是征服距离最近的国家朝鲜。1875年,日本制造事端并以武力相威胁,终于迫使朝鲜政府于1876年2月签订了《日朝友好条约》(又称《江华条约》)。该条约规定:朝鲜向日本开放仁川、元山两港口,允许两国自由通商,日本在汉城设置大使馆,在釜山设置领事馆等。日本在发动对朝鲜侵略过程中,遇到来自中国方面的阻碍,因为当时朝鲜为中国的"藩属国"。为了排除中国在朝鲜的势力,1894~1895年日本挑起了中日甲午战争,结果腐败的中国清政府一败涂地,最后不得不于1895年4月17日签订了《马关条约》。该

---

① 落合忠士:《北方領土問題——その歷史的事実·法理·政治的背景》,東京,文化書房博文社,1992年,第45~46頁。

条约不仅迫使中国退出在朝鲜半岛的势力，而且还要交付巨额赔款，割让中国的辽东半岛、台湾及澎湖列岛。日本要占领中国辽东半岛，使得早已打算霸占中国东北地区的沙皇俄国极为不满，于是勾结法国与德国，上演了所谓"三国干涉还辽"的剧目，迫使日本在收取了中国大量"赎金"后，放弃了占领辽东半岛的企图。"三国干涉还辽"使得日本认识到在远东地区扩张道路上最大障碍是俄国，便下决心不惜与俄国一战。日俄战争是两国之间第一次大规模战争，也是为争夺东北亚地区的霸权而战。1904年2月8日晚间，东乡平八郎率领日本联合舰队突然袭击俄国驻旅顺口要塞舰队和俄国驻朝鲜仁川舰队。2月10日，日本政府才正式向俄国政府宣战。日俄战争以中国东北地区的旅顺、沈阳一线为主要战场，不仅粗暴地践踏了中国的神圣领土及主权，而且也给中国人民的生命财产造成了巨大损失。日俄战争使腐败的俄国"外强中干"的特征完全暴露，5月初，俄国军队在鸭绿江战役中失败；5月末，日本军队占领了大连，围困旅顺港；1905年1月2日，日本军队攻陷旅顺口；3月初又在沈阳战役中击败俄国军队。5月27日至29日，从欧洲调来增援的俄国波罗的海舰队在对马海峡与日本舰队激战，结果俄国舰队基本全军覆没，舰队司令官也当了俘虏。俄国在战争中无论是陆战还是海战皆为惨败，最后在美国总统西奥多·罗斯福（T. Roosevelt）出面调停下，1905年9月3日，日俄两国签订了《朴茨茅斯条约》。该条约主要内容为：

> 第九条：俄国帝国政府，将库页岛南部及其附近一切岛屿，以及在该地方一切公共营造物及财产，与完全之主权一并让与日本国政府。其让与地区之北方边界，定为北纬50度。该地区正确之边界线，依照附属于本条约之追加条款第二之规定决定之。
>
> 第十一条：关于俄国将濒临日本海、鄂霍次克海及白令海的俄国领土沿岸之渔业权，许与日本臣民，约定同日本缔结协定。①

按照日俄两国签署的《朴茨茅斯条约》规定，沙俄割让库页岛北纬50度以南的地区给日本，日本在该地区设立桦太民政署。1907年3月15

---

① 坂本德松、甲斐静馬：《返せ北方領土》，東京，青年出版社，1977年，第241页。

日，桦太民政署升格为桦太厅。1915年6月26日，日本在库页岛南部设立17郡4町58村。

《朴茨茅斯条约》是日俄两国关系史上占有重要地位的条约。该条约是俄国遭到惨败的情况下签订的，或者说在日俄两国综合国力经过一场真正较量之后签订的，该条约彻底改变了日俄两国关系。

对于日本方面来讲，该条约不仅改变了日本以往对俄国屈服的心态，而且更增加了其与西方列强国家争夺远东地区霸权的自信心。日俄战争中，日本方面能够取得胜利的一个很重要因素，是获得了英美两国的支持。因为英美两国希望利用日本势力来阻止俄国势力在远东地区发展。如1902年1月30日日英两国签订的《日英同盟条约》第二条规定："英国或日本国之一方为保护上述利益而与他国开战时，则他方应严守中立，并努力防止其他国家参加战事攻击其同盟。"第三条规定："如有上述情形，另一国或数国参加对于该同盟国战争时，则他一缔约国应予以援助，共同作战，媾和时亦须相互同意然后实行。"[1]这就表明，如果日俄战争爆发，英国将成为日本的坚强同盟国。日本在日俄战争获得胜利，也使日本深刻认识到，在远东地区争霸需要利用大国之间的矛盾，利用大国之间的矛盾开展外交，从此这成为日本外交政策最主要的特征。

对于俄国方面来讲，《朴茨茅斯条约》是俄国出于战败情况下签订的，特别是改变了日俄两国已经确定的国界线，俄国被迫将北纬50度库页岛南部割让给日本，所以此后俄国及苏联都将收回库页岛南部问题作为对日本政策的核心内容之一。日俄战争结束后，两国之间曾一度相互抱有戒心并想再进行一场较量，但是终因双方已元气大伤而无力再战。随着日俄战争后俄国收缩在东北亚地区的势力范围，英美两国势力开始向该地区扩展。英美两国向东北亚地区扩展势力，不仅使日本感到不满，认为为别人做了嫁衣，而且俄国也感到不满，认为自身在东北亚地区的利益受到威胁。于是，日俄两国在共同利益驱使下，在共同反对英美两国势力向东北亚地区扩展这一大目标下，两国关系开始出现缓和。1906年1月，日俄两国恢复了外交关系。1907年，两国签订了关于中国东北连接铁路的协定、关于两国渔业协定、关于两

---

[1] 王绳祖主编：《国际关系史资料选编》上册（第一分册），武汉，武汉大学出版社，1983年，第294页。

国贸易及航海协定。1907 年 7 月 30 日，日俄两国签署了第一份公开协定与秘密条约，双方在公开协定中宣布尊重中国的领土完整，但是在秘密条约中却划分了各自在中国东北的势力范围。1910 年 7 月 4 日，日俄两国签署了第二份公开协定与秘密条约，双方再次强调势力范围的界限，并且保证互不干涉对方势力范围内的权益，两国还表示要联合抵制第三国势力介入。1912 年 7 月 8 日，日俄两国签署了第三份秘密条约，明确划分两国向中国内蒙古地区扩展势力范围的界限。1916 年 7 月 3 日，日俄两国签署了第三份公开协定与第四份秘密条约。如果说前三份日俄秘密条约的目的是瓜分和巩固两国在"满蒙"地区的利益范围，那么第四份秘密条约就是一个侵略的、强权政治的军事同盟条约。两国企图凭借在地理上、军事上的优势，把其他西方列强国家挤出中国。1914 年 7 月，第一次世界大战爆发后，虽然俄国与日本都是协约国集团中的主要成员，但是日本参加第一次世界大战的目的是要夺取德国在中国及太平洋的殖民地，而俄国则完全卷入了欧洲战场厮杀，所以日俄两国在军事行动上没有配合。在这种大背景下，俄国爆发了十月社会主义革命。1917 年 11 月 7 日（俄历 10 月 25 日），俄国爆发了人类历史上第一次社会主义革命。对此帝国主义国家联合起来，采取了武力干涉政策。日本出兵占领俄国远东及西伯利亚地区，目的是企图再次改变两国的国界线。

1918 年 4 月 5 日上午，日本海军陆战队 533 人在海参崴（符拉迪沃斯托克）登陆①，标志着日本出兵苏俄远东地区及西伯利亚地区正式开始。日军采取三路进攻战略，8 月 12 日，第一路日军由海上增援海参崴；第二路日军取道朝鲜半岛，经过中国东北地区，由内蒙古满洲里侵入苏俄外贝加尔地区的要冲城市赤塔，并设立日军大本营；第三路日军在苏俄领土库页岛北部对岸的庙街（尼古拉耶夫斯克）登陆。当年 10 月，日本入侵军队达 72400 人，占各帝国主义国家出兵总数的 3/4。②

日本军队在苏俄领土上迅速扩展，向北入侵到乌苏里江与黑龙江流域地区，即苏俄远东地区的阿穆尔州与滨海边疆区。向西入侵到海兰泡

---

① 日露、日ソ関係 200 年史編集委员会、杉森康二、藤本和貴夫编：《日露、日ソ関係 200 年史——日露の出合からシベリア干渉まで》，東京，新时代社，1983 年，第 235 页。

② 〔日〕林三郎编著：《关东军与苏联远东军》，吉林省社科所日本研究室译，长春，吉林人民出版社，1978 年，第 7 页。

（布拉戈维申斯克）、赤塔、扎巴加里亚，即苏俄的东西伯利亚地区。日本帝国主义势力所涉及的地区，苏俄的财产被掠夺，人民遭迫害。

1919年1月26日，日本内阁作出《对俄方针纲要》决议。其主要内容为：

（一）帝国希望苏俄恢复，为此愿意与协约国共同提供一定的援助。

（二）恢复的苏俄必须完全坚持和平主义对外政策，为此要做到：

（1）发展西伯利亚的资本主义制度，苏俄中央政府不得向远东地区扩展，并且要采取一定的抑制措施。

（2）努力防止、消除在苏俄远东地区上，除维持秩序之外的军事设施的发展。

（3）努力防止、消除苏俄对外蒙古地区推行的侵略政策。

（三）废除苏俄在该地区有关资源开发及其他工商业经营方面的限制或阻碍，依据机会均等主义，授予外国人居住、经营及投资的便利，开放黑龙江航行，海参崴设为自由港。①

从日本内阁上述决议可以看出，其目的就是要把远东及西伯利亚地区从苏俄版图上分离出来，最终实现日本长期占领。为了达到此目的，日本又极力扶植当地白俄匪帮的傀儡政权。日本在外贝加尔地区的要冲城市赤塔，扶植了谢苗诺夫（Г. М. Семёнов）政权；在阿穆尔州的海兰泡（布拉戈维申斯克）城，扶植了里诺夫政权；在乌苏里江流域地区的伯力（哈巴罗夫斯克）城，扶植了卡尔米科夫政权。1918年11月，在西西伯利亚的鄂木斯克，帝国主义国家又扶植了苏俄领土上最大的傀儡政权——高尔察克（А. В. Колчак）政权，并且名义上统领谢苗诺夫傀儡政权、里诺夫傀儡政权、卡尔米科夫傀儡政权。日本政府对高尔察克傀儡政权不仅率先予以承认而且还提供物资援助，1919年5月，日本政府正式任命加藤恒忠为临时特命全权大使，进驻鄂木斯克。

1918年11月11日，第一次世界大战各参战国正式签署停战协议。1919年6月28日，巴黎和会各参加国代表正式签署《凡尔赛和约》。此后各帝国主义国家被迫纷纷宣布从苏俄领土上撤军，1920年4月1日美国完成了撤军后，在苏俄领土上仅剩下了日本军队赖着不走。

在这种形势下，布尔什维克党和国家领导人列宁认真分析了当时所

---

① 真相编集局编：《日本の対ソ蔭謀》，東京，人民社，1948年，第21~22頁。

处的环境，指出："问题就是这样摆着：远东、堪察加和西伯利亚的一部分现在事实上为日本所占有，因为那里是受日本的军事力量支配的，正像你们所知道的，环境迫使我们建立了缓冲国——远东共和国。我们知道得很清楚，由于日本帝国主义的压迫，西伯利亚的农民忍受着怎样令人难以置信的灾难，日本人在西伯利亚干了多少罄竹难书的暴行。……但是，我们不能同日本打仗，我们不仅应该尽力设法推迟对日战争，如果有可能的话，还要避免这场战争。"① 根据列宁指示，苏维埃俄国政府决定，在贝加尔湖以东至太平洋沿岸地区，建立一个新的、挂着民主主义国家国旗的政权——远东共和国。1920 年 4 月 6 日，在苏俄远东领土上的乌兰乌德召开了外贝加尔地区劳动者大会。根据大会决议，宣布成立资本主义议会民主制的远东共和国。

日本在苏俄领土上拒不撤军，引起苏俄人民更加强烈的反抗。1920 年 3 月，在庙街（尼古拉耶夫斯克）城里，日本军队及俄国残匪同当地游击队展开激战。当地游击队很快取得胜利，俘虏了守城的日本军队及俄国残匪，并占领了该城。但是，日本军队并不甘心于这次的失败，暗地里从其他地方调来军队援救。5 月 27 日，即日本援救部队到达之前，游击队放火烧毁庙街城，日军俘虏和领事官员及家属、侨民共计 384 人在这场大火中被烧死。② 这就是历史上的"庙街事件"。"庙街事件"反映出苏俄远东地区人民对日本军队的愤怒心情，然而也为日本军队继续赖着不走制造了借口。7 月 3 日，日本政府发表声明，宣称"庙街事件"有损于日本帝国的威信，作为报复措施，决定出兵占领俄国远东地区领土库页岛北部。这样日本最终实现了完全占领库页岛的目的，改变了 1905 年 9 月双方签署的《朴茨茅斯条约》规定的两国国境线。

日本拒不撤兵，同样也遭到日本国内人民以及美国为首的其他帝国主义国家的反对。在国内外一片谴责声下，日本军队被迫派出代表与远东共和国代表就结束战争状态问题举行谈判。1920 年 7 月 16 日，双方签署协议，日本宣布承认"在苏俄领土上建立不受其他武力干涉的、统一各个政权的、单一的政府作为缓冲国，是保持该地区和平秩序的最好方法"③。1920 年 11 月 1 日，苏俄远东和西伯利亚地区代表宣

---

① 《列宁全集》第 31 卷，北京，人民出版社，1958 年，第 422 页。
② 外务省编：《日本外交文书》大正十二年第一册，東京，1983 年，第 288 号，第 401 页。
③ 西春彦监修：《日本外交史》15 卷，東京，鹿岛平和研究所出版会，1970 年，第 20 页。

布"塞纳河以东的苏俄领土独立"①。远东共和国的成立，标志着除日本军队占领地区之外，其他苏俄西伯利亚及远东地区领土实现了统一。

远东共和国成立后，其对日本政策的主要目标是，一方面使日本尽快撤兵，另一方面使其尽快承认苏维埃俄国政府。远东共和国政府除了多次向日本政府提出就和平、通商、撤军等内容举行谈判，主要利用缔结多个条约，表明自己与苏维埃俄国政府的关系，同时也设法利用日美两国在此问题上的矛盾，迫使日本方面作出让步。远东共和国政府与苏俄政府还利用各种形式，向全世界人民广泛宣传日本侵略的罪行，唤起全世界人民的支持。与此同时，日本国内工商企业界强烈要求开拓海外市场，特别是要求政府尽快与远东共和国政府签订经济贸易协定，以避免美国独占这一具有广泛发展前途的海外市场。1921年7月，日本政府决定与远东共和国政府举行谈判。

1921年8月26日，日本政府与远东共和国政府在中国大连市举行会谈，日本代表除了提出一般通商问题，主要提出：保证日本侨民的生命、财产安全；保证日本不受来自苏俄方面的威胁；废弃对外国人的各种生产上的严格限制；至少对于日本人不实行共产主义制度，禁止宣传共产主义内容；撤除在沙俄时期的具有威胁性的军事设施；在西伯利亚地区的产业，对外国人实现门户开放主义。② 上述提议内容，显示出日本将所控制的苏俄远东及西伯利亚地区当作了本国势力范围或殖民地。1922年4月16日，大连会谈宣布破裂。

大连会谈破裂后，日本政府遭到国内各阶层人士的强烈反对，特别是工商业界强烈要求与远东共和国方面签订通商协定。另外，日本军队长期赖在苏俄领土上，也使政府的财政开支出现困难。据日本方面公布，出兵苏俄领土四年多，共计造成军队死亡1475人、伤10000余人、病死600余人，财政支出高达7亿日元左右。③ 基于上述各种原因，1922年6月24日，日本政府宣布，10月底前从滨海边疆区撤出军队，完成从苏俄大陆上的撤军。与此同时，适当缩小在库页岛北部的占领范围，以期

---

① 西春彦监修：《日本外交史》15卷，东京，鹿岛平和研究所出版会，1970年，第22页。
② 西春彦监修：《日本外交史》15卷，东京，鹿岛平和研究所出版会，1970年，第27页。
③ 〔美〕马士·宓亨利：《远东国际关系史》下册，姚曾廙译，北京，商务印书馆，1975年，第633页。

等待"庙街事件"的解决。

1922年7月,双方再度决定在中国长春市举行谈判。在远东共和国政府强烈要求下,日本同意苏维埃俄国政府与远东共和国政府组成联合代表团参加会谈。9月4日,长春会议举行。在双方代表交换各自委任书时就发生了矛盾。苏俄方面以两国统一代表资格参加会议,其权限包括远东共和国在内的广大苏维埃俄国范围,而日本方面代表,其权限仅仅为远东共和国的范围内。这样长春会谈开始就代表权限问题展开激烈争论。另外,双方代表就是否以大连会谈结果作为此次谈判的基础问题,发生了激烈争论,最终导致21天后的9月25日,长春会谈宣布破裂。

1922年10月25日,日本军队从苏俄远东领土的大陆部分撤军完毕。1922年11月15日,苏维埃俄国政府宣布合并远东共和国,至此远东共和国从历史舞台上消失了。1922年12月30日,在莫斯科举行了苏维埃社会主义共和国联盟苏维埃第一次代表大会。从此,苏维埃社会主义共和国联盟(以下简称苏联)出现在20世纪的国际舞台上。

日本武力干涉苏俄社会主义革命失败之后,不仅国内工商界呼吁与苏联缔结经济贸易条约,打开国内经济不景气局面,而且在政府内部,特别是海军省也要求改善同苏联的关系。1923年2月22日,海军省给外务省的公文上明确指出:"日苏关系亲善在我国经济及国防上有密切关系,朝野有识之士众望为我外交方针之一。西伯利亚撤军迟缓已经使苏联国民对帝国抱有反感,如今仍出兵占领库页岛北部使这种感情继续恶化,国家应尽快改变这一憾事。我们今天唯以百年大计为目的改善对苏关系,不要因小失大。"[①] 根据1905年9月签订的《朴茨茅斯条约》规定,日本人在俄国领海拥有渔业权。日本出兵苏俄西伯利亚和远东领土期间,日本渔民在俄国领海上捕鱼作业,完全处于日本海军军舰的护卫下,进行所谓"自治捕鱼"作业。1923年3月,苏联政府宣布,废除1922年11月14日以前(即合并远东共和国之前)的一切渔业协定,这样就限制了日本渔民在苏联领海上的捕鱼作业,无疑予以其巨大冲击。

1922年11月,日本首相加藤有三郎决定,东京市市长后藤新平以"私人"名义,邀请苏俄驻远东地区大使越飞前来日本。1923年2月,

---

① 外务省编:《日本外交文书》大正十二年第一册,东京,1983年,第234号,第271页。

越飞与后藤新平在东京举行了两人"私人"会谈。3月7日,越飞提出举行日苏两国会谈的三个条件,征求日本政府的意向。越飞提出的三个条件为:

第一,在所签署的条约上,要承认两国间具有平等的权利。

第二,所签署的条约,不仅是通商条约,而且包括恢复两国正式外交关系在内的完整条约。在法律上承认苏联,双方要互相放弃过去的一切要求。

第三,明确规定日本军队从库页岛北部撤军的日期。①

3月29日,后藤新平根据日本政府指示就三个条件给予答复:

(1) 作为原则日苏两国站在平等立场上谈判,但是不能放弃日本根据旧条约已经获得的既得利益。

(2) 法律上承认苏维埃政府,要以解决"庙街事件"与履行必要的国际义务为前提条件。

(3) 库页岛北部驻军是为保障"庙街事件"的解决,"庙街事件"获得解决后,再决定撤军日期。②

4月24日,在两人"私人"会谈上,后藤新平根据日本政府指示进一步提出要求:

(1) 日本同意举行第三次日苏两国会谈,但是"庙街事件"和"库页岛北部问题"作为重要问题,事先要与苏联政府解决。

(2) 日本政府认为,关于库页岛北部问题,希望通过收买方法解决,如果苏联政府同意,希望知道收买数额。③

针对日本政府上述主张,越飞代表答复:关于"庙街事件",据苏联政府掌握情报判断,是日本军队挑起事端。为了建立两国友好关系,希望日本政府不要提出损害苏联政府形象的方案。关于收买库页岛北部问题,应该与苏联政府交涉,但是,最好的解决方法应该是采用长期联合开发资源的手段。④

---

① 外务省编:《日本外交文书》大正十二年第一册,东京,1983年,第236号,第299~300页。

② 外务省编:《日本外交文书》大正十二年第一册,东京,1983年,第238号,第303~304页。

③ 外务省编:《日本外交文书》大正十二年第一册,东京,1983年,第251号,第327页。

④ 外务省编:《日本外交文书》大正十二年第一册,东京,1983年,第251号,第328~329页。

5月23日，后藤新平向越飞正式转告，两人间的"私人"会谈到此结束，今后的会谈改为由日本政府出面的会谈。

6月28日，在日本东京，两国政府间非正式会议举行，日本政府代表为日本驻波兰公使川上俊彦，苏联政府代表为苏联驻远东地区大使越飞。

关于库页岛北部问题，日本代表川上俊彦提出："一岛两国所有容易引起纠纷，为此日本政府考虑出资收买库页岛北部地区。""据日本学者及专家评估，合适的价格为1.5亿日元。"① 对此苏联代表越飞提出："苏联政府根据学者、专家组成的委员会调查，认为其收买价格不得低于10亿金卢布。"② 此后苏联代表越飞又提出不得低于15亿金卢布③，可以看出双方在价格问题上差距越来越大。在这种情况下，日本代表川上俊彦提出："将该岛长期租借给日本政府，或者授权日本企业开采石油、煤炭、森林等资源，苏联政府可以从中获得一定比例的分配额。"④ 对此苏联代表越飞并没有马上给予答复。

关于"庙街事件"，日本代表川上俊彦提出，日本出兵苏联西伯利亚和远东地区是根据国际联盟的共同协议，并没有干涉苏联的内政，因此要求对于"庙街事件"造成的损失给予赔偿。苏联代表越飞也作出一定的让步，表示同意发表一份表示遗憾的声明，但是不能涉及物质方面的赔偿。日本代表川上俊彦认为，不能完全放弃物质赔偿，如果苏联政府目前财政困难，可以在解决库页岛北部问题上作出对日本有利的让步，这样日本可以放弃要求物质赔偿。东京非正式会议上虽然双方最后没有能够达成一致意见，但是都认为有必要举行正式会谈。

1924年5月，日本国会举行了大选，代表工商企业界利益的自由主义政党宪政会获得胜利，宪政会总裁加藤高明组成新内阁。1924年5月15日，在中国北京市，日苏两国举行正式会谈，苏联政府代表为苏联驻远东地区大使卡拉汉（Л. М. Карахан），日本政府代表为日本驻中国公使芳泽谦吉。会谈经过44轮交涉，彼此之间都作出一定的让步。关于"庙街事件"，苏联政府允许日本在库页岛北部获取比较有利的经济权

---

① 外務省编：《日本外交文書》大正十二年第一册，東京，1983年，第282号，第383頁。
② 外務省编：《日本外交文書》大正十二年第一册，東京，1983年，第282号，第385頁。
③ 外務省编：《日本外交文書》大正十二年第一册，東京，1983年，第287号，第398頁。
④ 外務省编：《日本外交文書》大正十二年第一册，東京，1983年，第284号，第388頁。

益，对此日本政府决定放弃要求苏方公开道歉、赔偿等。关于库页岛北部撤军问题，双方决定在缔结条约后一个半月内，日本完成从库页岛北部的撤军工作。另外，苏联政府表示承认 1905 年 9 月缔结的《朴茨茅斯条约》继续有效。

1925 年 1 月 24 日，日苏两国代表在中国北京正式签订《日苏基本条约》（或称《北京条约》），根据该条约规定，日本不仅承认苏联政府，两国建立大使级外交关系，并且还从苏联领土上全部撤出军队。1925 年《日苏基本条约》的签订，标志着日本从武装干涉苏俄社会主义革命，到承认苏联政府，建立两国外交关系的转变完成。更重要的是，我们从两国领土纠纷问题角度看，苏联政府承认 1905 年 9 月《朴茨茅斯条约》继续有效性，就是承认沙皇俄国政府将库页岛南部割让给日本的合法性。

三、苏联出兵改变两国界线划定

1931 年 9 月 18 日，日本发动侵略中国东北地区的"九一八"事变，它的侵略势力马上与在该地区拥有巨大利益的苏联势力形成对峙局面。在中国东北地区有一条纵横全境的大铁路——中东铁路，它是沙皇俄国为侵略中国东北地区而修筑的，因日俄战争失败，1905 年 9 月 5 日俄国被迫签订《朴茨茅斯条约》，将其南段及势力范围割让给日本。这样在中国东北以长春一线为分界，出现了沙俄控制的铁路（仍称为中东铁路）及势力范围（称为"北满"）和日本控制的铁路（改称为南满铁路）及势力范围（称为"南满"）的对峙局面。

日本首先对苏联进行试探性外交活动。1931 年 10 月 28 日，日本驻苏联大使广田弘毅会见苏联代理外交人民委员卡拉汉。广田弘毅讲："据说苏联向中国马占山军队提供了物资援助，如果苏军沿中东铁路出动，会刺激在'满'的日军，那么日军为了保护侨民与铁路的安全，不得不采取必要的行动。"[①] 10 月 29 日，卡拉汉明确否定了苏联援助中国物资一说，并且解释说："苏联政府尊重与中国政府缔结的条约，尊重他国的主权，所以采取严正的不干涉政策。"[②] 11 月 14 日，苏联外交人民委员李维诺夫（М. М. Литвинов）再次发表声明，重申上述"不干涉"政

---

① 西春彦監修：《日本外交史》15 卷，東京，鹿島平和研究所出版会，1970 年，第 127 頁。
② 西春彦監修：《日本外交史》15 卷，東京，鹿島平和研究所出版会，1970 年，第 128 頁。

策。很显然，苏联这种"不干涉"政策，实质是默认日军继续扩大在中国东北地区的侵略行径。这样在1933年2月，日本侵略军基本完成了对中国东北的大规模军事行动。

日本在获取了独霸中国东北地区的殖民统治权后，并没有向西方列强国家所希望的那样，继续北上进攻社会主义国家苏联，而是转为南下进入中国关内地区，为此日本最担心的是苏联。1936年7月24日，日本内阁作出决定："为了确保我国安全及大陆政策的顺利推行，我们必须联合其他国家牵制苏联的力量，以减少对我方的威胁。为此我们决定与德国缔结条约。"① 1936年11月25日，日德两国正式签订了《反共产国际协定》及附属秘密协定书，日德两国皆企图利用对方来牵制苏联，便于自己在中国或欧洲的扩张。《反共产国际协定》的签订，标志着日本在外交上完成了对苏联的牵制作用。日本于1937年7月7日终于发动了全面侵略中国的"七七"事变。

对于苏联来说，1936年11月日德两国签订《反共产国际协定》后，标志着自己处于东西两个法西斯大国的夹击之中。为了扭转这种不利的局面，以日本发动"七七事变"为契机，苏联开始放弃了对日侵华行径的不干涉政策，转而公开支持中国人民的抗日战争，以期利用中国牵制日本，限制或避免日本发动对苏军事攻击。苏联政府一方面从精神上支持中国人民的全面抗日战争，1937年8月21日主动与中国政府签订了《中苏互不侵犯条约》；另一方面从物资上支持中国人民的全面抗日战争，向中国政府提供大量军事物资援助，派遣志愿飞行人员直接参加抗日战争。

由于日本未能如西方国家所希望的那样，占领中国东北地区后继续北上进攻社会主义苏联，而是南下与他们争夺中国关内广大地区，特别是长江流域及东南沿海地区的势力范围，使他们对日本越来越不满。面对西方国家强烈的不满，日本除了继续加强在中国的侵略战争，还对苏联采取了更加强硬的政策。日本对苏采取强硬政策，一是想继续利用对苏强硬政策，迫使苏联再一次对日本侵华行径采取"不干涉"政策，即以攻为守的目的。二是想要利用对苏强硬政策，制造更大规模的反苏反共的烟幕，以转移西方国家的视线，进一步换取西方国家对日本侵华行

---

① 工藤美知尋：《日ソ中立条約の研究》，東京，南窓社会，1985年，第40頁。

径推行绥靖政策。

日本对苏联采取强硬政策，主要表现为在"满"苏与"满"蒙边界地区不断挑起武装冲突，其中规模较大的是"张鼓峰事件"和"诺门坎事件"。1938年7~8月，日本在中苏边界张鼓峰地区向苏联边防军发动军事挑衅行动，结果遭到苏军猛烈打击而惨败。日本军方分析认为，是选择挑起冲突的地点出现错误，因为苏联在靠近沿海地区的防御是坚固的，应该选择"敌人没有预想到进攻"的地区进行攻击。日本方面选择的下一个目标为苏军防御相对比较薄弱的中蒙边境诺门坎地区。1939年5月11日，日军在"满"蒙边界诺门坎地区，以外蒙古军入侵伪"满洲国"为由，对外蒙古军队发动进攻，很快苏军参加战斗。8月23日，即诺门坎事件激战正酣时，苏军向日军发动大规模反攻的第三天，日本最可信赖的盟国德国竟与苏联签订了《苏德互不侵犯条约》。该条约的签订，标志着日本妄图利用德国在西线牵制苏联，减少苏联在东线对自己压力，便于推行扩大侵华战争的阴谋破产。1939年8月31日，"诺门坎事件"以日本军队惨败停止，标志着日本对苏联武装挑衅策略的失败，实际上对苏联采取强硬政策已经无法坚持下去了。

1939年9月1日，以德国发动对波兰入侵战争为标志，第二次世界大战爆发了，德国占领波兰后，经过一段时间的窥视，遂于1940年4月以"闪电战"迅速占领北欧，5月上旬直入西欧，5月14日荷兰投降，6月22日法国投降，5月27日至6月4日的"敦克尔刻大撤退"，英国撤回了溃不成军的欧洲远征军，凭借海峡天险在作最后的抵抗。在这种条件下，英法荷等国已无暇东顾，其所属的东南亚殖民地一时成了无主的"政治真空"地带。另外，日本为了尽快结束侵华战争，急需实施"南进"计划。1940年7月2日，在日本御前会议上，日军参谋总长杉山元讲："在目前形势下，帝国除直接对重庆政府施加压力外，还要向南方扩展，切断从背后支援重庆政府的美英势力与重庆政府的联系，这是促进解决事变的极为必要的措施。"① 对于日本方面来说，一直认为中国人民之所以能够坚持长期抗战，主要是外来援助的结果。当时外来援华路线主要有三条，其中两条在中国南方，即通过缅甸和法属印度支那进入中国云南、广西的美英援华路线，另一

---

① 〔日〕服部卓四郎：《大东亚战争全史》第1卷，张玉祥等译，北京，商务印书馆，1984年，第156页。

条在中国西北，即从苏联境内直接进入中国新疆的苏联援华路线。日本要想尽快切断西方国家的援华运输线，就要"南进"控制或占领缅甸和法属印度支那。

1940年7月22日，第二届近卫文麿内阁成立。7月27日，新内阁制定《适应世界形势演变的时局处理纲要》，指出："在中国事变处理完毕前，应在不至于同第三国开战的限度内采取对策，但是内外各方面形势的发展一旦对我特别有利时，为了解决南方问题，可以行使武力。"[①] 9月23日，日本迈出了武力"南进"的第一步，悍然出兵侵入法属印度支那北部。

日本咄咄逼人的"南进"行径，引起美国的极力反对。对美国来说，东南亚地区是其全球战略的重要一环，如果日本的"南进"阴谋得逞，美国的东方霸权计划势必落空。美国针对日本的"南进"行径，采取了针锋相对的政策。

这样，日本在对外扩张道路上，同时出现了三大对手——中国、苏联和美国。就当时日本国力来讲，除中国战场之外，根本没有能力同时与苏美两个大国抗衡。但是，为了解决侵华战争问题，为了寻求侵华战争所需的战略物资充分和稳定地供应，日本必须在苏美之间权衡利弊，选择对抗目标，决定是"南进"还是"北进"。日本最后选择了美国这个对手，决定实施"南进"计划。这样日本就需要考虑，一方面以和平的方式解决与苏联的纠纷，目的是阻止苏联援华，另一方面要尽力减少或完全防止与苏联发生正面冲突，以确保日本顺利推行"南进"行径。与此同时，苏联方面也在考虑，应极力避免与德国发生战争时日本在另外一侧配合发动进攻，使自己处于两面夹击之中。日苏两国经过激烈争论后相互妥协，1941年4月13日，苏联政府代表、日本政府代表分别签订《日苏中立条约》，该条约主要内容为：

第一条：缔约双方保证维持他们之间和平与友好的关系，并相互尊重缔约另一方的领土完整和不可侵犯。

第二条：如果缔约一方成为第三国一个或两个以上国家战争对象，另一方在整个冲突过程中保持中立。

第三条：本条约自缔约双方批准之日起生效，有效期五年。如缔约

[①] 〔日〕服部卓四郎：《大东亚战争全史》第1卷，张玉祥等译，北京，商务印书馆，1984年，第31、38页。

任何一方在期满前一年未通知废弃本条约，则本条约应该视自动延长五年。①

从《日苏中立条约》的内容来看，它实际上是中立条约与互不侵犯条约的混合体，条约适应了日苏双方的要求。对于日本来说，关于"遵守中立"的条款，可以阻止苏联援助中国抗战；关于"尊重对方领土完整"的条款，有利于维持伪"满洲国"同苏蒙边界地区的平静与安宁，便于其推行"北守南进"的计划，这也是日本在同苏联缔结条约时所追求的主要目的。然而，《日苏中立条约》的缔结并不能给日苏两国关系带来可靠的保证，随着第二次世界大战战场形势的变化，日苏两国的中立关系也不断经历了严峻的考验。

《日苏中立条约》的签订，是在中日、日美、苏德、中苏的多角关系相互作用下，日苏两国最终妥协的结果，因此也必然要受到上述各种关系不断变化的影响。随着第二次世界大战战场规模的不断扩大，苏德战争爆发、太平洋战争爆发，苏联的敌人德国是日本的同盟国，日本的敌人中美两国又是苏联的同盟国，而且日苏两国又分别是两大对立集团的主要成员。面对这种错综复杂、相互交织的局面，伴随着形势的变化，日苏两国之间的中立关系几次濒临破裂的危险。

1941年6月22日，德军以突然袭击方式发动了大规模入侵苏联战争。面对苏德战争，日本统治集团内出现了激烈争论，最后在7月2日御前会议上决定："帝国无论世界形势如何变化，坚持建设大东亚共荣圈，……仍然推动处理中国事变，进一步推动南进。"关于南进，"为了达到目的不惜对英美开战"。关于北进，"对苏德战争，以三国枢轴精神为基础，不马上介入，但是着手准备对苏武力，自主处理"。"在苏德战争进程对帝国有利时，就行使武力解决北方问题以确保北边安定。"② 所谓"着手准备对苏武力"，即称之为"关东军特别大演习"（简称"关特演"）计划。所谓"苏德战争进程对帝国有利时"，即为苏联远东军西移一半时开始进攻苏联。

1941年7月7日，日本陆相东条英机正式下令实施"关特演"计

---

① 鹿岛和平研究所编：《日本外交主要文書·年表》（1）（1941~1960年），東京，原書房，1983年，第52页。

② 〔日〕服部卓四郎：《大东亚战争全史》第1卷，张玉祥等译，北京，商务印书馆，1984年，第156页。

划。日军一方面极力备战,一方面等待苏联远东军往西部调转达到过半数时,再以优势兵力发动进攻。北方的变化未能按日军所预料的那样发展,而在南方日军又遇到了极大的阻力。随着日军逐步推行"南进"政策,日美两国之间的矛盾越来越尖锐。日本统治集团不得不考虑新的对策。8月9日,参谋本部作出决定:"无论苏德战场如何变化,取消在1941年内解决北方问题的计划,专心致力于解决南方的方针。"[1] 以此决定为标志,日军遂放弃执行"关特演"计划。

日本放弃"关特演"计划后,决心实施"南进",与美英等国争夺东南亚地区。1941年10月18日,东条英机内阁成立,东条内阁积极准备对美国开战的同时,最关心的就是苏联是否能够遵守《日苏中立条约》。只有苏联遵守中立条约,日本才能避免两线作战,才能保证对美国开战的顺利进行。为了确保苏联遵守中立条约,东条英机内阁提出以日苏中立关系的特殊地位,为苏德两国之间调解实现媾和,消除日苏两国的间接敌对状态。11月15日,日本大本营会议上通过"据苏德两国的意向,促使两国媾和"[2] 的方案。然而苏德战场愈演愈烈,日本所谓媾和方案,只能像1942年4月8日日本驻德大岛浩大使来电所说的那样,"苏德两国无实现单独媾和的可能性"[3] 而夭折。

1941年12月7日,日本发动了偷袭珍珠港事件,随即向东南亚和西南太平洋各岛屿发动进攻,1942年5月间,日本侵略势力初步实现了所谓"大东亚共荣圈"的美梦。日本在太平洋战场初期获胜后,很快伴随着战线的延长,兵力的分散,兵力不足的弱势暴露出来了。1942年6月4日,日军调集全部主力,发动了对美国太平洋中部重要海空军基地——中途岛的进攻,因美军在事先探知日军意图而进行精心准备,6月7日日军最终以惨败退出战斗。日军中途岛战役的失败,标志着其在太平洋战场上开始由战略进攻转变为战略防御,而美军则开始由战略防御转变为战略进攻。在苏德战场上,1941年9月至1942年1月,德军发动莫斯科战役遭到失败后,不仅标志着希特勒"闪电战"战术的破产,

---

[1] 〔日〕服部卓四郎:《大东亚战争全史》第1卷,张玉祥等译,北京,商务印书馆,1984年,第162页。

[2] 〔日〕服部卓四郎:《大东亚战争全史》第1卷,张玉祥等译,北京,商务印书馆,1984年,第176页。

[3] 〔日〕服部卓四郎:《大东亚战争全史》第1卷,张玉祥等译,北京,商务印书馆,1984年,第699~700页。

而且也打乱了希特勒的军事部署。1942年8月至1943年2月，德军调集主力部队发动了斯大林格勒战役，结果同样遭到了惨败。以斯大林格勒战役为契机，在苏德战场上，德军开始由战略进攻转为战略防御，而苏军则开始由战略防御转为占领进攻。日苏两国各自战场地位上的转化，也直接带来日苏两国关系发生变化。

日本方面为了维护与苏联的中立关系，在两国间争议最大焦点——库页岛北部利权问题上不再坚持原来的立场。1943年6月19日，日本大本营会议决定："帝国为了确保日苏之间的平静，使苏联严守中立……将库页岛北部的石油及煤炭的利权有偿转让给苏联。"[①] 1944年3月30日，在莫斯科，日苏两国签订解除日本人在库页岛北部利权协议书和日苏渔业条约延长议定书。

尽管日本方面极力维持日苏两国中立关系，但是随着战局的日益恶化，苏联对日本的态度也逐渐强硬。1944年11月6日，斯大林在苏联十月社会主义革命胜利纪念大会上，首次发表演说谴责日本是法西斯侵略国家，破坏世界和平。1945年2月，苏美英三国在雅尔塔举行的首脑会议上，苏联决定欧洲战场结束后的2~3个月后对日开战。1945年8月8日，苏联宣布参加《波茨坦公报》，8月9日，苏联宣布对日开战，标志着日本坚持的对苏中立政策失败。日本对苏中立政策是为对外侵略扩张战争服务的，《日苏中立条约》废除有利于反法西斯战争获取最终胜利。

在库页岛方面，日本占领的库页岛南部由桦太厅管辖，1940年统计总人口为41.5万人，其中日本人占99.4%，不足当时日本本土人口的1%，但是库页岛南部的面积为14000平方英里，相当于日本本土面积的9%。1942年11月1日，日本拓务省与其他省厅合并成为大东亚省，桦太厅隶属内务省。日本统治下的库页岛南部，在经济贸易方面与日本合为一体，1937年其煤炭、纸浆的生产量分别达到日本总生产量的7%和14%。1945年8月8日，苏军发动所谓八月风暴军事行动，开始进攻日军占领下的库页岛南部。苏联第二远东方面军所属第16军，军部设于黑龙江河口的尼古拉耶夫斯克，该军拥有1个步兵师、2个步兵旅、1个坦克旅、1个炮兵旅等。第16军的任务是，配合太平洋舰队阻止日军在苏联沿海登陆。8月11日早晨，苏联第16军所属的第79步兵师、1个步

---

① 〔日〕服部卓四郎：《大东亚战争全史》第1卷，张玉祥等译，北京，商务印书馆，1984年，第823页。

兵旅、1个坦克旅、1个炮兵旅越过日苏两国在库页岛的分界线，进入北纬50度的库页岛南部。日军在库页岛南部驻防为第88师团（师团长为峰木十一郎中将，师团总部设在丰原）。该师团的任务是守卫丰原以南的重要地区，以步兵1个连队为骨干配置在日苏两国边界线（北纬50度线）附近的野战阵地。8月13日，苏联第79步兵师等向日军阵地发动攻击，由于日军部队的严密防守，直到日本政府决定投降之时，这块阵地仍然固守在日军手中。另一方面，在库页岛的西海岸，在日本政府宣布投降的第二天（8月16日），苏军海军陆战队和步兵各1个营，乘坐舰艇，由对岸苏维埃港在塔路（惠须取以北约5公里）登陆。

8月16日，日本大本营向全体陆海军部队下达停战命令。关东军司令部也接到了大本营陆军部关于立即停止战斗的命令，同时指示同苏军进行局部停战交涉。当天，关东军司令官山田乙三通过中国长春（伪"满洲"国首都新京）的广播，向苏联远东军总司令瓦西列夫斯基（А. М. Василевский）请求停止战斗。8月17日，关东军总参谋长秦彦三郎赴哈尔滨，通过苏联驻哈尔滨总领事馆，向苏联远东军总司令正式提出停战交涉。8月17日，苏联远东军总司令瓦西列夫斯基通过无线广播，表示接受8月16日日本关东军司令官山田乙三关于停止战斗行动的请求。8月19日上午，日本关东军总参谋长秦彦三郎乘坐苏联军用飞机，从哈尔滨抵达苏联远东第一方面军总部所在地伏罗希洛夫（现在的乌苏里斯克），就有关投降事宜直接接受指令，苏联远东军总司令瓦西列夫斯基指令：日本军队在8月20日12时以前必须投降并解除武装。

在千岛群岛方面，8月14日凌晨，苏联远东军总司令瓦西列夫斯基下达命令，第二远东方面军和太平洋舰队为实施千岛群岛登陆战役作好开战准备。① 在第二次世界大战末期，日军在千岛群岛地区驻有2个师团，北千岛地区归属第五方面军第91师团负责防务，南千岛地区归属第89师团负责防务。随着太平洋战争的不断失利，千岛群岛成了北方的第一道防线。为了防备美军攻击，他们日夜训练，特别是北千岛地区的第91师团，拥有占守、幌筵两岛坚固要塞和充足的武器。8月18日拂晓，苏军发动靠近堪察加半岛的占守岛进攻后，日军第91师团得到上级指示"不阻拦自卫行动"② 后，开始迎击苏军，苏军在飞机掩护下攻击，日军

---

① 和田春樹：《北方領土問題——歴史と未来》，東京，朝日新聞社，1999年，第173頁。
② 坂本徳松、甲斐静馬：《返せ北方領土》，東京，青年出版社，1977年，第59頁。

最终放弃抵抗行动，8月23日，双方签订了停战协议。8月25日，苏军占领日军大伯海军基地后，结束占领库页岛南部的全部军事行动。

8月26日，苏军北太平洋舰队司令电令，占领千岛群岛南部登陆部队开始行动。8月28日，苏军在浓雾中成功登上择捉岛，守岛日军1.35万人不战而降。但是，苏军登上择捉岛的仅有2个连队，对付如此众多的受降工作，时间被拖长。9月1日，苏军增援部队从库页岛赶来后，展开对国后岛登陆作战并且占领该岛屿。当天，苏军也在色丹岛实施登陆，日本守军4800人不战而降。

苏军在完成了对择捉岛、国后岛和色丹岛的占领后，9月2日上午，北太平洋舰队司令电令准备占领齿舞群岛。9月3日凌晨开始行动，岛上守军不战而降，9月5日，苏军完成占领行动。至此，从8月28日到9月5日，所谓苏军占领千岛群岛南部岛屿作战，因日本守军没有进行抵抗，双方在均无伤亡的情况下顺利完成任务。

第二章　国际"冷战"与"北方领土"问题

一、战时美国对苏联领土要求的承诺

1941年12月8日，太平洋战争爆发后，美国政府对苏政策的核心，就是千方百计地将苏联拖入太平洋战争，成为共同打击日本法西斯势力的有力参战者。太平洋战争爆发的当天，美国国务卿赫尔（H. Cordrll）就在华盛顿会见苏联驻美国大使李维诺夫，请求在苏联太平洋沿岸领土上为美国方面提供军事基地。12月11日，李维诺夫就此问题答复赫尔国务卿说："苏联现在与希特勒德国进行着艰苦的战争，采取这种措施是危险的，也许会招致日本进攻苏联，所以苏联现在不能协助盟国开展对日作战。"① 1942年8月，英国首相丘吉尔（W. Churchill）访问苏联，在丘吉尔与斯大林举行会谈时，出席会谈的美国驻苏联大使哈里曼（W. A. Harriman）再次向斯大林提出这个问题。据哈里曼大使在回忆录中叙述说："我问在太平洋还可以帮点什么忙。他答道，增加飞机。我问哪里。他说在日本海。我解释说除非他开放西伯利亚（作为美国轰炸机基地），否则那是不可能的。他断然说：'哎，不行，还是从阿拉斯加起飞吧。'我解释说那太远。他又说要用B-24轰炸日本，阿拉斯加是够近的。"② 显然此时斯大林不考虑向美国方面提供远东地区军事基地，担心过早卷入对日战争中将对苏联方面不利。

1943年11~12日，在美英苏三国首脑举行的德黑兰会议上，斯大林

---

① Борис Николаевич Славинский, 1993: Советская оккупация Курильских островов (август—сентябрь 1945 года), Москва, Документальное исследование, С. 34.

② 〔美〕W. 艾夫里尔·哈里曼、伊利·艾贝尔：《哈里曼回忆录——与丘吉尔、斯大林周旋记》，吴世民等译，北京，东方出版社，2007年，第192页。

再次表示希望盟军对日本作战获得成功，遗憾的是苏联军队不能参加这个战斗，因为他们正忙于欧洲战事。但是一旦打败德国后，苏军准备把在西伯利亚的兵力增加两倍，并在最后打败日本方面发挥自己的作用。①在德黑兰会议上，美国方面又提出苏联提供远东地区军事基地，便于美国飞机轰炸日本本土，同时提议制定美军与苏军共同作战计划。美国上述要求在德黑兰会议上没有获得苏联领导人的答应。

当时美国领导人认为，如果没有苏联参加对日作战，美军很难获得最后胜利，而且美军还要付出更大的牺牲。1944年美国驻苏联军事代表团团长J.迪松（J. Dison）讲："我和哈里曼的主要任务就是要把苏联吸引到对日作战中。"② 1944年6月底，美英联军在成功实施诺曼底登陆后，哈里曼大使向斯大林提出请求，希望利用苏联远东地区的军事基地，发动向日本本土最后的空中打击。斯大林对哈里曼表示说："苏联政府不再害怕日本的挑衅，甚至可以主动向日本人挑衅。然而，现在力量薄弱，不能这样做，因为这样行动后果有可能导致丧失沿海阵地。"③

1944年9月，罗斯福（F. Roosevelt）与丘吉尔在加拿大魁北克举行会谈，两人一致认为打败德国法西斯后，再战胜日本，必须花费一年半的时间，为此制定了在太平洋战场的调整计划。英美领导人魁北克会议后，美国驻苏联大使哈里曼向斯大林通告魁北克会议情况时，斯大林注意到魁北克会议中没有涉及苏联参加对日作战问题，于是他质问哈里曼大使，美国总统是否认识到苏联参加对日作战的重要性？为什么盟军在制定军事计划时不考虑苏联参加对日作战问题？他表示苏联在这个问题上立场没有改变，如果美国、英国认为没有苏联参加也可以打败日本的话，苏联准备接受。可以看出，苏联领导人斯大林对于美英两国领导人没有邀请他参加会议而表示极大不满，同时也对英美两国领导人不重视苏联参加对日作战问题表示极大不满。

1944年9月，根据斯大林的指示，苏军总参谋部开始就苏军在远东地区集结及物资补给问题进行测算。据苏军总参谋部测算，把苏军从欧

---

① 〔美〕W. 艾夫里尔·哈里曼、伊利·艾贝尔：《哈里曼回忆录——与丘吉尔、斯大林周旋记》，吴世民等译，北京，东方出版社，2007年，第318页。
② Борис Николаевич Славинский, 1993: *Советская оккупация Курильских островов (август—сентябрь 1945 года)*, Москва, Документальное исследование, С. 35.
③ 〔美〕W. 艾夫里尔·哈里曼、伊利·艾贝尔：《哈里曼回忆录——与丘吉尔、斯大林周旋记》，吴世民等译，北京，东方出版社，2007年，第356页。

洲领土转移到远东领土大约需要三个月时间,将来战场上需要的三个月的燃料、粮食、运输工具等,准备工作也大体需要三个月时间。如果美国方面能够提供援助,把供应物资直接运输到苏联远东领土港口,要比通过西伯利亚铁路运输节省大量时间和运输力量。

1944年10月,美国驻苏联军事代表团团长J.迪松向罗斯福总统报告:"目前斯大林愿意考虑全面介入对日作战计划。"① 在莫斯科,斯大林与哈里曼、迪松举行会谈。斯大林确认苏联方面承担对日作战的义务,表示德国投降后三个月参加对日作战。斯大林拒绝把这些协议内容采用书面形式记录,其理由解释为有可能造成苏联准备参加作战期间,日本方面发动军事进攻。斯大林向他们详细介绍了远东领土苏联军队制定包围、歼灭日本军队的计划,并预计远东领土苏军从30个师团增加到40个师团。② 美国方面对于苏联领导人阐述的计划表示同意并且愿意负担一部分物资补给。10月10日,美国驻苏大使哈里曼向罗斯福总统报告:"对我们提出苏联方面不仅要参加对日作战,而且还要全力打击,斯大林表示完全接受。"③

1944年12月15日,美国驻苏联大使哈里曼约见斯大林,转达了美国总统罗斯福希望知道苏联参加对日作战时要求的政治条件。据哈里曼的报告:"斯大林提出必须完全恢复1905年日俄战争以前俄国在远东地区的地位,并提出库页岛南部和千岛群岛返还苏联。"④苏联还提出再次租借中国大连港、旅顺港;苏联与中国签订合同,修建"满洲"铁路,特别是租用从西伯利亚铁路到海参崴的直通线东支铁路,以及与大连相连的"南满"铁路。斯大林对此解释说,苏联方面并不想侵害中国对"满洲"的主权,但是他却提出要维持外蒙古的现状。⑤ 据哈里曼在回忆录中讲:"我直接把斯大林的提议要求报告给罗斯福总统,这些提议要求

---

① Waller Millers, 1952: *The Diary of Forrestal: Cold War Insider*, Gasser Limited Company, p. 31.
② 〔美〕W. 艾夫里尔·哈里曼、伊利·艾贝尔:《哈里曼回忆录——与丘吉尔、斯大林周旋记》,吴世民等译,北京,东方出版社,2007年,第436页。
③ 油橋重遠:《戰時日ソ交涉小史(1941~1945)》,東京,霞ケ関出版,1974年,第182頁。
④ 〔美〕W. 艾夫里尔·哈里曼、伊利·艾贝尔:《哈里曼回忆录——与丘吉尔、斯大林周旋记》,吴世民等译,北京,东方出版社,2007年,第444页。
⑤ 〔美〕W. 艾夫里尔·哈里曼、伊利·艾贝尔:《哈里曼回忆录——与丘吉尔、斯大林周旋记》,吴世民等译,北京,东方出版社,2007年,第454页。

也是雅尔塔会议的基础。"① 据美国历史学者 L. 罗斯（L. Ross）讲，当罗斯福获知斯大林对亚洲的有关要求时，感到惊讶！因为这个要求仅仅是恢复 1904~1905 年日俄战争时日本夺取的俄国的领土权。②

关于美国提供物资补给问题，美国驻苏联军事代表团团长 J. 迪松将军讲，斯大林在会谈中让哈里曼大使看了用打字机书写的七页文件，要求美国向远东地区苏军提供两个月补给所需要的物质及器材。具体内容为，美国提供 150 万军队所需粮食、燃料、运输工具及其他资材，其中战车 3000 辆、汽车 78000 辆、飞机 5000 架、干燥货物 6.04 万吨、燃料 20.6 万吨。苏联要求这些物资必须在 1945 年 6 月 30 日前运送到。③

1945 年 2 月 4~11 日，苏美英三大国领导人举行了雅尔塔会议，最后决定了苏军参加对日作战时间及条件。雅尔塔会议期间，2 月 8 日，斯大林与罗斯福举行会谈，罗斯福讲："哈里曼已经向我汇报了你提出的条件。我认为，战后把库页岛南部和千岛群岛归还苏联毫无困难而言。"④ 但是，有关租用满洲不冻港问题，美国不能代表中国政府表态，苏联需要向中国方面直接租借，或者设立国际委员会，考虑把大连港作为自由港口。⑤ 对此斯大林解释说："如果这些条件不能够得到满足的话，无法理解苏联为什么对日作战，对苏联人民很难说明。另外，苏联与日本没有出现纠纷，无法理解为什么作战。如果满足了上述政治条件，人民就会知道对日作战是为国家利益，也会使最高苏维埃很容易通过决定。"⑥ 据葛罗米柯（А. А. Громыко）回忆录讲，在雅尔塔会议期间，"斯大林递给我一张纸，说道：'这是罗斯福的信，我刚收到的。'然后，稍为迟疑了一下，补充说：'我想让你把此信给我口译出来。我想开会之

---

① 〔美〕W. 艾夫里尔·哈里曼、伊利·艾贝尔：《哈里曼回忆录——与丘吉尔、斯大林周旋记》，吴世民等译，北京，东方出版社，2007 年，第 455 页。
② Борис Николаевич Славинский, 1993: *Советская оккупация Курильских островов (август—сентябрь 1945 года)*, Москва, Документальное исследование, С. 37.
③ 〔美〕W. 艾夫里尔·哈里曼、伊利·艾贝尔：《哈里曼回忆录——与丘吉尔、斯大林周旋记》，吴世民等译，北京，东方出版社，2007 年，第 444~445 页。
④ George T. McGee Mississauga ed., 2003: *President Franklin D. Roosevelt Files*, Vol. 14, Doc. 58, Washington, Congress Information Services Company, p. 280.
⑤ 〔美〕W. 艾夫里尔·哈里曼、伊利·艾贝尔：《哈里曼回忆录——与丘吉尔、斯大林周旋记》，吴世民等译，北京，东方出版社，2007 年，第 476 页。
⑥ George T. McGee Mississauga ed., 2003: *Franklin D. President Roosevelt Files*, Vol. 14, Doc. 58, Washington, Congress Information Services Company, p. 281.

前先简要地听听，知道它的内容。'我开始边看边译。斯大林在我翻译过程中，还要我重复一些句子的内容。信里谈的是关于千岛群岛和库页岛问题。罗斯福通知说，美国政府承认苏联对日本侵占库页岛的一半及千岛群岛所拥有的权利。斯大林对这封信甚为满意。他在屋里踱来踱去，并重复说：'好，很好！'我说：'美国目前的立场似乎是为改变我们的看法，替自己恢复名誉，因为他们在 1905 年是同情日本的，当年俄日战争之后，在朴茨茅斯，日本代表团同维特（С. Ю. Витте）伯爵率领的代表团进行了和平谈判。那时，美国实际上是帮助日本从俄国手里夺去了它的领土。'看得出来，斯大林完全同意美国想'恢复自己名誉'的意见。"①

另外，据哈里曼大使在回忆录中叙述说："他（斯大林）所要求的报答，只不过是恢复 1904 年日本从帝俄夺去的领土和权利。严格地说，这对于千岛群岛并不适用。事实上，千岛群岛是根据日俄通商和航海条约，于 1875 年和平转让给日本的。但是，罗斯福在签字前反驳了我对这个问题的意见。在他（罗斯福）看来，俄国能相助一臂之力出兵对日作战，由此获得的巨大利益同千岛群岛相比，后者不过是一桩小事。"②

为了实现苏联参加对日作战，罗斯福、丘吉尔、斯大林签署了秘密文件。即 1945 年 2 月 11 日，苏美英三国领导人签署的《雅尔塔协定》。

《雅尔塔协定》主要内容为：

苏、美、英三大国领袖同意，在德国投降及欧洲战争结束后两个月或者三个月内苏联将参加对日作战，其条件为：

一、外蒙古（蒙古人民共和国）的现状须予维持。

二、由日本于 1904 年背信弃义地进攻所破坏的俄国以前的权益须予恢复，即：

（甲）库页岛南部及邻近一切岛屿须交还苏联；

（乙）大连商港须国际化，苏联在该港的优先权益须予保证，苏联之租用旅顺港为海军基地须予恢复；

---

① 〔苏〕安·安·葛罗米柯：《永志不忘——葛罗米柯回忆录》上卷，伊吾译，北京，世界知识出版社，1989 年，第 239~240 页。

② 〔美〕W. 艾夫里尔·哈里曼、伊利·艾贝尔：《哈里曼回忆录——与丘吉尔、斯大林周旋记》，吴世民等译，北京，东方出版社，2007 年，第 479 页。

（丙）对担当通往大连之出路的中东铁路和南满铁路应设立苏中合办的公司以共同经营之；经谅解，苏联的优越权益须予保证而中国须保持在满洲的全部主权。

三、千岛群岛须交予苏联。

经谅解，有关外蒙古及上述港口铁路的协定尚须征得蒋介石委员长的同意。根据斯大林元帅的提议，美总统将采取步骤以取得该项目同意。

三强领袖同意，苏联之此要求须在击败日本后毫无问题地予以实现。苏联本身表示准备和中国国民党政府签订一项苏中友好同盟协定，俾以其武力协助中国达成自日本枷锁下解放中国之目的。①

1945年4月12日，美国总统罗斯福去世，副总统哈里·杜鲁门（H. S. Truman）就任总统后，对苏联参加对日作战问题的态度开始出现转化。这时美国陆军将领史迪威（J. Stilwell），在麦克阿瑟（D. MacArthur）等人的鼓动下，劝说杜鲁门总统不要让苏联参加对日作战，解释说所谓百万关东军为日本陆军的精华，实际上已经没有明显抵抗能力。但是，此刻美国总统杜鲁门尚未考虑放弃与苏联的同盟关系，还希望能够利用苏联的势力彻底打败日本法西斯势力。1945年5月，杜鲁门总统派遣特别助理霍普金斯（H. L. Hopkins）到莫斯科，催促"苏联尽快确定参加对日作战"。

1945年7月17日至8月2日，波茨坦会议举行期间，有关苏联参加对日作战问题并没有列为会议正式日程，而是由三国首脑或外长进行非正式的双边会谈决定的。在波茨坦会议召开的前一天，斯大林与杜鲁门举行会谈，杜鲁门提出美国"期待苏联的帮助力量"②。对此斯大林答复说："苏联准备在8月中旬采取军事行动，苏联将严格遵守协定。"③ 这时期美国开始考虑尽量限制苏联参加对日作战，因为研制原子弹工作已经进入最后关键时刻。7月21日，杜鲁门总统收到原子弹实验成功的报

---

① 鹿岛和平研究所编：《日本外交主要文書·年表》（1）（1941~1960年），東京，原書房，1983年，第56頁。

② 油橋重遠：《戰時日ソ交涉小史（1941~1945）》，東京，霞ケ関出版，1974年，第212頁。

③ 油橋重遠：《戰時日ソ交涉小史（1941~1945）》，東京，霞ケ関出版，1974年，第212頁。

告。美国多年来以各种方式要求苏联参加对日作战,所以杜鲁门总统也感到,假如在波茨坦会议上公然反对苏联参加对日作战,将处于非常尴尬的地位。杜鲁门总统只好考虑讨论日本投降条件、缔结与日本和平条约时排除苏联势力。美国独自起草了《波茨坦公报》草案,在7月24日,即美国决定对日本投放原子弹后,第一次把草案交给英国领导人丘吉尔和中国领导人蒋介石阅读。7月26日晚,广播发表了美英中三国领导人签署的《波茨坦公报》。当天,美国国务卿詹姆斯·贝尔纳斯(J. F. Byrnes)与苏联外交人民委员莫洛托夫(В. М. Молотов)举行会谈,贝尔纳斯讲:事先没有把公报草案让苏联方面阅读,原因为苏联方面与日本还处于中立状态,美国认为苏联不会考虑这种问题的。实际上,据哈里曼大使在回忆录中讲:"贝尔纳斯所希望的是,尽量在没有苏联参加的情况下结束战争。"① 7月28日,三国首脑会议上,斯大林首先向英美两国首脑通报,日本政府向苏联提出请求,请苏联出面调解结束战争,其次向英美两国首脑强调:"在制定有关日本的任何文件、新的提议应该相互通报。"② 1945年8月8日,苏联宣布参加《波茨坦公报》,8月9日苏联宣布对日开战。

二、战后美国否认对苏联领土要求的承诺

1945年2月11日,美英苏三国首脑举行的雅尔塔会议上所签署的《雅尔塔协定》,是战后日本"北方领土"问题形成的直接原因之一。《雅尔塔协定》规定,德国投降后六个月内苏联参加对日作战,作为回报苏联应获得千岛群岛及库页岛南部的主权。其中,关于库页岛南部,作为日本发动日俄战争而占领的领土"须交还苏联",关于千岛群岛则记载为"须交予苏联"。

可是《雅尔塔协定》签订两个月后,4月12日美国总统罗斯福去世,继任者杜鲁门上台,在《雅尔塔协定》的具体落实上开始出现不协调的音符。1945年8月9日,苏联对日宣战后,随着苏联军队不断逼近日本本土,美苏之间出现了最早的利益争夺。8月20日,美国方面以盟

---

① 油橋重遠:《戰時日ソ交渉小史(1941~1945)》,東京,霞ケ関出版,1974年,第213頁。

② 油橋重遠:《戰時日ソ交渉小史(1941~1945)》,東京,霞ケ関出版,1974年,第213頁。

军司令部名义发布《联合国最高司令官总司令部指令第 1 号·日本帝国大本营（陆、海军）的一般命令第 1 号》（简称《盟军总命令第 1 号》），规定各同盟国分别接受日军投降区域。规定苏联接受日军投降区域为：中国东北、朝鲜半岛 38 度线以北，以及千岛群岛及库页岛南部。实际上，美国政府不仅拒绝了苏联方面要求占领整个千岛群岛和北海道北部的要求，而且还提出要把千岛群岛中部的一个岛，作为美国军事、商业目的基地使用。美国政府的这一要求实际上已经超越了《雅尔塔协定》的规定范围，目的是要抵制苏联势力对日本本土的扩展。8 月 22 日，苏联表示完全拒绝美国提出的上述要求，此时苏联已将千岛群岛视为本国的领土范围。8 月 25 日，美国国务卿詹姆斯·贝尔纳斯给苏联领导人斯大林发电报，说明美国政府撤回当初关于千岛群岛的要求，为了实现顺利占领千岛群岛，希望苏联承认美国飞机以商业目的在千岛群岛有着陆权。这反映出当时美国政府不承认千岛群岛为苏联领土，仍然抵制苏联对日本本土的势力扩展。苏联领导人斯大林避免与美国矛盾激化，采取协调对策，承认美国飞机有着陆权，使双方关系大体缓和。美苏之间的摩擦，在基本尊重《雅尔塔协定》的框架下获得解决，最终结果为美国成功地阻止了苏联向千岛群岛以南地区扩展，苏联确保实现了占领千岛群岛。

第二次世界大战结束后，伴随着国际"冷战"局面的出现，美苏两国围绕千岛群岛归属问题的矛盾，首先表现在关于《雅尔塔协定》的解释不同上。1945 年 12 月 24 日，美国国务卿詹姆斯·贝尔纳斯、英国外长欧内斯特·贝文（E. Bevin）、苏联外交人民委员莫洛托夫，在莫斯科举行三国外长会议。会上，莫洛托夫提出讨论确认千岛群岛与库页岛南部的归属问题，但是美国国务卿贝尔纳斯却指出："关于这个问题没有必要达成什么一致，在考虑对日媾和条约阶段之前，不应该讨论这个问题。"[①] 对此莫洛托夫反驳说："《雅尔塔协定》不是已经决定了千岛群岛和库页岛南部的命运吗？"[②] 强调这些地区已经是苏联领土。苏联认为，《雅尔塔协定》已经决定了千岛群岛与库页岛南部的归属问题，而美国

---

① 田中孝彦：《日ソ国交回復の史的研究——戦後日ソ関係の起点：1945～1956》，東京，有斐閣，1993 年，第 8 頁。

② 田中孝彦：《日ソ国交回復の史的研究——戦後日ソ関係の起点：1945～1956》，東京，有斐閣，1993 年，第 9 頁。

则认为,《雅尔塔协定》不是最终决定,如果没有被对日媾和条约确认就不具有法律效力。参加会议的英国外长贝文则采取支持莫洛托夫的态度,他认为既然当初丘吉尔政府已经承认《雅尔塔协定》,那么现在的英国政府也只好接受并履行协议。

在国际"冷战"初期,美国政府为了遏制苏联势力的发展,首先单方面公布了"二战"期间三大国首脑所签署的秘密协议——《雅尔塔协定》。1946年1月29日,美国副国务卿迪安·艾奇逊(D. Acheson)发表声明,正式公开承认《雅尔塔协定》的存在。与此同时,他也公开阐述了美国政府就这一秘密协定性质问题的见解。艾奇逊指出,《雅尔塔协定》只承认了苏联对千岛群岛与库页岛南部的战时占领权限,这些领土的最终归属问题现在还没有决定。① 对此苏联政府立即作出反驳,苏联塔斯社发表社论指出:"艾奇逊关于千岛群岛的讲话完全是错误的","对日战争胜利后,千岛群岛须交予苏联,库页岛南部及周边诸岛须交还苏联,已经是明文规定的"。② 美国政府不断出现对《雅尔塔协定》的不同解释,使苏联政府认识到,美国政府企图把《雅尔塔协定》有关内容空洞化。对此苏联政府采取针锋相对的措施,1946年2月2日,苏联政府发表声明,宣布拥有库页岛全岛及千岛群岛主权,并宣布在库页岛南部和千岛群岛建立南萨哈林州。1947年1月2日,苏联将南萨哈林州与库页岛北部合并为萨哈林州,并由联邦政府直接管辖。苏联方面进一步修改宪法,在国内完成了对千岛群岛与库页岛南部为本国领土的法律手续,目的是使这些领土归属成为既成事实。

1947年后,伴随着美国远东地区的战略重点由扶植中国国民党政权转变为扶植日本,美国开始抓紧推动对日媾和工作。美国在起草对日媾和条约草案过程中,针对日苏之间所谓"北方领土"问题,除了坚持否认《雅尔塔协定》为最终决定权的法律地位外,主要就是针对《雅尔塔协定》中规定向苏联让渡的"千岛群岛"范围,是否应包括"四岛(齿舞、色丹、国后、择捉)"、还是"三岛(色丹、国后、择捉)"、或"两岛(国后、择捉)"出现争论。美国政府在这时期出现的争论,总体上看,第一种主张为:日本应该保留"四岛"所有权,考虑到当时激烈

---

① 田中孝彦:《日ソ国交回復の史的研究——戦後日ソ関係の起点:1945~1956》,東京,有斐閣,1993年,第9頁。
② アジア調査会編:《北方領土を読む》,東京,プラネット出版,1992年,第76頁。

的美苏国际"冷战"局势，认为应该尽量让苏联势力远离日本本土。第二种主张为：日本应该保留"三岛"或者"两岛"所有权，一定程度上考虑到该问题历史、地理方面的因素，考虑如何让苏联能够接受的因素。实质上，美国政府此时出现的对有关日苏领土问题政策的争论，并非要真正解决或者妥善处理日苏之间领土纠纷问题，而是考虑如何利用该问题服务于美国远东地区战略问题，如何将其作为美国远东战略上可利用的棋子或者道具。

1947年3月17日，驻日同盟国军总司令麦克阿瑟在外国记者招待会上公开说："军事方面及政治方面的占领事实上结束了……现在从各种形势看，应该是讨论与日本媾和的时期了。"① 这是美国方面最早向外界透露出要准备讨论对日媾和问题的信息。

从美国方面策划、起草有关对日媾和条约草案的过程看，大体可以划分为两个阶段性发展演变，即以1950年5月美国政府决定，国务院顾问杜勒斯（J. F. Dulles）负责处理对日媾和问题为前后两个阶段的划分标志。可以说，在前阶段里，美国对日媾和问题还比较有盲目性，不断出现争论，或者称为制定"严格对日媾和"阶段；在后阶段里，美国对日媾和问题就比较统一，出现争论比较少了，或者称为制定"宽松对日媾和"阶段。但是，无论前阶段还是后阶段，美国都是坚持否认"二战"期间签署的《雅尔塔协定》有关割让千岛群岛给苏联的内容。

1946年10月，美国国务院内部设置起草对日媾和条约草案班子，主要起草人为国务院远东司东北亚局局长乔治·博顿（H. Borton），1947年3月初，乔治·博顿完成起草美国方面最初的和平条约草案，史称《博顿草案》②。

《博顿草案》主要根据1946年6月21日美国国务卿詹姆斯·贝尔纳斯提议的"四国条约"构想，目标为解除日本军事力量和实现非军事化的基本路线。该草案最主要的特点为防止日本恢复军国主义，在经济及其他方面采取"预防措施"，并且实施监督，设置由远东委员会成员国组成的"监督委员会"，实施媾和后监督25年。

---

① 村川一郎编著：《ダレスと吉田茂——フリソストソ大学所藏ダレス文書を中心として》，東京，国書刊行会，1991年，第62頁。
② 《博顿草案》是美国国务院远东司东北局局长乔治·博顿主持起草的三份对日媾和条约草案，即1947年3月草案、8月草案和1948年1月草案的总称。

《博顿草案》在有关"北方领土"问题上规定:"日本向苏联割让北纬50度以南库页岛部分领土主权","日本向苏联割让堪察加半岛与北海道之间的千岛群岛完全主权"。①

乔治·博顿完成上述起草工作后,3月8日携带刚刚完成的草案亲自赴日本进行实地咨询调查,他回来后又对这一部分内容进行修改,1947年8月5日完成新草案。

新草案仍然沿袭3月的《博顿草案》设置"监督委员会",监视日本非军事化与民主化进程。有关"北方领土"问题,规定将齿舞群岛、色丹岛、国后岛、择捉岛划在日本领土范围内。该草案记载:"日本向苏联割让择捉海峡东北、从得抚岛到占守岛的各岛屿,即1875年条约中俄国向日本割让的各岛屿的完全主权。"②

美国国务院内部认为,新草案有关"北方领土"问题的处理太牵强了,因此并没有获得认可。实质上,此时美国国务院起草《博顿草案》的出发点仍然以防止日本恢复军国主义,消除日本对亚洲及美国的威胁为目的,所以显然已经落后于当前国际"冷战"形势的发展。1948年1月,乔治·博顿等人接受了其他方面的建议并起草了第三份条约草案,1月30日,乔治·博顿就有关新条约草案说明:"如果说《雅尔塔协定》并未给'千岛群岛'确定范围,美国可以提议采用'千岛群岛'的狭义解释,最南端的择捉、国后、色丹、齿舞,将由日本保有。"③ 乔治·博顿的主张遭到美国国务院的内部反对而最终被废弃。

1947年5月8日,美国国务院任命乔治·凯南(G. F. Kennan)为国务院政策规划室主任,可以说乔治·凯南对于推动美国政府对日媾和问题政策的转变,起到非常重大的影响作用。乔治·凯南因1946年2月22日以驻苏使馆代办身份向国务院发出长达8000字的电报,全面分析战后苏联意图、政策和做法,提出了一套遏制苏联的对策,从而获得美国政府重视并调回国内负责制定对苏遏制政策规划。

1947年10月14日,乔治·凯南就有关对日媾和问题提出建议书,

---

① 原貴美惠:《サンフランシスコ平和条約の盲点——アジア太平洋地域の冷戦と「戰後未解決の諸問題」》,広島,溪水社,2005年,第128頁。
② 和田春樹:《北方領土問題——歴史と未来》,東京,朝日新聞社,1999年,第195頁。
③ 和田春樹:《北方領土問題——歴史と未来》,東京,朝日新聞社,1999年,第196頁。

即政策规划室 PPS/10 号文件，他主张对日本实施"宽大媾和"，有必要转变过去的媾和路线，应该改造日本为"友好的、信赖的同盟国"①。该文件中有关"北方领土"问题的处理是，提出"千岛群岛最南部岛屿应日本保有"②。

1948 年 3 月 23 日，国务院情报局负责地理的特别顾问鲍古斯（Boggs）提出："国后岛、择捉岛是千岛群岛的一部分。"③ 1949 年 6 月 27 日，美国驻日本公使休斯顿（Houston）向美国国务卿递交建议书，他认为，齿舞群岛、色丹岛"与传统千岛群岛存在区别，日本统治时期不属于千岛群岛地方当局管辖，而属于北海道下属机构的地方当局管辖"，但是择捉岛、国后岛为千岛群岛的一部分。④

1949 年 9 月，英国外长欧内斯特·贝文访问美国，双方就有关起草对日媾和条约问题举行会谈。贝文外长提议由美国方面负责起草对日媾和条约草案，美国国务卿迪安·艾奇逊马上表示接受该建议。如果说过去美国政府起草对日媾和条约草案都属于内部草案，那么此后美国政府起草对日媾和条约草案，就要考虑如何能够获得英国方面的认可。

根据美国国务卿迪安·艾奇逊的指示，1949 年 10 月 13 日，美国国务院远东司负责完成起草新的对日媾和条约草案。该条约草案有关"北方领土"的记载为，日本应该放弃冲绳群岛，接受美国作为施政者而进行托管统治，库页岛南部、千岛群岛北部割让给苏联，日本保留对齿舞群岛、色丹岛、国后岛、择捉岛的所有权。但是，在该草案注释上特意就此说明，有必要举行讨论会，讨论有关齿舞群岛、色丹岛、国后岛、择捉岛"是否为《雅尔塔协定》与苏联约束的千岛群岛的一部分"⑤。该条约草案在美国国务院上层人士中进行讨论后，被认为无法与英国方面进行协商。国务院上层人士认为，千岛群岛不包括国后岛、择捉岛，这样的解释在国务院、驻日大使馆面前明显不能被正式认可。

---

① 細谷千博：《サンフランシスコ媾和への道》，東京，中央公論社，1984 年，第 40 頁。
② 于群：《美国对日政策研究》（1945～1972），长春，东北师范大学出版社，1996 年，第 97 页。
③ 田中孝彦：《日ソ国交回復の史的研究——戰後日ソ関係の起点：1945～1956》，東京，有斐閣，1993 年，第 17 頁。
④ 和田春樹：《北方領土問題——歷史と未来》，東京，朝日新聞社，1999 年，第 197 頁。
⑤ 原貴美惠：《サンフランシスコ平和条約の盲点——アジア太平洋地域の冷戰と「戰後未解決の諸問題」》，広島，溪水社，2005 年，第 130 頁。

为此，美国方面决定再次由国务院远东司和经济、法律及相关部门官员重新起草条约草案，1949年11月2日，美国方面完成当年的第二份媾和条约草案。该条约草案经过国务卿迪安·艾奇逊认可后，送给美国政府各相关部门及盟军最高司令部征求意见。该草案在有关"北方领土"问题上提出，齿舞群岛、色丹岛、国后岛、择捉岛为日本领土，但在注释上写道，美国"是否决定提议日本保留择捉岛、国后岛，以及小千岛群岛（指齿舞群岛与色丹岛），还没有最终表态。现在考虑为，美国不应该提出这样的问题，如果日本提出，我们也许给予同情态度"①。美国方面认为：第一，如果美国提出这些岛屿不属于千岛群岛的一部分，这与美国参与并签署的《雅尔塔协定》相违背，必然会遭到苏联攻击，对此美国存在反驳困难。第二，为了冲绳问题，美国仍然占领冲绳群岛，而向苏联提议放弃"北方四岛"，显然将处于非常尴尬的地位。

促使美国政府对日媾和条约草案主导方向出现明显转变的是美国驻日盟军最高司令部政治顾问希博尔特（W. Sebald）。1948年11月14日，美国驻日盟军司令部政治顾问希博尔特与盟军驻日总司令官麦克阿瑟，就国务院传来的11月2日第二份媾和条约草案进行认真讨论，11月19日送交了他们共同提出的修改意见书，这就是有名的《希博尔特意见书》。该意见书提出，"择捉岛和得抚岛之间海峡线的东部和东北部岛屿为割让给苏联的千岛群岛"，并附加注释说："苏联不要求合并择捉岛、国后岛、色丹岛或者齿舞群岛，是美国所希望的。这些岛屿是千岛群岛一部分的主张，历史上看是脆弱的，但这些岛屿与其他所有者相比，日本更拥有航海、渔业上的意义。"②《希博尔特意见书》最终改变了美国对日政策方向，由对日媾和"严格"处理政策，转变为对日媾和"宽大"处理政策。

为了搞清楚"千岛群岛"地理范围定义问题，美国国务院远东司内部就有关南千岛群岛法律问题进行讨论。11月25日，美国国务院负责政治问题法律顾问助理斯诺威（C. P. Snow）提交调查报告书。他提出，从地理上，历史上，政治上，"从法律上，有充分证据说明，齿舞群岛和

---

① 原貴美惠：《サンフランシスコ平和条約の盲点——アジア太平洋地域の冷戦と「戦後未解決の諸問題」》，広島，溪水社，2005年，第131頁。

② 和田春樹：《北方領土問題——歴史と未来》，東京，朝日新聞社，1999年，第201頁。

色丹岛原本不属于千岛群岛的一部分",但是没有明确法律依据说明"国后岛和择捉岛不属于千岛群岛的一部分。虽然两岛自1855年条约以来未处于俄国主权下,但是1855年条约也好,1875年条约也好,都表示承认两岛是千岛群岛的一部分。"① 斯诺威调查报告书中上述有关千岛群岛的分析,成为修改11月2日第二份媾和条约草案的基础,最终也成为以后美国国务院对千岛群岛问题的基本观点。

1949年12月29日,美国国务院方面完成当年第三份媾和条约草案。草案继续采用向苏联割让千岛群岛的规定,但是明确记载"齿舞群岛和色丹岛"包括在日本领土内。该草案注释上记载:"如美国主张择捉岛与国后岛不属于千岛群岛范围,肯定会在信誉方面遭到苏联攻击,对此进行反驳存在困难。""日本即使没有南千岛群岛,保有齿舞群岛、色丹岛,也获得相当利益。美国对于日本主张拥有齿舞群岛、色丹岛给予援助,对于日本人在该地区的要求,我们表示最大限度、最大可能程度上的支持。"② 此时美国国务院采纳这种观点,主要是在美国政府内部,有关苏联不参加对日媾和会议的情况下是否继续推动该问题尚未得出结论。1949年12月,美军联合参谋总部(JCS)提出,对日媾和问题的重要条件是苏联参加,为此美国方面基本停滞了对日媾和条约起草的准备工作。

1949年12月29日,在美国国家安全保障会议上,杜鲁门总统决定,"无论苏联是否参加,美国与英国都必须进一步推动有关对日缔结媾和条约问题"③。杜鲁门此举的目的,就是要打破了国内有关对日媾和工作停滞局面,但是因美国国务院与国防部之间的矛盾仍然未能解决,实际上对日媾和条约起草工作仍然毫无进展。另外一方面,针对日本国内各阶层人士就"媾和问题"纷纷表示不同观点,1950年1月1日,驻日盟军总司令麦克阿瑟发表"新年声明",他指出:"关于举行媾和会议,各国因在手续上存在不同主张而被推迟了。""日本国内各种势力,不允许在这些问题的解决上插手,因而不应成为日本内政上相互争斗的内容。"④

---

① 和田春樹:《北方領土問題——歷史と未来》,東京,朝日新聞社,1999年,第201頁。
② 和田春樹:《北方領土問題——歷史と未来》,東京,朝日新聞社,1999年,第202頁。
③ 細谷千博:《サソフラソシスコ媾和への道》,東京,中央公論社,1984年,第62頁。
④ 村川一郎編著:《ダレスと吉田茂——フリソストソ大学所藏ダレス文書を中心として》,東京,国書刊行会,1991年,第66頁。

杜鲁门总统为了扭转这种被动局面，1950年4月19日，任命约翰·福斯特·杜勒斯为国务院顾问，5月18日，正式任命他负责处理缔结对日媾和条约工作，主要协调国内外各种关系并推动早日实现缔结对日媾和条约。如果说，乔治·凯南担任国务院政策规划室主任，促使美国对日媾和工作开始出现转变，那么《希博尔特意见书》改变了美国对日政策方向，由对日媾和"严格"处理政策，转变为对日媾和"宽大"处理政策，而任命杜勒斯具体负责国务院缔结对日媾和条约工作，就使美国最终形成在本国远东战略格局大框架内处理对日媾和问题。

杜勒斯担负大任后极力推动对日媾和问题，针对日苏之间"北方领土"问题，不再纠缠于有关千岛群岛范围内是否应该包括四岛，或者两岛，或者一岛问题，而是要协调国内外各方面利益，实现早日缔结对日媾和条约的大目标。杜勒斯不仅在国内外调整各方面利益关系，而且在对日媾和问题上积极发挥主导作用。

1950年8月7日，杜勒斯完成制定了对日媾和条约草案，其中有关"北方领土"问题的部分为：

> 第五条：日本国接受有关台湾，澎湖列岛，北纬50度以南库页岛，千岛群岛的未来地位，今后由美国、英国、苏联、中国取得一致的决定。如果一年内未能获得一致决定时，该条约参加国将接受联合国大会的决定。①

8月18日，杜勒斯完成了对日媾和条约草案，其有关"北方领土"问题部分没有变化。他考虑将有关千岛群岛与库页岛南部的归属问题，交由美英中苏四国未来一致决定，如果四大国不能取得一致决定，交由联合国大会最终决定。在此基础上，11月24日，杜勒斯正式发表著名的《对日媾和七原则》文件，其主要内容为：

> 美国提议，为了结束战争状态，恢复日本国主权，恢复日本国以平等成员身份进入人民自由社会，与日本缔结条约。相关特定事项、条约如下：

---

① 落合忠士：《北方領土問題——その歷史的事実・法理・政治的背景》，東京，文化書房博文社，1992年，第79~80頁。

(1) 当事国：同日本进行战争的所有国家，在提出议案并达成一致的基础上实现媾和。

(2) 联合国：应该考虑日本国加入。

(3) 领土：日本国——

A. 承认朝鲜独立；

B. 同意琉球群岛及小笠原群岛按照联合国委托统治方式置于美国统治权限之下；

C. 台湾、澎湖群岛、库页岛南部及千岛群岛的地位，交由四大国将来决定。条约生效后一年内不能决定时，交由联合国大会决定；

D. 放弃在中国的特殊权。

(4) 安全保障：条约应该保障联合国担负的责任，在该安全保障决议确立前，为维护日本领土内国际和平及安全，规定由美国及其他国家军队担负责任，并且继续使用日本国的设施。

(5) 政治上及通商上：同意日本国加入有关麻药及捕鱼的多边条约。战前的双边条约，在相互一致同意基础上恢复。缔结新的通商条约前，日本国保留通常例外，给予最惠国待遇。

(6) 请求权：所有当事国放弃 1945 年 9 月 2 日前发生战争行为所带来的请求权。

(7) 纠纷：有关请求权纠纷，由国际法院院长设立的特别法庭解决。其他纠纷委托外交解决或者国际法庭裁决。①

上述内容可以看出有关"北方领土"问题的规定，杜勒斯基本采用了 8 月媾和条约草案的内容。《对日媾和七原则》在"北方领土"问题上，仍然不承认《雅尔塔协定》作为千岛群岛与库页岛南部的最终归属的依据，主张在对日媾和会议上追认苏联对其拥有主权，明显是把《雅尔塔协定》有关内容空洞化。

美国政府由对日媾和"严格"处理政策，转变为对日媾和"宽大"处理政策，是国内外各种因素综合作用的结果。1949 年 10 月 1 日中华人民共和国成立，1950 年 6 月 22 日朝鲜战争爆发，国际形势剧烈变化使美国政府感到，远东地区社会主义阵营对资本主义阵营的威胁

---

① 外务省编：《日本外交文書》（平和条約の締結に関する調書）第一册，東京，外務省，2003 年，第 612~613 頁。

在不断加大。远东地区国际形势的巨大变化，带来美国国内政治势力的主张出现转化。美国军方过去一直主张把苏联与中国参加对日媾和问题作为重要条件，但是现在他们认识到这种条件缺少现实性，转为支持早期实现对日媾和主张。1950年9月初，美国国务院与国防部之间的矛盾基本消失，两者制定了共同备忘录。9月8日，国务院与国防部制定共同备忘录，获得美国总统杜鲁门的批准，作为NSC60/1正式政策文件被采用。NSC60/1文件是美国政府对日媾和政策基本要点与实施步骤的纲领性文件，其后的实质性谈判与媾和条约草案都是遵循该文件的基本精神与要求进行的。

杜勒斯的《对日媾和七原则》反映出美国政府对日媾和政策的变化。NSC60/1文件规定，在对日媾和预备交涉时，作为重要的"安全保障上的要求"，以不承认苏联对日本本土的接近作为方针。也就是说，在"安全保障上的要求"名义下，杜勒斯的《对日媾和七原则》在领土问题上，力图使《雅尔塔协定》有关内容实质空洞化。杜勒斯认为，《雅尔塔协定》是苏联获得千岛群岛与库页岛南部的唯一法律依据，如果承认这些地区由苏联拥有，就等于给予苏联过度的战略利益。所以他主张尽量不承认这种事情，以反驳苏联拥有千岛群岛与库页岛南部的合理性。

三、《旧金山对日媾和条约》与"北方领土"问题

1950年9月14日，美国总统杜鲁门举行记者招待会，宣布已经授权国务院开始与远东委员会各成员国就对日媾和问题继续进行预备性磋商。9月下旬以后，美国政府代表、国务卿顾问杜勒斯开始与远东委员会各成员国协商对日媾和问题，协商的基础就是《对日媾和七原则》。

9月22日，杜勒斯与英国副外交大臣德尼古在美国纽约举行会谈。英国副外交大臣德尼古针对《对日媾和七原则》中有关"北方领土"问题提出异议，他指出对日媾和条约草案，应只规定日本主权下拥有的领土，没有必要规定其他领土。他指出，有关千岛群岛与库页岛南部的归属问题，联合国大会无权决定，既然已经在苏联占领下，要想改变本身就是不现实的。[1] 对此杜勒斯反驳说，这种领

---

[1] 田中孝彦：《日ソ国交回復の史的研究——戦後日ソ関係の起点：1945～1956》，東京，有斐閣，1993年，第90頁。

土问题规定在与苏联交涉中是有益的。① 杜勒斯当时没有详细说明这种"有益"指什么,但是从后来的发展看,实际成了美苏之间讨价还价的交易筹码。

10月26日,杜勒斯与苏联常驻联合国代表马立克(Я. А. Малик)就《对日媾和七原则》进行会谈。杜勒斯代表美国政府向马立克递交了《对日媾和七原则》备忘录,其涉及"领土"问题的主要内容为:"日本国:(1)承认朝鲜独立。(2)同意琉球群岛及小笠原群岛按照联合国委托统治方式置于美国统治权限之下。(3)台湾、澎湖群岛、库页岛南部及千岛群岛的地位,交由四大国将来一致决定。条约生效后一年内不能取得一致决定时,交由联合国大会决定。"②

会谈中,杜勒斯就《对日媾和七原则》作说明后,又发表口头声明,他表示如果苏联在对日媾和条约上签字,就将千岛群岛与库页岛南部让渡给苏联。③ 杜勒斯发表这一口头声明的原因是,担心苏联反对《对日媾和七原则》而不参加对日媾和会议,最后将责任推给美国方面。实际上,这是杜勒斯采取的在苏联面前放置"诱饵"的交涉战术。马立克对杜勒斯的《对日媾和七原则》及口头声明提出强烈抗议,指出这将会使"二战"期间三大国首脑签署的《雅尔塔协定》有关内容空洞化。

10月26日马立克与杜勒斯纽约会谈后,苏联政府为进一步阐述本国立场,11月20日向美国政府递交了备忘录。12月27日,美国政府就苏联政府备忘录给予回答,其主要内容为:

> 美国政府对11月20日苏联政府的备忘录进行了认真探讨,实际上苏联政府提出的问题的大部分,在10月26日给马立克的七原则中已经得到很好的解答。但是为了消除误解,美国政府就贵国提出的问题,作如下阐述:美国政府希望所有对日战争的国家都参加缔结媾和条约,但是美国绝不容忍任何一国否定其他国家缔结对日

---

① 田中孝彦:《日ソ国交回復の史的研究——戦後日ソ関係の起点:1945~1956》,東京,有斐閣,1993年,第90頁。
② 鹿島和平研究所編:《日本外交主要文書・年表》(1)(1941~1960年),東京,原書房,1983年,第121頁。
③ 田中孝彦:《日ソ国交回復の史的研究——戦後日ソ関係の起点:1945~1956》,東京,有斐閣,1993年,第91頁。

媾和条约所拥有的永恒权利。苏联所言1942年1月1日的战时宣言，是与日本及其他轴心国家进行战斗的所有国家在获得胜利前，为了确保继续战斗为目的的。这个任务已经完成了。美国决不接受苏联基于一国强制条款不能另外媾和的各种主张。日本战败后，至今已经忠实执行投降条款5年，已具备了媾和资格。对日媾和问题上，美国决不能满足1942年1月1日在宣言上签字的48个国家所提出的各种要求，但是想知道苏联的要求。①

尽管苏联极力反对美国主导处理有关日苏领土问题，但是杜勒斯在完成与有关国家协商后，1951年3月初起草制定了《暂时备忘录》，仍然作出对千岛群岛及库页岛南部问题的处理。大体归纳如下：

第一，苏联没有最终决定不参加媾和条约之前，按苏联参加为前提，推动起草媾和条约的工作。

第二，库页岛南部及周边岛屿让渡给苏联，应该在媾和条约上明文规定。关于千岛群岛，其地理范围由日苏两国之间决定，或者规定有关媾和条约解释出现法律纠纷时如何解决手续的条款，基于该规定应该把上述领土让渡给苏联。

第三，规定苏联在媾和条约上签字时，上述两项内容才能履行。②

有关日苏领土问题，从这份3月《暂时备忘录》内容看，与《对日媾和七原则》内容存在很大不同。《对日媾和七原则》没有规定把千岛群岛及库页岛南部让渡给苏联，仅提出这些领土问题归属由四大国一致决定，无法取得一致决定时，交由联合国大会最后决定。但是，3月《暂时备忘录》明确写入，如果苏联参加对日媾和会议并在对日媾和条约上签字，就应该把千岛群岛及库页岛南部让渡给苏联。

美国政府发生这种变化的原因为：

第一，杜勒斯为了应付苏联政府的宣传战，必须避免出现美国政府

---

① 外務省编：《日本外交文書》（平和条約の締結に関する調書）第一册，東京，外務省，2003年，第803~804頁。

② 和田春樹：《北方領土問題——歴史と未来》，東京，朝日新聞社，1999年，第207頁。

要阻止苏联参加对日媾和会议及在对日媾和条约上签字的疑惑。另外，当时日本国内就媾和条约问题，出现了主张苏联参加为前提的"全面媾和"势力，与坚持苏联不参加的"单独媾和"或"多数媾和"势力之间的尖锐斗争。前者的势力在日本国内也有相当影响力，所以美国政府为了将来日美两国关系的顺利发展，要考虑回避遭到日本国内"全面媾和"势力的猛烈批评。美国国务院，一方面要避免苏联宣传战的攻击，另一方面又要平息日本国内社会舆论。

第二，杜勒斯提出《对日媾和七原则》后，受到来自各方面的尖锐批评。不仅同盟国英国方面提出异议，就连美国国务院内部也有反对者，如国务院官员克纳（Kemer）提出，由联合国来处理千岛群岛及库页岛南部的归属问题，联合国将成为东西方对立的焦点。① 另外，在"冷战"激烈的形势下，联合国不适合作为改变国家之间力量关系的机构。

除此之外，美国方面也存在调整国务院与国防部之间矛盾的因素。在美国国内，在对日媾和问题上存在不同主张，国务院主张早期单独对日媾和，而美国国防部主张全面对日媾和。1951 年 1 月，国务院顾问杜勒斯与国防部官员举行会谈上，美国军方人士仍然认为早期单独对日媾和是对苏联的挑战，担心"会引起苏联发动对日本全面行动"。为了调整两个部门之间的矛盾，杜勒斯决定设置前提条件，向苏联让渡千岛群岛及库页岛南部。换句话说，千岛群岛及库页岛南部归属问题，被杜勒斯作为美国政府内部调整政治对立的工具。

1951 年 3 月，杜勒斯认为苏联参加对日媾和会议的可能性极低，因此即使在苏联面前放置"诱饵"也无用。苏联已经占领了千岛群岛及库页岛南部，这种"诱饵"对其没有太大吸引力。杜勒斯这一政策变化，并非是缓和对苏联态度，而是预计苏联不会参加媾和会议，便设置附加条件，让渡千岛群岛及库页岛南部，目的就是避免苏联一方面不参加对日媾和会议，另一方面却将责任推向美国方面。

1951 年 3 月 11 日，杜勒斯通过广播电台公布，美国政府对日媾和准备工作已经从一般原则性讨论阶段进入具体条约起草阶段。美国方面已经与主要同盟国进行了最少一次协商，一般进行多次协商。对日媾和准备工作要在尽可能大的范围内尽快协商，而且媾和条约的具体内容同盟

---

① 田中孝彦:《日ソ国交回復の史的研究——戦後日ソ関係の起点: 1945~1956》，東京，有斐閣，1993 年，第 87 頁。

国之间的主张明显趋同。①

1951年3月21日，杜勒斯在国内一所大学发表演讲，涉及有关对日媾和条约问题时，他指出："一般说，日本主权已经根据签署的投降书规定了，日本的主权为四大岛及周边诸小岛。另外，规定日本放弃朝鲜、台湾、澎湖列岛及南极地区一切权利、权利依据及请求权。进一步，根据条约规定，琉球群岛及小笠原群岛交由联合国信托统治，美国依据此担负起施政责任。根据《雅尔塔协定》，库页岛南部及千岛群岛让渡给苏联，现在实际被苏联占领。但是，苏联有关主权必须采用对日媾和条约的形式获得国际确认，这涉及苏联是否参加这个条约。"② "……以上我所说的是，我们争取对日和平解决，确认把日本领土削减为那四个岛……我们仍然希望苏联领导者能签署对日媾和条约，该媾和条约苏联并没有承担什么负担……我们虽然打算继续坚持催促苏联参加对日媾和，但是缔结对日媾和条约，并非缺少苏联就无法进行。有关对日媾和问题，苏联没有法律依据上的否决权。苏联仅仅参战六天就获得了满洲、旅顺、大连、库页岛南部、千岛群岛等巨大收获，已经超过了千倍的实惠……"③

1951年3月23日，美国国务院完成了新的对日媾和条约草案，即《3月条约草案》共计8章22条款。这份条约草案是美国方面第一次向包括苏联在内的远东委员会各成员国发送并征求意见。其第3章"领域"作出如下规定：

> 第3条款规定：日本国放弃对朝鲜、台湾及澎湖列岛的一切权利、权利根据及请求权，放弃委任统治制度，放弃日本国民在南极地区活动的一切权利、权利根据及请求权。
>
> 日本国承认，曾经在日本国委任统治下的太平洋诸岛，根据1947年4月2日联合国安理会决议，采用信任委托统治制度。
>
> 第4条款规定：美国向联合国提议，将北纬29度以南的琉球群

---

① 村川一郎编著：《ダレスと吉田茂——フリソストソ大学所藏ダレス文書を中心として》，東京，国書刊行会，1991年，第37~38頁。

② 外務省编：《日本外交文書》（平和条約の締結に関する調書）第二册，東京，外務省，2003年，第395頁。

③ 外務省编：《日本外交文書》（平和条約の締結に関する調書）第二册，東京，外務省，2003年，第402頁。

岛，包括西之岛的小笠原群岛、火山群岛、冲鸟岛及南鸟岛，置于美国信任委托统治下。日本国同意该提议，在该提议制定及行动确定前，美国拥有对上述岛屿，包括领海权在内，岛屿土地与居民的行政、立法及司法的一切权利及行使权利。

第5条款规定：日本国向苏维埃社会主义共和国联盟返还库页岛南部及周边一切岛屿，向苏维埃社会主义共和国联盟让渡千岛群岛。

第19条款规定：无论任何国家对本条约不批准，就不能从本条约中获得以往及以后的任何利益。①

上述第19条款实际上意味着苏联如果不在对日媾和条约上签字，就无法获得第5条款规定的利益。

对于美国政府送交《3月条约草案》，苏联、中国、印度表示强烈反对，并且纷纷提出不同的修改意见。美国政府最关注的是英国政府的态度，因为英国不仅在欧洲国家中具有重要影响，而且在远东委员会中英联邦成员国多达六个，如果英国表示支持美国立场将会极为有力。英国战后虽是美国最重要的同盟国，但在初期对日媾和问题上却仍坚持自己的主张。早在美国第一次提出对日媾和时，英国就坚持认为在亚太地区的潜在主要敌人是日本而不是苏联，主张应该彻底铲除日本的战争能力，防止日本再次对亚太地区构成威胁。1950年6月朝鲜战争爆发后，英国认为北朝鲜之所以敢于发动军事进攻，完全是苏联方面支持的结果，所以亚太地区最主要的威胁是苏联，日本处于次要地位。英国政府接到美国《3月条约草案》后，并没有发表任何评论，而是独自起草对日媾和条约草案。

1951年4月7日，英国政府完成对日媾和条约草案，即《4月条约草案》，4月9日递交给美国驻英国大使馆。英国的《4月条约草案》中，有关"北方领土"问题处理是："第1条款规定：色丹岛为日本领土。第3条款规定：千岛群岛及库页岛南部让渡给苏联。"②

---

① 外务省编：《日本外交文书》（平和条约の缔结に关する调书）第二册，东京，外务省，2003年，第388~392页。

② 外务省编：《日本外交文书》（平和条约の缔结に关する调书）第二册，东京，外务省，2003年，第617页。

这表明英国让渡给苏联的"千岛群岛"范围缩小了。英国政府的这种政策变化有两层意义：第一，反映出与美国政府的方案距离在缩小，表明英国政府重视英美关系。第二，英国政府虽然主张严格对日媾和处理，但是也考虑到未来发展日英关系的重要性，所以有关"北方领土"问题上转向宽大处理方针。

美英两国在分别制定对日媾和条约草案基础上，1951年4月25日至5月4日，两国在华盛顿为起草《共同条约草案》举行协商会议。英国代表指责美国的《3月条约草案》，认为即使苏联不参加对日媾和会议也应该把千岛群岛及库页岛南部让渡给苏联，这样可以避免留下将来日苏两国之间纠纷的种子。英国代表提议，删除美国《3月条约草案》中的第19条款。但是，美国代表则指出，如果删除该条款，美国国会参议院将无法通过，拒绝接受该提议。经过双方多轮协商，5月3日，英美两国代表完成了共同条约草案，即5月《美英共同条约草案》。

5月《美英共同条约草案》第4条款有关千岛群岛及库页岛南部归属问题的规定为：日本向苏维埃社会主义共和国联盟让渡以往日本行使主权的千岛群岛与库页岛南部及周边诸岛。① 这一条款基本完全采用了英国《4月条约草案》的主张，但是美国《3月条约草案》中的第19条款仍然被保留，即苏联不在媾和条约上签字就不能享用该条约。② 这样美英两国共同草案，采用了美国政府《3月条约草案》的实质内容。

美英两国在对日媾和条约草案主要问题上达成基本一致意见后，在所谓"中国问题"上仍然存在矛盾。所谓"中国问题"，即在对日媾和条约草案上，把中国台湾归属给中国共产党领导的中华人民共和国政府，还是中国国民党领导的"中华民国"政府。1951年3月30日，英国政府向美国政府递交备忘录，明确提出关于"中国问题"的主张，认为"缔结对日媾和条约，任何谈判都应该邀请中华人民共和国参加"③。关于台湾问题，"日本放弃对台湾的主权，应该要求日本将台湾归还中国"④。英国政府在1950年1月承认了中华人民共和国，然而此时美国政府还不承认中华人民共和国，所以为了避免出现尴尬局面，双方采用

---

① 細谷千博：《サンフランシスコ媾和への道》，東京，中央公論社、1984年，第239頁。
② 細谷千博：《サンフランシスコ媾和への道》，東京，中央公論社，1984年，第239頁。
③ 細谷千博：《サンフランシスコ媾和への道》，東京，中央公論社，1984年，第214頁。
④ 細谷千博：《サンフランシスコ媾和への道》，東京，中央公論社，1984年，第214頁。

妥协方案，采取在对日媾和条约中回避写入"中国"的对策。

这时期中国国民党的"中华民国"政府，对于美国主导的对日媾和条约中有关台湾归属问题的处理表示强烈不满。1951年5月29日，"中华民国驻美大使"顾维钧与美国国务院顾问杜勒斯就台湾归属问题举行协商会谈，顾维钧明确指出，在对日媾和草案中明确规定把千岛群岛及库页岛南部让渡给苏联，但是却没有明确规定台湾归属"中华民国"，这显然不公正。顾维钧强烈要求，在对日媾和条约中把台湾归属问题与千岛群岛及库页岛南部归属问题同等相待，即明确表示台湾归属"中华民国"。

杜勒斯一方面要处理"中华民国政府"的抗议，另一方面又要处理与英国政府主张的分歧，为此考虑修改5月《美英共同条约草案》部分内容，将有关千岛群岛及库页岛南部归属问题，与有关台湾归属问题作出同样处理，即要求日本宣布放弃上述领土的一切主权，但是又不规定上述领土归属任何国家。①

杜勒斯的上述修改方案获得杜鲁门总统明确支持后，1951年6月2日，他飞往伦敦，准备劝说英国政府接受修改共同条约草案部分内容。6月4日，杜勒斯与英国外交大臣莫里森（H. Morrison）、国务大臣杨格（K. Younger）举行协商会议。6月7日，英国政府既表示接受杜勒斯的修正案，又表示担心将来日苏之间发生领土纠纷，可能导致美苏之间爆发战争，对于英国来说将是一场噩梦。杜勒斯访问英国期间，对法国进行短暂访问，就美英两国磋商内容征求法国政府的意见，获得了法国政府的支持。6月14日，美英两国基于杜勒斯的修正方案，制定了《美英共同条约草案》修订版。

针对上述修改方案，杜勒斯解释说，5月《美英共同条约草案》，"一是过去的方法缺少实际性，从外观上看明显给苏联提供了'直接利益'，很难获得美国国会批准。二是现在的草案，如苏联不签署媾和条约，日本在法律上还保留主权。苏联有能力继续保持这些领土，但美国准备与日本缔结防御协定，苏联很容易被卷入不喜欢的纠纷"②。

我们进一步详细解读杜勒斯的上述内容，杜勒斯认为，5月《美英共同条约草案》规定，如果苏联不参加对日媾和会议，无法从法律上获

---

① 細谷千博：《サソフラソシスコ媾和への道》，東京，中央公論社，1984年，第239頁。
② 細谷千博：《サソフラソシスコ媾和への道》，東京，中央公論社，1984年，第240頁。

得千岛群岛及库页岛南部的主权。这样就保留了将来日本向苏联要求归还领土的法律依据,增加了日苏两国之间引起领土纠纷的可能性。美国正准备与日本缔结安全保障条约,必须要考虑避免日苏两国之间发生领土纠纷而引发美苏之间的武力冲突,为此要让日本在媾和条约中明确宣布放弃这些领土的主权。

杜勒斯的修改方案,实质上既要保持日苏两国之间的政治对立状况,又要控制在不至于引发美苏两国之间的武力冲突。此外,杜勒斯也担心正在进行的朝鲜战争,如果再增添日苏两国之间的领土纠纷,就可能导致美苏之间爆发全面战争。①

杜勒斯的修改方案,除考虑上述因素之外,还考虑到:

第一,此时杜勒斯确信苏联政府不会出席对日媾和会议。根据当年5月7日苏联政府发表的备忘录内容看,美国政府确信苏联几乎没有可能参加媾和会议。这样围绕苏联是否参加对日媾和会议的争议,在苏联面前设置让渡千岛群岛及库页岛南部的法律依据为"诱饵"的设想,这时期几乎消失了。第二,此时杜勒斯调节美国国防部与国务院之间矛盾的压力减轻了。《美英共同条约草案》规定将千岛群岛及库页岛南部让渡给苏联,一方面是为促使苏联参加对日媾和会议并签署媾和条约,另一方面更重要的因素,是为调节美国国防部与国务院之间的矛盾。自1950年9月21日乔治·马歇尔(G. C. Marshall)担任美国国防部部长后,国防部也放弃了苏联参加媾和会议为前提条件,转变为接受国务院主张的实现早期单独对日媾和。伴随着两者之间矛盾的削减,这种设置的必要性也被大大降低了。

1951年7月3日,美国总统杜鲁门批准了6月14日完成的《美英共同条约草案》修改版。7月13日,美英两国政府分别在华盛顿、伦敦同时发表该草案内容。

6月《美英共同条约草案》修改版中有关领土问题的内容,在第二章"领域"中规定如下:

> 第二条款:(1)日本国承认朝鲜独立,放弃对朝鲜包括济州岛、巨文岛及郁陵岛在内的一切权利、权利根据和请求权。(2)日

---

① 和田春樹:《北方領土問題——歷史と未來》,東京,朝日新聞社,1999年,第213~214頁。

本放弃对台湾及澎湖列岛的一切权利、权利根据和请求权。（3）日本国放弃对千岛群岛及由于1905年《朴茨茅斯条约》所获得主权的库页岛一部分及其附属岛屿的一切权利、权利根据和请求权。（4）日本国放弃与国际联盟委任统治制度有关的一切权利、权利根据和请求权，并且接受1947年4月2日联合国安理会将信托统治制度推行到原日本委托统治的太平洋各个岛屿的措施。（5）日本国放弃对南极地区任何部分的任何权利、权利根据和请求权，不论其是由于日本国民的活动，或者由于其他方式所获得的。（6）日本国放弃对南威岛及西沙群岛的一切权利、权利根据和请求权。

第三条款：日本国对美国向联合国提出的将北纬29度以南的西南诸岛（包括琉球群岛与大东群岛）、孀妇岩岛以南之南方诸岛（包括小笠原群岛、西之岛与硫磺群岛）及冲之鸟岛与南鸟岛置于联合国信托统治管理下，美国为唯一管理当局的任何提议将予同意。在提出该提议前，并且对该提议采取任何措施前，美国将有权对上述岛屿的领土及居民，包括其领海行使一切及任何行政、立法与司法权力。①

从6月《美英共同条约草案》修改版内容可以看出，关于台湾及澎湖列岛归属问题，基本是按照《3月条约草案》的内容。关于朝鲜问题，规定日本承认朝鲜独立，日本不仅放弃对朝鲜领土的主权要求，而且明确规定其归属朝鲜。这样就存在让人无法理解的问题，朝鲜归属问题、台湾及澎湖列岛归属问题，都存在着两个政府问题。中国方面存在中华人民共和国与"中华民国"，朝鲜方面存在朝鲜民主主义人民共和国与大韩民国，而6月《美英共同条约草案》修改版明确了朝鲜归属问题，却把台湾及澎湖群岛归属问题，与库页岛南部及千岛群岛归属问题放在一起。如果朝鲜归属问题、台湾及澎湖列岛归属问题，都存在着两个政府问题难以确定，可是库页岛南部及千岛群岛归属问题，苏联方面不存在两个政府问题。这些毫无道理的规定，最简单的理解就是美英两国有意将问题复杂化，使得问题的解决更加困难。

关于"北方领土"问题，美国在《3月条约草案》中，仅规定日本

---

① 外務省編：《日本外交文書》（平和条約の締結に関する調書）第三冊，東京，外務省，2003年，第619頁。

放弃"库页岛南部及其附近一切岛屿",但是在6月《美英共同条约草案》修改版中规定,日本放弃"1905年9月5日《朴茨茅斯条约》所获得主权的库页岛一部分及其附属岛屿的一切权利、权利根据和请求权"。这使得库页岛南部归属范围更加明晰,指出这是1905年日俄战争所带来的结果。但是,关于千岛群岛就未明确规定,可以说美国政府从开始就未规定千岛群岛的明确范围,使得问题复杂化。6月《美英共同条约草案》修改版未确定"千岛群岛"的地理范围,却设置假如日苏两国之间围绕"千岛群岛"地理范围发生纠纷时,可以根据该条约草案第22条款规定,由国际法院最终裁决。[1] 美英两国设定该条款,目的就是都不希望直接卷入未来日苏两国之间的领土纠纷问题。

　　1951年9月4日,旧金山对日媾和会议召开,参加媾和会议的国家名单完全由美国政府单方面决定。身受日本侵略并且坚持对日抗战时间最长的中国(包括台湾国民党政权)没有被邀请,日本吞并36年的朝鲜半岛南北双方政权也没有被邀请,外蒙古政权、越南民主共和国这些当年遭受日本侵略的国家没有被邀请,相反却邀请大量与日本利益不大,甚至既没有遭受日本侵略也没有参加对日作战的许多拉丁美洲国家出席会议。对于美国政府这种倒行逆施的行为,当年遭受日本侵略的印度政府、缅甸政府虽然被邀请,但是却拒绝出席媾和会议。

　　6月《美英共同条约草案》修改版的内容虽然又经过修改后提交本次会议,但是有关千岛群岛及库页岛南部归属问题的条款,没有作任何修改而直接提交,最终被大会通过了。

　　在旧金山对日媾和会议上,对于对日媾和条约中没有规定"千岛群岛"地理范围这一问题,美日两国代表在讲话中都给予了关注,两国代表分别阐述了本国政府的主张。

　　9月5日,在旧金山对日媾和会议第二次全体会议上,美国代表杜勒斯在关于对日媾和条约起草过程的演讲报告中,涉及"千岛群岛"的地理范围,他表示:"包含第二章第2条款的放弃(指该条约中日本宣布放弃对千岛群岛及库页岛南部所有权利),是严格并慎重地确认了投降书的条款。第2条款(C)记载的千岛群岛的地理名称是否包括齿舞群岛若干疑问。美国政府观点是不包括齿舞群岛。如果该问题发生争论,可

---

[1] 外務省编:《日本外交文書》(平和条約の締結に関する調書)第三册,東京,外務省,2003年,第629頁。

以根据第22条款委托国际法院裁决。"① 杜勒斯在报告中没有涉及色丹岛及国后岛、择捉岛问题。如前所述，美国政府仍然坚持1949年11月斯纳伍所提出的主张，即没有合适的理由把"南千岛"从"千岛群岛"范围中排除。

杜勒斯在这次报告中，对规定日本放弃领土但未规定其归属国家的问题作了说明。他指出：这些领土为"无论给予谁都会产生问题"的地区，这一问题在同盟国内部争论无法达成一致时，就不给予日本和平是不合适的，应该给予日本和平，尚未解决的问题将来"采取该条约以外的国际解决方式解决"是明智的方法。②

在旧金山对日媾和会议上，英国代表、外交大臣莫里森发言，采取完全回避谈论日苏"北方领土"问题的做法，保持一种静观态度。③

9月7日，日本代表、首相吉田茂发表演说，首先表示日本接受对日媾和条约。但是，他在讲演中提出了日本政府对"北方领土"问题的主张，他提出国后岛、择捉岛是日本领土，即便"北千岛"（千岛群岛北部）也是根据1875年《库页岛、千岛群岛交换条约》采用和平手段获得的。吉田茂还提出，齿舞群岛、色丹岛属于北海道一部分，不属于"千岛群岛"范围。④ 吉田茂的演讲仅仅是表明日本政府的见解，在对日媾和条约中不具备任何法律意义，他讲话的意图是希望让所有参加对日媾和会议的各国代表事先知道，将来发生日苏两国之间领土纠纷时，千岛群岛南部及齿舞群岛、色丹岛是日本领土。

苏联政府出乎美英等国家的意外，派出代表出席旧金山媾和会议。9月5日，在旧金山对日媾和会议上，苏联代表葛罗米柯对《美英共同条约草案》进行了强烈批判，强烈要求进行修改。有关日苏领土问题，葛罗米柯要求："关于条约第2条款（C）项应作如下修改：日本国承认苏维埃社会主义共和国联邦对库页岛南部及其周边一切岛屿及千岛群岛的

---

① 外務省編：《日本外交文書》（サンフランシスコ平和条約調印、發効），東京，外務省，2010年，第68～69頁。
② 外務省編：《日本外交文書》（サンフランシスコ平和条約調印、發効），東京，外務省，2010年，第69頁。
③ 外務省編：《日本外交文書》（サンフランシスコ平和条約調印、發効），東京，外務省，2010年，第142～146頁。
④ 外務省編：《日本外交文書》（サンフランシスコ平和条約調印、發効），東京，外務省，2010年，第137頁。

完全主权，放弃对上述地区一切权利、权原及请求权。"① 实质上，苏联认为关于日苏之间领土问题已经"解决完毕"，仅要求旧金山对日媾和条约中予以追认"解决完毕"而已。但是，苏联代表提出的一切修改提议都被美国主导的对日媾和大会拒绝，为此苏联代表也拒绝在《旧金山对日媾和条约》上签字。

1951年9月8日，参加旧金山对日媾和会议的52个国家中，包括日本在内，有49个国家代表在《旧金山对日媾和条约》上签字。

《旧金山对日媾和条约》中，关于千岛群岛及库页岛南部归属问题的条款，完全采用6月《美英共同条约草案》修改版的内容。该条约第二章"领土"第2条款（C）规定，"日本放弃对千岛群岛及由于1905年《朴茨茅斯条约》所获得主权之库页岛一部分及其附近岛屿之一切权利、权利根据与要求。"② 该和约既没有规定日本放弃的上述领土最终归属国家，也没有规定"千岛群岛"的地理范围，这些都意味着为将来日苏两国的关系发展留下了祸根。

四、美国与日苏复交谈判

1955年2月4日，鸠山一郎内阁会议作出决议，对苏政策的制定及执行工作，由重光葵外相及外务省为主进行一元化外交，标志着鸠山内阁开始启动日苏两国恢复邦交正常化的交涉工作。根据本次会议决议，以外务省顾问谷正之与民主党政调会副会长杉原荒太为核心，组建起草工作小组，就有关具体交涉方针进行起草工作。5月，起草工作小组完成日本政府政策文件，即《训令十六号》。此后，日本外务省顾问谷正之拜访了美国驻日本大使艾利逊（J. M. Allison）。艾利逊大使询问：与苏联方面实现恢复邦交正常化之前，日本政府是否坚持要求解决各种悬案？谷正之答复说：现在内阁及外务省的考虑是，根据日本国内的政治形势，坚持这样要求肯定存在困难。③ 谷正之的态度为，即使日苏两国之间各悬案未获得解决，也可以采用某种形式实现两国恢复邦交正常化。

---

① 外務省編：《日本外交文書》（サンフランシスコ平和条約調印、發効），東京，外務省，2010年，第101頁。
② 外務省編：《日本外交文書》（サンフランシスコ平和条約調印、發効），東京，外務省，2010年，第147頁。
③ 田中孝彦：《日ソ国交回復の史的研究——戦後日ソ関係の起点：1945~1956》，東京，有斐閣，1993年，第93頁。

事实上，日本政府在制定《训令十六号》过程中，受到来自美国政府的强大压力。1955年1月26日，美国政府制定备忘录，美国政府就日本政府对苏政策提出"希望"。美国政府在该备忘录中对日本政府提出强烈警告，总体上要求日苏两国谈判的结果不能改变由《旧金山对日媾和条约》与《日美安全保障条约》构成的现存日美关系的任何实质性内容，更具体说，就是日苏关系改善不得改变现存的旧金山体制。

美国政府在该备忘录中，对于日苏两国恢复邦交正常化问题阐明态度如下：

（1）关于领土问题。美国政府支持日本政府主张，齿舞群岛、色丹岛不包括在千岛群岛之内。美国政府不承认，日本政府在仅返还齿舞群岛、色丹岛的条件下，与苏联方面在谈判中达成妥协。美国政府希望，日苏两国恢复邦交正常化谈判中，关于领土问题不能脱离《旧金山对日媾和条约》的规定。《旧金山对日媾和条约》中未决定千岛群岛及库页岛南部的最终归属问题，日本政府如果承认苏联方面拥有这些领土主权，对于美国政府来说是不能接受的。

（2）关于渔业问题与被俘人员问题。美国政府支持日本政府要求苏联方面让步的主张。

（3）关于日本加入联合国问题。美国政府支持日本政府要求苏联方面无条件支持的主张。但是，美国政府表示担心，日苏两国恢复邦交后，苏联会利用这一条件扩大在日本国内的间谍破坏活动，苏联宣传网也会在日本国内扩大传播。美国政府希望与日本政府协商如何处理这些问题。

（4）关于日中关系问题。美国政府向日本政府提出明确警告，日苏两国谈判不能引起中日两国之间的接近。美国政府预想苏联方面会要求中国也参加谈判，希望日本政府坚决拒绝这种要求。①

1955年1月28日，美国驻日本大使艾利逊会见日本外务省顾问谷正之与外相重光葵，向他们传达了1月26日美国政府备忘录内容。谷正之马上解释说，有关美国政府的立场，重光葵外相都考虑到了，日本政府考虑到，日苏两国谈判妥协的条件，要保持与美国方面一致。鸠山内阁制定的《训令十六号》文件内容，确实与该备忘录内容基本相似，反映出日本政府在制定对苏谈判方针上受到美国政府的极大影响。

---

① 田中孝彦：《日ソ国交回復の史的研究——戦後日ソ関係の起点：1945～1956》，東京，有斐閣，1993年，第99～101頁。

美国政府对日苏伦敦谈判非常关心，但是伦敦谈判初期，美国政府又采取回避介入方针。1955年4月9日，美国政府批准了国家安全委员会（NSC）政策文件，即"NSC5516/1"，题目为"美国对日政策"，决定对日苏伦敦谈判采取"不介入"方针，其有关内容如下：

（10）向日本政府表示这样的态度：美国政府不反对日本与苏联建立外交关系，但是反对与共产党中国建立外交关系。美国政府特别反对日本与共产党中国签订互不侵犯条约，或支持共产党中国进入联合国。

（11）美国政府支持日本反对苏联对齿舞群岛和色丹岛拥有主权的要求，不承认苏联对千岛群岛和库页岛南部拥有主权的要求。

（12）美国政府支持和鼓励日本针对苏联和共产党中国要求遣返前军事人员和国民的要求，并停止扣留日本渔船。①

从美国政府上述文件内容可以看出：第一，美国政府不反对日苏两国恢复邦交谈判，但是强烈反对中日两国建立外交关系。美国政府认为，1934年美国就承认苏联并建立外交关系，没有理由反对日本与苏联恢复邦交正常化。另外，1954年以来日本国内出现大规模反美浪潮，如果美国方面再积极介入日苏两国恢复邦交正常化交涉，就会带来日本民众更大的反美情绪。第二，美国政府在有关领土问题上，支持日本政府要求返还齿舞群岛、色丹岛的主张，不承认苏联拥有千岛群岛及库页岛南部。美国政府上述文件内容表明，美国政府的立场已经从对日媾和时期的政策发生了转变，现在不承认对苏联领土问题上"有益"的变更。

从美国政府上述文件内容可以看出，美国政府虽然表示不积极介入日苏恢复邦交谈判，但是实际上仍然存在积极介入的意图：第一，美国政府认为，日苏两国恢复邦交后，将提高中日两国恢复邦交的可能性。第二，美国政府认为，日苏两国谈判中可能采取不利于美国的领土变更，因此美国政府对日苏恢复邦交谈判保持一定的距离。

日本政府为了能够获得美国政府的积极支持，1955年6月底7月初，日本伦敦谈判代表松本俊一分别向美英法三国政府发出询问信函，希望能从三国有关"北方领土"问题上的答复中获得有利证言。

日本政府对美国政府询问的主要内容为：

（1）日本政府在接受《波茨坦公告》时，不知道存在《雅尔塔协

---

① 于群：《美国对日政策研究》，长春，东北师范大学出版社，1996年，第243~244页。

定》，是否应该认定《雅尔塔协定》就是盟国决定的《波茨坦公告》第8条内容。

（2）苏联政府是否可以根据《波茨坦公告》，单方面决定千岛群岛及库页岛南部为本国领土。①

对此，美国政府制定了题目为"领土问题——日苏交涉"的秘密文件，其第一部分阐述了美国政府对日苏领土问题的立场。7月1日，美国国务卿杜勒斯按该文件第一部分内容，向美国驻日本大使艾齐逊发来电报。其主要内容为：

（1）苏联不能根据《波茨坦公告》第8条作出单方面决定。《波茨坦公告》明确记述，应该由公告签字国将来讨论，确定日本领土问题。

（2）《雅尔塔协定》不是以最终决定为目的，仅是表明美苏英领导人的共同目的。日本没有参加该协定，不受该协定的限制。

（3）从法律、历史、地理上看，齿舞群岛、色丹岛是北海道的一部分，不是千岛群岛的一部分。

（4）《总命令第1号》等文件，不能认定是最终决定这些领土问题的文件。

（5）日本虽然宣布放弃对千岛群岛及库页岛南部的一切权限，但是《旧金山对日媾和条约》并未将上述领土的主权给予任何国家。

（6）美国国会参议院批准《旧金山对日媾和条约》时，确认千岛群岛及库页岛南部的归属是"将来国际交涉问题"②。

美国政府的上述立场，基本是按1月26日美国政府备忘录、"NSC文件"的方针，即齿舞群岛、色丹岛为日本领土，支持日本要求苏联返还，不承认千岛群岛及库页岛南部为苏联领土的原则。但是，此时美国政府并不是完全支持日本政府的有关领土主张，美国政府的解释与日本政府的主张存在不一致内容。第一，美国政府认为，日本已经明确放弃这些领土，这些领土的归属还没有决定，这个问题必须由将来"国际交涉"解决。第二，日本政府认为，虽然本国在《旧金山对日媾和条约》中宣布放弃千岛群岛及库页岛南部的权利，但是对非签字国苏联并未放弃这一权利。对于日本政府这一主张，美国政府并不积极支持。

---

① 鹿岛和平研究所编：《日本外交主要文书・年表》（1）（1941~1960年），東京，原书房，1983年，第721页。

② アジア調査会编：《北方領土を読む》，東京，プラネット出版，1992年，第98页。

美国政府对日本政府提出"北方领土"问题的主张持慎重态度,其原因如下:

第一,美国担心影响冲绳驻军问题。美国政府认为,如果苏联政府把部分"北方领土"返还日本方面,那么美国继续占领冲绳便会遇到困难。1955年3月,美国国务卿杜勒斯表示:"如果出现苏联方面把千岛群岛的重要部分返还,日本政府就会向美国方面施加压力,要求归还琉球群岛。如果苏联把这些领土返还日本,那么日美之间的关系就会变得紧张。要考虑到苏联政府存在返还这些领土的可能性。"① 在国际"冷战"环境下,美国继续占据冲绳群岛,是对苏联战略的必需条件。美国的这一担心,是对日本政府提出"北方领土"问题的主张持消极态度的根本原因。

第二,美国担心日本国内反美情绪问题。如前所述,《领土问题——日苏交涉》的秘密文件里,美国政府希望日本在日苏两国恢复邦交谈判过程中获得一切可能的利益。同时美国政府也担心,如果美国政府积极支持日本政府的强硬领土要求,一旦出现日苏两国恢复邦交谈判破裂,日本将谈判失败责任推给美国方面。假如出现这种事情,日本国内社会舆论就会对美国政府的介入产生反感,导致日本国内民众出现更大的反美情绪。② 当时日本国内民族主义情绪日益高涨,美国政府担心这种刺激会促进反美的民族主义发展。

第三,美国担心国内社会舆论问题。如秘密文件里记载:"考虑到美国国内社会舆论对这次日苏两国恢复邦交谈判不是非常关心,所以美国政府要求排除这次谈判对我国的任何含义,这是谈判开展过程中应该非常注意的。"③ 美国政府对待国内社会舆论的态度是,对于国内社会舆论不关心的外交问题,美国政府要回避积极介入,对于国内社会舆论关心的外交问题,美国政府就要采取积极介入。

1955年8月22日,美国国务院为举行日美两国外长会谈而制定政策文件。国务院预计重光葵外相将在两国外长会谈上提出:(1)日本对齿

---

① アジア調査会編:《北方領土を読む》,東京,プラネット出版,1992年,第86頁。
② 田中孝彦:《日ソ国交回復の史的研究——戦後日ソ関係の起点:1945~1956》,東京,有斐閣,1993年,第135頁。
③ 田中孝彦:《日ソ国交回復の史的研究——戦後日ソ関係の起点:1945~1956》,東京,有斐閣,1993年,第136頁。

舞群岛、色丹岛的领土要求。(2) 美国政府不承认苏联对千岛群岛及库页岛南部的主权。(3) 美国政府承认日本对千岛群岛南部的主权。(4) 日本政府提出举行国际会议，决定千岛群岛及库页岛南部的最终归属问题。① 美国政府的这个预计，与 8 月 27 日日本代表向苏联方面提出的新方案几乎一致，说明美国政府掌握着日苏两国之间恢复邦交谈判的具体进程。

根据这一预计，美国政府制定了会谈对策方针：(1) 对于齿舞群岛、色丹岛，美国政府支持日本政府的有关主权要求，不承认苏联拥有千岛群岛及库页岛南部的主权，但是这个态度不希望公开表明。(2) 对于国后岛、择捉岛，因美国政府没有得到准确情报不能表态。(3) 对于召开国际会议决定千岛群岛及库页岛南部最终归属持消极态度。理由为，苏联方面不可能同意，实际上无法解决。美国政府认为，如果召开国际会议，日本可能提出另外的领土要求，有可能改变旧金山媾和会议的决定。②

8 月 29 日，日美两国外长举行会谈。美国国务卿杜勒斯就有关日苏两国谈判问题阐述了美国政府的态度：首先，美国政府希望日本政府对苏联采取强硬态度。杜勒斯指出，苏联外交缓和态度是软弱的表现，只要对社会主义国家采取强硬态度就会使其改变对外政策。其次，杜勒斯对日苏两国谈判具体提出：(1) 引用《旧金山对日媾和条约》第 25 条款规定，苏联不能享受《旧金山对日媾和条约》中的任何领土利益。(2) 对过去日苏两国谈判表示满意。(3) 对苏联作出任何让步都不能期待回报，今后谈判中不要向苏联作出让步。(4) 苏联方面这次交涉的真正意图为恢复两国邦交。③ 从以上杜勒斯提出的要求看，美国政府认为真正希望恢复两国邦交的是苏联方面，所以日本政府没有必要向苏联方面作出让步，在基本问题上继续采取强硬态度。

日苏两国伦敦谈判陷入僵局后，日本政府为打破这种僵局希望求救于美英等国支持。1955 年 10 月 12 日，日本政府分别向两国发出询问信

---

① 田中孝彦：《日ソ国交回復の史的研究——戦後日ソ関係の起点：1945~1956》，東京，有斐閣，1993 年，第 177 頁。
② 田中孝彦：《日ソ国交回復の史的研究——戦後日ソ関係の起点：1945~1956》，東京，有斐閣，1993 年，第 177 頁。
③ 田中孝彦：《日ソ国交回復の史的研究——戦後日ソ関係の起点：1945~1956》，東京，有斐閣，1993 年，第 178~180 頁。

件，向美国政府发出的询问信件内容为：

（一）参加雅尔塔会议的盟国首脑，在《雅尔塔协定》中使用"千岛群岛"一词时，是否知道直接靠近北海道的国后、择捉两岛是只有众多日本人居住的固有领土，过去从来没有被外国人统治过。另外，在1875年日俄条约中，国后岛、择捉岛也不属于划归的18个岛，是否知道"千岛群岛"这个历史事实。

（二）美国政府在起草《旧金山对日媾和条约》中起主要作用，是否知道该条约第2条款（C）所谓"千岛群岛"不包括国后岛、择捉岛？①

10月21日美国政府对此作出答复：

（一）雅尔塔会议没有给千岛群岛下地理定义，也没有讨论千岛群岛的历史。《雅尔塔协定》不是以让渡领土为目的的，也没有这种权利。《雅尔塔协定》的当事国的记录里没有这样的记载，（千岛群岛）以前不是苏联领土，不清楚苏联占领的意图。

（二）《旧金山对日媾和条约》、旧金山媾和会议的记录，都没有记载关于千岛群岛的定义。美国的观点为，有关"千岛群岛"的任何纠纷，都应该根据《旧金山对日媾和条约》第22条款，委托国际法院决定。②

从美国政府上述答复中可以看出，第一，美国政府认为，千岛群岛及库页岛南部的领土问题，是日苏两国之间的问题。关于千岛群岛的地理定义，美国不同意日本提议召开国际会议决定，而是要求日苏两国服从国际法院裁决。第二，有关千岛群岛的定义，美国政府明确不直接支持日本政府的主张。美国政府的答复仅说千岛群岛的地理范围没有决定，对于国后岛、择捉岛是否属于千岛群岛范围问题，美国政府的答复不清楚。第三，美国政府表示，千岛群岛南部"不是千岛群岛的一部分"，不反对日本向苏联承认放弃千岛群岛及库页岛南部领土权利问题。这样表明，美国政府"不反对"日本政府主张千岛群岛南部不属于千岛群岛一部分，但是持消极态度支持。关于千岛群岛北部及库页岛南部，在

---

① 鹿岛和平研究所编：《日本外交主要文書·年表》（1）（1941～1960年），東京，原書房，1983年，第735頁。
② 鹿岛和平研究所编：《日本外交主要文書·年表》（1）（1941～1960年），東京，原書房，1983年，第735頁。

《旧金山对日媾和条约》框架内日本向苏联作出让步，美国政府不反对，但是仅能在《旧金山对日媾和条约》框架内进行让步，暗示反对日本政府对苏联方面作出让步。

日本政府从上述答复中获得的结果为，虽然了解到千岛群岛的地理定义尚未决定，但是有关返还千岛群岛南部的主张并未获得美国政府的有力支持，而且还不能简单地放弃要求返还千岛群岛南部的主张。

1956年2月14~25日，苏联举行共产党第二十次代表大会后，苏联共产党在方针和政策方面作出许多重大转变，美国政府担心这种转变是否会影响美日关系，特别是担心对正在进行的日苏谈判产生影响。为此国务卿杜勒斯1956年3月中旬访问日本，就上述问题与日本政府举行会谈。1956年3月18日，国务卿杜勒斯与日本外相重光葵、大藏相一万田尚登、农林相河野一郎、防卫厅长官船田中等人举行会谈。对于日本代表们提出的日本要求加入联合国遭到苏联拒绝，请求美国政府给予帮助这一问题，杜勒斯答复说："日本曾经是一个伟大的国家，在世界东方扮演着重要的角色，日本曾经证明自己优越于俄国和中国，现在又是日本重新扮演大国角色的时候了，日本不能够接受俄国的侮辱。"① 杜勒斯进一步鼓励说："他自从1951年处理对日媾和工作以来，就有深刻印象，即日本人民有能力建立大国地位，而美国的主要目的之一就是要看到日本以大国身份重新回到世界。"②

3月19日，国务卿杜勒斯与日本首相鸠山一郎举行会谈，针对日苏谈判陷入僵局问题，杜勒斯提出，日本必须同美国一样拥有自信心，日本是美国的盟国，将受到美国最大限度的保护，所以不必担心在日苏谈判中苏联的强硬态度。鸠山一郎首相表示：日本需要美国保护其免于苏联入侵；日本过去是，今后也必将是自由世界中坚定的一员。③ 杜勒斯进一步表示：苏联想要签订和平条约，以表示与日本人民的友好关系，为此应该更多、更有效地利用社会舆论为武器。例如，要求苏联遣返日本战俘，在11年前苏联就同意遣返了。在日本投降条款中，也规定日本在解除武装后各国应遣返日军战俘，因此没有必要再与苏联签订新条款来取代尚未失效的旧条款。苏联不执行这一条款，在道义上就是背信弃

---

① 于群：《美国对日政策研究》，长春，东北师范大学出版社，1996年，第257页。
② 于群：《美国对日政策研究》，长春，东北师范大学出版社，1996年，第257~258页。
③ 于群：《美国对日政策研究》，长春，东北师范大学出版社，1996年，第260页。

义。苏联把日本加入联合国问题，与外蒙古加入联合国问题相提并论，这是对日本最大的侮辱，因为外蒙古并非实际意义上的国家。如果日本国内社会舆论对这一问题表示强烈愤怒，苏联方面就会屈服让步的。①美国国务卿杜勒斯此番日本之行，目的性非常明显，就是要劝说陷入日苏谈判困境中的日本政府，不要向苏联方面作出任何让步，要更加坚持对苏联方面的强硬态度。

1956 年 8 月 19 日，出席伦敦苏伊士运河国际会议期间，重光葵外相与美国国务卿杜勒斯举行会谈。重光葵外相向杜勒斯国务卿说明了莫斯科谈判过程，并就下一步交涉问题，希望与美国方面交换意见。针对重光葵外相主张接受苏联方案问题，杜勒斯国务卿给予严厉批判。杜勒斯国务卿指出，千岛群岛与冲绳问题有密切关系，日本如果承认苏联对千岛群岛拥有完全主权，美国方面也同样引用《旧金山对日媾和条约》第 26 条款规定，获得对冲绳的主权②。这就是杜勒斯国务卿所谓的"第 26 条款发言"。

《旧金山对日媾和条约》第 26 条款规定："日本准备与任何签署或加入 1942 年 1 月 1 日联合国家宣言，且对日本作战而非本条约签字国，或任何以前构成第 23 条所指的国家的领土的一部分而非本条约签字国之国家签订一与本条约相同或大致相同之双边条约，但日本之此项义务，将于本条约最初生效后三年届满时止，倘日本与任何国家成立一媾和协议或战争赔款协议，给予该国以较本条约规定更大之利益时，则此等利益应同样给予本条约之缔约国。"③ 该条款实质上要求日本与原同盟国之间缔结新条约时，必须以《旧金山对日媾和条约》规定的基本一致而缔结条约。如果新的媾和条约对条约另一方给予比《旧金山对日媾和条约》更好的条件时，该条约对《旧金山对日媾和条约》其他参加国同样适用。

美国国务卿杜勒斯援用《旧金山对日媾和条约》第 26 条款意图非常明显，就是要阻止日本向苏联方面作出让步。与此同时，杜勒斯国务卿

---

① 于群：《美国对日政策研究》，长春，东北师范大学出版社，1996 年，第 263 页。
② 〔日〕吉泽清次郎主编：《战后日苏关系》，叶冰译，上海，上海人民出版社，1977 年，第 80 页。
③ 鹿岛和平研究所编：《日本外交主要文書·年表》(1)（1941~1960 年），東京，原書房，1983 年，第 439 頁。

援用"第26条款"也有支持日本方面开展日苏两国谈判之意。美国政府的意图为,如果日本政府承认苏联领土主权的要求,美国政府就要吞并冲绳,因此日本不会轻易接受苏联的要求,这样也转告苏联政府此举动对日本没有任何意义,迫使日本在交涉中采取强硬立场。这里实际隐藏着美国政府一方面要阻止或者延缓日苏两国谈判,限制日本在"北方领土"问题上作出让步;另一方面支持日本政府要求返还千岛群岛南部,牵制鸠山首相等人主张采用"阿登纳方式"① 恢复两国邦交的方针。这里值得注意是,杜勒斯国务卿并非全面支持日本要求返还千岛群岛南部的主张,他对千岛群岛南部问题与冲绳问题采取同一标准。他对重光葵外相讲:"恐怕与苏联谈判中,最好的方法是采用千岛群岛与冲绳群岛相同地位的立场,即承认日本拥有潜在主权,又承认外国军队驻扎的立场。"② 从杜勒斯国务卿的观点看,如果苏联完全返还千岛群岛,那么千岛群岛与冲绳群岛的地位就产生不同,美国继续占领冲绳群岛,在对日关系上就不如苏联处于有利地位,所以他希望千岛群岛与冲绳群岛同样处理。

美国政府对日苏谈判的政策出现转变的主要因素,就是担心随着日苏两国谈判接近尾声,有可能出现带动中日两国关系转化的状况。1955年6月日苏两国谈判以来,美国政府对日苏两国谈判本身并不反对,但是非常担心带动中日两国关系转化。1954年12月鸠山内阁成立以来,不仅对苏联而且对中国也表示出积极改善关系的态度,因此引起美国政府的极大警觉。

1956年5月15日,中国政府总理周恩来发表声明,欢迎鸠山一郎首相与重光葵外相访问中国。该声明发表一周后,美国驻日本大使艾利逊会见重光葵外相,指责日本国内存在希望与中国恢复邦交的强烈呼声。这次会见后,艾利逊大使给美国总统艾森豪威尔(D. D. Eisenhower)与国务卿杜勒斯发电报,提议美国政府应向日本政府发出警告,防止中日两国关系转化。5月中旬后,美国政府更加强烈地感到,日苏两国恢复邦交将带来中日两国关系转化的危险,所以决定对日苏两国谈判采取控制措施。美国政府对中日两国关系的担心,也有来自台湾国民党政权的

---

① 1955年9月8~14日,西德总理阿登纳访问苏联,与苏联领导人就恢复邦交问题、搁置领土纠纷问题、释放被俘人员问题达成协议,使双方关系恢复正常化,史称阿登纳方式。
② 田中孝彦:《日ソ国交回復の史的研究——戦後日ソ関係の起点:1945~1956》,東京,有斐閣,1993年,第256頁。

压力。1955年6月1日,台湾方面转告美国政府,蒋介石对日苏两国谈判表示强烈担心,请求美国政府积极介入日苏两国谈判。蒋介石预计日苏两国谈判会带来"悲剧结果"。台湾政权与美国政府同样担心中日两国关系转化。1955年出现台湾海峡危机,使得美国政府不能忽视台湾政权的呼声。

1956年8月24日,重光葵外相与杜勒斯国务卿再次举行会谈。重光葵外相提出:(1)召开国际会议解决千岛群岛的最后归属问题。(2)"如果日本接受苏联方面的和平条约草案,原同盟国是否反对?"(3)日本与苏联结束不正常关系,对世界和平作出贡献,这是否是其他各国所希望的?重光葵外相提出上述问题,明显反映出他仍坚持接受苏联方面的条件而缔结两国和平条约的立场。

杜勒斯国务卿对重光葵外相提出的召开国际会议的主张持慎重态度,但是支持日本方面提出的有关"北方领土"问题的主张。美国方面认为,苏联不会参加这样的国际会议,假如苏联参加就会提出台湾问题、冲绳问题,并且要求中国参加国际会议。美国方面认为,召开国际会议不仅很难获得实质性收获,而且美国还可能成为失败者。

美国国务卿杜勒斯与日本外相重光葵的会谈,标志着美国政府对日苏谈判问题的政策,从"不介入"转变为"介入"。根据8月30日美国驻日本大使艾利逊建议,美国政府决定加强对日苏两国恢复邦交正常化谈判的干涉作用。9月3日,美国国务院制定了备忘录草案,后又经过几次修改,形成国务院正式文件。9月7日,国务卿杜勒斯将备忘录交给日本驻美国大使谷正之。9月8日,美国驻日本艾利逊大使将该备忘录交给日本外相重光葵。

9月3日美国国务院该备忘录主要内容归纳如下:

(1)日苏之间正式结束战争状态。(2)《雅尔塔协定》不是原同盟国以共同决定最终领土转移为目标的协定。(3)有关日本在《旧金山对日媾和条约》中放弃的领土,日本政府无权决定这些领土的主权。(4)如果日本政府承认这些领土主权转移,那么《旧金山对日媾和条约》的签字国也不会承认。(5)国后岛、择捉岛与齿舞群岛、色丹岛同样,一直是日本领土。①

---

① 鹿岛和平研究所编:《日本外交主要文书・年表》(1)(1941~1960年),東京,原書房,1983年,第781頁。

美国政府的这份备忘录表明，第一，美国政府告诫，如日本政府承认苏联拥有千岛群岛及库页岛南部主权并与苏联方面达成妥协，这种做法不具备国际法律效力。理由为不能违反美国国会决定，1952年4月美国国会批准《旧金山对日媾和条约》时，参议院决定该和约在有关千岛群岛及库页岛南部归属问题上，不给苏联方面任何利益。第二，美国政府明面上支持日本政府有关千岛群岛南部的主张，暗地里却是要阻止日苏两国之间以返还齿舞群岛、色丹岛为条件达成妥协。第三，美国要求日苏两国之间恢复邦交的形式是"正式"的，目的是要阻止采用"阿登纳方式"恢复双方邦交。对于该备忘录内容，日本政府认为，第一，对于重光葵外相提出的举行国际会议决定有关领土问题，美国政府持否定态度。第二，考虑到千岛群岛南部具有重要的战略价值，苏联肯定不会将其返还给日本，但是日苏两国之间肯定会缔结和平条约，如果日本坚持对千岛群岛南部拥有主权，有可能缔结两国和平条约。第三，美国政府反对日苏两国采用"阿登纳方式"恢复邦交。该备忘录在鸠山一郎首相即将访问苏联前转达给日本方面，实质上就是向日本政府发出了强烈警告。

1956年10月19日，日苏两国在克里姆林宫正式签署《日苏联合宣言》。日本代表团10月24日到达伦敦，英国方面对此表示祝贺。10月26日，日本代表团达到美国纽约后，美国方面以艾森豪威尔总统、杜勒斯国务卿有紧急事务离不开华盛顿为由回避见面，反映出美国方面对日苏两国恢复邦交正常化谈判达成妥协持冷淡态度。

五、战后初期苏联对日领土问题政策

斯大林执政时期，苏联对日领土问题政策的最大特点，就是要尽力落实在"二战"期间与美国及英国首脑签署的《雅尔塔协定》中有关领土问题的内容。1945年8月9日苏联对日宣战后，随着苏联军队不断逼近日本本土，美苏两国之间争夺对日本的占领及控制权的斗争就已经开始。1945年8月11日，苏联外交人民委员莫洛托夫召见美国驻苏联大使哈里曼，针对美国方面打算自行任命代表盟国驻日本军队最高统帅之事，提出"最高统帅应为两个人，由美苏将领各一人担任"。① 对此哈里曼大

---

① 〔美〕哈里·杜鲁门：《杜鲁门回忆录》上卷，李石译，北京，东方出版社，2007年，第398页。

使当即表示："我的政府绝不会同意这一点。"① 断然拒绝莫洛托夫的建议。关于此事美国总统杜鲁门在《回忆录》中写道："尽管我们迫切地需要俄国参加对日作战，但是波茨坦的经验却使我决定，不容俄国控制日本的任何部分。我们和俄国人在德国、保加利亚、罗马尼亚、匈牙利和波兰的经验，迫使我决定绝不在和俄国人设立的联合机构中冒风险。当我在回国途中回顾国际形势时，我决定在战胜日本后，由麦克阿瑟全权统辖和管理日本。在太平洋，我们决定不再受俄国策略的愚弄。"② 8月13日，杜鲁门任命美国太平洋战区陆军总司令麦克阿瑟将军为盟军最高统帅，并授予他"你对一切有关盟国为执行日本投降条款而派出的陆、海、空部队享有最高统帅的权威"③。

8月14日，美国方面把准备发给日本政府的《总命令第1号》先行通知给有关盟国。其划分的接受日本投降的区域为：中国方面为，中国关内、台湾和北纬16度以北的法属印度支那地区；苏联方面为，中国东北、北纬38度以北的朝鲜和库页岛；美国方面为，日本本土、北纬38度以南和菲律宾地区等。由于该命令没有划定苏联方面受降区应该包括千岛群岛，所以斯大林于8月16日给杜鲁门发来密信，其中主要内容为：

> 您附有《总命令第1号》的信件已经收到。我基本上不反对命令的内容。人们知道，辽东半岛是满洲的一个不可分割的部分。但是我建议对《总命令第1号》作如下修改：
>
> 1. 整个千岛群岛上的日本武装部队，应划归为苏联军队受降地区之内，因为按雅尔塔会议三国的决定，整个千岛群岛将由苏联占有。
>
> 2. 北连拉彼鲁兹海峡（该海峡位于库页岛和北海道之间）的北海道北半部应包括在日本武装部队将向苏联军队投降的地区之内。在北海道的北半部和南半部之间，从该岛东海岸的钏路镇到该岛西

---

① 〔美〕哈里·杜鲁门：《杜鲁门回忆录》上卷，李石译，北京，东方出版社，2007年，第398页。
② 〔美〕哈里·杜鲁门：《杜鲁门回忆录》上卷，李石译，北京，东方出版社，2007年，第374~375页。
③ 〔美〕哈里·杜鲁门：《杜鲁门回忆录》上卷，李石译，北京，东方出版社，2007年，第408页。

海岸的留萌镇划一道分界线，把该岛北半部的上述城市包括在内。

最后一点对俄国的舆论特别重要。人民知道，在1919～1921年，日本占领了苏联的整个远东地区。如果俄国军队在日本本土没有任何占领区，俄国舆论就会大哗。

我迫切希望上述合适的意见不会遭到反对。①

对于斯大林的8月16日来信，8月18日杜鲁门给斯大林回信，其主要内容如下：

这是答复您8月16日的来信，我同意您所提出的修改《总命令第1号》以便把整个千岛群岛包括在将要向苏军远东总司令投降的地区之内的要求。但是我想表明，美国政府希望在千岛群岛的某个岛屿上，最好是在中部，拥有为陆海飞机建立空军基地的权利，以便用于军事和商业的目的。如果您愿意通知我，您同意这种安排，我将感到高兴，地点和其他细节可通过为此目的而任命的我们两国政府的特别代表来解决。

关于您提出的有关北海道的日本军队向苏军投降的建议，我打算要日本本土——北海道、本州、四国、九州的日本部队向麦克阿瑟将军投降，并且已经为此作出安排。

麦克阿瑟将军将使用盟国象征性部队，当然包括苏军在内，临时占领日本本土，他认为需要占领多少，就占领多少，以便实现我们盟国提出的投降条件。②

针对杜鲁门8月18日的来信，斯大林在8月22日给予回信反驳，其主要内容为：

您8月18日的信件已经收到。

1. 我理解您的信件是暗示拒绝满足苏联提出的关于把北海道北

---

① 王绳祖主编：《国际关系史资料选编》上册（第二分册），武汉，武汉大学出版社，1974年，第795～796页。

② 王绳祖主编：《国际关系史资料选编》上册（第二分册），武汉，武汉大学出版社，1974年，第796页。

半部包括在日本武装部队将向苏军投降的地区之内的要求。我必须说,我和我的同志未曾料到您会作出这样的答复。

2. 至于您希望在千岛群岛的一个岛屿上建立永久性空军基地的要求(按照雅尔塔会议的三国决议,千岛群岛将归苏联占有),我认为我有责任作出如下声明:第一,我必须指出,无论在克里米亚或者在柏林,三国的决议都没有规定这种措施。无论如何也不能从在那里作出的决议中得出这样的结论。第二,这种要求通常是向一个战败国或者是向一个盟国提出的,即该盟国本身没有能力保卫其领土的某一部分,因而表示愿意给予它的盟国一个适当的基地。我认为不能把苏联列为这两类国家中的任何一类。第三,由于您的来信没有说明要求给予永久性基地的任何理由,我必须非常坦率地对您说,我和我的同志不了解是什么情况下想到对苏联提出这种要求的。①

针对斯大林 8 月 22 日的来信,杜鲁门在 8 月 27 日给予回信,其主要内容为:

这是答复您 1945 年 8 月 22 日的来信。就千岛群岛基地而论,我的想法是,在占领日本期间使用千岛群岛中部的降落权,对于我们执行日本投降条件而要采取的合作行动是一个重要贡献,因为这会在占领日本期间提供作为紧急用途的通往美国的另一条航空路线。

我在提出给予供商用的降落设施的问题时也是毫不犹豫的。您显然误解了我的信,因为您提到这种要求通常是向一个战败国或者是向一个不能保卫自己的一部分领土的盟国提出的。我不是在谈苏维埃共和国领土的任何部分,我是在谈日本领土千岛群岛,这些岛屿的处理必须在和约中决定。我得知,我的前任同意在和约中支持苏联得到这些岛屿。当您要求我确认这项协定时,我并不认为是冒犯。您既然期望我们支持您关于永久拥有整个千岛群岛的愿望,我不明白,为什么在我请您考虑关于只在其中的一个岛上拥有降落权的要求时,您认为是冒犯。由于在我们两国政府和我们私人之间存

---

① 王绳祖主编:《国际关系史资料选编》上册(第二分册),武汉,武汉大学出版社,1974 年,第 797 页。

在着密切的和融洽的关系,我认为,关于进行讨论的要求尤其合理。虽然我认为早日讨论这些问题将是有帮助的,如果您不愿在目前讨论的话,我也不会强迫要求这样做。①

对杜鲁门 8 月 27 日的来信,斯大林在 8 月 30 日给予回信,其主要内容为:

> 我已接到您 8 月 27 日的来信。我很高兴,在我们来往信件中发生的误解已经消除,虽然您的建议丝毫也未使我感到屈辱,但是它使我感到困惑,因为现在很清楚,我误解了您。
> 当然我同意您的建议,即在占领日本期间美国有权在紧急情况下在千岛群岛一个岛上的我们机场降落。
> 我也同意在千岛群岛中一个岛上苏联机场给予商用飞机以着陆的便利。在这个问题上,苏联政府期望美国政府采取互惠行动,给予苏联商用飞机在阿留申群岛之一的一个美国机场的权利。原因是,目前从西伯利亚取道加拿大前往美国的航空路线由于路线太长而并不令人满意。我们希望在千岛群岛和西雅图之间建立一条取道阿留申群岛的较短的航空线。②

从斯大林与杜鲁门在 1945 年 8 月 16 日到 8 月 30 日的信件交涉看,美国方面不仅拒绝了苏联要求占领整个千岛群岛和北海道北部,而且还提出要把千岛群岛中部的一个岛,作为美国军事、商业的基地。美国方面这一要求实际上已经超越了《雅尔塔协定》的规定范围,目的是要抵制苏联势力对日本领土影响力的扩展。8 月 22 日,苏联政府对其作出反应,完全拒绝美国方面提出的要求,此时苏联已经将千岛群岛视为本国领土范围。8 月 25 日,美国国务卿贝尔纳斯给斯大林发电报,说明美国政府撤回当初提出关于千岛群岛的要求,为了实现顺利占领千岛群岛,希望苏联方面承认美国飞机以商业目的在千岛群岛拥有陆权。这反映出

---

① 王绳祖主编:《国际关系史资料选编》上册(第二分册),武汉,武汉大学出版社,1974 年,第 798 页。
② 王绳祖主编:《国际关系史资料选编》上册(第二分册),武汉,武汉大学出版社,1974 年,第 798~799 页。

美国政府不承认千岛群岛为苏联领土，仍然希望最后抵制苏联对日本扩展势力。斯大林选择避免与美国方面激化矛盾，表示承认美国飞机的着陆权，同时也要求苏联飞机在美国所属阿留申群岛拥有着陆权，使双方关系大体获得缓和。美苏两国之间的摩擦，在尊重《雅尔塔协定》基本原则下获得解决，最终美国成功地阻止了苏联向千岛群岛以南地区扩展，苏联确保了占领千岛群岛的权限。

1945年8月15日，日本战败投降时，在库页岛南部地区的日本人（除军人外）为36.8万，被征用的朝鲜人为4.3万。在千岛群岛地区，日本人（除军人外）为：择捉岛3415人、国后岛7259人、色丹岛1028人、齿舞群岛5043人，共计16745人。① 苏军占领"北方四岛"后，齿舞群岛居民绝大部分逃离到对岸的根室，色丹岛居民约40%逃离，而距离北海道相对远的择捉岛、国后岛居民逃离者较少。②

苏军占领千岛群岛后，对此实行军政统治，在设在库页岛上的军方司令部领导下，分别设置"择捉岛警务司令部"和"国后岛警务司令部"，其下设置各地的"民警所"。1946年2月，苏方又把军政统治改为民政统治，在南库页民政局下，分别设置择捉岛民政部、国后岛民政部，作为其下属机关设置民政署。

苏军占领国后岛后，驻该岛的守备队队长向全体岛民颁布"命令"：

（1）解散在乡军人会、地方机关、警察、村公所。
（2）选举代表各村村民的村长。
（3）允许工业、渔业、农业、木材。
（4）道路通行时间为早6时至晚8时。
（5）禁止离海岸线6海里以外的航行。
（6）不经允许禁止集会。
（7）禁止使用收音机、无线机。
（8）禁止拥有照相机与武器。
（9）发放通行许可证，无证者9月24日后禁止通行。③

从上述"命令"的内容看，苏联方面是把岛上日本居民严格封锁、控制起来。选举出的村长成为日本岛民与苏联当局之间联系的渠道。"禁

---

① 和田春樹：《北方領土問題——歷史と未来》，東京，朝日新聞社，1999年，第185頁。
② 和田春樹：《北方領土問題——歷史と未来》，東京，朝日新聞社，1999年，第185頁。
③ 坂本德松、甲斐静馬：《返せ北方領土》，東京，青年出版社，1977年，第66頁。

止离海岸线6海里以外的航行"，实际上是阻止千岛群岛各岛之间的日本居民联系，加上"禁止使用收音机、外线机"等，使岛民处于一种对外界情况毫不了解的状态。类似上述内容的"命令"，在其他岛也公布实施了。

与此同时，苏联对库页岛南部及千岛群岛也实行了国有化措施。1946年2月20日，苏联最高部长会议发布命令，其主要为：

（1）库页岛南部及千岛群岛地域的一切土地及其所属的矿藏、森林、水利，从1945年9月20日起，决定实现国有，即属于全体人民的财产。

（2）从1945年9月20日起，决定实行国有化的为：①库页岛南部及千岛群岛地区的银行，其他信用机构，金融储蓄机构及其铁路、水上运输、通讯设施。②库页岛南部及千岛群岛地区的企业，劳动者10人以上的工业部门。

（3）委任苏联人民委员会，依据本命令第2条，确认应该实行国有化的工业企业目录。

（4）除第2条规定的企业外，还应该实行国有化的为：

A. 拥有50公顷以上面积的私有农场。

B. 医院、大药房、药材仓库、疗养院。

C. 商社仓库等。

D. 初等、中等、高等教育设施及科学研究机关。

E. 电影院、剧场。

F. 大旅店、大建筑商房屋及逃离库页岛南部的房主房屋。

G. 电线及航道、运河设施。

（5）委任俄罗斯苏维埃联邦社会主义共和国人民委员会，依据第4条，确定应该实行国有化的企业、房屋及设施的目录。①

根据1946年2月2日苏联最高部长会议发布的命令，库页岛南部组建"南哈萨林州"。1947年1月2日俄罗斯联邦最高部长会议决定，取消"南哈萨林州"，与库页岛北部合并为"哈萨林州"，哈萨林州从哈巴罗夫斯克地区分离，单独设置，将千岛群岛加入哈萨林州。根据1947年2月25日通过的《关于苏维埃社会主义共和国联邦宪法修正及补充法

---

① 落合忠士：《北方領土問題——その歴史的事実・法理・政治的背景》，東京，文化書房博文社，1992年，第129~130頁。

律》，苏联政府将俄罗斯联邦构成的各州序列中加入哈萨林州。1947年6月26日俄罗斯联邦最高会议着手修改宪法，1948年3月13日通过《关于俄罗斯苏维埃社会主义共和国联邦宪法修正及补充法律》，俄罗斯联邦政府将各州序列中加入哈萨林州。这样就完成了库页岛南部及千岛群岛地区并入苏联版图的完整法律手续。

在1945年9~12月，随着苏军对千岛群岛的占领及初期的统治，群岛上的日本居民约有半数逃离，逃往目标多为北海道。岛民们或是独自，或是全家乘着小木船，冒着生命危险逃离。1946年12月，美苏之间签订了《关于苏联地区引渡协定》，根据此协定，千岛群岛的日本居民开始被强制引渡回日本内地。按照引渡协定规定，每个岛民仅允许携带100公斤行李，但是在实际执行中，各个地区不一样，有的地区没有数额限制，有的地区则要求每个岛上居民仅携带60公斤行李，有的地区更少，要求每个家庭仅携带100公斤行李。绝大多数岛上居民仅携带极少行李而离开长期生活的家园。

引渡工作在千岛群岛北部地区比较有秩序地进行，1947年9月20日，总计有1564人乘船到达库页岛的真冈，除一部分人回国外，剩下的人们仍然从事劳动。引渡工作在千岛群岛南部地区出现了混乱，苏联方面突然宣布引渡协定，仅给岛民一个小时的准备就命令集合离岛，有的则集合后等待近一个月才来船接人。被引渡者在回到北海道之前，都被安置在库页岛真冈收容所（原真冈女子学校），有限的场所被安置了许多人，人们躺在地板上，掩着一件毛巾被，每天仅吃很少的黑面包与盐，好多人在这种条件下死亡。即便是这样，也有许多人因被判刑而无法回到日本内地。根据1947年6月、9月，以及1948年10月三次统计，正式撤离者为：齿舞群岛765人、色丹岛460人、国后岛3342人、择捉岛4001人、幌筵岛1016人、占守岛1人，合计9586人。①

针对美国单方面推行对日媾和活动，苏联政府采取了针锋相对的斗争。1950年11月20日，苏联政府针对杜勒斯制定的《对日媾和七原则》发表了备忘录，其主要内容为：

本年10月26日，杜勒斯与马立克在会谈上，美国政府发表了

---

① 〔日〕吉田嗣廷等：《日本北方领土》，吉林师范大学日本研究室译，上海，上海译文出版社，1978年，第37页。

简单声明，征询结束战争状态的条约采用什么内容适合，并且向马立克递交了有关对日和平条约问题备忘录。对此苏联政府希望就该备忘录中若干问题获得说明。

（1）众所周知，1942年1月1日，美国、英国、中国、苏联及其他多数国家在华盛顿签署了不单独与敌对国媾和的同盟国家条约。

考虑到该条约的存在，是否考虑到在日本国投降书上签字的美国、英国、中国及苏联，这些曾经在对日作战上担负重要作用的国家，都必须要参加缔结和平条约？或者是否与日本单独媾和？还是上述国家可能只有部分参加缔结和平条约？请给予说明。

（2）根据1943年12月1日美国、英国及中国签署的《开罗宣言》，1945年7月26日这些国家签署及苏联参加的《波茨坦公报》，决定将台湾及澎湖群岛返还给中国。同样，1945年2月11日美国、英国及苏联签署的《雅尔塔协定》已经决定库页岛南部及周边岛屿返还苏联，千岛群岛引渡给苏联。

上述协议之外，有关台湾、澎湖列岛、库页岛南部及千岛群岛的地位，美国、英国、中国及苏联要重新决定，另外，上述国家在一年内无法达成一致时，交由联合国大会决定。如何理解备忘录中的这些提议？

（3）无论《开罗宣言》还是《波茨坦公报》，都没剥夺日本对琉球群岛及小笠原群岛的主权，而且这些宣言签字时，上述国家都声明"没有扩大领土意图"。对此备忘录中提议将琉球群岛及小笠原群岛作为联合国委托给美国实施统治的，这一问题的基础是什么？①

苏联政府针对美英等国主导的对日媾和活动，采取一系列对抗性政策，但是又完全出乎美英等国家的意外，8月12日宣布派遣副外长葛罗米柯为代表，出席1951年9月在旧金山举行的对日媾和会议。如前文所述，在对日媾和会议上苏联代表葛罗米柯对《美英共同条约草案》进行了强烈批判，并且强烈要求进行修改，但是苏联方面提出的一切修改提议都遭到美国所控制的大会否决。

---

① 外務省編：《日本外交文書》（平和条約の締結に関する調書）第一冊，東京，外務省，2003年，第784~785頁。

对于当年苏联代表拒绝签署《旧金山对日媾和条约》问题，赫鲁晓夫（Н. С. Хрущёв）在《回忆录》中有一段评论："至于领土问题，应当说句公道话，美国人履行了自己的诺言。在草拟对日和约草案的时候，我国在其中也获得了签署的地位。明文规定维护我国的利益，和早先与罗斯福签订的协议书相一致。因此我们应当签署这个条约。我不知道，我们拒绝签署，究竟是什么因素起了主要作用：是斯大林的自尊心，为第一次世界大战中所取得的胜利而骄傲呢，还是斯大林过高低估计了自己的能力和对事件进程的影响力？然而他一味蛮干，拒绝签署该条约。我国拒绝签署使谁受益呢？不错，我国实际上收回了库页岛和千岛群岛。我们的部队驻扎在该处，条约中相应的条款似乎已经兑现。但是这并没有获得法律上肯定，也未能在和约中加以确认。既然我国没有签署和约，那也就无法利用和约来确认所采取的各种决定。"① 显然，赫鲁晓夫认为，苏联拒绝在《旧金山对日媾和条约》上签字，是苏联外交史上的重大错误决定。此举造成今天日本方面不断要求返还"北方领土"，使得苏联虽然获得有关领土的实际控制权，但是缺少法律依据。另外，苏联拒绝签字，实际上既有利于日本方面，也有利于美国方面，相反不利于苏联方面。赫鲁晓夫认为，这一切错误应该归咎于斯大林的个人决定。

在斯大林执政末期，苏联对日政策上，不仅与美国争夺有关领土，而且也与美国争夺对日本的控制及影响，具体表现为苏联开始对日本采取缓和态度。1952年1月1日，苏联领导人斯大林应日本共同社的邀请，通过苏联驻日代表团，发表了致日本国民的新年贺词。斯大林表示："苏联人民完全理解日本国民的苦难，对日本国民寄以深切的同情，同时相信日本国民能像当年苏联人民那样行动起来，求得本国的新生和独立。"② 可以看出，斯大林呼吁日本人民能像自己当年抗击德国入侵那样，反抗美国对日本的控制。

对于当时的国际局势，斯大林分析认为："资本主义的英国，接着还有资本主义法国，归根到底将不得不从美国的怀抱里挣脱出来，同美国

---

① 〔苏〕尼基塔·谢·赫鲁晓夫：《赫鲁晓夫回忆录》第一卷，述弢等译，北京，社会科学文献出版社，2006年，第768页。
② 鹿島和平研究所編：《日本外交主要文書·年表》(1)（1941～1960年），東京，原書房，1983年，第471頁。

发生冲突，以便保证自己的独立地位。"西德与日本"现在在美帝国主义的铁蹄下过着可怜生活。它们的工业和农业，它们的商业，它们的对外政策和对内政策，它们的整个生活，都被美国的占领'制度'加上镣铐。要知道，这些国家昨天还是震撼了英国、美国、法国在欧洲和亚洲的统治基础的帝国主义大国。如果认为这些国家不会设法重新站起来，打破美国的'制度'，奔上独立发展的道路，这就等于相信神怪"①。斯大林得出结论，西方资本主义国家之间的矛盾呈明显化，今后这种趋势还会加强。资本主义阵营与社会主义阵营之间发生战争，要比资本主义各国之间发生战争的可能性低。所以他认为与其等待苏联与资本主义各国之间矛盾尖锐化，不如促进另一个矛盾激化，来作为对西方资本主义国家政策的基础。具体对日本来说，即促使日本脱离美国控制，挑拨日本与美国之间关系，作为苏联对日政策。

1953年3月斯大林去世后，马林科夫（Г. М. Маленков）担任苏联最高领导人。1953年8月8日，马林科夫在苏联最高苏维埃会议上，第一次明确表示苏联政府准备与日本恢复邦交正常化。他指出，日本与苏联关系非正常化，是因为美国阻止日本的真正独立，把日本作为在远东地区反苏势力的桥头堡，日本国民要超越这一障碍。此时苏联对日态度出现缓和，希望与日本恢复邦交正常化的原因为：

第一，苏联需要缓和与周边国家关系。1953年3月斯大林去世后，苏联国内政治上出现混乱局面，当时有必要缓和周边国际环境，避免造成对国内政局的干扰。1953年7月27日朝鲜战争结束，远东地区国际关系相对缓和创造了环境，斯大林执政末期已经确立的对日缓和政策，马林科夫时期推行对日本缓和政策具备了条件。在亚洲，1953年3月，日美两国缔结《日美共同防御援助协定》（MSA），根据该协定日本可以获得美国援助，推动军事现代化。1953年6月，日本国会通过《自卫队法》，设置准军事组织自卫队。在欧洲，西德再扩军问题、欧洲防御共同体（EDC）的设立。周边国际环境变化，使苏联再次感到东西两线夹击威胁局面出现，为摆脱这种国际被动局面，呼吁日本、西德实现邦交正常化。

第二，苏联认识到日本在国际"冷战"环境下具有重要战略地位。

---

① 《斯大林文集》（1934～1952），北京，人民出版社，1985年，第622～623页。

马林科夫政权认为，没有与日本恢复外交关系是苏联对外政策上的弱点，使得在与美国的战略竞争中处于非常不利的地位。旧金山体制下美国对日本行使绝对影响力，而苏联在日本国内没有任何立足之地，对于美国利用日本基地开展的反苏活动没有任何对抗能力。赫鲁晓夫在《回忆录》中说："因为我们在东京没有苏联的大使馆，无法对日本舆论和日本政府施加影响，这种状况对敌人有利。相反，美国积极展开活动，巩固自己在日本的地位。签订了一些军事基地的条约，以明确的形式批准了美国在日本本土驻军。"①

对于当时苏联对日外交政策所处的尴尬局面，赫鲁晓夫在《回忆录》中说："对日和约签订之后，为监督日本而设立的那些机构便逐步撤销了。我们原本参与其中，即使处于与大国地位不相称的状况，但终归置身其间了。而对日和约签订之后，日本与签约各国建立了通常的外交关系。我们的代表还在东京滞留了一段时间，不愿意撤走离开那里，享受着同样接受日本投降的大国的权利。最后美国人要求我们撤走。我们进行抵制。到头来我们的人在那里完全被隔离了起来。给他们提供的生活条件令人无法忍受。而且他们实际上也无所事事，哪儿也去不了，不把他们当一回事儿。最终我国人员只好打道回府。"②

苏联方面认为：从政治战略角度看，日本是美国在远东及太平洋地区对苏联战略的前沿阵地，对苏联远东地区领土构成严重威胁，所以苏联要争取改善与日本关系，要削弱日美两国关系，要削弱或者消灭来自日本方面的威胁。从经济战略角度看，苏联认为 20 世纪 50 年代日本经济是在美国控制下，对于日本来说传统贸易市场是中国大陆，如果让日美两国之间的纽带即两国经济关系松弛，就应该提高日本经济对华的依赖性，这样就形成社会主义阵营对日本影响力的提高。1953 年 7 月后，由于朝鲜战争停止，使所谓"战争特需"消失，日本经济出现恐慌，可以说为把日本经济纳入社会主义国家贸易关系圈，动摇日美关系，减少日本对美国的经济依赖程度提供了好时机。

第三，苏联重视日本国内兴起的民族主义运动。1952 年 4 月 28 日

---

① 〔苏〕尼基塔·谢·赫鲁晓夫：《赫鲁晓夫回忆录》第一卷，述弢等译，北京，社会科学文献出版社，2006 年，第 777~778 页。

② 〔苏〕尼基塔·谢·赫鲁晓夫：《赫鲁晓夫回忆录》第一卷，述弢等译，北京，社会科学文献出版社，2006 年，第 772 页。

《旧金山对日媾和条约》正式生效后，日本恢复国家主权地位，促使国内兴起民族主义高潮。马林科夫对日本呼吁修改日美关系作为实现日苏邦交正常化的前提条件，希望日本能够摆脱"对美国从属态度"。此时日本国内，以"福龙丸事件"为背景，出现反美舆论高潮。1954年3月1日美国在太平洋上的比基尼岛（马绍尔群岛北部）附近试验氢弹，使航行在公海上的日本渔船"第五福龙丸"的船员22人受害，其中船员久保山爱吉于当年9月不治身亡。此事件激起了日本人民群众强烈的反美高潮。苏联无疑要借用改善两国关系为手段，进一步推动日本国民反美情绪，动摇日美两国之间的关系。

1953年7月21日，苏联第一代理外长维辛斯基（А. Я. Вышинский）会见来访的日本国会议员团时表示，苏联政府希望推进日苏邦交正常化及两国之间的贸易、文化交流。他提出准备就渔船避难问题派专家赴日协商，就有关在莫斯科设置日本贸易代表部问题与日方协商等。1953年9月13日，苏联外长莫洛托夫在接受日本《中部日本》总编辑采访时表示，苏联希望与日本缔结正常化外交关系，但是决不想与日本缔结中立条约或互不侵犯条约。莫洛托夫指出，现在的日美关系"是确立日苏两国正常关系的主要障碍"①。修改日美关系，是恢复日苏两国邦交正常化的前提条件。

1953年9月14日，赫鲁晓夫担任苏联共产党第一书记，并逐步控制政权，苏联在对外政策上发生巨大变化。如果说战后斯大林时期苏联对外政策，主要是在东西方两大阵营"冷战"的国际环境下，力主巩固胜利成果，采取了强硬的对抗政策，而赫鲁晓夫上台后，采取了较有弹性的对外政策，目的是要缓和国际紧张局势。针对旧金山体制下的日本已经完全投入美国为首的西方阵营局面，苏联试图利用部分满足日本的愿望，以造成日美两国关系发展出现阻力，分化日本与西方资本主义国家的关系。另外，日苏两国为相邻国家，长期敌对状态不利于苏联缓和国际紧张局势的对外政策。

1954年12月10日，鸠山内阁成立后举行第一次记者招待会，鸠山首相就新内阁外交方针表示："为了防止第三次世界大战，最好的方法是扩大相互之间的贸易。自由主义各国以苏联、中国为敌，不进行交流和

---

① 田中孝彦：《日ソ国交回復の史的研究——戦後日ソ関係の起点：1945～1956》，東京，有斐閣，1993年，第74頁。

贸易的方法，容易再次诱发世界战争。"① 12月11日，重光葵外相发表声明："希望恢复与中苏两国的正常关系。"② 1954年12月16日，苏联外长莫洛托夫发表声明："苏联政府注意到重光葵外相关于日苏关系的声明，对此给予肯定性态度。如果日本政府确实考虑为日苏关系正常化采取措施的话，苏联政府准备就有关具体措施问题进行交涉。"③

另一方面，苏联政府开始寻找直接与日本政府联系的渠道。当时因两国没有外交关系及缺少正式外交联系渠道，虽然占领时期的苏联驻日本代表部仍留在东京，但是日本政府以《旧金山对日媾和和约》已经生效为由，不承认其拥有合法地位。12月27日，苏联政府指示苏联驻日代表部尽快与日本外务省进行联系。苏联代表部首席代表多莫尼斯从12月底到次年1月初，通过日本共同通信社记者藤田一郎等人试图与日本外务省建立联系。但是，日本外务省担心如果接见多莫尼斯，可能会被解释为日本政府承认苏联驻日本代表部为正式外交机构，所以拒绝了这种渠道联系。此后，多莫尼斯转换方向，直接与鸠山一郎首相建立联系，结果获得了成功，鸠山一郎首相决定会见多莫尼斯。

1955年1月7日，鸠山一郎首相与多莫尼斯举行第一次会谈。在这次会谈中，多莫尼斯表示："通过宣言结束两国战争状态，通过互派大使恢复两国邦交，接着就领土、通商、战犯、加入联合国等问题举行交涉。"④ 多莫尼克所言表明，此时苏联政府的首要目标是尽快实现邦交正常化，其次才是解决领土问题纠纷等。1月25日，多莫尼斯再次拜访鸠山一郎首相，并交给鸠山一郎首相一份苏联政府信件，其主要内容为：

> 苏联热情地促进对日关系正常化，始终如一地提倡调整两国关系。为表示准备日苏关系正常化，众所周知，在1954年10月12日中苏共同宣言、12月16日苏联外长莫洛托夫声明中皆谈及该问题。

---

① 松本俊一：《モスクワにかける虹——日ソ国交回復秘録》，東京，朝日新聞社，1966年，第15頁。
② 松本俊一：《モスクワにかける虹——日ソ国交回復秘録》，東京，朝日新聞社，1966年，第15頁。
③ 松本俊一：《モスクワにかける虹——日ソ国交回復秘録》，東京，朝日新聞社，1966年，第15頁。
④ 田中孝彦：《日ソ国交回復の史的研究——戦後日ソ関係の起点：1945~1956》，東京，有斐閣，1993年，第87頁。

鸠山首相最近的声明中，如人们所知表示赞成缓和日苏关系。另外，重光葵外相在 1954 年 12 月 11 日声明及后来的诸声明中也都表示希望日苏关系正常化。

考虑到这种形势，苏联方面提议，为促进日苏关系正常化应该采取措施，建议就此双方交换意见。苏联方面准备任命代表，在莫斯科或者东京进行交涉，希望就此问题听取日本方面的意向。①

这就是日苏关系史中所谓的"多莫尼斯信件"。该信件传达了苏联政府准备尽快举行恢复邦交谈判之意。可以说，日本政府通过"多莫尼斯信件"了解到苏联政府的真实意图，该信件直接启动了两国有关恢复邦交正常化的谈判工作。

---

① 鹿岛和平研究所编：《日本外交主要文書・年表》（1）（1941～1960 年），東京，原書房，1983 年，第 688 頁。

第三章 战后初期日本政府制定"北方领土"问题政策

一、吉田茂内阁制定"北方领土"问题政策

战后的日本从1946年5月起,吉田茂(1878年9月至1967年10月)先后五次组阁,特别是从1948年10月起第二至五届吉田内阁连续执政达六年多。在美国军事占领时期,日本政府虽然被剥夺了外交权,但是对将来缔结媾和条约的内容非常关心,可以说日本政府从战败投降后就开始着手研究并制定对策。

币原喜重郎内阁时期,吉田茂担任外相,1945年11月21日,日本外务省内部便设置了以条约局局长杉原荒太为核心专门研究媾和问题的组织机构,即"和平条约问题研究干事会"(简称条约问题干事会),成员为外务省的课长,共计12人组成,研究重要课题之一就是领土问题。1946年1月26日,条约问题干事会制定完成了《预计联合国方面提出和平条约内容与我方希望和平条约内容的比较探讨》(研究试案)的报告书。该报告书第一次提出《开罗宣言》所谓"不扩大领土原则",作为对日媾和条约的一个主要基础,目的是使日本领土损失尽量减少。该报告书没有涉及千岛群岛归属问题,说明当时日本政府还不知道《雅尔塔协定》的存在。但是,有关库页岛南部当地居民需要变更国籍资料等因素,日本已经感到该部分领土很难保留了。该报告书已经预料到库页岛南部属于日俄战争后日本获得,按《开罗宣言》的规定属于被剥夺的对象。

我们这里有必要解释有关日本政府提出的《开罗宣言》所谓"不扩大领土原则"。1942年12月1日,中美英三国首脑签署《开罗宣言》,规定:"我三大盟国此次进行战争的目的,在于制止及惩罚日本的侵略。

三国决不为自身图利,也无扩展领土的意图。"① 日本政府据此解释为"不扩大领土原则",日本方面认为,既然《开罗宣言》已经宣布战争的目的是"不扩大领土",所以就不应该剥夺日本固有的领土——"北方四岛"。日本方面自1946年1月提出,至今仍然坚持这一主张。可是,日本方面这一主张并没有获得国际社会的支持,不仅苏联及现在的俄罗斯不理睬,甚至连美国方面也从来没有给予有力支持。

1946年5月22日,第一届吉田茂内阁成立的当天,日本外务省下属的条约问题干事会制定完成《和平条约问题研究干事会第一份研究报告书》。该研究报告书由五个文件组成,并且预计1947年夏天左右能够缔结和平条约,为此确定了四个媾和目标:

(1)恢复主权,尊重独立。
(2)确保生存权和安全。
(3)重返国际社会。
(4)确立国际正义。②

该报告书中第三个文件《联合国的和平条约方案(预计)与我方希望方案的比较探讨》涉及有关领土问题。该文件提出:第一,千岛群岛不是日本以侵略手段获得的。第二,至少要求千岛群岛南部③、齿舞群岛及色丹岛,应该保留为日本领土。第三,千岛群岛北部应交由联合国委托统治。④ 这时期日本外务省认为要把千岛群岛分为南北两部分,强烈要求拥有千岛群岛南部的主权,并要求千岛群岛北部交由联合国委托统治,以阻止苏联拥有千岛群岛北部,这样根据以后形势的变化有可能再次收回。

条约问题干事会的另外一项重要工作,就是负责起草一系列英文的所谓调查报告书,利用各种机会向美国等西方国家传递,希望借此传递出日本政府就对日媾和问题的主张,对有关国家的决策过程起到一定诱

---

① 鹿岛和平研究所编:《日本外交主要文書·年表》(1)(1941~1960年),東京,原書房,1983年,第55頁。
② 西村熊雄监修:《日本外交史》第27卷,鹿岛和平研究所出版会,1971年,第22~23頁。
③ 按日本主张,所谓千岛群岛南部指国后岛、择捉岛,而齿舞群岛、色丹岛为北海道的一部分。
④ 田中孝彦:《日ソ国交回復の史的研究——戦後日ソ関係の起点:1945~1956》,東京,有斐閣,1993年,第14頁。

导作用。

这一系列调查报告书，有关领土问题的就有七卷本，即（1）1946年11月完成的《千岛群岛、齿舞、色丹》；（2）1947年3月完成的《琉球及西南群岛》；（3）1947年3月完成的《小笠原及火山群岛》；（4）1947年6月完成的《太平洋及日本海诸小岛》；（5）1949年1月完成的《库页岛》；（6）1949年4月完成的《千岛群岛南部、齿舞、色丹》；（7）1949年7月完成的《对马》。①

这七卷本调查报告书中，涉及"北方领土"问题的就有三卷本，反映出日本政府对该问题的重视程度，特别是有关"千岛群岛、齿舞、色丹"问题，前后出现两个版本。关于这七卷本英文调查报告书，日本"海外"学者原贵美惠解释说，日本政府仅将其中《琉球及西南群岛》和《对马》两卷公开发表，其余五卷本至今尚未公开发表，是其在澳大利亚国家档案馆里发现的。原贵美惠指出，根据这些资料显示，日本政府当时认为齿舞群岛、色丹岛不属于千岛群岛范围，应该属于北海道一部分，但是国后岛、择捉岛，日本政府当时已经承认为千岛群岛的一部分。② 这可能就是日本政府至今不敢公开这些调查报告的真正原因吧！

依据上述调查报告书，原贵美惠认为，当时日本政府实际有返还主张：

（1）"两岛返还论"：齿舞群岛、色丹岛并非"千岛群岛"一部分，所以日本应该予以保留。这实际上主张完全遵守《雅尔塔协定》。

（2）"四岛返还论"：国后岛、择捉岛为千岛群岛一部分，但是"四岛"从来没有成为外国领土。《雅尔塔协定》规定"千岛群岛"割让给苏联，但是"四岛"与其他千岛群岛背景不同，应该给予个别处理。这实际上主张部分遵守《雅尔塔协定》。

（3）"全部千岛群岛返还论"：日本于1945年8月15日宣布接受《波茨坦公报》，9月2日签署《投降书》，但《雅尔塔协定》当时尚未公开发表，日本不接受该协定。因此，日本应该仅遵守《开罗宣言》，

---

① 原貴美惠：《サンフランシスコ平和条約の盲点——アジア太平洋地域の冷戦と「戦後未解決の諸問題」》，広島，溪水社，2005年，第123、153頁。

② 原貴美惠：《サンフランシスコ平和条約の盲点——アジア太平洋地域の冷戦と「戦後未解決の諸問題」》，広島，溪水社，2005年，第124頁。

千岛群岛并非日本采用战争手段获得的,所以也没有必要放弃千岛群岛。这实际上主张《雅尔塔协定》完全无效。①

日本政府上述研究成果完成后,首先考虑设法向占领时期盟国驻日各国代表们透露,1947年1月20日和3月12日,停战联络中央事务局总务部部长朝海浩一,先后向英联邦驻日理事会代表澳大利亚人麦克马洪·鲍尔(W. M. Ball)、美国国务院驻盟军总司令部政治顾问乔治·艾奇逊(G. Atcheson),秘密递交关于日本政府关于对日媾和问题观点的说明资料,企图试探使媾和条约起草向有利于日本方面诱导。

1947年7月11日,美国政府提出召开对日媾和问题预备会议后,日本片山哲内阁认为有必要向有关国家陈述日本就媾和问题的主张。7月26日,外相芦田均向美国盟军总司令部(GHG)政治顾问乔治·艾奇逊提交所谓《芦田备忘录》,转达日本政府对有关媾和条约内容的要求。这是日本政府第一次正式向美国盟军总司令部提出主张,试图在美国主导对日媾和条约制定过程中施加一定影响。

《芦田备忘录》共计九条请求,其中第七条是关于领土问题的请求,提出:"在决定《波茨坦公告》所提日本本土周边之其他诸小岛范围时,要认真考虑这些岛屿与日本本土的关系,所具有的历史、人种、经济、文化及其他方面的背景。"②

7月28日上午,芦田均外相又访问美国盟军总司令部民政局局长惠特尼(C. Whitney),递交了同样内容的备忘录。但是,7月28日下午,乔治·艾奇逊和惠特尼共同约见日本外相芦田均,正式退回了《芦田备忘录》。这时期美国方面的态度是,有关对日媾和条约问题,不接受日本方面的希望与见解,所以日本外相芦田均的努力并未产生影响。

1948年10月15日,第二届吉田茂内阁成立后,日本外务省继续就领土问题进行研究。1949年11月8日,吉田茂首相在第六次临时国会上阐述施政方针时,涉及"媾和问题",他表示:"最近外电传说,美英两国在准备媾和条约草案。(日本)恢复独立回归国际社会,越快

---

① 原貴美惠:《サンフランシスコ平和条約の盲点——アジア太平洋地域の冷戰と「戰後未解決の諸問題」》,广岛,溪水社,2005年,第125~126頁。
② 細谷千博:《サソフラソシスコ媾和への道》,東京,中央公論社,1984年,第32頁。

越好。"①

1949年12月，日本政府有关领土问题的见解出现变化，原因就是针对战争期间美英苏三大国首脑签署的秘密协定——《雅尔塔协定》。日本方面认为：一是本国未参加《雅尔塔协定》，不应该接受该协定；二是日本不知道《雅尔塔协定》的存在，日本在接受《波茨坦公报》中也没有提《雅尔塔协定》，结论为千岛群岛及库页岛南部仍然视为日本领土。

日本政府有关领土问题的见解发生变化的原因，来自于当时日益激化的国际"冷战"形势。日本领导人已经认识到，必须投向美国，利用东西方国际"冷战"局面，获得西方资本主义阵营，特别是美国的支持，日本才可从中获得利益。也就是说，日本领导人已经认识到，如果日本追随美国等西方资本主义阵营，在日苏两国之间有关领土问题的争论中，美国等西方资本主义阵营国家会站在日本的一边，将给予日本支持。

1950年8月7日，杜勒斯完成了对日媾和条约草案。该草案规定，有关千岛群岛及库页岛南部的归属问题，交由美英中苏四大国将来决定，如果四大国不能决定，交由联合国大会最终决定。9月11日，杜勒斯完成了有名的《对日媾和七原则》文件，有关"北方领土"问题的规定基本上采用了他的媾和条约草案内容。

从1950年9月26日到1951年1月26日，日本政府研究媾和对策的工作进入四个月高潮期，共计完成四份文件，分别采用英文字母代号，如代号A和D两份文件为媾和条约草案、B为日美安全条约草案、C为地区性集体安全设想。日本政府的媾和对策准备工作，由首相吉田茂亲自指挥，重大问题决策也由他定夺，具体起草工作由外务省有关人员及少数顾问参与。这是美国总统杜鲁门提出召开对日媾和问题预备会议以来，日本外务省就有关媾和问题进行的最后阶段研究。

1950年10月4日，以日本外务省条约局局长西村熊雄为核心的起草小组完成对日媾和准备工作"A作业"，10月5日，递交给首相兼外相吉田茂审查。当天，吉田茂秘密召集有田八郎、小泉信三、马场恒吾、坂仓卓造、古岛一雄、津岛寿一、佐藤喜一郎、横田喜三郎等所谓"有识之士俱乐部"成员，就有关媾和问题举行研究讨论会议。

---

① 村川一郎编：《ダレスと吉田茂——フリソストソ大学所藏ダレス文書を中心として》，東京，国書刊行会，1991年，第66頁。

"A 作业"具体内容为:

A—1 作业为"有关对日媾和形势判断";

A—2 作业为"预计美国对日媾和条约草案";

A—3 作业为"我方希望美国对日和平条约方案构想的方针";

A—4 作业为"对美陈述书"。

其中"A—3 作业"起草文件,名称为《我方希望美国对日和平条约方案构想的方针》,该文件主张以全面媾和为基础,依靠国际安全保障机构确保日本的安全,以联合国大会通过决议的方式,决定美军驻日问题。

该文件提出:我方希望根本基础为以下五项原则:

(1) 完全恢复主权并作为独立国家,在平等基础上与各民主主义国家协作。

(2) 日本经济自立,是维护民主主义制度不可缺少的前提。

(3) 处理领土问题及驻军问题,要尊重国民感情。

(4) 日本安全应由国际安全保障机构来确保。

(5) 积极促进增强世界和平与繁荣。①

该文件就有关"北方领土"问题提出:"千岛群岛不应让渡给苏联。千岛群岛属于《波茨坦公告》委托'我们决定'的地区。美英苏之间已经在《雅尔塔协定》作出这一决定,这是违背《大西洋宪章》不追求领土扩张条款及精神的。另外,不仅日本甚至其他同盟国也不知其存在。因此,应该采用 2/3 多数票否决,使《雅尔塔协定》的规定无法实现,从技术上讲并非不可能。有关千岛群岛,日本拥有深远的历史因缘。考虑以上理由,日本希望拥有千岛群岛。齿舞群岛及色丹岛属于北海道的一部分,不属于千岛群岛,不应该成为被处理领土的对象。"② 该文件也表示:"对于朝鲜独立,对于台湾、澎湖群岛、关东州③租借地、南洋委任统治地及南库页岛,要求日本放弃所有权利没有异议。"④ 日本已经考

---

① 外務省編:《日本外交文書》(平和条約の締結に関する調書)第一冊,東京,外務省,2003 年,第 564 頁。

② 外務省編:《日本外交文書》(平和条約の締結に関する調書)第一冊,東京,外務省,2003 年,第 565 頁。

③ 指中国东北的大连、旅顺等地区。

④ 外務省編:《日本外交文書》(平和条約の締結に関する調書)第一冊,東京,外務省,2003 年,第 565 頁。

虑到要放弃库页岛南部地区，说明已承认库页岛南部属于采用武力获得而被剥夺的部分。

"A—4作业"起草文件名称为《对美陈述书》，该文件对有关"北方领土"问题十分详细地向美国方面陈述了日本政府的理由。主要如下：

1. 领土问题

我们赞成《大西洋宪章》各项原则，不承认违反居民意识而获取的领土。我们有充分考虑放弃对台湾及澎湖群岛的权利根据，承认朝鲜独立，放弃对南洋群岛的委托统治。

为此，我们也希望允许保留原本属于日本的，即历史上、人种上属于日本的所有岛屿。这些岛屿日本不是通过战争手段获得的，而是长久以来的领土。无论如何考虑，其不属于《开罗宣言》所说日本"通过暴力或贪欲获得"的领土。日本对于拥有这些岛屿具备充分根据，期待联合国重视这些充分的根据。

我们不理解为什么放弃南库页岛之后，还必须要放弃千岛群岛？我们当然期待现在苏联非法占领的齿舞群岛及色丹岛恢复原状。……

（1）千岛群岛

有关千岛群岛，得抚岛以北的北千岛，是根据1875年《库页岛、千岛交换条约》和平获得的，另外，南千岛长期是日本领土，根据1855年《日俄友好条约》正式确认为日本领土权，并且与任何国家也不存在问题。

《雅尔塔协定》规定，南库页岛"须交还苏联"，千岛群岛"须交予苏联"。如果目的是为恢复日俄战争之前状态的话，那么返还南库页岛就应该满足了。为什么还要将千岛群岛，甚至包括南千岛在内的整个千岛群岛让渡？这是违背《大西洋宪章》所谓不扩张领土原则及精神的。

千岛群岛因纬度高，居住居民比较少，仅为包含阿伊努人在内的日本人居住。千岛群岛附近是丰富的渔场，战前渔业捕捞量，按照战前价格为年均6000万日元，两万渔民及家属从事渔业及生活。丧失如此重要的渔业中心水域，无疑给日本经济及粮食供应带来打击。

(2) 齿舞群岛及色丹岛

北海道根室半岛纳布岬的近海上散落着齿舞群岛及色丹岛，现在与千岛群岛一样被苏军占领。但是，这些岛屿不属于千岛群岛的一部分。这一事实，在战前出版的英国及美国航行杂志中也被承认，联合国军总司令部的指令也将两者区分了。这些岛屿在地质构造上与千岛群岛有区别，是北海道根室半岛的延长部分。在行政上，这些岛屿在德川将军时期就是根室国的一部分，仅有日本人居住。这些岛屿无论是在《日俄友好条约》（1855 年），还是《库页岛、千岛交换条约》（1875 年），都没有成为双方交涉的对象。

根据 1945 年 9 月 2 日联合国军总司令部发布的《联合国最高司令官司令部指令第 1 号、日本帝国大本营（陆、海军）一般命令第 1 号》（简称《总命令第 1 号》），在中国东北、朝鲜半岛北纬 38 度以北地区，库页岛及千岛群岛的日军，向苏军远东地区指挥官投降。苏军进入千岛群岛后，占领了包括齿舞群岛及色丹岛在内的整个群岛，并要求日本人离开该群岛。苏联政府应该清楚，日俄有关千岛群岛交涉的所有记录，关于齿舞群岛及色丹岛的所有事实也是清楚的。我们当然希望，不允许苏联"事实上"非法占领这些岛屿，不承认"法律上"的吞并。齿舞群岛及色丹岛属于日本本土北海道的一部分，极大地伤害了民族心理。不仅如此，这些岛屿长期以来就是日本重要的渔业水域，盛产螃蟹、鳕鱼、海扇，产量占日本全部渔业产量的 45%。丧失这些，将极大地打击日本粮食产量和出口贸易。①

从日本政府《对美陈述书》的内容看，可以概括为"大之以理、小之以情"。大道理方面，大谈苏军占领违反《开罗宣言》领土不扩大原则，从感情方面谈，如果日本丧失这些岛屿将影响日本渔业生产及生活，甚至对日本人的食品供应产生影响，这些内容对美国来说也是必须要认真考虑的。但是，在对"A 作业"的最后审查中，遭到首相兼外相吉田茂的坚决反对，他指责说："如在野党口吻，毫无价值议论。"② 1950 年 10 月 11 日，"A 作业"被退回，成为废案。

---

① 外務省編：《日本外交文書》（平和条約の締結に関する調書）第一冊，東京，外務省，2003 年，第 651～653 頁。
② 細谷千博：《サンフランシスコ講和への道》，東京，中央公論社，1984 年，第 163 頁。

"A作业"停止后，11月24日美国国务院发表杜勒斯《对日媾和七原则》，依据该原则内容，同时吸收了10月5日吉田茂首相与所谓"有识之士俱乐部"成员座谈的建议，以西村熊雄为首的起草小组转而起草以片面媾和为基础的媾和条约草案，1950年12月27日，完成所谓"D作业第一版"。"D作业第一版"中有关领土问题仅涉及冲绳、小笠原群岛归属问题，有关千岛群岛及库页岛南部问题一点都没有提到。① 此后又经过1951年1月5日和1月19日两次修改后，最终完成的"D作业第二版"于1月20日递交给首相兼外相吉田茂审查。

"D作业第二版"涉及千岛群岛及库页岛南部问题，提出"千岛群岛最终归属决定，提议最后由联合国大会决定。日本国民对千岛群岛的感情，要胜过对冲绳、小笠原的感情。美国应考虑日本国民对千岛群岛这一感情，恳求最终能够实现日本人的热切希望"②。日本接受千岛群岛及库页岛南部的最终归属交由联合国大会决定，表明日本外务省完全支持杜勒斯的《对日媾和七原则》，日本政府认为四大国不可能对"北方领土"问题作出最后决定，这样只能由联合国大会决定，从当时美国方面在联合国的影响作用看，千岛群岛及库页岛南部问题有可能会朝着有利于日本的方向解决。

1951年1月25日，杜勒斯访问东京，目的是为了协调与日本政府就有关对日媾和问题的态度。1月29日，日本首相吉田茂与杜勒斯举行第一次会谈。吉田茂表示："希望起草条约不要伤及日本的自尊心。根据和平条约恢复独立，确立日本的民主化，成为独立自主国家。根据此日本将协助加强自由世界，日本最主要事业是确立日美之间牢固的友谊关系。总之，日本将成为加强自由世界力量的国家，通过缔结和平条约，加强日美之间牢固的友好关系。"③ 吉田茂的意图非常明显，极力表白日本将站在自由世界一边，加强日美关系，核心目的就是劝告美国起草媾和条约时，应该考虑到如何维护日本准同盟国利益。

1951年1月30日，日本外务省条约问题干事会"D作业第二版"

---

① 外務省編：《日本外交文書》（平和条約の締結に関する調書）第一冊，東京，外務省，2003年，第852頁。
② 外務省編：《日本外交文書》（平和条約の締結に関する調書）第一冊，東京，外務省，2003年，第866頁。
③ 鹿島和平研究所編：《日本外交主要文書·年表》第1卷（1941～1960年），東京，原書房，1983年，第382頁。

经进一步简化后，制定为《我方见解》文件，交给来访的杜勒斯。该文件也是日本政府第一次向美国政府传递有关媾和条约方面的"正式主张"。

《我方见解》文件共计13条，主要陈述日本在（1）领土、（2）安全保障、（3）重新武装、（4）人权等、（5）文化关系、（6）国际待遇、（7）经济、（8）通商、（9）渔业、（10）赔偿及围绕战争请求权、（11）战后债务、（12）战争犯罪者、（13）手续等方面的观点①，但是，有关领土问题并不包括"北方领土"问题。据说要求删除这部分内容的就是首相吉田茂本人，他认为日美会谈仅能讨论南方领土问题，即冲绳、小笠原问题。据当时担任日本外务省条约局局长的西村熊雄讲，吉田茂提出尽快签署媾和条约，但在讨论千岛群岛及库页岛南部归属问题时会造成推迟签署条约，所以日美两国之间最好不讨论此问题。②

杜勒斯在完成与有关国家协商后，1951年3月初起草制定了《临时备忘录》。日本政府接到这份《临时备忘录》后，感到美国政府可能对将来日苏两国之间"北方领土"问题采取不介入方针，所以他们极力试图劝说美国政府继续关注"北方领土"问题。3月16日，日本政府以外务省次官井口贞夫的名义，将日本政府对《临时备忘录》的答复递交给美国政府，该文件主要提出：

（1）假如苏联参加媾和条约时，南库页岛返还给苏联，千岛群岛让渡给苏联，日本国民感情（特别对千岛群岛）无论如何也无法接受。

（2）千岛群岛范围的确定，若日苏两国之间协定，日本单独无法实现公正的结果，所以日本认为美国有必要给予全力支持，希望"由包括日本在内的有关国家之间协定作出规定"。

（3）确认苏联不参加媾和条约时，希望取消有关南库页岛和千岛群岛的规定。③

---

① 鹿岛和平研究所编：《日本外交主要文書·年表》第1卷（1941～1960年），東京，原書房，1983年，第385～387頁。
② 西村熊雄監修：《日本外交史》第27卷，鹿岛和平研究所出版会，1971年，第97頁。
③ 外務省编：《日本外交文書》（平和条约の締結に関する調書）第二册，東京，外務省，2003年，第375頁。

日本政府在给美国政府的上述答复书中提出，千岛群岛的最终归属"应由包括日本在内的有关国家对千岛群岛的定义作出规定"。实际上，日本政府认为仅靠自己一个国家的力量与苏联之间解决"北方领土"问题是不现实的，强烈希望美国政府能够继续直接参与。另外，日本政府还提出，如果苏联不在对日媾和条约上签字，希望对日媾和条约不对千岛群岛及库页岛南部的归属问题作出任何规定。日本政府的目的是，试图利用美苏国际"冷战"形势，继续拥有对"北方领土"的法律主权。

对于日本政府的这些提议，3月23日美国方面以国务卿艾奇逊的名义给予答复如下为：

（1）有关千岛群岛范围，条约中无记载。因此日苏之间就范围的纠纷，依据条约规定自动委托国际法院裁决。

（2）如果苏联明确参加对日媾和会议，规定如苏联不接受条约就不能够获得任何利益。如果事先明确苏联确定不参加媾和问题，是否规定千岛群岛及库页岛南部归属问题从媾和条约中消除还要再进行研究。①

从上述答复内容可以看出，第一，如苏联不参加对日媾和会议，美国方面仍然回避直接参与日苏两国之间"北方领土"问题。第二，表明美国方面已向日本政府作出让步，即《临时备忘录》中提出的，有关千岛群岛地理定义问题必须由日苏两国之间解决的方针被取消。第三，从艾奇逊答复的第二点看，如果苏联不参加对日媾和会议，日本方面则保留对千岛群岛及库页岛南部的法律主权地位的余地。

1951年3月底，日本政府大体上制定了两套有关要求返还"北方领土"的政策，如下：

第一套对策：如果苏联不参加对日媾和会议，虽然千岛群岛及库页岛南部仍然在苏联的占领下，但是日本却保有对上述领土的法律主权。

第二套对策：如果苏联参加对日媾和会议，有关"千岛群岛"地理定义，选择对日本有利的狭义定义，争取得到参加对日媾和会议的有关国家支持。

---

① 外务省编：《日本外交文書》（平和条約の締結に関する調書）第二册，東京，外務省，2003年，第385頁。

从上述对策可以看出，日本政府极力要求把"南千岛"从"千岛群岛"的地理范围中删除，同时也意味着当时日本政府明显承认把千岛群岛北部与库页岛南部让渡给苏联。

1950年4月18日，杜勒斯访问日本，并与日本首相吉田茂举行会谈。据吉田茂在回忆录中讲，在这次会谈中，他向杜勒斯提出在对日媾和条约中明确规定"南千岛"不包括在"千岛群岛"范围内。但是杜勒斯表示，如果在对日媾和条约中规定"千岛群岛"的定义，就必须要与有关国家进行协商，这样就会出现对日媾和条约在签字时间上往后推迟的情况出现，所以拒绝了吉田茂的要求。同时，杜勒斯也提出，日本政府代表可以在对日媾和会议上就这一问题，表明本国政府的观点。日本首相吉田茂也极力主张实现早期媾和，为了避免对日媾和条约在签字时间上推迟，他不得不接受杜勒斯的主张。

1951年9月，在旧金山对日媾和会议上，日本代表、首相吉田茂抓住机会极力表明日本方面就媾和条约的主张。吉田茂首先表示，对日媾和条约"不包含惩罚性条款和报复性条款，没有规定对我国人民永恒的限制"，并且欢迎日本回到国际社会。对日媾和条约"不是报复性条约，是和解与信赖的条约"。日本方面"欣然地接受这样公正、宽大的和平条约"①。但是，吉田茂首相对媾和条约中的"领土处理问题"指出："不能接受苏联代表提出的千岛群岛及库页岛南部是日本通过侵略夺取的主张。有关千岛群岛南部的择捉岛、国后岛是日本领土，即使在沙俄政府时期也无异议。得抚岛以北的诸岛和库页岛南部，当时是日俄两国居民混居地区。1875年5月7日，日俄两国政府通过和平外交交涉，决定将库页岛南部划为俄国领土，北部千岛群岛划为日本领土。此后，1905年9月5日，经美国总统调解，双方缔结《朴茨茅斯条约》，库页岛南部成了日本领土。千岛群岛及库页岛南部是日本投降后的9月20日才被苏联单方面占领的。另外，日本本土北海道一部分的色丹岛、齿舞群岛，停战时还驻守着日本军队，是在这种情况下被苏联占领的。"②

吉田茂首相上述讲演的意图是，让参加媾和会议的各国代表事先知

---

① 外務省编：《日本外交文書》（サンフランシスコ平和条約調印、發効），東京，外務省，2010年，第136頁。

② 外務省编：《日本外交文書》（サンフランシスコ平和条約調印、發効），東京，外務省，2010年，第136~137頁。

道，将来如果发生日苏两国之间"北方领土"的纠纷时，千岛群岛南部应该属于日本领土。但是，吉田茂首相的演讲仅仅是表明日本政府的观点，在对日媾和条约中，作为战败国，日本的主张不具备任何法律意义。

实际上，吉田茂内阁在制定有关"北方领土"问题对策时，在国外要不断调整对美政策，在国内不断接受来自北海道地区议员们的指责。我们前面曾经简单地提到美国政府内部在前期讨论日本应该放弃"千岛群岛"范围时，出现过有关日本放弃领土范围，是否不应包括"四岛（齿舞、色丹、国后、择捉）"、"三岛（色丹、国后、择捉）"、"两岛（国后、择捉）"的争论。同样，在日本国内也出现过这种争论，对日本政府提出反对意见，或者说指责日本吉田茂内阁在领土问题上的对策的，主要来自北海道地区代表，因为北海道地区与"北方领土"存在直接联系，或者说直接利益，他们自然成为日本国内关注"北方领土"问题如何解决的主要代表势力。1950年3月8日，在日本众议院外务委员会议上，来自北海道地区的议员、日本立宪养正会成员浦口铁男，在介绍1855年《日俄友好条约》第2条款和1875年《库页岛、千岛交换条约》第2条款的基础上提出："对照这两个条约，我们所称呼的千岛群岛，明显应该至少是在择捉岛和得抚岛之间的千岛水道以北。"① 这是笔者所看到的日本方面最早提出的所谓千岛群岛，应以择捉岛和得抚岛之间为分界线，得抚岛及其以北18个岛屿为千岛群岛范围。这种主张就是我们熟知的所谓"北方四岛"，不应包括在千岛群岛范围内。日本方面进一步解释为，齿舞群岛和色丹岛为日本本土北海道延伸部分，应该属于北海道范围内，而择捉岛和国后岛则根据上述主张，即千岛群岛应以得抚岛和择捉岛之间为界限，两岛也不属于千岛群岛范围内。但是，"南千岛"的称呼在日本方面确实长期存在，为回避这样主张上的尴尬局面，日本在1955~1956年日苏交涉过程中，内部修改称呼，不再称呼"南千岛"，而是改称为"北方四岛"，并且将对苏领土问题统一称为所谓"北方领土"。

日本方面有关"千岛群岛"不应包括"南千岛"的主张，至今在国际社会也未获得响应。苏联及现今的俄罗斯指责，主张"南千岛"不包括在"千岛群岛"范围内简直是荒谬的，从地理概念上完全解释不清楚。美国方面也认为这种主张缺少说服力，所以在对日媾和准备阶段，

---

① 和田春樹：《北方領土問題——歷史と未來》，東京，朝日新聞社，1999年，第203頁。

在《旧金山对日媾和条约》上,以及此后都没有公开接受日本方面的这种主张。

1951年9月《旧金山对日媾和条约》签订后,日美之间又缔结了《日美安全保障条约》、《日美行政协定》以及《日美共同防御援助协定》,构成了所谓日美"旧金山体制"。该体制的基本结构是日美两国之间国际地位和国家实力的悬殊差距,决定了日本在该体制中的从属地位,决定了日本的外交从属于美国远东战略的组成部分。

吉田茂内阁签署《旧金山对日媾和条约》后,在日本国会批准期间,遭到日本国内北海道地区议员们的激烈反对,主要矛头就是指向日本放弃的"千岛群岛"范围不应该包括"北方四岛"。1951年10月19日,日本众议院在审查《旧金山对日和平条约》和《日美安全保障条约》的特别委员会议上,来自北海道的议员、农民协同党成员高仓定助质问:和平条约规定了"千岛界限",所谓千岛群岛是指哪些岛屿?吉田茂首相答复说:"大概美国政府接受了日本政府主张的所谓千岛群岛的范围吧!"外务省条约局长西村熊雄进一步解释说:"就条约的千岛群岛的范围,考虑包括北千岛和南千岛两者,可是南千岛和北千岛如从历史上看是完全不同的立场,全权代表已经在旧金山会议上明确表述了,齿舞群岛和色丹岛不包括在千岛群岛中,美国外交部当局是清楚的。"① 高仓定助议员继续追问,千岛群岛根据《库页岛、千岛交换条约》,应该为得抚岛及其以北18个岛屿吧?西村熊雄局长接着答复说:"和平条约是1951年9月签署的,因此千岛群岛应该站在现在立场上判断。如你所提出的那样,该条约中的所谓千岛群岛,解释为包括北千岛和南千岛。可是这两个地区历史上处于完全不同的状态,这是政府考虑的,等待将来处理吧!"② 西村熊雄局长的答复,可以明显看出是日本在《旧金山对日媾和条约》中放弃的千岛群岛包括南千岛(择捉岛、国后岛)。对于《旧金山对日媾和条约》的结果,总体上看日本方面能够接受,或者说比较满意,但是唯一不能接受的就是对苏领土问题,也就是后来日本长期为此努力的所谓"北方领土"问题。日本方面认为,在当时的条件

---

① 和田春樹:《北方領土問題——歴史と未来》,東京,朝日新聞社,1999年,第225頁。

② 和田春樹:《北方領土問題——歴史と未来》,東京,朝日新聞社,1999年,第226頁。

下,这样的领土问题条款是日本作为战败国不得不接受的现实。1951年10月24日,日本国会审查《旧金山对日媾和条约》期间,外务省条约局长西村熊雄就曾经表示:"对于日本政府是辛苦的,最终决定也是含着眼泪不得不接受的。"① 可以说,西村熊雄局长所言确实反映出当时日本政府及国民对待"北方领土"问题的无奈态度。

1951年9月8日,《旧金山对日媾和条约》正式签署,1952年4月28日正式生效。日本吉田茂内阁推行投靠美国政策,使本国在战后六年八个月就恢复了法律上的独立地位,但是新的外交难题接踵而来。因为日本要想真正重返国际社会,就必须加入战后国际社会的最大组织——联合国。由于日本完全投入美国为首的西方资本主义阵营,与社会主义阵营为敌,致使日本先后三次提出申请加入联合国,皆遭到安理会常任理事国苏联的否决。可以说,此时吉田茂内阁的"对美一边倒"的外交路线已经走到了死胡同。在日本国内,媾和后并未获得完全独立的现实和政府的耻辱外交,使国民大失所望。他们反对军事基地,反对半殖民地化,对不完整独立的不满日益加深。日本国内的革新势力,包括左、右两派社会党在内,要求政治民主,反对日美两国之间的秘密外交,反对重新武装的呼声日益高涨。日本国内保守势力民主党、改进党及自由党内的反对派等,则反对吉田茂内阁的军备渐进路线,要求修改宪法,明确重新武装的态度。面对来自国内左、右两方面政治势力的压力,吉田茂内阁坚持占领时期的路线,结果是使日本进一步走向专制独裁。

吉田茂内阁坚持对苏联恢复邦交问题持消极态度的主要原因为:

第一,吉田茂内阁认为,与苏联恢复邦交正常化,必须首先解决被俘人员问题与"北方领土"问题。吉田茂内阁在完成媾和条约后,被俘人员遣返问题就成为重要的外交课题。对于"北方领土"问题,吉田茂内阁认为,返还齿舞群岛、色丹岛是日苏两国关系正常化的必要条件。日本政府主张齿舞群岛、色丹岛不属于"千岛群岛"一部分,应该返还日本,对于要求返还国后岛、择捉岛的呼声,当时还很弱。例如,1951年10月19日,日本外务省政务次官草叶隆元在国会答辩时确认,从历史、地理及政治背景考虑,日本在《旧金山对日媾和条约》中,放弃了

---

① 和田春樹:《北方領土問題——歷史と未來》,東京,朝日新聞社,1999年,第227頁。

包括国后岛、择捉岛在内的千岛群岛。① 有关千岛群岛的主权归属问题，有必要在日苏两国之间签订的媾和条约中加以追认。这些领土问题现在的状态，应解释为仍处于战争时期苏联的占领之下。

第二，吉田茂认为，维系现存的日美两国关系是加强日本国家利益的关键。苏联对以《旧金山对日媾和条约》与《日美安全保障条约》为基础的日美关系持敌对态度。在旧金山媾和会议上，苏联代表明确表示不承认战后日美军事同盟关系，所以吉田茂内阁不接受苏联要求改变现存日美两国关系的主张，也不可能与苏联方面缔结媾和条约及恢复邦交。

第三，吉田茂本人对苏联的敌视态度，导致他在恢复与苏联邦交问题上起着重要因素。吉田茂认为，假如日本与苏联恢复邦交，将会招致苏联社会主义势力向日本国内浸透。吉田茂讲："与共产主义国家结成友好关系，意味着促进共产主义向日本国内浸透。因而日本政府完全没有必要采取这方面举动。"② 另外，吉田茂的外交思想受到当时美苏"冷战"思维的强烈影响。1951年10月，吉田茂在国会就是否推行恢复与苏联邦交的质问进行答复时说，如果推行与苏联恢复邦交或缔结媾和条约，那么日本在国际社会上就会被认为是"无能"，所以日本不能给人留下这样的印象。这反映出日本首相吉田茂本人的国际政治观念被强硬的"冷战"思维所支配。

1953年2月2日，美国总统艾森豪威尔发表就职后的第一份年度国情咨文，请求美国国会帮助废除"过去缔结的秘密协议"。艾森豪威尔总统并未具体解释所谓"过去缔结的秘密协议"是指《雅尔塔协定》，可是日本朝野却如获至宝并表现出异常的兴奋，日本媒体大力传播及解释所谓"过去缔结的秘密协议"就是指三国首脑秘密签署的《雅尔塔协定》，日本NHK广播电台甚至形容说，这是日本战败以来得到的最好消息。2月3日，日本首相吉田茂在众议院发表讲话，表示要下决心努力夺回千岛群岛及属于日本的领土。2月4日，外相冈崎胜男也发表讲话，希望苏联方面能够返还千岛群岛及库页岛南部。此时，日本政府认为，美国方面从杜鲁门政府转换到艾森豪威尔政府，美国政府对千岛群岛及库页岛南部问题的态度也随之发生了转化。杜鲁门政府时期处于对日媾和条约形成时期，美国方面成功阻止了苏联获得

---

① 吉田嗣廷：《北方领土》改定新版，東京，時事通信社，1973年，第57页。
② 吉田嗣廷：《北方领土》改定新版，東京，時事通信社，1973年，第107页。

这些领土的法律依据，但是也不支持把这些领土返还给日本方面。现在美国政府发生了更迭，对该问题的态度也发生了转化，所以日本方面的期待也提高了。

1953年8月8日，苏联领导人马林科夫第一次发表准备与日本恢复邦交正常化的声明后，8月10日，日本外相冈崎胜男在参议院会议上讲，苏联不承认《旧金山对日媾和条约》与《日美安全保障条约》，所以日本政府不考虑与苏联媾和问题。这反映出日本政府没有注意到苏联领导人更换后，苏联在对日本政策方面出现新的变化，仍然坚持强硬的对苏联政策。1954年7月21日，苏联外交部官员发表有关讲话后，7月22日，日本外务省官员再次发表谈话，仍然重复以往的观点，即日苏媾和条约要在《旧金山对日媾和条约》的构架内缔结。9月莫洛托夫发表讲话后，日本政府认为这仍然不过是苏联方面进行的"和平攻势"。然而，日本国内的斗争却动摇了吉田茂内阁的统治基础，此时发生了轰动全国的所谓"造船疑狱"事件①，使吉田茂内阁完全处于被动，吉田茂被迫利用外出访问来缓和国内支持率下降的局面。1954年9~11月吉田茂出访欧洲后，日本国内的政治形势对他更加不利。有关"造船疑狱"事件已经审查到吉田茂身边的人员，自民党干事长佐藤荣作也收到了逮捕令，对此吉田茂利用职务阻止逮捕佐藤荣作，结果遭到越来越多的国民反对。1954年12月7日，第五届吉田茂内阁被迫宣布总辞职。

二、鸠山一郎内阁制定"北方领土"问题政策

鸠山一郎（1883~1959年），战前曾任文部大臣，战后创建自由党并于1946年的大选中获胜，因其被占领当局革除公职，无奈中把已经到手的政权交给了吉田茂。1951年8月，鸠山被革除公职的处罚取消后重返政界，面对新的国内外形势，提出了自己的主张。鸠山一郎在对外政策上，主张调整日苏关系，对此他解释说：

"我坚决主张日苏关系必须正常化的第一个理由，就在于始终不懈地寻求和平。战争结束以来，防止战争和确立世界和平是我们日本国民的心愿。但遗憾的是日苏关系仍停留在战争状态尚未结束之下。在对立的

---

① 吉田茂内阁时期的腐败案件，1954年1月从山下轮船公司干部被捕揭开的造船贪污案件，发展为饭野海运以及造船公司干部赠贿，自由党的佐藤荣作干事长和池田政务调查会长等受贿的嫌疑事件。

两个世界中间,如果我国一直保持这样的状态,那就无论再经过多少时间,也不能完成'国民的心愿'。我认为日本唯有使日苏关系恢复正常化,进而成为两大阵营之间的桥梁,才能达到和平与避免战争的重大作用。

第二个理由就是提高日本的国际地位和完成独立自主。我国虽然签订了《旧金山对日媾和和约》,但还没有参加联合国,单就这点来说,也无可否认我国的国际地位是不稳定的。所以我认为要实现参加联合国,加强日本在国际上的地位和发言权,使日本作为一个独立国家,与任何国家都保持平等地位,目前首先必须恢复日苏邦交。

我认为,政治的关键毕竟在于决定保卫国民的生命与福利。因此,在战后已十余年,一想到迄今还被扣留在异国的许多人和他们的家属的心情,真是不胜悲痛之至。这是促使我产生同苏联复交的心情的第三个理由。"①

在第二次世界大战结束前夕,苏军在对日作战中共俘虏了日军575000人,除部分伤亡外,其余者及平民分别被拘留在苏联境内或控制区内,从事强迫性劳动。经1946年12月美苏两国协商后,苏联开始遣返被俘日方人员,到1950年4月共遣返了510409人。当年4月23日,苏联塔斯社宣布,除服刑的战犯1487人、患病9人、交中国政府审判的971人之外,苏联遣返日方人员工作已经完成。但是,1955年5月,据日本政府调查,在苏联境内或控制区内,被俘日方人员能判明姓名并确实生存者有1452人,判明姓名但生死不明者有11279人,合计12731人。② 被俘人员盼望早日遣返回国,其家属也无不翘首以待,日本政府面临着国内舆论的巨大压力,希望与苏联交涉,尽快全部遣返被俘日方人员。

鸠山一郎的主张符合战后日本社会的现实,因而得到广大国民的支持,1954年12月9日,鸠山一郎率领日本民主党获得大选胜利并组建内阁。12月10日,鸠山内阁举行第一次记者招待会,鸠山首相就新政府有关外交方针表示:"为了避免第三次世界大战,最好扩大相互之间的贸

---

① 〔日〕鸠山一郎:《鸠山一郎回忆录》,复旦大学历史系日本史组译,上海,上海译文出版社,1978年,第128~129页。
② 石丸和人、松本博一、山本剛士:《動き出した日本外交》戦後日本外交史(2),東京,三省堂,1983年,第34頁。

易。自由主义各国以苏联、中国为敌，拒绝交涉和贸易的方法，容易再次诱发世界大战。"① 重光葵外相也表示："与社会主义各国的贸易，在不违反国际义务的条件下，应该得到扩大。"② 12月11日，重光葵外相发表声明，表示日本政府准备与苏联恢复邦交。③

鸠山内阁主张恢复与中国和苏联的关系，完全是由日本当时所处的环境决定的。鸠山内阁考虑与新中国恢复关系，主要是从经济贸易方面考虑，因为日本传统的出口贸易对象是中国大陆地区，原料产地主要也是来源于中国大陆地区，为了日本经济发展需要与中国大陆恢复关系，也是日本广大国民考虑的因素。鸠山内阁考虑与苏联恢复关系，主要因为自身在多项问题上有求于苏联方面，如战俘遣返问题、北太平洋渔业问题、加入联合国问题、"北方领土"问题、结束两国作战状态问题等。解决这些问题就必须与苏联方面联系，绕开苏联无法解决上述问题。另外，虽然吉田茂政府"对美一边倒"政策使日本获得法律地位上的独立，但是美国实际控制日本的局面并未完全改变，摆脱美国控制是日本鸠山内阁接近中国和苏联的重要因素。这也是日本国民当时普遍的心理反应，即对美不满情绪宣泄的表现。因此，鸠山一郎率领日本民主党打出恢复与中国和苏联恢复关系牌，获得日本大多数国民支持，从而战胜竞争对手——吉田茂为首的日本自由党，赢得大选的胜利！

苏联领导人赫鲁晓夫上台后，积极推动对日恢复邦交正常化工作。在苏联方面与日本外务省进行联系遭到拒绝后，苏联代表部首席代表多莫尼斯直接与鸠山一郎首相建立联系，结果获得了成功，鸠山一郎首相决定会见多莫尼斯。鸠山一郎对此举解释说，"为了结束同苏联之间的战争状态，日本必须采取主动行动。"④ 1955年1月7日，鸠山一郎首相与多莫尼斯举行第一次会谈。1月25日，苏联代表多莫尼斯再次拜访鸠山一郎首相，并且递交一份苏联政府信件，即所谓"多莫尼斯信件"。

---

① 松本俊一：《モスクワにかける虹——日ソ国交回復秘録》，東京，朝日新聞社，1966年，第15頁。

② 松本俊一：《モスクワにかける虹——日ソ国交回復秘録》，東京，朝日新聞社，1966年，第15頁。

③ 和田春樹：《北方領土問題——歷史と未来》，東京，朝日新聞社，1999年，第232頁。

④ 〔日〕鸠山一郎：《鸠山一郎回忆录》，复旦大学历史系日本史组译，上海，上海译文出版社，1978年，第128页。

鸠山首相通过"多莫尼斯信件"了解到苏联政府的真实意图后，如何面对日苏两国恢复邦交问题就成为不可回避的现实。鸠山内阁中就日苏两国恢复邦交问题存在着不同见解，鸠山一郎首相对日苏两国恢复邦交抱着积极态度，但是民主党领导人中有许多人抱着消极态度。例如三木武吉，既是鸠山内阁建立的功臣，也是鸠山一郎首相亲密的政治盟友，他预计日苏两国恢复邦交会遇到障碍，所以强烈反对鸠山一郎的对苏政策。外相重光葵虽然对日苏交涉本身不反对，但是表示要持慎重态度。多莫尼斯最初与日本外务省联系，就是被其所拒。重光葵外相的慎重态度的根源，是担心美国政府反对日本对苏关系转变。如1954年12月27日，重光葵外相会见美国驻日本大使艾利逊时说，鸠山一郎内阁对外政策是与社会主义国家恢复邦交，但是不重视与中国关系，某种程度是为了满足日本国内存在的反美主义及中立主义社会舆论，使其平静化。1955年1月25日，重光葵外相会见艾利逊大使时讲，日本政府对苏联方面的提案要尽早控制，日本政府除了提出日苏两国恢复邦交外，还没有作出任何反应。另外，日本政府打算极力回避苏联方面利用这种提案作为宣传手段。

1955年1月20日，鸠山内阁为了调整在对待日苏两国恢复邦交问题上外相与首相的态度不同，在经济企划厅长官高碕达之助的调节下，鸠山一郎首相与重光葵外相就此问题三人达成如下一致意见：

（1）日本政府的外交政策基础为日美协调。

（2）日本政府与中苏两国关系主要是在日美关系框架内促进经济关系发展。

（3）有关日苏之间结束战争状态问题，日本政府应等待苏联方面提出建议。①

在上述意见中强调应加强日美两国之间的关系，直接反映出重光葵外相重视日美关系的特征。同时，在三人会谈上，大体达成鸠山内阁在外交方面实施以重光葵外相为主的一元化外交。可是，鸠山一郎首相在获知12月25日苏联单方面宣布结束对西德战争状态后，向新闻界表示，如果苏联方面采取同样的政策，日本政府也会作出积极反应的。对此重光葵外相表示出极大不满，认为鸠山一郎首相不尊重一元化外交原则。

---

① 田中孝彦：《日ソ国交回復の史的研究——戦後日ソ関係の起点：1945~1956》，東京，有斐閣，1993年，第90頁。

1955年1月28日，外务省顾问谷正之劝说鸠山一郎首相要尊重以重光葵外相为主的一元化外交。1月29日，内阁官房长官根本龙太郎、自民党政调会副会长杉原荒太共同拜会鸠山一郎首相，也劝说他要多加自重。这反映出鸠山首相本人在内阁中推行有关对苏政策受到一定限制。

1955年2月4日，鸠山内阁审议有关日苏两国恢复邦交谈判方针时，鸠山一郎首相与重光葵外相的观点不同暴露无遗了。鸠山一郎主张，首先要日苏两国恢复邦交，然后再解决两国之间包括领土纠纷问题在内的各种政治、经济问题。重光葵主张，首先要解决两国之间包括领土纠纷问题在内的各种政治、经济问题，然后再恢复两国邦交正常化。重光葵辩解说，苏联政府对日本交涉最重要的目标是要恢复邦交本身，如果不先期解决各种纠纷问题，那么恢复两国邦交正常化后，苏联对于解决各种纠纷问题的积极性就会降低。

鸠山一郎与重光葵虽然存在分歧，但是大方向一致，即支持日苏两国恢复邦交正常化。两人经过协商后决定，回避解决纠纷与恢复邦交谁为先的问题，努力解决容易的纠纷问题，如苏联支持日本加入联合国、解决领土问题、遣返被俘人员问题及恢复通商问题等。这次内阁会议最后决定，对苏政策的制定及执行仍由重光葵外相及外务省为主，实行一元化外交。

2月4日内阁会议的决定，标志日本政府开始正式推动日苏两国恢复邦交的交涉。此后，日本政府以外务省顾问谷正之、民主党政调会副会长杉原荒太为核心，就有关更具体的交涉方针进行制定，并完成制定日本政府政策文件，即《训令十六号》。5月24日，该文件获得鸠山内阁会议批准，5月26日，向在野党自由党、社会党给予说明。

《训令十六号》主要内容为：

> 本次与苏联邦交正常化谈判，希望努力达到的目标为：
> （一）（谈判目标）日苏关系正常化谈判，把缔结日苏和平条约（建立和平关系、交换外交使节、解决各种纠纷问题等）作为目标。
> （二）（我方的基本立场），依据《旧金山对日媾和条约》、《日美安全保障条约》等，日本从属于自由主义阵营，在交涉具体讨论中，让对方了解我方的基本立场。在邦交正常化前夕，彼此不在对方国内进行干扰社会秩序的宣传活动。这方面要取得对方同意。

(三)（解决各种纠纷问题）在明确以上内容不存在异议的情况下，希望就下列各种纠纷问题的解决进行讨论：

(1) 对我国加入联合国不行使否决权。

(2) 释放、遣返包括战犯在内的被俘人员。

(3) 解决领土问题：首先返还齿舞群岛、色丹岛；其次返还千岛群岛、库页岛南部。

(4) 渔业问题（包括送还渔船、渔民）。

(5) 通商问题。

(四)（谈判重点问题）关于前项问题，我方努力贯彻主张，特别是关于遣返被俘人员及返还齿舞群岛、色丹岛，希望最后得到贯彻。不得已情况下，承认遣返被俘人员的战犯在国内服刑。根据对方态度，考虑各个问题的相关因素，决定我方态度，随时就有关事情详细请示训令。

(五)（不容忍条件）对方提出的条件，我方绝对不能容忍的如：

(1) 废除《日美安全保障条约》。

(2) 缔结《日苏中立条约》。

(3) 划定日本领土特定区域或海域为不设防区。

(4) 限制日本的防卫力量规模，或武器、武器种类等主权。

(5) 要求赔偿。①

《训令十六号》表明：第一，日本政府要求在《旧金山对日媾和条约》与《日美安全保障条约》的框架内实现日苏两国恢复邦交，意图为阻止因日苏两国恢复邦交而把本国的对外政策转为中立化。

第二，日本政府重视领土问题与被俘人员问题，至少日本政府的姿态是，如果不在返还齿舞群岛、色丹岛和遣返被俘人员问题上达成一致，不能与苏联方面缔结和平条约。因为被俘人员家属在日本国内组成各种团体，对鸠山一郎内阁施加强大压力。另外，领土问题在日本国内受到社会舆论的普遍重视，如1953年7月、11月，日本众议院先后两次通过关于要求苏联返还齿舞群岛、色丹岛的决议。

---

① 久保田正明：《クレムリンの使節——北方領土交渉：1955～1983》，東京，文藝春秋，1983年，第32～34頁。

第三，日本政府设立的谈判目标是恢复两国邦交正常化，不仅宣布结束战争状态，而且还要缔结和平条约。但是，有关这方面的态度比较暧昧，按《训令十六号》规定，不解决各种纠纷问题就不缔结和平条约，如果日苏两国就这些纠纷问题达不成一致，如何处理？该训令没有规定。

《训令十六号》反映出重光葵外相与鸠山一郎首相在对苏政策上的对立，其内容反映出重光葵外相的构想，明确提出优先解决各种纠纷问题，把缔结和平条约作为日苏两国交涉的目标。该训令设定解决各种纠纷问题为恢复两国邦交正常化的必要条件，实际上说明，此番两国谈判，日本政府早就作好长期斗争的心理准备。

鸠山一郎内阁决定开始与苏联方面恢复邦交谈判后，日本国内各阶层人士纷纷就该问题发表意见。1955年3月11日，民主党干事长岸信介发表讲话，认为日本要求返还千岛群岛与库页岛南部是可能的，如果苏联政府拒绝这些领土要求，日本政府就拒绝接受日苏两国之间恢复邦交正常化。① 1955年3月25日，鸠山首相在日本参议院大会上发表讲话，指出齿舞群岛、色丹岛在日本主权下没有异议，但是日本在《旧金山对日媾和条约》中已经放弃了千岛群岛及库页岛南部，没有权限要求返还这些领土。② 鸠山首相的上述讲话，不仅与岸信介的观点不同，而且也与日本外务省构想的领土问题交涉方针不同。

实际上，鸠山一郎首相有关日苏两国之间领土问题的主张，也在不断发展变化。从他的回忆录及各种讲话内容看，1955年初，鸠山一郎首相主张先将日苏之间的领土问题搁置，尽快实现恢复两国邦交正常化。随着2月4日内阁会议决定以缔结和平条约来实现日苏两国恢复邦交后，鸠山一郎首相也改变了自己原来的主张，转变为主张苏联方面应该返还齿舞群岛、色丹岛。

与岸信介、鸠山一郎相比较，重光葵外相则持慎重态度。他认为日本政府的谈判方针，应该首先向苏联方面提出强硬的领土问题要求，《训令十六号》主要反映出他的这种主张。《训令十六号》中有关领土问题

---

① 田中孝彦:《日ソ国交回復の史的研究——戦後日ソ関係の起点：1945～1956》，東京，有斐閣，1993年，第101頁。
② 田中孝彦:《日ソ国交回復の史的研究——戦後日ソ関係の起点：1945～1956》，東京，有斐閣，1993年，第101頁。

的交涉方针为：(1) 要求返还齿舞群岛、色丹岛、千岛群岛及库页岛南部。(2) 这些领土返还时，有先后顺序。返还齿舞群岛、色丹岛为谈判妥协的最低条件，关于千岛群岛及库页岛南部，意味着日本方面有可能向苏联方面作出让步。

为了落实《训令十六号》的指示，日本政府在两国谈判开始前夕，以"追加训令"形式发给伦敦日本代表团，就谈判细节方面作出具体指示。

这份"追加训令"要求在实际谈判中分三阶段进行：

第一阶段，向苏联方面提出全面的领土问题要求，特别是主张齿舞群岛、色丹岛为日本固有领土，要求无条件返还。如果实现上述最低领土要求，就可以缔结两国和平条约。

第二阶段，有关"千岛群岛南部"问题，应该根据"历史根据"向苏联方面提出要求，要给予重视并保留将来继续进行谈判的余地。

第三阶段，将千岛群岛北部及库页岛南部作为双方的交换砝码，即日本政府的立场为：齿舞群岛、色丹岛无条件返还，是日苏两国谈判达成妥协的最低条件，千岛群岛南部与千岛群岛北部及库页岛南部的返还，对苏联大体提出要求，但不必坚持。①

从上述日本政府有关领土问题的谈判方针看，关于千岛群岛及库页岛南部，苏联如把这些领土返还给日本方面，日本方面当然不会有任何问题。但是，如果苏联方面拒绝返还，日本方面采取的态度大体为：

(1) 承认千岛群岛及库页岛南部归属苏联。

(2) 关于千岛群岛及库页岛南部归属问题不作出任何决定，在和平条约中回避该问题。

(3) 与《旧金山对日媾和条约》同样处理，仅在两国和平条约中记载，日本政府放弃千岛群岛及库页岛南部主权，回避在和平条约中决定该领土问题最终归属。

日本政府实际上设定为，把千岛群岛与库页岛南部分离开，再把千岛群岛分成千岛群岛北部与千岛群岛南部，使其具有更多的选择权。日本政府的意图是，把返还齿舞群岛、色丹岛作为最低条件，其他领土问题保留将来继续谈判余地，就可以达成妥协。这样日本政府的意图是选

---

① 田中孝彦：《日ソ国交回復の史的研究——戦後日ソ関係の起点：1945~1956》，東京，有斐閣，1993 年，第 103 頁。

择上述的（2）或者（3）。即日本政府准备，如果苏联返还齿舞群岛、色丹岛就达成妥协，但是不明确承认千岛群岛及库页岛南部让渡给苏联方面。

日本政府为什么把最大限度的领土问题要求作为第一阶段选择？

第一，日本政府考虑到国内各种政治因素。日本国内社会舆论普遍重视日苏两国之间的领土问题，民主党内阁必须慎重考虑如何对应国内各种势力的主张，并且在两国谈判中必须有所考虑。假如在返还齿舞群岛、色丹岛的条件下，实现日苏两国恢复邦交，日本国内社会舆论和在野党势力肯定不接受，必然导致鸠山一郎内阁倒台。因此，日本政府在谈判第一阶段对苏联提出最大限度的领土要求，某种程度上是满足日本社会舆论及在野党势力的要求，使国民看到日本政府作出了最大限度努力，政府是在苏联方面的强硬态度之下，不得不采取退让的。日本政府此举充满了国内选举政治的考量。

第二，日本政府考虑到国际各种政治因素，特别是考虑如何让美国方面能够接受。如前所述，美国政府在1月26日制定了备忘录，"希望"日本政府不向苏联方面作出过多的让步。要使美国政府能够清楚，日本政府为获得苏联方面最大限度让步，进行了最大限度的努力。简单说，不是日本政府不作为，而是实在无能为力的结果。这意味着，日本政府此举是做给美国政府看的，充满了对美外交的考量。

第三，日本政府这一交涉方针，与重光葵外相的谈判风格有关。松本俊一等人形容重光葵外相的谈判风格为"阵地外交"，即首先调整阵容，从大的要求起步逐渐退步实现妥协。重光葵外相认为，与苏联方面谈判有必要果敢地采取强硬态度，采用"阵地外交"是日苏两国恢复邦交谈判获得成功不可缺少的。[1]

---

[1] 田中孝彦：《日ソ国交回復の史的研究——戦後日ソ関係の起点：1945～1956》，東京，有斐閣，1993年，第106頁。

第四章 日苏恢复邦交谈判与"北方领土"问题

一、日本暗示"两岛返还"交涉对策

1955年2月4日，鸠山内阁会议决定开始与苏联政府就恢复邦交正常化问题举行交涉后，日苏两国政府之间就谈判地点进行艰难的协商。日本首先提出谈判地点为美国纽约，遭到苏联反对；苏联提出应该在两国的首都莫斯科或者东京举行谈判，同样遭到日本反对。苏联反对两国谈判地点设置于美国纽约，主要担心谈判将受到来自美国方面的干涉。日本反对谈判地点设置双方首都，日本外务省担心如在日本东京举行谈判，苏联驻日代表部就成为谈判的对手，这样等于日本承认了苏联驻日代表部为正式外交机构；如在莫斯科举行谈判，日本又缺少外交谈判所需要的各种条件，甚至连日本代表团可信赖的驻地都缺少，双方谈判上肯定不方便。

最终日本提出在英国首都伦敦或者法国首都巴黎；苏联提出英国首都伦敦或者瑞士第二大城市日内瓦，双方都选择西欧主要国家城市，最终两国决定在英国首都伦敦举行恢复邦交正常化问题谈判。日本外务省选择伦敦的理由为，在英国伦敦举行日苏两国恢复邦交谈判，与东京或者纽约相比较，日本国内的政治压力以及美国方面的压力都保持一定距离，这样会便于日苏两国恢复邦交谈判。苏联选择伦敦的理由：一是尽量选择避免外来势力干扰，二是考虑到当时苏联最具有对日谈判经验的马立克为苏联驻英国大使。

1955年4月1日，鸠山内阁正式任命国会众议员松本俊一为对苏谈判日方全权代表，日苏两国谈判正式进入轨道。4月23日，日本驻联合国"大使"① 泽田廉三向苏联常驻联合国代表索布列夫转告,日本政府准备在6月初开始举行两国恢复邦交谈判,苏联对此表示完全同意。两国最后决定,1955年6月1日在英国首都伦敦举行两国恢复邦交谈判。

1955年6月1日,在苏联驻英国大使馆,双方举行第一轮大使级正式谈判,日本代表为松本俊一,随员包括外务省条约局副局长高桥通敏、日本驻瑞典大使馆参赞新关钦哉、日本驻英国大使馆秘书重光晶。日本代表松本俊一与苏联代表马立克举行会谈,未涉及具体谈判内容,仅就谈判日程及方法达成一致,决定两国代表举行秘密谈判,每周两次并且轮流在各自大使馆内举行。

6月7日,第二轮大使级正式谈判开始,松本俊一代表把日本政府事先准备的"基本要求备忘录"递交给苏联方面讨论。其主要内容为:

(一) 两国谈判开始的同时,应该迅速、无条件地遣返日被俘人员。

(二) 日苏之间应该尊重日本根据《旧金山对日媾和条约》与《日美安全保障条约》规定的权利及义务。

(三) 齿舞群岛、色丹岛,千岛群岛及库页岛南部,从历史上看是日本领土,应该就领土问题交换意见。

(四) 交涉有关北太平洋渔业问题。

(五) 交涉有关促进经济交流问题。

(六) 相互尊重联合国原则,特别是尊重领土权、和平解决纠纷及不干涉内政原则。

(七) 苏联应无条件同意日本申请加入联合国。②

这份备忘录内容基本按照《训令十六号》规定,其有关"北方领土"问题,更明显地反映出后来的"追加训令"内容。松本俊一代表在该备忘录中提出,返还齿舞群岛、色丹岛,千岛群岛及库页岛南部等要求,推行所谓三阶段作战术的第一阶段作战,最大限度地向苏联方面提出领土要求。与此同时,松本俊一代表从第二轮谈判开始时,就有脱离《训令十六号》规定的倾向。根据松本俊一回忆录讲:"有关第三款领土问题,日本方面主张齿舞群岛、色丹岛,千岛群岛及库页岛南部,从历

---

① 日文资料一般称"大使",但此时日本尚未成为联合国正式成员,不具备联合国正式成员国代表资格。

② 松本俊一:《モスクワにかける虹——日ソ国交回復秘録》,東京,朝日新聞社,1966年,第29~30頁。

史上看是日本领土，但是并不意味着谈判的结局是把这些领土都返还，只是表示弹性交涉。"① 也就是说，这份备忘录虽然表现出最大限度要求，但并不意味着是日本方面的最终态度，日本方面在谈判中保有余地。松本俊一采取的谈判对策，不仅是按照日本政府既定方针进行谈判，而且更希望谈判双方能尽快达成妥协的意愿。

在东京，日本外相重光葵获知松本俊一在第二轮大使级正式谈判上，就向苏联方面递交《基本要求备忘录》后，表示非常不满。6月中旬，他在会见英国驻日本大使迪尼古（E. Dening）时，讽刺地说松本俊一为"勇敢的男人"。重光葵外相为防止松本俊一在外独自作出决定，向松本俊一为首的代表团发出指示，要求将伦敦谈判从每周举行两次改为每周举行一次，目的是要控制伦敦谈判进程。同时，重光葵外相也担心，必须防止美国政府及日本国内反民主党势力的反对声音，日本政府在谈判中要避免出现在有关"北方领土"问题上对苏联方面很轻易地作出让步的印象。

6月14日，第三轮大使级正式谈判中，苏联代表马立克向松本俊一递交了苏联政府起草的《苏日和平条约》草案。其主要内容为：

（一）相互尊重领土完整与主权，基于互不侵犯原则不干涉内政。

（二）遵守联合国宪章和平解决纠纷。日本国不得参加战争及与他国联合或者参加军事同盟。

（三）苏联放弃对日本赔偿请求权。

（四）日本放弃对苏联赔偿请求权。

（五）日本国承认苏维埃社会主义共和国联盟对千岛群岛及库页岛南部及周边一切附属岛屿拥有完全主权，放弃对上述地域一切权利、权源及请求权。苏联与日本之间的国境，即根室海峡、野付海峡及珸瑶瑁海峡的中央线。

（六）（1）宗谷海峡、根室海峡、野付海峡、珸瑶瑁海峡自由航行，津轻海峡、对马海峡自由航行。（2）上述海峡的军舰航行权仅限于日本海沿岸国家军舰。

（七）支持日本加入联合国。

（八）同意开始为缔结日苏通商航海条约而进行交涉。在上述条约

---

① 松本俊一：《モスクワにかける虹——日ソ国交回復秘録》，東京，朝日新聞社，1966年，第31頁。

缔结前，和平条约生效后 18 个月内，两国相互给予最惠国待遇。

（九）同意开始为缔结渔业协定而进行交涉。

（十）同意开始为缔结有关邮政、电信等协定而进行交涉。

（十一）同意开始为缔结文化协作协定而进行交涉。

（十二）必须批准。①

从上述苏联代表提交的《苏日和平条约》草案看，其中有三项内容与日本代表提出的《基本要求备忘录》内容是明显不同的。

第一，苏联政府起草的《苏日和平条约》草案第二条款后半部分提出，"日本国不得参加战争及与他国联合或者参加军事同盟"。该条款内容明显指向 1951 年 9 月签订的《日美安全保障条约》。可以说《日美安全保障条约》是构筑战后日美军事同盟关系及政治同盟关系的基础，此次谈判中，苏联代表提出要求废除《日美安全保障条约》，表明苏联要求改善与日本关系，目标就是要打破美国独占日本的局面。

第二，苏联政府起草的《苏日和平条约》草案第五条款提出，"日本国承认苏维埃社会主义共和国联盟对千岛群岛及库页岛南部及周边一切附属岛屿拥有完全主权，放弃对上述地域一切权利、权源及请求权"。这样不仅完全拒绝了日本代表提出的就上述领土问题进行交涉的请求，而且还要求日本完全承认上述领土为苏联所拥有，更重要的是承认苏联对上述领土"法律"上的所有权。苏联要通过缔结两国和平条约的形式，从法律上确认这些领土归属苏联。另外，苏联代表提出了日苏两国在该地区的边界线划分标准，说明对该问题已有充分准备。

第三，苏联政府起草的《苏日和平条约》草案第六条款提出，宗谷海峡、根室海峡、野付海峡、琀瑶珲海峡、津轻海峡、对马海峡，"上述海峡的军舰航行权仅限于日本海沿岸国家军舰"。苏联代表所提到的上述海峡皆为日本海的海峡，目的是要从日本海排除美国的海军势力。日本海既是苏日两国的主要海上交往海域，也是美国海军根据日美军事同盟条约的活动海域，如果禁止美国海军进入日本海，既保证了苏联国土完全，又使日美之间所谓海上防御体系机能不完整，实质上是要改变日美两国军事同盟关系。

鉴于苏联代表已提交了《苏日和平条约》草案，根据日本政府的

---

① 鹿岛和平研究所编：《日本外交主要文書・年表》（1）（1941～1960 年），東京，原書房，1983 年，第 718～719 頁。

《训令十六号》指示，具体讨论两国之间和平条约起草工作的前提条件为遣返被俘人员，如果不满足这一条件就不进行逐条讨论。因此，松本俊一代表决定，一方面把苏联政府起草的和平条约草案转送国内，另一方面强烈要求苏联方面应该首先遣返被俘人员。对此苏联代表马立克答复说，如果缔结两国和平条约就马上遣返这些被俘人员。

经过三轮大使级正式谈判后，日本方面已经认识到苏联方面的强硬态度，感到谈判前途严峻，松本俊一代表也开始调整谈判方针。松本俊一代表认为，虽然双方在领土问题、被俘人员问题、日本参加军事同盟问题上的主张相互对立，但是这些肯定不是苏联方面的最终态度。松本俊一认为，这时应该先摸清苏联方面的真正意图，诱导其作出一定让步。

松本俊一代表决定：（1）延缓提交日本政府起草的《日苏和平条约》草案，进一步强烈要求立即遣返被俘人员。（2）如果苏联不肯在这方面作出让步，再重点讨论领土问题与日本参加军事同盟问题。（3）如果苏联在被俘人员问题与领土问题上没有诚意，日本就拒绝讨论其他问题，同时设法摸清苏联方面在海峡航行权问题与《日美安全保障条约》问题上的真正意图。①

松本俊一代表利用延缓递交日本政府起草的《日苏和平条约》草案的方法，回避了两国恢复邦交谈判进入实质性阶段。但是，他的新谈判方针实际上转移了缔结两国和平条约谈判的重点，也意味着脱离了《训令十六号》的既定方针。日本政府《训令十六号》规定，确定苏联不坚持要求废弃《旧金山对日媾和条约》与《日美安全保障条约》后，日本代表才进入讨论领土问题与被俘人员问题等阶段。6月14日苏联代表提交的《苏日和平条约》草案，明显包括要求废弃《日美安全保障条约》的意图。尽管如此，松本俊一代表还是准备与苏联代表讨论领土问题等，意味着他的谈判方针脱离了《训令十六号》的重要前提。

1955年6月21日，第四轮大使级正式谈判主要讨论日被俘人员问题。日本代表反复要求立即遣返日被俘人员，但是苏联代表仍然答复说，只要恢复两国邦交就立即遣返日被俘人员。松本俊一代表提出希望苏联代表能够提供日被俘人员的名单，马立克代表则答复说这些被俘人员分散于苏联境内各地区，统计名单非常困难。与此同时，马立克代表警告

---

① 松本俊一：《モスクワにかける虹——日ソ国交回復秘録》，東京，朝日新聞社，1966年，第33頁。

说，如果日本代表仅停留谈论日被俘人员问题上，只会使两国谈判拖延，表现出不肯作出让步的姿态。

6月24日，第五轮大使级正式谈判上双方代表首次讨论有关"北方领土"问题。松本俊一代表提出，齿舞群岛、色丹岛从历史、地理上看是日本固有领土，并且把日本方面准备的有关两岛的历史、法律观点的文件递交马立克代表。对此马立克代表指出，两国应该首先集中讨论相同点，双方都希望恢复邦交问题是事实，搁置各种不同点，才有可能在恢复邦交问题上达成一致。对于"北方领土"问题，马立克代表明确指出：已经由《雅尔塔协定》、《波茨坦公告》第8条款，《盟军总命令第1号》及《SCAPIN677号》等解决完毕。[①] 所谓《SCAPIN677号》，即1946年1月29日，盟军最高司令官麦克阿瑟发表的《关于将若干外围地区政治上、行政上从日本分离的备忘录》，命令日本政府将千岛群岛、齿舞群岛（包括水晶、勇留、秋勇留、志发、多乐等岛屿）、色丹岛从行政管理范围分离出来。对此松本俊一代表立即反驳说，这些协定及文件都没有决定领土的最终归属问题，也没有领土的最终归属定义。

在第五轮大使级正式谈判中，苏联代表提出，根据《雅尔塔协定》规定，苏联已经获得"北方领土"主权。可以说，《雅尔塔协定》是战后苏联获取"北方领土"的最主要法律依据，所以针对《雅尔塔协定》性质及作用问题，也是日本方面主要攻击的目标。

归纳日苏双方就有关《雅尔塔协定》的争论内容如下：

日本方面指出：

第一，《雅尔塔协定》为秘密协定，尽管当时千岛群岛与库页岛南部还是日本领土，但是日本政府却不知道该协定的存在。日本接受的《波茨坦公报》第8条规定：日本国主权局限本州、北海道、九州、四国吾人所决定的诸小岛。这表明日本基本接受美英中苏四大国决定的日本领土范围。因为《雅尔塔协定》是在日本政府没有参加并不知情下签署的，所以日本政府不接受《雅尔塔协定》的限制，不承认《雅尔塔协定》有关"北方领土"问题的规定。

第二，《雅尔塔协定》没有规定"千岛群岛"的地理范围。日本方面指出，当时美英苏三国领导人没有讨论有关"千岛群岛"的地理定义

---

① 松本俊一：《モスクワにかける虹——日ソ国交回復秘録》，東京，朝日新聞社，1966年，第34頁。

问题，所以日本方面认为齿舞群岛、色丹岛、国后岛、择捉岛不属于"千岛群岛"范围。

第三，《雅尔塔协定》违背了《开罗宣言》原则，两者之间存在着矛盾。1943年11月27日，中美英三国首脑签署《开罗宣言》，日本方面指出，《开罗宣言》所有签订国均表示无意识谋求其他国家领土，其原则体现了对日作战的结果不是谋求扩大本国领土，即"不扩大领土原则"。《雅尔塔协定》规定"库页岛南部返还苏联"，作为日俄战争的结果日本获得库页岛南部这一历史事实看，与《开罗宣言》原则并不抵触。但是有关千岛群岛，日本是根据1875年《库页岛、千岛群岛交换条约》以和平手段获得的，而苏联依据《雅尔塔协定》获得这些领土，就应该解释为与《开罗宣言》所提倡的"不扩大领土原则"相抵触。

苏联方面针对日本上述三点主张，针锋相对地反驳说：

第一，日本是战争失败接受无条件投降的，所以就应该无条件地接受同盟国的所有规定，当然包括《雅尔塔协定》所作出的规定，没有权利再提出任何条件。日本不接受《雅尔塔协定》规定，就是对战败结果提出了条件，就是否认日本战败无条件投降的历史事实。

第二，日本主张《雅尔塔协定》没有规定"千岛群岛"的地理范围，所以"南千岛"不属于"千岛群岛"地理范围。从"千岛群岛"地理范围概念上讲，"千岛群岛"就应该包括"南千岛"和"北千岛"，根本不存在所谓"南千岛"不属于"千岛群岛"的任何根据。

第三，日本主张《雅尔塔协定》违背了《开罗宣言》原则，两者之间存在着矛盾。这是不符合历史事实的，《雅尔塔协定》与《开罗宣言》是一致的，都是"二战"期间有关国家首脑共同签署的协议，根本不存在所谓矛盾问题。苏联战后拥有"北方领土"是完全有依据的，是三国首脑共同决定的，日本作为战败国没有权利否认这一决议。

6月28日，第六轮大使级正式谈判上，松本俊一代表再次提出立即遣返日被俘人员及提供日被俘人员名单问题，马立克代表仍然坚持原来的立场。在围绕着日被俘人员问题谈判没有进展的情况下，松本俊一代表把谈判重点再次转移到"北方领土"问题。

松本俊一代表针对上轮正式谈判中马立克代表提出的主张展开反驳。他辩解说，关于齿舞群岛、色丹岛，无论从历史统治沿革和地理名称，还是从国际条约的规定来说，都是日本的领土，是"日本本土北海道的一部分"。关于千岛群岛，从沿革看，毫无疑问为日本领土。关于库页岛南部，也不是日本出于贪婪而采用暴力夺得的领土。无论是《波茨坦公告》还是投降书，都未规定要将日本的部分领土归属于对日本作战的某一个国家。关于盟军《总命令第1号》及《SCAPIN677号》，不过是规定日本军队投降的技术措施，完全与领土归属问题无关。① 战后领土主权的变动，通过媾和条约加以规定，这是国际惯例。虽然《雅尔塔协定》规定把有争议的领土归属苏联，但是日本并非《雅尔塔协定》的当事国，所以不能接受这一规定。在战后涉及日本领土问题的唯一国际条约是《旧金山对日媾和条约》，其第2条C项规定："日本放弃对千岛群岛及由1905年9月《朴茨茅斯和约》所获得主权之库页岛一部分及其附近岛屿之一切权利、权利根据与要求。"但是，上述领土归属哪个国家并未作出最终决定。虽然日本宣布放弃千岛群岛及库页岛南部，但是苏联并非《旧金山对日媾和约》的签字国，所以是否对苏联放弃，以及放弃的领土归属于哪个国家，日本尚有充分的发言权。苏联不能以《旧金山对日媾和约》作为提出自己主张的重要文件。②

此时，针对日苏两国谈判中出现的僵持局面，苏联认为日本政府是担心国内反对派的压力。马立克代表指出，日苏两国恢复邦交谈判最大的困难是日本国内存在反对派，这些反对派在美国的影响下妨碍了日苏两国谈判进展。松本俊一代表则正好利用日本国内存在反对派，希望借机迫使苏联方面作出让步。松本俊一代表指出，日本国内确实存在反对派，但是广大日本国民是希望恢复日苏两国邦交的，如果能够解决领土问题及被俘人员问题，日本国内就会出现欢迎恢复日苏两国邦交的气氛。

此时，针对日苏两国谈判中出现的僵持局面，日本期待国际形势变化来改变局面，因为预定1955年7月18日在日内瓦举行美英苏法四国首脑会议。据松本俊一在回忆录中所讲，这时从东京发来训令，认为四国首脑会议能使远东地区的"冷战"形势缓和，这样会使日苏两国谈判出现对日本有利的条件。③ 所以在第四轮大使级正式谈判后，日本代表

---

① 松本俊一：《モスクワにかける虹——日ソ国交回復秘録》，東京，朝日新聞社，1966年，第34~35頁。
② 松本俊一：《モスクワにかける虹——日ソ国交回復秘録》，東京，朝日新聞社，1966年，第35頁。
③ 松本俊一：《モスクワにかける虹——日ソ国交回復秘録》，東京，朝日新聞社，1966年，第42頁。

坚持要求解决领土问题与被俘人员问题，实际是要等四国首脑会议的结果而消磨时间。日本首相鸠山一郎在国会上讲，四国首脑会议能够使世界形势步入和平时期，表现出乐观态度。他认为，四国首脑会议成功后，苏联坚持要齿舞群岛、色丹岛这样两个小岛就没有理由了。①

1955年7月2日，苏联代表马立克提出，自己要返回莫斯科准备参加四国首脑会议，提议伦敦谈判暂时休会。1955年7月14日，苏联代表马立克返回伦敦，双方谈判继续举行。

7月15日，第七轮大使级正式谈判开始，主要议题仍然为"北方领土"问题与被俘人员问题，虽然双方仍然坚持各自立场，但是苏联代表的态度却发生微妙变化。马立克代表询问松本俊一代表：日本备忘录里记载，"日本和美国之间有条约上的义务"，是否包含对条约以外所有国家都有义务？另外，关于《日美安全保障条约》上的义务，日本备忘录里记载得太简单，无法理解。②

7月26日，第八轮大使级正式谈判开始，松本俊一代表首先就上轮谈判中马立克代表提出的询问作出答复。松本俊一代表解释说：《日美安全保障条约》依据的是联合国宪章，各国拥有单独或集体自卫权利而具体措施，是自卫性条约，并不针对任何第三国。③ 对此马立克代表随即表示，苏联政府无意破坏日本与其他国家缔结的条约。④ 关于日被俘人员问题，苏联代表也表现出相对缓和的态度，通告立即遣返刑期已满的16名日本人，同时表示尽快递交日本被俘人员名单，对于剩余日本被俘人员的处理，仍然坚持恢复两国邦交后立即遣放。日本政府对此分析认为，这就是苏联首脑参加日内瓦四国首脑会议后的新变化。

8月2日，第九轮大使级正式谈判开始，松本俊一代表就苏联政府起草的《苏日和平条约》草案，阐述日本方面的观点。松本俊一代表此举实际上是将谈判方针从被俘人员问题上脱离，开始逐条逐句地讨论苏

---

① 田中孝彦：《日ソ国交回復の史的研究——戦後日ソ関係の起点：1945~1956》，東京，有斐閣，1993年，第130頁。
② 松本俊一：《モスクワにかける虹——日ソ国交回復秘録》，東京，朝日新聞社，1966年，第37頁。
③ 松本俊一：《モスクワにかける虹——日ソ国交回復秘録》，東京，朝日新聞社，1966年，第38頁。
④ 松本俊一：《モスクワにかける虹——日ソ国交回復秘録》，東京，朝日新聞社，1966年，第38頁。

联政府起草的《苏日和平条约》草案。松本俊一代表分析认为,苏联政府起草的《苏日和平条约》草案上双方的争论点集中在第2条款(禁止日本参加军事同盟问题)、第5条款(领土问题)、第6条款(海峡航行权问题)。松本俊一代表提议,双方代表举行非正式会谈,在比较轻松气氛下共同寻找打开僵局的途径。

8月4日,双方代表举行了第一轮大使级非正式谈判。在非正式谈判上,马立克代表询问松本俊一代表:"有关领土问题,日本的最终要求是什么?"松本俊一代表对此回答得比较含糊,他说:"齿舞群岛、色丹岛,日本国民认为是北海道的一部分,千岛群岛、库页岛,从历史背景考虑,不能放弃这一要求。"① 可以看出,松本俊一代表在答复中,提及千岛群岛及库页岛南部的返还理由时,使用历史背景为返还根据,比较暧昧。与要求返还齿舞群岛、色丹岛相比较,显然理由方面软弱。据此苏联方面分析认为,实际上松本俊一代表在暗示,日本方面此次谈判中有关"北方领土"问题上的最低线为返还齿舞群岛、色丹岛。

日本代表明显暗示以返还齿舞群岛、色丹岛为最低条件来解决"北方领土"问题的原因为:

第一,希望能尽快恢复两国邦交正常化。众所周知,恢复日苏邦交正常化问题,不仅是鸠山内阁对外政策的重要内容,而且也是其之所以能够上台的基础。鸠山一郎领导的民主党就打着"恢复日苏关系正常化"的旗号,赢得日本广大国民的支持。此时在结束两国战争状态、立即释放被俘人员、加入联合国、渔业等问题上,日本都急需与苏联方面谈判,所以尽快恢复两国邦交正常化,既是苏联方面需要的,也是日本方面需要的。

第二,不了解苏联方面对"北方领土"的实际对策。日本方面认为,本国在《旧金山对日媾和条约》中已经宣布放弃了千岛群岛和库页岛南部,所以再次提出有关领土要求,将必然遭到苏联方面的拒绝。可以说,苏联方面是否能够在"北方领土"问题上作出让步,此时日本方面心里完全没有底气!日本方面尽最大努力,希望苏联方面能作出一定让步,采取最大领土要求主张,也许能换来一定的让步。

8月5日,双方代表举行第二轮大使级非正式谈判,马立克代表表

---

① 松本俊一:《モスクワにかける虹——日ソ国交回復秘録》,東京,朝日新聞社,1966年,第42頁。

示，苏联政府准备在领土问题与禁止日本参加军事同盟问题上作出让步。据松本俊一在回忆录中讲："8月5日，在日本驻英国大使馆草坪上品茶时，苏联代表马立克突然说，如果其他问题都解决，苏联方面可以按日本方面的要求，把齿舞群岛、色丹岛让渡给日本方面，另外有关禁止日本参加军事同盟的条款，如果《日美安全保障条约》如你所说纯属防御性条约，那么其他问题解决后，该要求也撤回。我最初怀疑自己听错了，但是又一想，这恐怕是马立克代表出席日内瓦四国首脑会议时，得到了赫鲁晓夫等苏联领导人的新指示吧！我内心非常高兴！"①

8月9日，第十轮大使级正式谈判中，苏联代表马立克正式发表如下声明：

> 有关和平条约，综合过去日苏双方分别阐述的意见看，结果意见不一致的仅为苏联草案第2条、第5条及第6条三点，其他问题除了言语表述，双方态度是接近的。关于苏联草案第2条第三项（禁止军事同盟条款），松本代表答复说，日本与其他国家缔结的条约，包括《日美安全保障条约》，完全不是针对特定的第三国。苏联考虑到日本政府的这一声明，归纳条约其他条款时，认为该问题能达成一致。有关小千岛群岛，即齿舞群岛、色丹岛如下声明。即苏联方面认为，领土问题中，并非小千岛群岛问题与这些切割，与其他各种问题存在关联，应在上述问题解决的基础上进行对话。②

从苏联代表马立克的声明看，苏联让渡齿舞群岛、色丹岛有附加条件，一是在双方缔结和平条约时，齿舞群岛、色丹岛才真正让渡给日本。二是除齿舞群岛、色丹岛之外，其他领土问题如何解决，要按苏联政府起草的《苏日和平条约》草案规定处理，要求日本承认苏联对千岛群岛及库页岛南部拥有主权。另外，苏联代表马立克声明，把海峡航行权问题与让渡齿舞群岛、色丹岛问题捆绑一起，并未向日本方面作出让步。

此时，苏联方面为什么能答应日本的要求，返还齿舞群岛、色丹

---

① 松本俊一：《モスクワにかける虹——日ソ国交回復秘録》，東京，朝日新聞社，1966年，第42~43頁。
② 松本俊一：《モスクワにかける虹——日ソ国交回復秘録》，東京，朝日新聞社，1966年，第43頁。

岛呢？

第一，苏联已经认识到，日本恢复邦交谈判妥协的条件，就是要获得苏联的领土让步，而苏联谈判的目标，不是解决两国之间的纠纷问题，而是要恢复两国邦交正常化问题。为此，作出若干让步换取实现目标，对苏联来说是可以接受的。据赫鲁晓夫在回忆录中所讲："为什么我们当年向日本让步，确切地说，是向那位访问我国并且奉行同苏联亲近和友好政策的首相让步。我们认为，这样的让步对苏联而言并没有特别的意义。那是两个荒无人烟的岛屿，只是渔民与军人才有用场。在现代军事技术条件下，这些海岛同样没有国防意义。当我们已造出了足以击中数千公里以外之敌的导弹的时候，这些岛屿便丧失了它们从前对海岸炮兵所具有的意义。它们也毫无经济意义而言。据我所知，那里未曾发现什么矿藏。可是我们希望赢得日本人民的友谊，我们相互之间的友好却具有巨大的意义。因此，领土方面的让步可以通过苏日两国人民之间建立起来的新的关系得到补偿，而且绰绰有余。"① 据美国国防部1955年10月的评论，苏联方面在齿舞群岛、色丹岛上仅设有两台早期警戒系统的雷达，没有配备战斗机等实质性武器。与此相反，苏联方面在国后岛、择捉岛上配备50架MIG战斗机，这里更有军事战略意义。②

第二，苏联方面认识到，日本强硬要求返还"北方领土"，获得了西方主要国家的支持。此时苏联还不可能知道日本政府询问美英法三国政府的答复内容，但是知道西方主要国家支持日本有关要求返还齿舞群岛、色丹岛的主张。例如，1954年9月25日，美国驻苏联大使鲍雷向苏联政府递交抗议书，指责1952年10月7日苏联歼击机在齿舞群岛中勇留岛上空击落美国B-29轰炸机。该抗议书中，美国政府明确指出，齿舞群岛为日本领土，齿舞群岛不属于《旧金山对日媾和条约》规定的"千岛群岛"范围。这件事使苏联认识到，美国政府是支持日本领土要求的。如果苏联能够返还齿舞群岛、色丹岛，美国就无法继续挑唆日苏之间的领土纠纷问题。

第三，苏联方面根据日本国内有关动态及言论分析也获得结论。如

---

① 〔苏〕尼基塔·谢·赫鲁晓夫：《赫鲁晓夫回忆录》第一卷，述弢等译，北京，社会科学文献出版社，2006年，第780页。
② 田中孝彦：《日ソ国交回復の史的研究——戦後日ソ関係の起点：1945~1956》，東京，有斐閣，1993年，第154~155頁。

1952年7月31日，日本众议院通过"有关领土决议"，提出要求返还齿舞群岛、色丹岛，没有涉及其他领土问题。日苏伦敦大使级谈判开始后，鸠山一郎首相曾讲，除齿舞群岛、色丹岛外，其他领土问题因为在《旧金山对日媾和条约》中日本已表示放弃，所以向苏联要求返还是不可能的。① 在这种情况下，使苏联认为只要返还齿舞群岛、色丹岛就能够满足日本最低的领土要求，并且伦敦大使级谈判中松本俊一代表也作出这方面暗示。

第四，苏联方面考虑到当时日美两国关系的因素。苏联认为美国对日本施加压力，是日苏两国恢复邦交谈判中主要的外来障碍。苏联努力使两国恢复邦交正常化的理由之一，就是构筑对抗日美两国关系的日苏两国关系。当时日美两国关系确实出现了不和谐情况，1954年3月发生的"第五福龙丸事件"，使日本国民长久积压的反美情绪迸发，出现大规模反美示威活动。1955年4月，鸠山内阁准备派遣外相重光葵访问美国，就有关日本政府对外政策向美国方面解释，但是遭到美国拒绝。在这种形势下，苏联认为主动返还齿舞群岛、色丹岛，必然引起日本国民对美国占领冲绳、小笠原群岛更强烈的反对声浪。赫鲁晓夫晚年在回忆录中对此解释说："日本人民丧失了冲绳，美国人占领了它。而我们的做法则相反，将两个岛屿归还日本，我们认为，这就会促使日本舆论赞同与苏联友好，让日本人民的力量转而反对占领者，反对那些将日本拉入军事同盟和追求军事目的的人。"② 另外，日本政府决定派遣重光葵外相率代表团于8月29～31日访问美国，目的是修改日美两国关系，苏联此时提出返还齿舞群岛、色丹岛，势必会牵制日美两国会谈的走向。

1955年8月9日，松本俊一代表获得苏联代表马立克的提议后，将其密电发回国内，同时也认真考虑要采取的下步对策。松本俊一代表认为，第一，根据苏联的让步方案，实现返还齿舞群岛、色丹岛。第二，有关千岛群岛及库页岛南部归属问题，在《日苏和平条约》中应该采取回避对策。松本俊一认为，不能完全接受苏联方案的内容，如苏联提出作为返还齿舞群岛、色丹岛的前提条件，日本必须承认苏联对千岛群岛

---

① 田中孝彦：《日ソ国交回復の史的研究——戦後日ソ関係の起点：1945～1956》，東京，有斐閣，1993年，第156頁。
② 〔苏〕尼基塔·谢·赫鲁晓夫：《赫鲁晓夫回忆录》第一卷，述弢等译，北京，社会科学文献出版社，2006年，第781～782页。

及库页岛南部的主权。松本俊一代表认为,应该在《日苏和平条约》中回避对齿舞群岛、色丹岛以外的领土归属问题。

二、日本提出"四岛返还"交涉对策

1955年8月10日,松本俊一代表将密电传到东京,结果密电被日本外相重光葵扣在手中,没有交给鸠山一郎首相。8月12日,重光葵按照自己的计划返回故乡进行扫墓活动。8月13日,重光葵接受故乡记者采访时还表示:"有关齿舞群岛、色丹岛等领土问题,苏联方面还是采取继续占领的态度,并没有任何改变。"[①] 显然,重光葵外相完全控制了该电报内容,不想让任何外界人士知道有关内容。重光葵认为,有关日苏两国恢复邦交谈判的情报应该自己控制,应该防止鸠山一郎首相插手干涉。

8月18日,日本外务省举行干部会议,讨论苏联让步方案与日本的对策。出席该会议的有:外务省外务次官门协季光、顾问谷正之、条约局局长下田武三、情报文化局局长田中三男、欧洲参事官寺冈洪平,会议完全采纳了重光葵外相的意见决定。8月27日,以"追加训令"方式发给松本俊一代表会议决议,其主要内容为:

(一)有关让渡问题,条约签字前要取得确实让渡的具体保证。

(二)领土问题:(1)尽力返还国后岛、择捉岛,无条件返还齿舞群岛、色丹岛。(2)告知苏方,千岛群岛北部、库页岛南部归属由国际会议决定。[②]

这份"追加训令"最重要的是,在领土问题上增加了国后、择捉两岛返还的新条件,即对苏联方面的让步日本方面并没有表示接受的意思。日本方面过去提出返还齿舞群岛、色丹岛,也提出过返还千岛群岛及库页岛南部。这份"追加训令"是把国后岛、择捉岛从千岛群岛及库页岛南部中分离出来要求返还,把剩下的千岛群岛北部及库页岛南部的归属改为由国际会议决定。从字面上看,消除了过去日本一直主张返还千岛群岛北部及库页岛南部的要求,提议国际会议决定,实际上是希望得到美国等西方主要国家对日本主张的支持。

---

① 和田春樹:《北方領土問題——歷史と未来》,東京,朝日新聞社,1999年,第243頁。

② 田中孝彦:《日ソ国交回復の史的研究——戰後日ソ関係の起点:1945~1956》,東京,有斐閣,1993年,第159頁。

此时，重光葵外相及日本外务省制定这份"追加训令"的原因为：

第一，与日本外务省官员的谈判战术有关。日本外务省官员认为，返还齿舞群岛、色丹岛，要以承认苏联对其他领土的主权为前提条件，这样付出的代价太大，故不能接受。

第二，顾及日美两国同盟关系。日本在与苏联举行恢复邦交正常化谈判中，始终顾及如何在美国方面能够接受的条件下实现妥协问题。也就是说，日本是在前台表演的，美国是后台老板，日本如何表演取决于后台美国的表态。如果日本承认千岛群岛及库页岛南部为苏联所有，肯定会遭到美国的反对，因为美国国会在批准《旧金山对日媾和条约》时曾通过决议，不承认千岛群岛及库页岛南部为苏联所有。如前所述，美国政府不断发出警告，反对日本向苏联方面作出让步，所以实际上日本在日苏两国恢复邦交谈判中的选择余地很小。在这种背景下，重光葵外相对日美关系极为敏感，不可能接受苏联方面的让步方案。重光葵外相预定8月29日访问美国，此时接受苏联方面的让步方案，会妨碍调整日美关系。

第三，顾及日本国内反对势力。1955年6月开始，日本国内不断加紧推行所谓"保守合同"，即自由党与民主党合并运动。在野党——自由党反对尽快恢复日苏邦交，主张在"北方领土"问题上要求同时返还国后、择捉两岛，所以执政党——民主党内阁如果接受苏联的让步方案，必将影响国内"保守合同"运动。

8月11日，日本农林相河野一郎飞赴伦敦，指示松本俊一代表在恢复邦交谈判中放慢速度。据松本俊一在回忆录中所讲："河野讲，东京方面的事情越来越复杂，特别是我要与重光葵外相、岸信介干事长一起去美国，与美国领导人举行会谈，因此访问美国结束前不要把谈判太推进。"① 可以看出，迫于国内政治及对美关系问题，即使原本主张尽快恢复日苏邦交的鸠山一郎等人也不得不改变原来的态度。

8月16日，第十一轮大使级正式谈判上，松本俊一代表把日本政府起草的《日苏和平条约》草案递交给苏联代表，草案主要内容为：

（一）结束战争状态。

（二）苏联无条件支持日本加入联合国。

---

① 松本俊一：《モスクワにかける虹——日ソ国交回復秘録》，東京，朝日新聞社，1966年，第46頁。

（三）尊重联合国宪章。（1）依据联合国宪章第2条款和平解决纠纷。（2）依据联合国宪章第51条款相互承认单独或者集体的自卫权。

（四）相互尊重不干涉内政原则。

（五）领土。（1）作为战争结果苏联返还占领的日本领土。（2）上述领土内的苏联驻军在条约缔结后90天内撤出。

（六）苏联放弃赔偿请求。

（七）日本放弃赔偿请求。

（八）确定战前日苏之间条约的地位。

（九）开始交涉通商协定。

（十）开始交涉渔业协定。

（十一）条约解释出现纠纷时委托国际法院。

（十二）必须批准。①

从日本政府起草的《日苏和平条约》草案看，第一，草案第3条款（2）是针对苏联草案中关于禁止日本加入军事同盟条款的。第二，草案第5条款有关领土问题，表述极为暧昧，没有明确提出要求返还哪些领土。第三，草案没有涉及有关海峡航行权问题。

8月23日，第十二轮大使级正式谈判上，苏联代表马立克就日本政府起草的《日苏和平条约》草案第5条款有关领土问题展开反驳。马立克代表指出，领土问题条款没有理由加入两国缔结的和平条约里，因为这些领土归属问题已经在《波茨坦公告》及《旧金山对日媾和条约》中解决完毕，没有讨论的余地。

8月27日，日本代表松本俊一收到国内政府发来的有关"北方领土"问题新的"追加训令"。新"追加训令"内容如下：

（一）有关让渡问题，条约签字前确保让渡并且获得具体落实。

（二）领土问题：（1）尽量返还国后岛、择捉岛，并且无条件返还齿舞群岛、色丹岛。（2）告知对方，千岛群岛北部、库页岛南部归属问题，举行有关国家参加的国际会议讨论决定。②

---

① 鹿岛和平研究所编：《日本外交主要文書・年表》（1）（1941～1960年），東京，原書房，1983年，719～721頁。
② 松本俊一：《モスクワにかける虹——日ソ国交回復秘録》，東京，朝日新聞社，1966年，第49頁。

8月30日，第十三轮大使级正式谈判上，松本俊一代表依据新的"追加训令"，提出日本方面有关"北方领土"问题的修正方案。其主要内容为：

（一）苏联利用武力占领的日本领土：（1）国后岛、择捉岛，色丹岛及齿舞群岛，在条约生效时完全恢复日本的主权。（2）北纬50度以南的库页岛及千岛群岛，尽快举行包括苏联在内的有关国家与日本交涉，讨论决定归属。

（二）上述领土内苏联驻军在条约生效后90天内，必须无条件撤出。①

日本代表松本俊一提出的有关"北方领土"问题的修正方案，立刻遭到苏联代表马立克的强烈指责，谴责日本方面对两国交涉缺少诚意。日本代表松本俊一则采取回避态度，仍然主张希望双方能够继续就有关"北方领土"问题举行讨论，并争取尽快达成妥协。

针对日本代表提出的新提议，马立克代表阐明苏联政府有关领土问题的立场为：

（一）齿舞群岛、色丹岛无条件返还及撤军没有异议。
（二）日本方面修正方案第1条款（2）要求召开国际会议，苏联是绝对不容忍的。
（三）有关国后岛、择捉岛为千岛群岛的一部分毫无疑问，苏联拥有这两个岛的主权是明确的，是不允许否定的。②

可以说，苏联方面本以为让渡齿舞群岛、色丹岛后，就可以满足日本方面的领土要求了，可以很快缔结两国和平条约了。但是，万万没有考虑到日本方面不仅不领情，反而变本加厉，进一步提出要求增加返还择捉岛、国后岛。日本要求四岛返还，不仅出乎苏联意料之外，而且直

---

① 松本俊一：《モスクワにかける虹——日ソ国交回復秘録》，東京，朝日新聞社，1966年，第50頁。
② 久保田正明：《クレムリンの使節——北方領土交涉：1955～1983》，東京，文藝春秋，1983年，第86頁。

接打击了苏联大国主义的自尊心！我们从伦敦谈判开始至此这一阶段看，苏联方面毫不掩饰战胜国姿态，这也确实反映出当时日苏两国综合实力的客观现实。苏联方面本以为主动作出一定让步，满足日本方面在"北方领土"问题上讨价还价的心理状态，就可以实现恢复两国关系正常化目标。但是，日本作为小国、战败国却是得寸进尺，完全不领苏联这样超级大国的情意。苏联大国主义的自尊心受到极大刺激，导致此后苏联方面不肯在领土问题上作出任何让步的报复心态。

我们将国后岛、择捉岛与齿舞群岛、色丹岛两者进行对比看，实际上两者所具备的价值存在很大差距。如从领土面积看，如前所述，按照日本国土地理院2005年4月1日最新勘定，齿舞群岛与色丹岛仅占"北方四岛"总面积的约7%；而国后岛、择捉岛则占"北方四岛"总面积的约93%，差距悬殊一目了然。如从国际"冷战"因素看，如果当时苏联将国后岛、择捉岛返还日本，可能马上就变成美国的军事基地。如果日本控制国后岛、择捉岛，封锁对马海峡、宗谷海峡、津轻海峡，苏联海军就丧失了自由通往太平洋的出口。加之《日美安全保障条约》的存在，美军驻扎国后岛、择捉岛，苏联海军就完全被捆于日本海内。这样不仅苏联更进一步面临美国的军事威胁，丧失了外层海上防卫体系的陆地基础，而且苏联对太平洋地区的军事战略将完全丧失功能。

9月6日，第十四轮大使级正式谈判上，马立克代表进一步阐述苏联方面的强硬立场。他提出：

（1）苏联完全不能接受日本方面提出的有关领土问题的修正方案，日本所谓固有领土为苏联领土，没有讨论余地。

（2）有关返还齿舞群岛、色丹岛的附加条件，即返还后不能作为军事基地。这是苏联方面在两国恢复邦交谈判中能够作出的最大让步。①

苏联方面进一步对日本实施强硬反击政策的原因为：

第一，赫鲁晓夫时期苏联对外战略主要是谋求改善与西方国家关系，尽量减少本国周边环境存在的国际"冷战"纠纷因素，缓和紧张局势。

---

① 久保田正明：《クレムリンの使節——北方領土交渉：1955~1983》，東京，文藝春秋，1983年，第73頁。

日苏两国恢复邦交正常化就是这一大战略中的重要一环，所以苏联作出让步，主动提出愿意返还齿舞群岛、色丹岛，然而日本却对此采取对抗政策，使苏联感到十分失望，故加以强烈谴责。

第二，苏联方面进一步的强硬态度与伦敦大使级谈判上出现被动有关。8月4日马立克代表向松本俊一代表询问日本方面要求的领土问题最低线时，松本俊一代表巧妙地暗示返还齿舞群岛、色丹岛为最底线。这样马立克代表才提出返还齿舞群岛、色丹岛的让步方案。但是，日本方面又提出的《日苏和平条约》草案却是苏联方面没有预料到的，完全是对抗性草案。这对于苏联方面来说，不仅是两国谈判上的重大失败，而且也确信日本方面的所作所为完全是出尔反尔及不讲信誉。

第三，苏联方面对日本的亲美言论反感。8月30日，重光葵外相在访美期间会见记者时表示，日本政府决不打算与苏联建立友好关系。9月13日的会谈上，苏联代表马立克针对重光葵外相的这一讲话，谴责日本政府在改善日苏关系问题上完全缺少诚意。

9月13日，第十五轮大使级正式谈判上，苏联代表再次拒绝日本代表提出的恢复邦交之前遣返被俘人员问题，在"北方领土"问题上也不肯作出任何让步，伦敦谈判实质上已经陷入了僵局。此轮会谈后，马立克代表告诉松本俊一代表，他要出席在纽约举行的联合国裁军大会而离开伦敦，另外预计10月还要出席日内瓦举行的美英法苏四国外长会议。这样伦敦恢复邦交谈判实际上进入休会阶段。9月15日，日本政府发出训令给松本俊一代表，让其转告苏联代表准备继续谈判，然后返回日本。

第一次伦敦复交谈判休会后，苏联政府与日本政府都为进一步进行谈判而积极活动。9月21日，苏联领导人赫鲁晓夫在接见来访的日本自民党议员、原大藏相北村德太郎为团长的日本国会代表团时讲："被扣留在苏联的日本人的命运，在某种程度上，取决于日苏伦敦谈判。我是得到布尔加宁主席的完全同意而讲话的，我想在这里举出德国被俘虏人员问题作为例证，上一次苏联政府和西德总理阿登纳（K. Adenauer）进行过非常困难的谈判。可是只有五天就解决了苏德两国恢复邦交正常化问题。然而伦敦谈判，日本方面却与此相反，已经白白浪费了四个月的时间。我的印象是日本政府故意在拖延谈判。伦敦的松本代表和马立克代表只是一味喝茶，几乎没有谈及两国友好关系的问题。我想只要苏日两国一旦恢复正常的外交关系，日本战犯的问题就能解决。"① 赫鲁晓夫针对齿舞群岛、色丹岛问题指出："我认为齿舞群岛、色丹岛属于苏联领土，但是本着希望与日本采取睦邻关系的愿望出发，在一定的条件下，这些岛屿也许可以还给日本。"② 赫鲁晓夫进一步指出："苏日两国的通商问题和渔业问题，只要缔结苏日和平条约就能解决，同苏联缔结有关通商和渔业条约，对日本特别有利的吧！苏联等待两国缔结和平条约，准备解决各种问题。"③ 赫鲁晓夫的上述谈话，实际上在转告日本方面，一是苏联政府不会改变现行领土问题的政策；二是缔结两国和平条约对于日本方面将带来各种巨大的利益。

苏联方面采取的强硬反击政策，使鸠山一郎内阁面临国内巨大的社会舆论压力。鸠山一郎首相曾再三向国内人民表示，被俘人员不会在苏联度过1955年的严酷冬天，所以被俘人员亲属不断利用国内社会舆论对鸠山一郎内阁施加压力。同样，1955年苏联政府与西德政府就有关恢复关系正常化谈判时，就是利用德国被俘人员为"人质"，使西德国内社会舆论倾向尽快恢复邦交而获得成功的，显然这时赫鲁晓夫也希望利用此办法来对待日苏两国关系调整问题。

1955年10～11月，日本国内"保守合同"活动进入最后阶段，自由党与民主党为制定新的党内政策纲领进行协调。10月22日，自由党外交问题调查会发表声明，要求返还的领土不仅是齿舞群岛、色丹岛，而且还包括国后岛、择捉岛，剩下的其他领土问题由国际会议决定，被俘人员要在恢复邦交之前遣返。这份声明是针对民主党鸠山一郎的主张"尽快达成妥协"的。10月25日，自由党总裁绪方竹虎提出，要把自由党政策引入鸠山一郎内阁对苏联恢复邦交政策中。鸠山一郎对此发表个人见解，认为在返还国后岛、择捉岛问题上存在困难。另外，从伦敦返回的松本俊一代表也拜访了自由党总裁绪方竹虎，向他说明伦敦谈判的情况，表示要求返还国后岛、择捉岛是非现实的。

11月8日，为调整自由党与民主党间的外交政策，以两党外交问题

---

① 〔日〕吉泽清次郎主编：《战后日苏关系》，叶冰译，上海，上海人民出版社，1977年，第39~40页。

② 〔日〕吉泽清次郎主编：《战后日苏关系》，叶冰译，上海，上海人民出版社，1977年，第40页。

③ 〔日〕吉泽清次郎主编：《战后日苏关系》，叶冰译，上海，上海人民出版社，1977年，第40页。

调查会为中心，制定了统一政策。11月12日，两党共同发表《日苏交涉合理调整决议》，其内容如下：

有关现行的日苏交涉，在以缔结和平条约为目的基础上坚持以下主张。

（一）立即遣返全部日被俘人员。

（二）领土问题，齿舞群岛、色丹岛、千岛群岛南部（指择捉岛与国后岛）无条件返还，其他领土与有关国家进行交涉，获取国际决定。

（三）排除限制我国主权或者控制将来政策的要求。

（四）互不干涉内政。

（五）支持日本加入联合国；伴随恢复两国邦交解决各种悬案。①

苏联代表马立克参加日内瓦四国外长会议后返回伦敦，1955年12月24日，日本政府向苏联政府提议继续举行日苏两国大使级谈判，苏联政府表示同意。

1955年11月15日，自由党和民主党最终合并为自由民主党（简称自民党）后，两党共同制定的《日苏交涉合理调整决议》，就作为今后政府对苏交涉方针。自民党外交调查会会长芦田均提出，鸠山政府应该按《日苏交涉合理调整决议》方针推动对苏关系交涉工作，以牵制首相鸠山一郎等人主张尽快达成妥协的举动。重光葵外相也提出，鸠山内阁应该按既定方针继续进行对苏交涉。这时期鸠山一郎首相等人在领土问题上不肯再作出任何妥协态度，开始考虑把"北方领土"问题搁置，实现尽快恢复邦交。

这时期，苏联政府也试图诱导日本国内社会舆论的方向，支持日本国内主张尽快达成妥协的势力。1956年1月8日，苏联外长莫洛托夫向"日中、日苏恢复邦交国民会议"团体领导人发贺电，支持团体组织活动。苏联政府此举间接援助了日本政府内部主张尽快达成妥协派，动摇了对苏强硬政策交涉方针。

1956年1月17日，日苏两国间伦敦大使级会谈再次举行。可以说，总结前期双方的谈判结果，双方基本达成一致的有：结束两国战争状况、遵守联合国宪章、放弃赔偿请求权、条约解释出现纠纷时的解决方法、处理战前两国间条约、渔业问题等。另外，有关禁止日本加入军事同盟

---

① アジア調査会編：《北方領土を読む》，東京，プラネット出版，1992年，第125頁。

的条款，苏联已经在1955年8月9日提议从《苏日和平条约》草案中消除，1956年1月24日，苏联代表承认日本有权根据联合国宪章第51条款参加集体防御体系。苏联方面不肯让步的有：领土问题、被俘人员问题、海峡航行权问题，日本代表提出苏联应无条件支持参加联合国问题，没有得到苏联代表的明确答复。两国伦敦大使级谈判争论的最大焦点，仍然为"北方领土"问题。

2月7日，第十九轮大使级正式会谈上，苏联代表马立克仍然坚持齿舞群岛、色丹岛，千岛群岛及库页岛南部的归属问题已经解决完毕的态度。日本代表松本俊一则以仍坚持去年8月30日提出的有关领土问题的立场。

2月10日，第二十轮大使级正式会谈上，马立克代表提出苏联政府准备对《苏日和平条约》草案作若干修改，即把返还齿舞群岛、色丹岛条款明文化。另外，取消返还齿舞群岛、色丹岛附加的新条件"外国军队从日本撤出"。可以说，苏联代表明确提出把返还齿舞群岛、色丹岛写入两国和平条约，对日本方面来说具有重大意义，因为日本方面始终担心苏联是否能够最终返还齿舞群岛、色丹岛。这表明苏联方面已经采取缓和姿态，此时松本俊一代表要考虑的难题，就是按照自民党《日苏谈判合理调整决议》规定，采取什么方法让苏联能接受返还国后岛、择捉岛的要求。

当天，松本俊一与马立克举行非正式会谈时，松本俊一代表就有关"北方领土"问题提出新方案，即所谓"松本俊一试案"。松本俊一代表提出："国后岛、择捉岛交原居民和平经营，苏联军舰与商船可以自由通行其附近海峡，在此条件下归属日本。"① 并且进一步表示说："归还国后岛、择捉岛是全体日本国民的夙愿，国民从感情上认为其是日本固有领土，如无视这点就难以取得两国会谈的进展。"② 松本俊一代表采取略有妥协的方式，马立克代表虽然表示反对，但又表示本人要暂时回国参加苏联共产党第二十次代表大会，所以先拿回国内研究后予以答复。3月5日，苏联代表马立克返回伦敦。3月6日，举行的双方非正式会谈

---

① 石丸和人、松本博一、山本剛士：《動き出した日本外交》戦後日本外交史（2），東京，三省堂，1983年，第84頁。

② 石丸和人、松本博一、山本剛士：《動き出した日本外交》戦後日本外交史（2），東京，三省堂，1983年，第84~85頁。

上，马立克代表告知日方苏联领导人拒绝"松本俊一试案"。

3月20日，第二十三轮大使级正式会谈上，马立克代表提出，如果日本方面接受苏联方案，在海峡航行权问题上就容易解决。实际上，在1955年10月日内瓦四国外长会议上，苏联外长莫洛托夫就已经提出遵守公海航行自由原则。对于日本政府来说，海峡航行权问题是《日美安全保障条约》体制存在的重要问题，苏联利用海峡航行权问题对日苏两国的重要性不同，迫使日本方面在"北方领土"问题上让步。然而关于"北方领土"问题，马立克代表表示，千岛群岛等领土归属苏联是合法的，苏联对齿舞群岛、色丹岛的态度是史无前例的宽大措施，也是最终态度，如再度超出将使会谈拖延。结果双方仍然坚持各自立场，伦敦会议在3月20日第二十三轮正式会谈后再度中断。

纵观日苏两国伦敦大使级会谈，可以说日苏两国关于领土问题的各自立场表明得十分充分。日本所持的立场为，包括齿舞群岛、色丹岛、国后岛、择捉岛的日本固有领土立即归还。获知苏联准备返还齿舞群岛、色丹岛后，日本以国后岛、择捉岛不属于《旧金山对日媾和条约》中放弃的千岛群岛范围为由，要求苏联方面同时归还。另外，在《旧金山对日媾和条约》中已经明确表示放弃的库页岛南部与千岛群岛，日本要求召开有关国家参加的国际会议来决定其最终归属权问题。苏联所持的立场为，包括齿舞群岛、色丹岛、国后岛、择捉岛在内的千岛群岛与库页岛南部，按国际协定已经合理、合法地归属于苏联。苏联本着"从希望同日本采取睦邻政策的愿望出发"，决定把齿舞群岛、色丹岛归还日本，但是坚决反对召开国际会议来决定库页岛南部与千岛群岛的归属权问题。

三、重光外相主张妥协对策

在日苏两国伦敦大使级谈判过程中，可以看出两国争论的焦点为"北方领土"问题。为了迫使日本方面尽快回到谈判桌前，在伦敦会谈中断后的第二天，1956年3月21日，苏联政府公布了《苏联部长会议有关保护与苏联远东临近的公海水域渔业资源和控制捕捞鲑鱼的决定》，其有关内容为：

（1）规定水域为，全部鄂霍次克海及白令海的奥柳托尔角向南，北纬48度线与东经170度25分的交会点，从该点向西南阿奴齐那岛（日本称秋勇留岛）附近的苏联领海线以北的水域。

（2）苏联及外国渔民必须获得苏联渔业部颁发的特别许可证后，方可在上述水域从事捕捞鲑鱼作业。

（3）该水域的捕捞期为5月15日到9月15日。

（4）该水域1956年的总捕捞量不得超过5万吨、2500万尾。①

日苏渔业关系在双方关系中占有重要地位，北太平洋渔场是日本传统渔业区域，但是苏联控制"北方领土"后，日本渔业在该海域作业受到苏联方面控制。苏联《真理报》曾经公开指责日本方面："日本渔业无秩序乱捕，造成苏联领土河流为了产卵回游的鲑鱼数量急剧减少。"② 苏联政府决定，日本渔民在北太平洋渔场捕鱼须得到批准，并且规定捕捞区域与捕捞量。此举给进入鱼汛前夕繁忙准备期的日本水产界以巨大冲击，纷纷要求政府尽快与苏联交涉。鸠山一郎内阁与日本水产界有极强关系，农林相河野一郎在1947年曾担任北太平洋渔业的核心企业——日鲁渔业株式会社的社长，他的主要政治、财政基础就是日本水产界。4月初，大日本水产会会长平塚常次郎拜会农林相河野一郎，提议应该马上举行日苏两国渔业谈判。

与此同时，日本被俘人员亲属也希望借此机会能恢复两国之间的谈判，支持日本政府与苏联政府举行渔业交涉。特别是他们得知在苏联哈巴罗夫市拘留所里日本被俘人员向苏联当局举行抗议活动后，情绪更加激动，3月30日，日本国内被俘人员家属举行示威活动，当天日本众议院通过决议，支持被俘人员家属的要求。

在这种压力下，日本鸠山内阁只好选择与苏联政府举行渔业谈判。日本驻英国大使西村彦向苏联驻英国大使马立克提议，两国就有关渔业问题举行谈判。4月9日，苏联方面答复同意举行两国渔业谈判，但是提出三个条件：

（1）同意渔业交涉与恢复两国邦交分开举行。

---

① 末澤畅二、茂田宏、川端一郎编集：《日露（ソ連）基本文書・資料集》（改訂版），東京，RPプリソティソゲ，2003年，第337頁。

② 重光晶：《北方領土とソ連外交》，東京，時事通信社，1983年，第84頁。

(2) 谈判地点为莫斯科或者东京。
(3) 渔业交涉达成一致时再行讨论其他诸问题。①

这样，苏联以被俘人员问题为"人质"，利用渔业作业限制措施，成功地使日本又回到两国谈判桌前。然而，日本政界就即将举行日苏两国渔业谈判的代表人选问题出现争议。两国渔业问题谈判，本应由日本农林相河野一郎出任全权代表，但是重光葵外相却担心河野一郎会利用此机会涉及两国恢复邦交正常化问题，特别是担心他改变既定谈判方针，故主张任命对苏强硬派人物、日本驻英国大使西村彦为渔业谈判代表，但是遭到内阁及执政党的否决。4月11日，鸠山内阁正式任命农林相河野一郎为日本政府渔业谈判全权代表。为了限制河野一郎农林相赴苏的谈判内容，4月12日，自民党干部会作出决定，河野一郎农林相交涉范围只能涉及渔业问题，其他问题不允许涉及。②

经过日苏双方协商，4月29日，在莫斯科，日本农林相河野一郎与苏联水产部长伊什科夫开始举行会谈。此番会谈，一方面级别提高到部长级；另一方面会谈地点选择在当事国首都，表明日苏两国谈判进入更高阶段。日苏双方在渔业问题上的会谈进展顺利，5月14日，双方正式签署《日苏渔业条约》、《海上遇险营救协定》，但是其前提条件为需要在恢复两国邦交或缔结两国和约时才能生效。这表明苏联希望仍然在以渔业问题来压迫日本政府作出妥协。

河野一郎作为鸠山派主要成员，在如何解决有关日苏之间"北方领土"问题上与首相鸠山一郎、松本俊一等人持相同主张。他赴莫斯科进行两国渔业问题谈判后，并没有局限于离开东京前自民党干部会对他的限制要求，而是与苏联领导人直接就两国之间领土问题举行对话。这也是日本鸠山内阁成员与苏联高层领导人之间，首次就有关"北方领土"问题举行的直接对话。

5月9日，河野一郎农林相与苏联部长会议主席布尔加宁（Н. А. Булганин）就"北方领土"问题举行了三个小时的单独会谈。布

---

① 田中孝彦：《日ソ国交回復の史的研究——戦後日ソ関係の起点：1945～1956》，東京，有斐閣，1993年，第208～209頁。
② 田中孝彦：《日ソ国交回復の史的研究——戦後日ソ関係の起点：1945～1956》，東京，有斐閣，1993年，第209頁。

尔加宁十分坦率地讲："日俄战争贵国获胜，从我国不仅夺取库页岛，而且夺取渔业权益。但是这次贵国失败了，所以听从我国的不是理所当然的吗！……如果苏联在国后、择捉两岛也作出让步，那么就成了我国即使获胜，也如同失败了一样！这种愚蠢的事，苏联人民是不会答应的！"① 布尔加宁之言，反映出苏联不可能在领土问题再作出让步。另外，会谈中布尔加宁还说："西德的阿登纳总理在莫斯科逗留几天，就同苏联恢复了邦交。如果照这样进行的话，被俘人员问题和渔业问题不就都解决了吗？"② 布尔加宁此言，明显暗示恢复日苏邦交正常化问题，应该采取"阿登纳方式"解决。河野一郎农林相在会谈中提出，日本国内存在反对与苏联恢复邦交势力，所以苏联方面在渔业问题上应该作出一定让步，这样有利于日本国内主张尽快与苏联恢复邦交的势力发展。对此提议布尔加宁主席表示理解，两人决定在 7 月底前再度举行两国恢复邦交谈判。

　　河野一郎农林相与布尔加宁主席之间讨论有关"北方领土"问题的具体内容，因为日本方面既没有随员、翻译等人员参加，又没有两人的会谈记录，所以此后成为日本政坛一大疑惑问题。日本国内反对派一直谴责说，河野一郎农林相在单独会谈上就有关国后、择捉两岛问题向苏联方面作出让步、或者有所表示。河野一郎本人对此指责表示坚决反对。松本俊一在回忆录中记述，他本人后来曾经询问过参加本次会谈的苏联翻译人员，其明确证实，河野一郎与布尔加宁的会谈中，根本不存在日本国内所传言的秘密约定问题。③ 但是，这也是苏联方面的一面之词。我们不可否认，河野一郎本人是支持采用"阿登纳方式"恢复两国邦交正常化的，与苏联方面所持主张基本相同。

　　莫斯科渔业谈判结束后，日本政府开始讨论修改有关"北方领土"谈判方针问题。通过河野一郎与布尔加宁会谈，使日本政府了解到苏联方面的意图，拒绝返还择捉岛、国后岛，并且提议采用"阿登纳方式"恢复两国邦交正常化。对于采用"阿登纳方式"恢复两国邦交正常化问题，鸠山一郎等人是表示接受的，但在内阁中却处于少数派地位。5 月

---

　　① 〔日〕吉泽清次郎主编：《战后日苏关系史》，叶冰译，上海，上海人民出版社，1977年，第 78 页。
　　② 〔日〕吉泽清次郎主编：《战后日苏关系史》，叶冰译，上海，上海人民出版社，1977年，第 78 页。
　　③ 松本俊一：《モスクワにかける虹——日ソ国交回復秘録》，東京，朝日新聞社，1966年，第 99 頁。

31日，鸠山一郎首相发表讲话表示，采用"阿登纳方式"存在困难，因为返还齿舞群岛、色丹岛，与搁置领土问题是相互矛盾的。这说明，此时鸠山一郎首相有意回避主张采用"阿登纳方式"恢复两国邦交问题。重光葵外相也发表讲话，指出采用"阿登纳方式"就无法要求返还齿舞群岛、色丹岛，强烈主张在解决"北方领土"问题前提下，采用缔结日苏和平条约方式，实现两国关系正常化。这样鸠山一郎内阁虽然在整体上仍然继续维持既定的方针，但是6月5日内阁会议后对苏谈判方针已经开始调整了。

6月5日内阁会议采取调整对策具有以下因素：

第一，日本政府尽管在恢复两国邦交谈判上表示依然按既定方针，另一方面却开始认清客观现实，不得不放弃同时要求返还择捉岛、国后岛，将来是否返还只能靠国际会议决定，也许存在返还的可能性。

第二，此刻日本政府与自民党内部占主导的观点，非常近似1955年2月外务省制定的领土问题谈判方针，即返还齿舞群岛、色丹岛为恢复日苏邦交的最低条件，其他领土问题保留与苏联继续讨论的可能性。

日本政府与自民党对"北方领土"问题政策发生转变后，重光葵外相及外务省在认识上也发生变化。经过伦敦大使级谈判后，重光葵外相及外务省也认识到，在今后有关"北方领土"问题谈判上，苏联方面很难在返还择捉岛、国后岛问题上作出让步。重光葵外相必须考虑对策，应对日本国内呼吁尽快实现日苏邦交正常化的社会舆论浪潮。他主张采用缔结两国和平条约的方式来实现日苏邦交正常化，与主张采用"阿登纳方式"实现日苏邦交正常化形成鲜明对抗。莫斯科渔业谈判中，虽然双方签订了渔业协定，但是以日苏两国恢复邦交，或者缔结和平条约为前提条件才能生效，促使重光葵等人感到，必须尽快缔结和平条约来实现日苏邦交正常化。

6月6日，鸠山一郎首相在会见记者时表示，搁置领土问题，尽快实现日苏邦交正常化。他表示，苏联方面不接受同时返还"北方四岛"，日本政府只好把困难的，返还国后、择捉两岛问题搁置，缔结和平条约。[①] 这表明，此时鸠山一郎首相已经明确表明搁置"北方领土"问题，采用"阿登纳方式"实现日苏邦交正常化的决心。

---

① 田中孝彦：《日ソ国交回復の史的研究——戦後日ソ関係の起点：1945～1956》，東京，有斐閣，1993年，第224頁。

重光葵外相对鸠山一郎首相的上述讲话表示非常不满。6月12日，他在会见记者时表示，日本政府确保返还齿舞群岛、色丹岛的方针并未改变。如果按鸠山一郎首相所言，无法实现苏联方面在返还齿舞群岛、色丹岛问题上作出的让步。① 这时期重光葵外相及外务省认为，应接受苏联方面在"北方领土"问题上已经作出的让步，尽快缔结两国和平条约。他们担心如果采用"阿登纳方式"恢复两国邦交，会使日本损失太多。重光葵外相及外务省主张，应该采用缔结和平条约方式，实现日苏两国邦交正常化，谈判妥协条件应是返还齿舞群岛、色丹岛，有关返还择捉岛、国后岛问题，保证将来继续交涉。

此时日本外务省对"北方领土"问题方针转换，主要原因是日本国内政治形势的影响。鸠山一郎内阁中，以河野一郎为核心的势力提出要求改造内阁，目的就是更换外相重光葵。为此外相重光葵不得不转换对苏交涉方针，决定走缓和化道路。在鸠山内阁决定对苏交涉方针后，下一步就是选择两国谈判的代表问题。因为在莫斯科渔业谈判中，河野一郎已经与苏联首脑举行会谈，所以有必要提高两国谈判级别，最终决定外相重光葵为日本政府谈判代表。

1956年7月18日，日本政府训令日本驻英国大使西村彦转达苏联方面，日本政府同意在莫斯科恢复两国谈判。三天后，苏联方面答复同意日本政府提议，并且决定谈判代表为外长谢皮洛夫。两国决定，7月31日开始举行部长级谈判。

1956年7月29日，重光葵外相率领日本代表团到达莫斯科。代表团主要成员为国会议员松本俊一、条约局长下田武三、副局长高桥通敏等人。重光葵外相在机场发表简短声明，表示此次访问苏联是为缔结两国和平条约并实现邦交正常化而来，是为解决两国关系中存在的纠纷问题而来，表示要努力达成妥协。

7月31日，日苏双方举行第一轮部长级正式谈判。谢皮洛夫外长表示说，苏联过去向日本表示作出的让步，包括返还齿舞群岛、色丹岛仍然有效。他表示，这次莫斯科谈判，主要解决有关领土问题与海峡航行权问题，并强调返还齿舞群岛、色丹岛是苏联能作出的最大让步。谢皮洛夫作上述讲话，反映出苏联在"北方领土"问题上的立场并未改变。

---

① 田中孝彦：《日ソ国交回復の史的研究——戦後日ソ関係の起点：1945~1956》，東京，有斐閣，1993年，第224頁。

8月3日，第二轮部长级正式会谈上，重光葵外相表示说："日本方面的提案，是为实现两国邦交正常化为目的，具有协商意义的，而苏联不顾及日本方面作出的努力，对此日方深感遗憾。（苏方）认为日俄战争起于日本发动侵略，这是战胜国单方面的论断，此论断即无视19世纪80年代签署的条约，又不符合国际法的观点。《库页岛、千岛交换条约》历史上是有效的。即使当时的国后岛、择捉岛，作为日本固有领土，也不是交换对象。战胜国单方面解释历史事实，没有说服力。日本决不能放弃固有领土给任何国家。"① 对此，苏联外长谢皮洛夫反驳说，日本1904年发动对俄战争，已经改变了该条约内容，所以日本在此前获得的权利已经失效。苏联为了两国友好才主动提出返还齿舞群岛、色丹岛。

8月6日，第三轮部长级正式会谈上，日本外相重光葵发表了长篇声明，详细阐述了日本有关"北方领土"问题的法律依据。他强烈指出，苏联未在《旧金山对日媾和条约》上签字，所以在日苏两国关系中，日本不放弃对千岛群岛及库页岛南部的主权。如果苏联把国后岛、择捉岛返还日本，日本则承认苏联对千岛群岛北部及库页岛南部的主权。② 重光葵采用的战术为，将千岛群岛北部及库页岛南部，换取千岛群岛南部，即返还择捉岛、国后岛。这样在莫斯科谈判一开始，重光葵外相就已放弃了这些岛屿归属由国际会议决定的主张。但是对于苏联来说，日本作出这种让步毫无实际意义，因为无论是日本坚持要求返还齿舞群岛、色丹岛、国后岛、择捉岛，还是表示准备放弃的千岛群岛北部及库页岛南部，实际上都在苏联的占领下，苏联并没有因此获得任何新的利益。

8月8日，第四轮部长级正式会谈上，日本外相重光葵再次就《雅尔塔协定》陈述日本政府的观点。他指出："苏联主张的最大根据是《雅尔塔协定》，日本接受的《波茨坦公报》正是根据此而制定的。《雅尔塔协定》明确规定，库页岛南部及包括国后岛、择捉岛的千岛群岛为苏联领土。但是，现在日苏两国恢复邦交时刻，利用与日本没有任何关系的《雅尔塔协定》来压制日本是不合适的。日本接受《波茨坦公报》

---

① 鹿岛和平研究所编：《日本外交主要文书·年表》（1）（1941～1960年），東京，原書房，1983年，第773～774页。

② 鹿岛和平研究所编：《日本外交主要文书·年表》（1）（1941～1960年），東京，原書房，1983年，第774页。

时，并不知道《雅尔塔协定》的存在。另外，我国已经确认，《雅尔塔协定》不是《波茨坦公报》的基础，当事国美英已经发来照会。"① 对于重光葵外相仍然纠缠于毫无新异的老调，苏联外长谢皮洛夫表示，如果日本方面仍然坚持返还"四岛"的立场，苏联方面只能撤回有关返还齿舞群岛、色丹岛的建议，假如双方谈判破裂的话，对苏联方面并没有任何损失。

对于重光葵外相来说，莫斯科谈判是否获得成功至关重要，所以极力避免两国谈判最终破裂。另外，根据 6 月 5 日日本内阁会议决定，如果能够保留将来要求返还择捉岛、国后岛的可能性，可以取消立即返还的要求。于是重光葵外相又提出与赫鲁晓夫及布尔加宁等苏联最高层领导人举行非正式会谈。苏联方面表示同意，双方决定会谈在 8 月 10 日举行。

8 月 9 日，重光葵外相向随代表团来的日本记者们表示说，为了贯彻日本政府的主张进行了艰苦的努力，但是苏联方面的态度仍然未改变，现在可以说是"刀也折、箭也放"。在这种情况下，他决心不请示东京方面，自己作出最终决断。他认为，自己于 1945 年 9 月 2 日代表日本政府在投降书上签字，从那时起日本再次恢复民族精神，这次自己鼓足勇气在"北方领土"问题上也作出让步，肯定会产生同样的效果。

8 月 10 日，重光葵外相与苏联领导人赫鲁晓夫、布尔加宁举行非正式会谈。会谈中，赫鲁晓夫、布尔加宁十分明确地告诫说，谢皮洛夫外长所言代表了苏联政府的最终立场，返还齿舞群岛、色丹岛，要以承认苏联对其他领土拥有主权为前提条件，苏联政府不会再作出任何让步。根据上述苏联领导人的态度，重光葵外相决定，以苏联方面提出的条件为基础，在领土问题条款上保留将来要求返还择捉岛、国后岛的可能性后，缔结两国和平条约。于是他向赫鲁晓夫、布尔加宁提议，承认苏联的条件为双方谈判的基础，希望与谢皮洛夫外长再就领土条款进行调整，使条款的形成日本方面能够接受。对此提议，赫鲁晓夫、布尔加宁表示同意。

此时，重光葵外相认为，除齿舞群岛、色丹岛之外，如果日本承认千岛群岛及库页岛南部维持现状，苏联就会满意。重光葵外相的真实目

---

① 鹿岛和平研究所编：《日本外交主要文書・年表》(1)（1941～1960 年），東京，原書房，1983 年，第 777 頁。

的为，日本表面上默认维持现状，实质上回避明确承认择捉岛、国后岛为苏联领土。在两国签署的条约中，明确表示返还齿舞群岛、色丹岛给日本，但是其他领土归属问题则采取不表明承认苏联所有，这样对日本国内社会舆论解释也可以通过。

8月11日，第五轮部长级正式会谈上，依据8月3日谢皮洛夫外长提交的苏联政府起草的《苏日和平条约》草案为基础，重光葵外相提出修正方案。

苏联政府起草的《苏日和平条约》草案第4条款，有关"北方领土"问题内容的为：

（一）苏维埃社会主义共和国联盟，考虑到日本国的请求及日本国的利益，把齿舞群岛及色丹岛让渡给日本国。本条约提出诸岛屿的让渡方法，由本条约附属议定书决定。

（二）苏维埃社会主义共和国联盟与日本国的国境线，如附属地图，为根室海峡与野付海峡的中央线。①

针对苏联政府起草的《苏日和平条约》草案，重光葵外相等人提出修改主要为两部分，第一部分，要求必须删除"考虑到日本国的请求及日本国的利益"这段文字②。从日本政府立场看，齿舞群岛、色丹岛为日本领土，苏联是必须返还的。如果为"考虑到日本国的请求及日本国的利益"，则是视为苏联领土，所以不能接受这种表述。根据日本方面法律的解释，齿舞群岛、色丹岛不应是千岛群岛的一部分，当然苏联方面占领也是没有根据的。第二部分，要求把苏联草案中第二项内容全部消除。③ 重光葵等人认为，包括千岛群岛南部在内的千岛群岛及库页岛南部的归属国，在《旧金山对日媾和条约》中没有涉及。如果消除第二项，这些领土归属问题还是没有解决，有可能获得日本朝野的理解及肯定，实质上日本采取默认维持现状的态度。

---

① 鹿岛和平研究所编：《日本外交主要文書・年表》(1)（1941～1960年），東京，原書房，1983年，第778頁。
② 松本俊一：《モスクワにかける虹——日ソ国交回復秘録》，東京，朝日新聞社，1966年，第109頁。
③ 松本俊一：《モスクワにかける虹——日ソ国交回復秘録》，東京，朝日新聞社，1966年，第109頁。

针对苏联政府起草的《苏日和平条约》草案第 4 条款内容，重光葵提出的修改方案为："苏维埃社会主义共和国联盟把齿舞群岛及色丹岛让渡给日本国。"①

对于重光葵外相提出的上述修正方案，谢皮洛夫外长表示不能接受。谢皮洛夫外长指出，苏联政府返还齿舞群岛、色丹岛就解决了领土问题，不能留下两国之间将来发生争端的任何种子。

对于苏联代表的这种反应，重光葵外相似乎早已有预料，所以他马上又提出第二套修正方案，即消除苏联政府起草的《苏日和平条约》草案第二项，转换为加入《旧金山对日媾和条约》第 2 条款（3）②，即"日本国放弃对千岛群岛及由于 1905 年《朴茨茅斯条约》所获得主权的库页岛一部分及其附属岛屿的一切权利、权利根据和请求权"。日本承认放弃包括千岛群岛南部在内的千岛群岛及库页岛南部的岛屿，但是不规定这些岛屿的最终归属。

对于重光葵外相的再次修改方案，谢皮洛夫外长仍然表示拒绝接受。他指出，日本方面实质上没有让步，要求日本明确承认千岛群岛及库页岛南部为苏联领土，完全接受苏联政府起草的《苏日和平条约》草案内容。

8 月 11 日两国外长谈判的结果，完全打破了重光葵外相的所有预想。按 6 月 5 日日本内阁决议，确保返还齿舞群岛、色丹岛，同时保留继续交涉返还择捉岛、国后岛的可能性下，可以缔结日苏和平条约，重光葵外相感到目前看很难实现。重光葵外相在接受恢复两国邦交谈判代表时，就在国内的政治斗争中处于非常困难的地位，接受苏联方面的条件就能恢复两国邦交，拒绝苏联方面的条件就意味着两国谈判破裂，同时自己在国内政治斗争中也陷入更危险的地位。于是他最终决定，选择接受苏联方面的条件，尽快缔结两国和平条约。

8 月 12 日，重光葵外相向日本代表团成员们表示，迄今已作了最后努力，现在除了不折不扣地接受苏联的方案，已经别无他路了。③

---

① 鹿岛和平研究所编：《日本外交主要文書・年表》（1）（1941～1960 年），東京，原書房，1983 年，第 778 頁。
② 松本俊一：《モスクワにかける虹——日ソ国交回復秘録》，東京，朝日新聞社，1966 年，第 109 頁。
③ 〔日〕吉泽清次郎主编：《战后日苏关系》，叶冰译，上海，上海人民出版社，1977 年，第 76 页。

我们综合日本国内外各种因素分析看，重光葵外相决定接受苏联方案的原因为：

第一，重光葵外相认为，在过去两国谈判中，苏联已经承认返还齿舞群岛、色丹岛，日本一定要确保两岛的如实返还。如果采用"阿登纳方式"恢复两国邦交，那么就得搁置齿舞群岛、色丹岛等领土问题，实质上就等于日本放弃了返还两岛。另外，8月8日谈判中，谢皮洛夫外长已经表示，如果日本仍然坚持要求返还"北方四岛"主张的话，苏联就取消返还齿舞群岛、色丹岛的让步。为了确保日苏两国谈判已经获取的成果，日本只得接受苏联提出的条件。

第二，重光葵外相认为，实现日苏邦交正常化，一定要采取缔结两国和平条约的方式。他认为缔结两国和平条约可以解决两国之间各种纠纷问题，使两国关系正常化后没有遗留问题，或者使遗留问题最小化。重光葵外相认为，如果采取"阿登纳方式"，将造成领土问题成为重大遗留问题，对将来两国关系发展影响极大。他认为，如果这次两国谈判破裂，日本国内主张采用"阿登纳方式"恢复邦交的势力就会必然上升，所以他决定要采取措施，防止这样的势力得逞。

第三，重光葵外相考虑到了日美两国关系问题。重光葵外相赴莫斯科进行谈判前，询问了美国驻日本大使艾利逊，如果日苏两国之间在领土问题上达成妥协，美国政府是否会反对。艾利逊大使讲，他本人认为美国政府不会阻止这种妥协的。[1] 重光葵外相自信，这时自己决定对苏联领土问题上让步，美国政府方面不会阻止。因为如前所述，美国政府的主要态度为：一是美国政府支持日本政府要求返还齿舞群岛、色丹岛。二是美国政府要求对其他领土问题日本方面不能简单作出让步。但是，在日苏两国谈判过程中，日本政府已经得到苏联方面在齿舞群岛、色丹岛问题上作出的让步，其他领土问题两国也经过一年多交涉，日本方面实质上也并非完全作出让步，在这样的情况下接受苏联方面条件，恢复日苏两国邦交，美国政府不会反对。

第四，重光葵外相认为，此时接受苏联方面草案与他过去对苏交涉方针并不矛盾。日本政府有关领土问题交涉方针，大体在1955年5月的"三阶段交涉战术"框架中进行。第三阶段交涉目标就是返还齿舞群岛、

---

[1] 田中孝彦：《日ソ国交回復の史的研究——戦後日ソ関係の起点：1945~1956》，東京，有斐閣，1993年，第245頁。

色丹岛。接受苏联方面提出的草案，就意味着两国谈判进入最后阶段，在第二阶段没有得到苏联方面让步，只能在返还齿舞群岛、色丹岛后达成妥协。

重光葵外相在日本代表团内部通报此决定后，立即遭到代表团部分成员坚决反对。在日本代表团中表示坚决反对者，是国会议员松本俊一。松本俊一认为，日本国内社会舆论围绕对苏领土问题态度是强硬的，如果在这种背景下全面接受苏联方面条件是不现实的。另外，我们从松本俊一所所写回忆录里可以看出，松本俊一本人也有报私仇情绪因素。松本俊一作为大使级全权代表，在伦敦谈判中苏联代表已经正式提出返还齿舞群岛、色丹岛，他认为可以达成妥协，当然他也不想完全接受苏联方面的方案，但是重光葵外相发来两份训令及修改方案，意图明显是阻止两国伦敦谈判达成妥协。从松本俊一的观点看，莫斯科谈判内容是自己在伦敦谈判中应该做的事，现在提出妥协的则为重光葵外相，感到有抢夺功劳之意图。早在1955年9月，松本俊一就提出，包括择捉岛、国后岛在内的千岛群岛及库页岛南部，保留将来返还的可能性条件下，可以实现返还齿舞群岛、色丹岛而达成妥协。换句话说，松本俊一认为，苏联应该返还齿舞群岛、色丹岛，但不能换取日本承认苏联对其他领土的主权，而重光葵主张完全接受苏联方面条件，比自己的构想还要激进，所以不能同意。① 还有，松本俊一作为鸠山一郎派的重要人物，他支持采用"阿登纳方式"恢复两国邦交正常化。

在松本俊一的强烈要求下，重光葵外相被迫决定向东京方面报告这一决定。8月12日，他给代理外相高碕达之助的电报中称："谈判经过，正如所知，言辞已尽，各种谈判手段亦已告绝，迫临决策阶段，刻不容缓，应决定我方态度。继续拖延，徒伤体面，于我方立场不利，齿舞群岛、色丹岛恐亦危险。为此考虑妥协是安全的，本大臣的最终意见还没有决定，但是整体上愿意推进。为了获取更多时间思考，希望出席伦敦苏伊士运河会议。"② 当天，他再次给代理外相高碕达之助的电报中称：

---

① 松本俊一：《モスクワにかける虹——日ソ国交回復秘録》，東京，朝日新聞社，1966年，第111頁。

② 松本俊一：《モスクワにかける虹——日ソ国交回復秘録》，東京，朝日新聞社，1966年，第111頁。

"有关领土问题,苏联方面态度没有改变,让其改变是不可能的,以上交涉没有余地,现在面临的现实是,为了防止谈判破裂,除了接受苏方主张,没有其他办法。"① 8月13日,他给鸠山一郎首相的电报进一步称:"以迄今为止之条件谋求邦交正常化,对我政府及我全体国民实属不堪容忍,但冷静观察局势,当前问题无非是处理日苏间遗留之投降后的未尽事宜。目前已临忍辱负重坚决裁断之日矣。"② 重光葵提出的主张为,一是苏联方面不可能再作出让步。二是日本方面如果坚持原来立场,就有可能危及到返还齿舞群岛、色丹岛问题。

日本政府接到重光葵的电报后,8月13日召开临时内阁会议,结果与会人员一致表示不接受重光葵的主张,会议决定两国莫斯科外长级谈判应该进入冷却期。当天,鸠山一郎首相发给重光葵外相的电报称:"目前内阁一致强烈反对接受苏联方案,并可断言国内舆论亦十分强硬,因此应慎重行事,暂不接受苏联方案,望贵全权代表立即启程前往伦敦。"③ 于是,当天重光葵拜访苏联外长谢皮洛夫,转告日本方面需要认真考虑苏联方面的草案,暂停一定时间再继续谈判。8月15日,重光葵外相离开莫斯科,前赴伦敦出席苏伊士运河国际会议。

对于重光葵外相的主张,日本内阁官房长官根本龙太郎认为,重光葵外相在完全接受苏联方面条件的情况下缔结和平条约,这严重脱离了自民党的《日苏交涉合理调整决议》,从现实看有必要进行党内调整,但是也需要时间,所以先不要接受苏联方案。

鸠山一郎首相等人反对重光葵接受苏联方案的主张,主要考虑到日本国内各种政治因素。鸠山一郎等人认为,重光葵的主张脱离了6月5日内阁会议决定,该决定要求满足日本有再次提出返还千岛群岛及库页岛南部的可能性,在返还千岛群岛南部问题上双方无法一致时,才执行返还齿舞群岛、色丹岛的最低条件。重光葵主张,取消了日本方面再次要求返还千岛群岛及库页岛南部的可能性,必然造成日本自民党内反对派与赞成派之间的尖锐对立,出现党内分裂状况。

---

① 松本俊一:《モスクワにかける虹——日ソ国交回復秘録》,東京,朝日新聞社,1966年,第112頁。
② 松本俊一:《モスクワにかける虹——日ソ国交回復秘録》,東京,朝日新聞社,1966年,第112頁。
③ 松本俊一:《モスクワにかける虹——日ソ国交回復秘録》,東京,朝日新聞社,1966年,第114頁。

鸠山一郎首相等人提出采用"阿登纳方式"恢复邦交，同样也是考虑到日本国内政治因素使然。因为苏联满足日本的领土要求的可能性极小，如在日苏两国交涉中解决"北方领土"问题，只能是日本作出让步，结果造成日本国内分裂，无法实现两国邦交正常化，或者至少推迟恢复两国邦交状况。如果采用"阿登纳方式"恢复两国邦交，日本将从"北方领土"问题中解放出来，无法获得苏联在领土问题上的明确让步，日本也没有必要明确承认苏联的领土要求。换句话说，鸠山一郎等人的考虑为，不承认千岛群岛及库页岛南部为苏联领土的前提下，与苏联实现邦交正常化。

从上述两国莫斯科外长谈判内容看，日本方面采取的策略是，首先高报价，然后经过讨价还价逐步达到目的，以放弃千岛群岛北部及库页岛南部来换取千岛群岛南部，最终实现返还"北方四岛"。苏联方面采取的策略是，一方面作出有限的让步；一方面不断地施加压力。然而从国际关系常识看，两国谈判，一国要想让另一国作出一定的让步，必须要具有相当的制约力。也就是说，两国谈判的实质，是实力的对话。在当时，日苏两国的实力是不相等的。在政治、经济、军事上，日本都不是苏联的对手。日本在与苏联的对抗中，唯一具有的实力是有后台老板美国撑腰。但是，当时美国对于苏联的制约力，也仅是以"冷战"对抗而已，并没有能力发动"热战"制服苏联。日本一方面没有制约力使苏联在"北方领土"问题上让步，另一方面又需要调整日苏关系，这就是鸠山内阁所面临的现实。

四、搁置领土问题及《日苏联合宣言》的签订

1956年8月莫斯科外长级谈判失败后，鸠山一郎内阁面临着巨大压力。鸠山一郎等人开始考虑首相亲自访问苏联来解决"北方领土"问题，实现邦交正常化。8月19日，鸠山一郎首相发表谈话，表示自己准备访问苏联实现恢复邦交正常化[①]，结果遭到日本国内一片反对声浪。日本国内即便是支持鸠山首相调整对苏关系的阵营中也有人表示反对，如通产相石桥湛山认为，日苏两国谈判没有希望达成妥协，因此鸠山首

---

① 〔日〕鸠山一郎：《鸠山一郎回忆录》，复旦大学历史系日本史组译，上海，上海译文出版社，1978年，第218页。

相亲自访问苏联没有意义。① 在自民党内，多数人认为首相亲自访苏也不会有成果；少数人则要求"首相应该立即下台"。日本财界也发出呼吁，"为收拾政局尽快确定后继首相人选"。日本的下层国民除了被俘人员家属、与渔业有关人员，并没有出现像旧金山对日媾和会议时期那种社会舆论高度关注的气氛。在这种不利的环境下，最后鸠山首相决定以退出政界为交换条件，力求取得国内各种反对势力能够持中立或谅解的态度，在自己任期内实现日苏复交问题。鸠山一郎首相这样决定，实际上是把日本国内各种势力的注意力由外交问题转向内政问题，围绕着后继的首相人选，自民党内各派系立即展开了争斗，客观上减少了鸠山首相访苏的一定阻力。

鸠山内阁自推行对苏联调整政策后，遇到了国内各方面的压力。

在国内遇到的最大压力是来自执政党——自民党内。是否对苏联调整关系问题，是原自由党内的吉田派与鸠山派争论的重点。为推翻吉田茂内阁，鸠山派从自由党内分离出，召集国内反吉田茂势力组成了民主党，并最终组成民主党的第一届鸠山一郎内阁。这样，是否对苏联调整关系问题，就从自由党的内部之争，又转变成了自由党与民主党之间争论的问题。面对1955年10月日本社会党左右两派的合并，保守势力感到政权有旁落到左派社会党的危险，于是1955年11月自由党与民主党合并为自由民主党（简称自民党）。这样，是否对苏联调整关系问题，又回归为自民党的内部之争，原自由党派就成了对苏联调整关系的反对派。

1956年9月11日，吉田茂在日本《产经新闻》报纸上公开发表了致鸠山一郎首相的信，对其访苏严厉指责。其内容如下：

> 首相阁下：
> 您抱病担负国家大政重担辛苦了！但是现在国内外政治形势变化，迫使我不得不担心，所以在此上书一信。（略）
> 我们认为，应该负责的不负责，应该要求的不要求，极力推行尽快妥协，所谓的五项条件，抛弃了我们的要求而仅满足他们的欲望。满足苏联方面提出的恢复邦交、交换大使等主张，等于无条件

---

① 田中孝彦：《日ソ国交回復の史的研究——戦後日ソ関係の起点：1945~1956》，東京，有斐閣，1993年，第271頁。

地把国家及国民向共产主义势力开放,不进行平等互让的交涉,不外乎是无条件投降。追求亲苏友好外交,将使原有亲善关系的自由国家感到失望痛恨,在"冷战"环境下,会处于孤立无援的危险地位。现在我国政局混乱,政府政令是朝令暮改,国民无从施事,结局将会招致苏联庞大的使馆在国内开动宣传机器。

重光外相赴苏回来,尽快达成妥协已经没有余地,应该慎重处理,万万不能急于求成而达成妥协。外相是有驻苏联经验的人,而没有经验并且病弱的首相自己访苏能够有几层胜算呢?只能招致重大的共产主义灾祸。为了国家及国民,请您放弃访苏吧!①

吉田茂等人认为:"现在急于求和平的是苏联,从这个形势上看,苏联方面应该提出有利于日本方面的条件来求得邦交。当今的外交重点应该是对美国、对东南亚地区的关系,如果与苏联的基本问题不能全部解决,就不应该恢复两国邦交。"② 他们主张,应该全面解决日苏之间领土问题后,再恢复两国邦交正常化问题。

日本最大的在野党社会党,支持鸠山一郎内阁的对苏联调整政策。社会党认为:"这是日本获得真正独立、中立的第一步。"③ 但是,在日苏"北方领土"问题上,社会党要求苏联归还"北方领土"要与美国归还小笠原、冲绳相联系起来,这又使鸠山一郎内阁为难。

日本的财界对于鸠山一郎内阁对苏联调整政策持否定态度,并且要求尽快更换首相。作为财界代表,经济团体联合会会长石坂、日本商会会长藤山会见自民党领导人,他们提出"现在国内外时局重大,有关国内政治现状使国民担忧。担负国民经济重要部分的财界有识之士不能坐视不管。这时为了实现庶政一新,希望决定后继首相以代替患病的首相,一刻也不能停止地以国民认可的公正方式收拾政局"。④ 财界认为与苏联

---

① 久保田正明:《クレムリンの使節——北方領土交渉:1955~1983》,東京,文藝春秋,1983年,第181頁。
② 石丸和人、松本博一、山本剛士:《動き出した日本外交》戰後日本外交史(2),東京,三省堂,1983年,第43頁。
③ 久保田正明:《クレムリンの使節——北方領土交渉:1955~1983》,東京,文藝春秋,1983年,第184頁。
④ 久保田正明:《クレムリンの使節——北方領土交渉:1955~1983》,東京,文藝春秋,1983年,第186頁。

恢复邦交，实质上是向共产主义"门户开放"，是民族意识的薄弱，对日本现状是极其危险的。①

在鸠山一郎内阁中，也有持不同观点者，其代表人物为外相重光葵。在调整日苏两国关系问题上，重光葵被称作"慎重派"，他主张慎重处理与苏联的交涉。他提出："同时解决领土问题和北太平洋渔业安全保障等具体问题后，再与苏联恢复邦交正常化。"但是，他在亲自赴莫斯科谈判受挫后，又提出"迄今已经作出最后的努力，除了不折不扣地接受苏联方案，别无他路"。重光葵外相先后持两个极端的态度，无疑给鸠山一郎内阁推行对苏联调整政策增加了难度。

此时摆在鸠山一郎首相面前的有三种选择：一为灵活地处理领土问题，先解决两国结束战争状态，两国恢复邦交，全部遣返被俘人员，新的渔业条约生效及加入联合国等问题；二为顽固地坚持领土问题的立场，使日苏两国交涉停止不前；三为不折不扣地接受苏联方案。

鸠山一郎首相根据日本当时的国家实力与国际地位，在顾全大局的前提下，明智地选择了第一种主张。鸠山一郎在回忆录里阐述说："要去的话，我认为只有采取缓谈领土问题的方针来进行解决，最为上策。这个'缓谈领土问题'的想法，绝不是灵机一动在一两天内编造出来的方案，在此前，曾经同杉原荒太、谷正之、松本俊一等外交专家分别举行过几次会谈，从两国的立场和现状等所有方面进行反复研究，才产生这个结论。"②

鸠山一郎首相坚持达成妥协态度，为此不惜辞去首相职务来换取谈判达成妥协。鸠山一郎此举的目的为：一是以辞去首相职务为代价，换取恢复日苏邦交正常化，以削弱国内及内阁中反对派的矛头。二是鸠山一郎辞职后，继任者无论是谁都会受到影响。

在这种形势下，9月3日重光葵外相从伦敦返回，在内阁举行的会议上，他仍然坚持接受苏联政府起草的《苏日和平条约》草案的论调。但是莫斯科外长级谈判失败后，他在内阁外交决策过程中的影响力急剧下降，他已经无力阻止鸠山一郎首相访问苏联。

---

① 石丸和人、松本博一、山本刚士：《動き出した日本外交》戦後日本外交史（2），東京，三省堂，1983年，第43頁。

② 〔日〕鸠山一郎：《鸠山一郎回忆录》，复旦大学历史系日本史组译，上海，上海译文出版社，1978年，第230页。

为推动鸠山一郎首相访问苏联事宜,9月3~5日,河野一郎农林相、高碕达之助经济企划厅长官,与原苏联代表部首席代表切夫比斯基举行会谈,协商再次举行日苏两国谈判的条件。在双方举行的一系列秘密会谈中,日本方面把自己要求的条件制成提案交给苏联方面。该提案由松本俊一起草,9月3日他从莫斯科回国后,就把自己的基本构想向鸠山一郎首相与河野一郎农林相谈过,采用"阿登纳方式"恢复两国邦交。这一提案,在松本俊一回国前,已经与苏联代表马立克协商过,是基于这个协商结果而制定的提案。

9月5日,鸠山一郎首相向自民党领导人讲述自己访问苏联的意图,并且解释在日苏两国谈判中,日本方面准备提出的五个条件,就是河野一郎农林相和高碕达之助经济企划厅长官与切夫比斯基会谈的结果。五个条件为:

(1) 苏联同意结束两国战争状态。
(2) 日苏两国之间互换大使。
(3) 苏联立即遣返日被俘人员。
(4) 日苏渔业条约生效。
(5) 苏联支持日本加入联合国。①

从以上内容看,这些不过是鸠山内阁向苏联方面提出的最低要求,没有涉及有关"北方领土"问题,反映出鸠山内阁决意要采用"阿登纳方式"恢复两国邦交。但是,鸠山一郎首相提出五个条件的重要前提是,保证恢复邦交正常化后继续交涉"北方领土"问题。

为了确证苏联方面能够接受这些条件,1956年9月11日,鸠山一郎首相致信苏联部长会议主席布尔加宁,其主要内容为:

> 为了建立日苏两国之间永久友谊关系,尽快实现两国关系正常化,本大臣怀着希望征求阁下意见。
>
> 本人基于过去两国谈判过程考虑,此时有关领土问题的谈判为日后继续进行的条件下,首先(1)宣布结束两国战争状态。(2)互相设立大使馆。(3)立即遣返日被俘人员。(4)渔业条约生效。(5)苏联支持日本加入联合国。如果苏联方面表示同意,两国之间为实

---

① 松本俊一:《モスクワにかける虹——日ソ国交回復秘録》,東京,朝日新聞社,1966年,第218~219頁。

现恢复邦交正常化继续进行谈判,请通知。

有关上述五条,东京贵国代表部首席代表切夫比斯基与河野农林相及高碕经济企划厅长官进行多次非正式会谈,苏联政府同意其意。

本大臣了解到上述会谈中切夫比斯基的表示,希望用信件确认转告苏联政府准备接受上述五条内容。①

9月13日,布尔加宁主席对鸠山首相的信件给予复信,表示同意就上述五项内容举行会谈,但对有关领土问题的处理未作明确表示。②

在日本国内,主张对苏联恢复邦交持慎重观点的势力提出,必须确认苏联政府的态度。当天,鸠山内阁公开发表了美国政府有关支持日本主张国后岛、择捉岛为本国领土的备忘录,促使国内主张对苏联恢复邦交持慎重观点势力的情绪更加强烈。为了确证此事,鸠山内阁决定派国会议员松本俊一赴莫斯科探询,并决定采用交换信件方式,以便于日后有据可证。

9月20日,自民党召开紧急会议,决定有关日苏两国谈判新的方针。其主要内容为:

(1) 要求无条件立即遣返日被俘人员。
(2) 要求立即返还齿舞群岛、色丹岛。
(3) 有关返还国后岛、择捉岛问题,在缔结和平条约后继续进行交涉。
(4) 其他领土问题根据《旧金山对日媾和条约》处理。
(5) 缔结日苏两国和平条约,要写入伦敦谈判及莫斯科谈判所获得的结果。③

从自民党上述对苏谈判方针可以看出,第一,暗示日苏两国恢复邦

---

① 鹿岛和平研究所编:《日本外交主要文書·年表》(1)(1941~1960年),東京,原書房,1983年,第781~782頁。
② 田中孝彦:《日ソ国交回復の史的研究——戦後日ソ関係の起点:1945~1956》,東京,有斐閣,1993年,第275頁。
③ アジア調査会编:《北方領土を読む》,東京,プラネット出版,1992年,第90頁。

交以缔结两国和平条约为前提条件，其中（3）、（5）表明缔结和平条约后两国继续就"北方领土"问题进行交涉。第二，要求立即返还齿舞群岛、色丹岛，这与鸠山一郎首相提出的采用"阿登纳方式"，搁置"北方领土"问题恢复邦交的构想是矛盾的。第三，如果苏联同意恢复两国邦交后继续就有关返还国后岛、择捉岛进行交涉，可以缔结两国和平条约。

从自民党上述对苏谈判方针可以看出，与1955年11月12日两党（自由党、民主党）共同发表《日苏交涉合理调整决议》的强硬立场相比较，已经出现若干倒退，从以往要求返还国后岛、择捉岛为前提条件下恢复两国邦交，改变为同意恢复两国邦交后继续就有关返还国后岛、择捉岛进行交涉。

9月24日，松本俊一到达莫斯科。当天他拜访苏联外交部，把事先准备的备忘录交给苏联外交部负责远东事务副外长费德林（Н. Т. Федоренко）。费德林副外长接到这份备忘录后表示，此时苏联领导人都在黑海沿岸避暑地休养，这份备忘录交由第一副外长葛罗米柯负责处理。

9月28日，费德林副外长转告松本俊一，苏联政府对日本政府提出的备忘录内容没有异议。此后松本俊一与费德林举行协商会谈，确认鸠山一郎首相访问苏联的时间为10月10日，有关"北方领土"问题继续进行交涉，双方同意以松本俊一与葛罗米柯之间交换信件的形式确认。

9月29日，两人交换了信件。松本俊一的信件主要内容为：

> 我荣幸地就1956年9月11日鸠山一郎首相的信件和当年9月13日布尔加宁主席对此信的复信，申述如下：
> 正如鸠山一郎首相在信中所申述的那样，日本国政府目前不打算缔结和平友好条约而愿就日苏关系正常化问题在莫斯科进行谈判。但即使通过谈判恢复外交关系后，日本政府仍认为日苏两国关系，在包括领土问题在内的正式和平条约之基础上，更加巩固地发展，是我们所盼望的。
> 与此相关联，日本国政府认为，两国正常外交关系恢复后，应继续举行关于包括领土问题在内的和平条约的谈判。
> 按照鸠山首相的信件，进入谈判之际，关于这一点倘苏维埃社

会主义共和国联盟政府方面亦能预先确认有同样之意图，实为幸甚。我谨借此机会，向阁下致意。①

苏联方面以葛罗米柯第一副外长的名义复信，其主要内容如下：

我荣幸地告知，已收到阁下 1956 年 9 月 29 日的如下内容的信件：

"我荣幸地就 1956 年 9 月 11 日鸠山首相的信件和当年 9 月 13 日布尔加宁主席对此的复信，申述如下：

正如鸠山首相在信件中所申明的那样，日本国政府目前不打算缔结和平友好条约而愿就日苏关系正常化问题在莫斯科进行谈判。但即使通过谈判恢复外交关系后，日本政府仍认为日苏两国关系，在包括领土问题在内的正式和平条约之基础上，更加巩固地发展，是我们所盼望的。

与此相关联，日本国政府认为，两国正常外交关系恢复后，应继续举行关于包括领土问题在内的和平条约的谈判。

按照鸠山首相的信件，进入谈判之际，关于这一点倘苏维埃社会主义共和国联盟政府方面亦能预先确认有同样之意图，实为幸甚。"

对贵函所及，我荣幸地受苏维埃社会主义共和国联盟政府的委托，表述如下之意念，即苏联政府了解到日本政府信中所述之见解，同意在恢复两国正常外交关系后，继续举行关于包括领土问题在内的和平条约的谈判。②

葛罗米柯的复信，表明苏联在领土问题上的妥协，即由原来拒绝再就"北方领土"问题举行两国谈判，转变为同意继续就其举行会谈。这就是此后日苏两国关系史上的重要文件"松本—葛罗米柯信件"。

松本俊一与葛罗米柯之间交换信件，削弱了日本国内有关"北方领土"问题强硬派的矛头。然而自民党的新方针规定，日苏两国实现邦交

---

① 鹿岛和平研究所编：《日本外交主要文书・年表》（1）（1941～1960 年），東京，原書房，1983 年，第 783 頁。

② 鹿岛和平研究所编：《日本外交主要文书・年表》（1）（1941～1960 年），東京，原書房，1983 年，第 783 頁。

正常化，要采用缔结和平条约方式，要确认继续交涉"北方领土"问题，即确认继续交涉返还国后岛、择捉岛问题后，双方才能缔结和平条约。因此，松本俊一与葛罗米柯之间交换信件的内容，严格地讲与自民党新方针是不一致的。9月29日上午，自民党领导人召开会议，决定鸠山一郎首相访问苏联。

1956年10月，鸠山一郎首相为实现访问苏联恢复邦交，面对国内外各种压力，不得不考虑制定比较全面的交涉方针。对于鸠山一郎来讲，最主要是返还齿舞群岛、色丹岛问题，日本国内对苏强硬派指责，鸠山一郎主张搁置领土问题而无法实现返还两岛。还有，国内社会舆论也强烈呼吁将来返还国后岛、择捉岛。同时，鸠山内阁也要考虑到来自美国方面的压力。

在这种背景下，日本内阁在鸠山首相出发前，制定了三套谈判方针，决定分阶段作出不同的让步。

第一套谈判方针为：
再次试图缔结和平条约及完全实现邦交正常化，提出以下领土问题解决方案。
（一）苏联：
（1）立即把齿舞群岛、色丹岛返还日本。
（2）待冲绳返还日本后，国后岛、择捉岛让渡给日本。
（二）日本：放弃千岛群岛北部及库页岛南部。①

第一套方针与9月20日自民党紧急会议的新交涉方针很接近，要求立即返还齿舞群岛、色丹岛，要求返还国后岛、择捉岛，这些与鸠山一郎等人提出的采用"阿登纳方式"恢复两国邦交的谈判方针存在很大不同。但是，值得注意的是，提出美国"返还冲绳"，作为苏联返还国后岛、择捉岛的条件。其原因为：

第一，考虑到苏联不会同意返还国后岛、择捉岛的因素看，一方面日本承认美国占领冲绳群岛，另一方面却要求苏联返还国后岛、择捉岛，这本身就是矛盾的。为封住苏联方面的借口，增加美国"返还冲绳"为

---

① 田中孝彦：《日ソ国交回復の史的研究——戦後日ソ関係の起点：1945~1956》，東京，有斐閣，1993年，第285頁。

苏联返还国后岛、择捉岛的条件。另外，冲绳作为美国对苏战略基地，如果国后岛、择捉岛返还日本，马上就可能成为美国的军事基地，这也是苏联方面最担心的。

第二，考虑到日本国内对苏强硬派的影响，作为妥协方案提出。日本国内对苏强硬派主张恢复邦交后，两国继续就返还国后岛、择捉岛问题进行交涉，如果提出美国"返还冲绳"后，苏联再返还国后岛、择捉岛，有可能接受。这一构想，反映出日本方面企图诱导苏联方面承认日本对国后岛、择捉岛拥有潜在主权的意图。

第二套方针为：

> 苏联方面不接受上述领土问题的解决方案时，按以下事项缔结基本条约。
> （一）日苏基本条约
>   （1）结束战争状态及恢复外交关系。
>   （2）尊重联合国宪章。
>   （3）不干涉内政。
>   （4）通商条款。
>   （5）渔业条款
>   （6）批准条款。
> （二）附属议定书（规定通商过程）
> （三）联合公报
>   （1）遣返日被俘人员。
>   （2）支持加入联合国。
>   （3）预约缔结包括领土问题的和平条约交涉。①

从第二套方针可以看出：第一，两国不是缔结和平条约，而是后退到缔结"两国基本条约"。日本方面考虑到，解决有关"北方领土"问题与遣返被俘人员问题等存在很大困难，两国之间不能达成妥协，就不缔结和平条约，缔结两国基本原则条约。第二，反映出鸠山一郎等人提出"阿登纳方式"解决方案的构想。该方针未反映出日本国内对苏强硬

---

① 田中孝彦：《日ソ国交回復の史的研究——戦後日ソ関係の起点：1945～1956》，東京，有斐閣，1993年，第285頁。

派主张立即返还齿舞群岛、色丹岛的要求,仅是两国发表的联合公报上写入将来就领土问题继续交涉,显然把"北方领土"问题搁置起来。另外,莫斯科首脑谈判中最重要的问题,日本加入联合国问题与遣返被俘人员问题,也采用在联合公报上发表,意图为便于达成妥协。

第三套方针为:

> 上述基本条约苏联方面不接受时,下列事项与苏联交换文件达成妥协。
> (一)交换文件
>   (1)结束战争状态。
>   (2)恢复外交关系。
>   (3)两国关系基本原则:不干涉内政;和平解决纠纷。
>   (4)约定包括领土问题在内缔结和平条约的交涉。
>   (5)生效条款。
> (二)联合公报
>   (1)遣返日被俘人员。
>   (2)支持日本加入联合国。①

可以看出,第三套方针的特征为:第一,没有通常必要的批准手续,采用交换文件的形式。恐怕考虑到达成妥协后,受到国内对苏强硬派的反对,有可能拒绝批准条约。第二,规定交换文件的条件为"约定包括领土问题在内缔结和平条约的交涉"这一点。该方针把这一点写入联合公报。交换文件与缔结基本条约相比较,缺少了渔业条款与通商条款,日本方面从交换文件中几乎没有得到什么,仅是写入继续交涉有关"北方领土"问题,以应付国内社会舆论的反应。第三,考虑到不用批准交换文件,控制力相比降低,苏联方面有可能接受继续交涉领土问题要求。第四,没有要求苏联立即返还齿舞群岛、色丹岛,仅是写入继续交涉有关"北方领土"问题,基本是走"阿登纳方式"解决道路。

1956年10月12日,鸠山一郎首相在河野一郎、松本俊一等陪同下到达莫斯科,受到苏联方面热烈欢迎。鸠山一郎首相访问苏联,标志着

---

① 田中孝彦:《日ソ国交回復の史的研究——戦後日ソ関係の起点:1945~1956》,東京,有斐閣,1993年,第286頁。

日苏两国恢复邦交谈判进入最高阶段即首脑会谈。

鸠山一郎首相率领的日本政府代表团，此次对苏谈判的具体分工为，事务性谈判工作由松本俊一与苏联外交部具体负责人对话，政治性谈判工作由河野一郎与赫鲁晓夫对话，最终归纳性工作由鸠山一郎与布尔加宁对话。① 日本方面谈判中最主要的课题为：返还齿舞群岛、色丹岛，确保继续交涉国后岛、择捉岛问题。

10月15日上午，双方举行第一次全体会议，首先由苏联部长会议主席布尔加宁发表讲话，他强调日苏两国关系正常化的重要性后，表示"苏联在过去缔结和平条约交涉中，向日本方面作出包括领土问题的让步了。可是日本方面却坚持如不解决领土问题，就不准备签署和平条约。现在（日方）提议，即使不缔结和平条约，也要实现日苏关系正常化。我们对此表示同意。期待这次谈判能达成妥协。"② 接着，日本首相鸠山一郎发表讲话，他提出："伦敦、莫斯科举行谈判，因为领土问题没有达成一致，所以至今仍然没有恢复邦交。为了改变这种状况，我写信给布尔加宁主席，领土问题日后继续交涉，就有关结束战争状态等五个方面求得苏联方面同意，提出举行日苏之间邦交正常化交涉。另外，松本代表与葛罗米柯副外长之间交换了就有关领土继续交涉的信件。在相互了解下，交换不同意见，使日苏之间能恢复邦交。"③

两国首脑发表讲话后，苏联方面向日本方面递交已起草的《联合宣言》草案、《通商协定》草案。苏联方面递交的《联合宣言》草案主要内容为：

（一）结束战争状态。
（二）恢复外交关系及领事关系及交换大使。
（三）遵守联合国宪章。
　（1）和平解决国际纠纷。
　（2）尊重领土完整与国家主权。日苏两国相互尊重联合

---

① 〔日〕鸠山一郎：《鸠山一郎回忆录》，复旦大学历史系日本史组译，上海，上海译文出版社，1978年，第230页。
② NHK日ソプロジエクト编：《こわがソ連の对日外交だ——秘録・北方領土交渉》，日本放送出版协会，1991年，第154页。
③ NHK日ソプロジエクト编：《こわがソ連の对日外交だ——秘録・北方領土交渉》，日本放送出版协会，1991年，第155页。

国宪章第 51 条款规定，承认单独或集体自卫权。

（四）支持日本加入联合国。

（五）联合宣言生效时立即遣返日被俘人员。

（六）放弃对日本赔偿请求权。

（七）开始交涉缔结通商条约。

（八）渔业条约生效与保存发展渔业资源协作。

（九）禁止制造、实验及使用核武器、热核武器。

（十）恢复邦交后，继续就包括领土问题在内的缔结和平条约交涉。①

从上述苏联方面起草的《联合宣言》草案中可以看出，没有写入日本方面关心的立即返还齿舞群岛、色丹岛问题。除第九条款外，基本写入了鸠山一郎向布尔加宁提议的五个条件内容。另外，第十条款明显是苏联方面向日本方面作出的让步。

经过双方协商并获得一致认识，在苏方起草《联合宣言》草案基础上，松本俊一与葛罗米柯代表各自国家组成工作小组，负责起草共同《联合宣言》草案工作。

10 月 15 日下午，在日本方面提议下，日本农林相河野一郎与苏联渔业部长伊科夫举行会谈。两国渔业协定已经签署完成，双方本次谈判主要为恢复邦交正常化问题，日本方面为什么提议要先举行双方渔业部长会谈？其原因为：日本鸠山首相在访问前，已经向苏联方面提出搁置"北方领土"问题，仅就恢复两国邦交正常化问题举行谈判，但是实际上日本方面却暗藏玄机，不仅要求立即返还齿舞群岛、色丹岛，而且要保证继续就国后岛、择捉岛进行谈判。这些完全违背了鸠山首相事先主动提议的内容，所以要找比较容易提出的对象人选，避免出现尴尬的局面。因为两人已经有了谈判经历，相对便于沟通。日本方面希望利用两人在渔业谈判中建立的良好关系，便于提出新的"北方领土"问题要求。

鸠山内阁在两国恢复邦交正常化过程中，再次出尔反尔，必然引起苏联方面极大反感，这也是双方有关谈判中无法相互信任的根源之一。

---

① 田中孝彦：《日ソ国交回復の史的研究——戦後日ソ関係の起点：1945～1956》，東京，有斐閣，1993 年，第 291 頁。

但是，日本学界完全没有人对此给予关注，反而一再指责对方如何如何。双方会谈连相互信任的最低底线都荡然无存，如何能够获得双方满意的结果？这种出尔反尔，无疑造成对方更大的反弹，值得日本有关方面人士深思。

在河野一郎与伊科夫举行的会谈中，河野一郎首先针对苏联递交的《联合宣言》草案提出建议："苏联草案上没有涉及返还齿舞群岛、色丹岛，所以无法签署。日本自民党作出新决议，'要求立即返还齿舞群岛、色丹岛，继续就其他领土问题举行交涉'。为此，提议该协定有关领土问题应记载，立即返还齿舞群岛、色丹岛，并继续就有关返还国后岛、择捉岛举行谈判。"① 与此同时，河野一郎提议，希望伊科夫将这些修改建议转告给苏联领导人赫鲁晓夫与布尔加宁等人。

10月16日，河野一郎与赫鲁晓夫举行第一次会谈。河野一郎提出："此前日本提出搁置领土问题进行谈判并且达成协议，但是受到党内一部分人反对而使事情发生了变化，希望能在联合宣言里明确记载返还齿舞群岛、色丹岛，并继续审议其他领土问题。"② 对此赫鲁晓夫表现出非常气愤的姿态，他严厉地指责说："这是违反事先协议的！日本方面不是已经明确提议会谈中不涉及领土问题吗？这种做法不能说是搁置领土吧？日本方面提出搁置所有领土问题，我们对此表示同意，葛罗米柯也是发出了书信的。""如果希望让渡齿舞群岛、色丹岛的话，那么现在就缔结和平条约并且划定国界线吧！缔结和平条约，立即让渡！""你们日本要求返还四岛，美国不是也没有返还冲绳吗？齿舞群岛、色丹岛在缔结和平条约时返还，并且等待美国返还冲绳后返还。"③

日本方面的做法确实明显地前后矛盾，一方面主动提出会谈中不涉及领土问题，并且搁置领土问题；另一方面又提出"返还齿舞群岛、色丹岛，并继续审议其他领土问题"。这种前后矛盾的主张，实际上就是重光葵外相所担心的问题。重光葵外相认为，鸠山一郎等人如果采用"阿登纳方式"，实际就放弃了返还这些领土。另外，有关继续交涉领土问

---

① NHK日ソプロジェクト编：《こわがソ连の対日外交だ——秘録・北方領土交渉》，日本放送出版協会，1991年，第155页。

② NHK日ソプロジェクト编：《こわがソ连の対日外交だ——秘録・北方領土交渉》，日本放送出版協会，1991年，第155页。

③ NHK日ソプロジェクト编：《こわがソ连の対日外交だ——秘録・北方領土交渉》，日本放送出版協会，1991年，第156页。

题，两者理解及解释相差甚大，苏联方面认为"继续交涉领土问题"，就是指交涉如何返还齿舞群岛、色丹岛问题；日本方面则认为，"继续交涉领土问题"，是指交涉返还国后岛、择捉岛问题。赫鲁晓夫拒绝立即返还齿舞群岛、色丹岛，意味着将来继续交涉领土问题是返还齿舞群岛、色丹岛问题，并且对河野一郎提出的要求返还国后岛、择捉岛问题，指责说美国还占领冲绳，为什么非要求苏联返还这些岛屿呢？进一步指出，苏联方面返还齿舞群岛、色丹岛，要等到美国返还冲绳后实施，这无疑为日本方面要求返还再次增加难度。

从赫鲁晓夫在"北方领土"问题上的谈判战术上看，采取速战速决态度，苏联方面首先提出最低条件，如果日本方面不接受，再在最低条件上增加新的条件，坚持最低条件上不肯让步的态度。

10月17日，河野一郎与赫鲁晓夫举行第二次会谈。河野一郎递交日本政府起草的《联合宣言》草案，其中第九条款有关领土问题规定为：

> （九）苏联考虑到日本国的要求及国家利益，决定把齿舞群岛及色丹岛让渡给日本国。日本与苏联恢复邦交正常化后，两国同意继续就包括领土问题在内的缔结和平条约进行交涉。①

日本草案是针对苏联起草的《联合宣言》草案有关领土条款修改的，要求将立即返还齿舞群岛、色丹岛，继续就国后岛、择捉岛进行交涉。对于日本方面提出的草案，赫鲁晓夫表示坚决反对。他表示："日本草案要求立即让渡齿舞群岛、色丹岛。苏联同意让渡这两个岛屿，但是时间为缔结和平条约并且返还冲绳岛时。"②

对于赫鲁晓夫来说，无法接受日本方面起草的《联合宣言》草案第九条款有关立即返还齿舞群岛、色丹岛问题。一是日本修改提议，完全违反事先约定内容，出尔反尔。二是如果接受日本方面的这项修改要求，将来继续就缔结和平条约进行交涉时，日本肯定要提出返还国后岛、择

---

① 鹿島和平研究所編：《日本外交主要文書・年表》（1）（1941～1960年），東京，原書房，1983年，第785頁。

② NHK日ソプロジェクト編：《こわがソ連の対日外交だ——秘録・北方領土交渉》，日本放送出版協会，1991年，第156頁。

捉岛问题,所以要极力回避。对此赫鲁晓夫反复强调只有缔结两国和平条约时,苏联方面才能返还齿舞群岛、色丹岛。为了缓和双方的交涉气氛,赫鲁晓夫提出返还齿舞群岛、色丹岛的附加新条件,即美国返还冲绳岛后实施,可以取消并且愿意缔结"君子协议"。这反映出,苏联方面希望作有限让步,换取尽快实现两国邦交正常化。

对于赫鲁晓夫提出的上述让步方案,日本方面当然从内心里表示欢迎。鸠山一郎在回忆录里曾经对此时的心情描绘说:"返还齿舞群岛、色丹岛的时间,确定为和平条约生效时,剩下就是美国返还冲绳群岛、小笠原群岛问题。如果能够消除该问题的话就好了,日方对于消除该问题抱有一定的把握,所以大家一时欢呼起来。"①

17日下午,苏联副外长费德林把根据赫鲁晓夫的提议而制成的文件交给河野一郎,其主要内容为:

> 日本国与苏维埃社会主义共和国联盟,两国恢复正常外交关系后,同意继续就包括领土问题在内的缔结和平条约进行交涉。
> 苏维埃社会主义共和国联盟根据日本国的请求并考虑到日本国的利益,同意把齿舞群岛及色丹岛让渡给日本,但是这些岛要在日本国与苏维埃社会主义共和国联盟缔结和平条约(并且美利坚合众国管理下的冲绳及其他日本所属岛屿返还日本)后,实现返还。②

与此同时,费德林副外长把赫鲁晓夫提议的"君子协定"制成文件也交给日本方面。其内容为:

> 苏维埃社会主义共和国联盟同意,不等美利坚合众国管理下的冲绳及其他日本所属岛屿解放,在苏维埃社会主义共和国联盟与日本国缔结和平条约后,把齿舞群岛及色丹岛让渡给日本。③

---

① 〔日〕鸠山一郎:《鸠山一郎回忆录》,复旦大学历史系日本史组译,上海,上海译文出版社,1978年,第231页。
② 田中孝彦:《日ソ国交回復の史的研究——戦後日ソ関係の起点:1945~1956》,東京,有斐閣,1993年,第288页。
③ 田中孝彦:《日ソ国交回復の史的研究——戦後日ソ関係の起点:1945~1956》,東京,有斐閣,1993年,第289页。

赫鲁晓夫提出将日苏领土问题与日美领土问题挂钩，又主动提出取消并最终递交"君子协议"的背后原因：

第一，国际"冷战"大背景下，争夺对日本的控制权，需要把日本稳住在谈判桌前，实行两国邦交正常化。虽然采用《日苏联合宣言》实现恢复两国邦交正常化，但是两国并没有缔结和平条约，这样与日美两国关系相比较，苏联方面仍然处于不利地位。另外，日美军事同盟威胁仍在，苏联仍然要以齿舞群岛、色丹岛为诱饵，形成牵制日美关系的有效手段。

第二，他认为即使两国恢复邦交后，在两国关系中，齿舞群岛、色丹岛是可以利用的对日本施加影响的道具。另外，苏联与日本恢复邦交正常化，同时又实际上完全控制"北方领土"，至于有关领土到底如何返还问题，最终结果如何，都是未知数。现在看这样的结果，也是苏联方面最希望出现的结果，而日本只能等待出现奇迹才能改变结果。

10月18日，在第三次河野一郎与赫鲁晓夫的会谈上，河野一郎就赫鲁晓夫上述提案，提交日本方面答复提案。其主要内容为：

> 同意日本国与苏维埃社会主义共和国联盟恢复外交关系后，继续就包括领土问题在内的缔结和平条约进行交涉。
>
> 但是，苏维埃社会主义共和国联盟同意根据日本国的请求并考虑到日本国利益，决定把齿舞群岛及色丹岛让渡给日本国。上述岛屿事实上对日本国让渡，在日本国与苏维埃社会主义共和国联盟缔结和平条约后执行。①

这时，日本方面放弃了立即返还齿舞群岛、色丹岛的要求。另外，赫鲁晓夫的"君子协定"直接反映在联合宣言中，并且取消涉及美国返还冲绳的条件。日本方面从苏联处获知缔结和平条约时返还齿舞群岛、色丹岛，这意味着避免出现苏联不让步的最坏局面，特别是把美国返还冲绳与返还齿舞群岛、色丹岛相联系，使两岛返还很难实现。

赫鲁晓夫的"君子协定"是日本方面所希望的，河野一郎要求把

---

① 田中孝彦：《日ソ国交回復の史的研究——戦後日ソ関係の起点：1945~1956》，東京，有斐閣，1993年，第291頁。

"君子协定"内容反映在联合宣言中。这样为控制日本国内的反对派,日本代表团从苏联方面获得了必须条件,仅剩下第二、三套交涉方针中所提出的"预约继续就包括领土问题在内缔结和平条约进行谈判"问题。这一条款,在河野一郎提交的方案中明确提出。另外,在莫斯科首脑会谈开始时,布尔加宁主席在全体会议上已经明确表示同意,再加上谈判前,松本俊一与葛罗米柯的交换信件中,日苏两国已经在此问题上达成一致,这一点日本代表团是确信的。

日本方面认为,双方确认就有关"预约继续就包括领土问题在内缔结和平条约进行谈判"问题不存在困难,赫鲁晓夫却突然提出了修改意见。赫鲁晓夫提出,在"继续就包括领土问题在内缔结和平条约进行谈判"段落中,取消"包括领土问题在内"部分词句①。对于赫鲁晓夫突然提出修改意见,不仅使日本深感意外,而且这一点对两国今后继续有关领土问题进行谈判具有重要意义。

对此修改提议,河野一郎质问苏联方面,10 月 17 日费德林副外长递交给日本方面的文件中已经明确写入。关于此问题,鸠山一郎在回忆录中讲,苏联外交部官员汇报时,赫鲁晓夫见到文件上这部分内容后很吃惊,马上叫来副外长严厉批评。② 赫鲁晓夫提议修改,实际上也是苏联方面在谈判时作出了出尔反尔举动,同样也必然引起日本方面的极大反感!当然也促使日本方面更加谨慎地处理问题。

对日本方面来说,确保恢复日本邦交后"继续交涉领土问题",是获得国内支持非常重要的条件。鸠山一郎等人在过去一年多与苏联方面谈判过程中,确认苏联不可能返还国后岛、择捉岛,但是以吉田茂派为首的国内反对派,强烈要求返还国后岛、择捉岛。另外,在自民党去年 9 月 20 日有关日苏交涉的新决议中,要求有关千岛群岛南部问题在缔结和平条约中继续交涉,《联合宣言》也只有国会批准才能生效,为避免国内反对势力强烈反对,"包括领土问题在内"的部分是不能缺少的。当然赫鲁晓夫也知道,日本方面提出继续交涉领土问题就是指国后岛、择捉岛问题,所以他不能对此问题给予承诺,并且坚决要求取消这部分

---

① 〔日〕鸠山一郎:《鸠山一郎回忆录》,复旦大学历史系日本史组译,上海,上海译文出版社,1978 年,第 231 页。
② 〔日〕鸠山一郎:《鸠山一郎回忆录》,复旦大学历史系日本史组译,上海,上海译文出版社,1978 年,第 231 页。

内容。

面对赫鲁晓夫的强硬态度，河野一郎担心如果日本方面不接受的话，赫鲁晓夫是否会再次提出美国返还冲绳问题。经过再三思虑后，日本代表团决定接受苏联方面的修正方案，但是提出前提条件，要求苏联方面同意公开发表松本俊一与葛罗米柯交换信件内容，因为这些信件中明确记录了在将来缔结和平条约后交涉包括领土问题在内诸问题。据鸠山一郎在回忆录中称，即使取消"包括领土问题在内"部分内容，如果"继续就缔结和平条约进行谈判"，剩下的问题事实上就是国后岛、择捉岛问题，当然包括领土问题。① 公开发表松本俊一与葛罗米柯交换的信件内容，是最好的补充方法。② 于是日本代表团把此决定用电报告诉东京方面，东京方面对此决定表示同意。

在莫斯科首脑会谈中还有一个重要问题，就是日本加入联合国问题。日本代表团提出苏联方面无条件支持，苏联方面表示同意。但是日本方面还是抱有怀疑，因为美国方面多次警告，苏联方面有不履行协定的历史记录。于是鸠山一郎等人为确证此事，要求与布尔加宁交换信件，10月18～19日两国就此事交换信件。另外，苏联方面提出在《联合宣言》中写入日苏两国努力实现禁止生产、实验、使用核武器条款，日本方面考虑到日美关系而表示拒绝，苏联方面表示接受。

10月19日，在克里姆林宫，日本首相鸠山一郎、苏联部长会议主席布尔加宁分别代表两国政府，正式签署了《日苏联合宣言》。其主要内容如下：

第一条：自本宣言生效之日起，日本和苏维埃社会主义共和国联盟之间的战争状态宣告结束，两国之间的和平和睦邻关系宣告重新建立。

第二条：重新建立日本和苏维埃社会主义共和国联盟之间的外交和领事关系。现规定，两国将立即交换大使级外交代表，而在日本和苏联的领土上分别设立领事馆的问题将通过外交手续加以解决。

第三条：日本和苏维埃社会主义共和国联盟确认，在两国的关系中，

---

① 〔日〕鸠山一郎：《鸠山一郎回忆录》，复旦大学历史系日本史组译，上海，上海译文出版社，1978年，第232页。
② 田中孝彦：《日ソ国交回復の史的研究——戦後日ソ関係の起点：1945～1956》，東京，有斐閣，1993年，第300～301頁。

应该以联合国宪章的原则作为准则,尤其是在宪章第二条中所阐明的如下原则:

(甲)应以和平方法解决国际争端,避免危及国际和平、安全及正义。

(乙)在其国际关系上不得使用威胁或武力,或以与联合国宗旨不符之任何其他方法,侵害任何国家之领土完整或政治独立。

日本国和苏维埃社会主义共和国联盟重申,根据联合国宪章第五十一条,两国中的任何一个国家都有固有的单独的和集体的自卫权。

日本国和苏维埃社会主义共和国联盟保证不以任何经济、政治或者思想性质为由,直接地或者间接地干涉对方的内政。

第四条:苏维埃社会主义共和国联盟将支持日本要求加入联合国。

第五条:一旦目前的联合宣言生效,将立即释放并遣返所有在苏维埃社会主义共和国联盟被判罪的日本公民。

关于那些情况不明的日本人,苏维埃社会主义共和国联盟应日本国的要求将继续努力查明他们的情况。

第六条:苏维埃社会主义共和国联盟将放弃向日本国提出任何赔偿要求。

日本国和苏维埃社会主义共和国联盟将相互放弃自1945年8月9日以来由于战争的结果而提出的所有要求,即一国、它的团体和国民向另一国、它的团体和国民提出的要求。

第七条:日本国和苏维埃社会主义共和国联盟同意在尽早的时间内举行谈判来签订条约或者协议,以便使它们在贸易和商业航行方面的关系以及商业关系建立在一个可靠而友好的基础上。

第八条:1956年5月14日在莫斯科签订的日本国和苏维埃社会主义共和国联盟间关于在西北太平洋公海上捕鱼的条约以及日本国和苏维埃社会主义共和国联盟间关于海上援救合作的协定将在本联合宣言生效后立即生效。

日本国和苏维埃社会主义共和国联盟考虑到保持和合理利用天然渔业以及其他海上生物资源的共同利益,将在采取保持和发展渔业资源和节制公海上捕鱼的步骤方面进行合作。

第九条:日本国和苏维埃社会主义共和国联盟已经同意,在重新建立了日本国和苏维埃社会主义共和国联盟之间的正常外交关系以后恢复缔结和约的谈判。

苏维埃社会主义共和国联盟为了满足日本国的愿望和考虑到日本国的国家利益，同意把齿舞群岛和色丹岛移交日本国，但是经谅解，即这些岛屿将在日本国和苏维埃社会主义共和国联盟之间的和约缔结后才能实际移交日本国。

第十条：本联合宣言须经批准。本宣言应于互换批准书之日起生效。批准书将尽快在东京互换。①

可以看出，《日苏联合宣言》主要内容为：宣布日苏两国结束战争状态，恢复邦交正常化。关于"北方领土"问题协定，两国同意"正常外交关系后恢复缔结和约的谈判"。苏联"为了满足日本的愿望和考虑到日本的国家利益，同意把齿舞群岛、色丹岛移交日本，但经谅解，即这些岛屿将在日本国与苏维埃社会主义共和国联盟之间的和约缔结后才实际移交日本。"这样"北方领土"问题就成了日苏两国恢复邦交后的遗留问题。

在当天日苏两国的签字仪式上缺少了苏联领导人赫鲁晓夫的身影，他于9月18日飞赴华沙，急于处理波兰国内出现的动乱事件。因为日本方面坚决要求按原计划举行签字仪式，因而造成了他的缺席。事实上日本代表团并不希望赫鲁晓夫出席，担心他反对公开发表松本俊一与葛罗米柯交换信件内容。松本俊一是在签字仪式举行后，才告诉苏联方面准备公开发表松本俊一与葛罗米柯交换信件内容之事。葛罗米柯与布尔加宁简单协商后表示同意，这样日本方面获得成功。据鸠山一郎回忆录记载："最后，和布尔加宁交换了写明这方面的问题的私人信件，我想这一下可好了。"②

11月27日，日本国会众议院在反对派缺席情况下，以365票赞成、0票反对的结果，正式通过《日苏联合宣言》等有关协定。12月5日，参议院在附加"继续审议领土问题"的"谅解"下，通过《日苏联合宣言》等有关协定。12月7日，鸠山首相正式宣布辞去首相职务。12月12日，日苏两国代表，苏联副外长费特列夫、日本外相重光葵，正式交

---

① 鹿岛和平研究所编：《日本外交主要文书·年表》(1) (1941~1960年)，东京，原书房，1983年，第784~786页。

② 〔日〕鸠山一郎：《鸠山一郎回忆录》，复旦大学历史系日本史组译，上海，上海译文出版社，1978年，第232页。

换两国国会批准书,《日苏联合宣言》正式生效。当天,最后一批 100 名在苏联服刑的日本战俘人员,乘"兴安丸"船离开苏联回国,日本要求遣返日被俘人员问题获得圆满解决。同一天,联合国安理会也通过决议,一致同意日本加入联合国的申请,日本的愿望最终实现了。在日苏复交会谈中,"北方领土"问题是双方交涉的焦点,最终成了遗留问题也是双方相互妥协的结果。

对于鸠山内阁实现了战后日苏邦交正常化问题,苏联领导人给予很高评价。如前文所提,赫鲁晓夫在《回忆录》中评价说:"为什么我们当年向日本让步,确切地说,是向那位访问我国并且奉行同苏联亲近和友好的首相让步?"这是指赫鲁晓夫执政时期,两国恢复邦交正常化谈判中,苏联方面主动承诺返还齿舞群岛、色丹岛问题,存在向鸠山一郎首相本人"奉行同苏联亲近和友好政策"而作出的让步因素。长期担任苏联外交部长的葛罗米柯在《回忆录》中评价说:"毫无疑问,鸠山政府签署苏日宣言这一事实表明,这位国务活动家具有远见卓识。在他执政期间,日本曾试图在某种程度上奉行独立自主的外交政策。在日本对苏关系的一系列具体步骤中,也体现了这种新的姿态。虽然日本领导没有放弃臆想出来的领土问题,但没有把它同解决整个日苏关系问题直接联系在一起。"① 苏联领导人认为,日本首相鸠山一郎在处理两国关系上,采取现实性、客观性姿态,使得双方关系能够取得进展,也为此后双方关系发展奠定基础。

---

① 〔苏〕安·安·葛罗米柯:《永志不忘——葛罗米柯回忆录》下卷,伊吾译,北京,世界知识出版社,1989 年,第 177 页。

第五章　日本对苏"政经不可分"领土政策

一、苏联对返还领土的新条件

鸠山内阁在完成日苏复交的全部法律程序后，1956年12月14日，鸠山一郎首相在自民党临时大会上提议，从岸信介、石桥湛三、石井光次郎之中选择首相后继者，结果石桥湛三获得最终胜利。1956年12月23日，石桥湛三内阁正式成立，仅仅一个月后，石桥湛三首相病倒，1957年2月1日被迫辞职。石桥首相辞职的同时，指定外相岸信介担任临时首相，并为下任首相候选人。1957年3月15日，第一届岸信介内阁成立。

岸信介（1896~1987年）在第二次世界大战期间曾任东条英机内阁的商工大臣，"二战"后他作为甲级战犯被占领当局逮捕，在狱中度过三年零三个月。出狱后从事新党运动，组织"日本再建同盟"等。1952年，岸信介当选为众议院议员，正式重返政界，参与创建日本民主党并任干事长。1955年11月自由党与民主党合并后，又出任自民党干事长。

众所周知，1951年9月8日在旧金山签署《旧金山对日媾和条约》的同时，日本与美国又签署了《日美安全保障条约》。其主要规定为：

> 第一条：在和约与本条约生效之日，由日本国授予并由美利坚合众国接受，在日本国内及周边驻扎美国陆、海、空军之权利。此种军队得用以维护远东的国际和平与安全及日本国免受外来武装进攻之安全，包括根据日本国政府的明显要求，为镇压由于一个或者几个国家之煽动和干涉而在日本国引起的大规模暴动和骚乱所给予的援助。

第二条：在第一条所述之权利被行使期间，未经美利坚合众国事先同意，日本国不得将任何基地给予第三国，亦不得将基地上或者与基地有关之任何权利、权力或者权限，或陆、海、空军驻防、演习，或过境之权利给予任何第三国。①

可以看出，根据上述条款规定，美国有权在日本国内及周边设立军事基地和驻军，有权对日本国内事务进行军事干涉，并且未经美国方面同意，日本不得让第三国在其领土上建立军事基地及驻军。

为了进一步细化《日美安全保障条约》内容，1952年2月28日，双方缔结《日美行政条约》。在其第25条第2项b规定中，日本应无偿提供基地、设施，还负担相当的驻军费用，规定日本每年负担驻日美军1.55亿美元军费②，所以该条约为不平等条约。

日本战后作为战败国被美军占领，吉田茂政权投靠美国，1952年4月正式恢复了法律上的独立地位，但是被美军占领的局面没有丝毫改变，日本被捆绑在美国为首的西方阵营的战车上，"冷战"对峙危险仍然困扰着日本国民。日本国民希望能够过着无忧无虑的生活，特别是敌视美军长期驻扎日本国内，日本国内社会舆论的中立主义主张非常盛行！当时日本国内主张中立主义，就是针对美国将日本作为远东地区西方阵营对抗苏联势力的前沿阵地而宣泄不满情绪！恰在这时出现了"杰拉德事件"，导致日本国民对美不满情绪被大规模激发出来。

1957年1月30日，日本群马县相马美军基地射击场上，美军士兵杰拉德与另外一名士兵奉命执行守护演习场内武器装备的任务。由于美军演习场地刚刚进行实弹射击，残留下很多弹壳，所以两名拾菜叶的农妇因捡拾弹壳而逐渐进入美军演习场地内，杰拉德等人看到日本农妇进入演习场地后并未给予制止，反而继续把弹壳投向农妇面前，引诱她们不断前行进入美军存放武器的安全掩体内，然后毫无人性地开枪射击，结果当场将一名46岁的农妇坂井打死。

"杰拉德事件"发生后，激起了日本国民积累许久的反美情绪的大

---

① 外務省編：《日本外交文書》（サンフランシスコ平和条約調印、發効），東京，外務省，2010年，第217頁。
② 外務省編：《日本外交文書》（サンフランシスコ平和条約調印、發効），東京，外務省，2010年，第609頁。

爆发。日本国民不断高涨的反美浪潮，迫使刚刚就任临时首相的岸信介，不得不把调整对美关系作为本届内阁最主要的课题。岸信介作为太平洋战争的参加者，虽然非常理解日本国民反美的心理状态，但是更深知"冷战"时期日本离不开美国的现实，他力图重新调整日美关系，加强双边合作，把修改《日美安全保障条约》作为自己最大的政治使命。与此同时，美国方面也已经认识到，要考虑长期控制并占领日本，就必须缓和日本民众这种强烈的反美情绪，有必要作出一定让步，这也是美国接受日本提出修改《日美安全保障条约》的根本原因。

1957年9月2日，岸信介在会见记者时说，要把《日美安全保障条约》修改成为《相互防卫性条约》，做到美国部署和使用设在日本的美军基地，要与日本进行协商。1958年10月4日，日美两国有关修改条约的谈判在东京正式举行，日本政府谈判代表为外相藤山爱一郎，美国政府谈判代表为驻日本大使小麦克阿瑟（D. MacArthur S）[1]。双方谈判的矛盾焦点就是条约的"双务性"以及条约的适用区域等问题。

岸信介有关修改《日美安全保障条约》的主张，在国内遭到党内外各界人士的强烈反对。1958年9月5日，自民党内反主流派议员组成了"外交问题研究会"。9月18日，在"外交问题研究会"第一次会议上，他们提出把条约修改为"双务性"，实际上是要让日本承担更多的防卫义务，对此表示坚决反对。对于条约的适用区域，他们认为日本对冲绳群岛、小笠原群岛只有潜在主权，先决条件应该是恢复其主权，如果把冲绳群岛、小笠原群岛置于美台、美韩相互条约的范围内，将会造成日本加入东北亚军事同盟的结果。在目前情况下，日本实行相互防卫条约是困难的，在冲绳群岛、小笠原群岛归还日本之前，日本不应该承担防御该地区的责任。为了反对岸信介内阁继续推行修改条约路线，12月27日，自民党内反主流派三名内阁大臣文部大臣滩尾弘吉、经济企划厅长官三木武夫、国务大臣池田勇人同时宣布辞职，给岸信介内阁以巨大冲击。

在自民党外，日美修改条约谈判开始后不久，社会党就明确指出，岸信介主张修改《日美安全保障条约》，目的是要加强日美军事同盟关系，会造成日本卷入世界性战争的危险，日本的真正出路应该是不参加

---

[1] 前美国占领军总司令麦克阿瑟的外甥。

任何军事同盟，争取实现中立化。1959年3月28日，社会党等134个团体组成了"阻止修改安全保障条约的国民会议"，该组织成立大会上通过了要求废除《日美安全保障条约》的方针。4月15日，"国民会议"举行了第一次统一行动，掀起了大规模群众性反对运动高潮。

面对来自自民党内外的巨大压力，岸信介内阁一方面采取稳住自民党内主流派阵脚的行动，并且表示如果主流派能够在修改条约问题上同他合作，他将在修改条约后主动把政权交出；另一方面岸信介内阁也修改了谈判方针，决定修改后的条约适用范围不包括冲绳群岛、小笠原群岛。1960年1月19日，日美两国签订新的《日美安全保障条约》，该条约对1951年9月旧金山媾和会议上签订的《日美安全保障条约》进行了修改，确定了日美两国之间"事先协议"原则，即美国政府在涉及亚洲及太平洋地区问题时，事先应该与日本政府协商。

1956年10月16日，日苏双方签署《日苏联合宣言》，12月12日双方交换批准书后，两国正式恢复邦交正常化。1957年2月13日，苏联政府任命外交部副部长费德林为首任驻日大使，与此同时，日本政府也任命外务省次官门胁季光为首任驻苏大使。就在日苏两国刚刚恢复邦交正常化后不久，日美修改安全保障条约的风波打破了这种来之不易的双方关系稳定的局面。

苏联方面积极推动恢复与日本邦交正常化的目的，就是要打破日美同盟关系，削弱来自远东地区西方阵营的威胁。可是，日苏两国恢复邦交后不久，日本又积极调整与美国的关系，苏联感到将面临更大的军事威胁。因此，苏联为了阻止日本国会通过新的《日美安全保障条约》，对日本方面采用了强大攻势，所用手段就是利用返还齿舞群岛、色丹岛问题进行威胁。

新的《日美安全保障条约》签字后的第八天，1960年1月27日，苏联政府向日本政府提出强烈抗议。苏联外长葛罗米柯向日本驻苏联大使门胁季光提交了苏联政府备忘录。该备忘录主要内容如下：

> 苏联对于日本缔结破坏远东和平结构，对日苏关系发展形成障碍的新军事同盟，当然不能采取默认措施。该条约使日本丧失独立，使投降以来外国军队驻扎的局面继续下去，因而出现苏联政府约定把齿舞群岛、色丹岛让渡给日本不可能实现的新形势。苏联政府认

为，日本政府签订的新条约是针对苏联和中华人民共和国的，这些岛屿让渡给日本，会使外国军队使用的领土扩大，所以不能促进其实现。苏联政府认为有必要特此声明，只有从日本领土全部撤出外国军队及签订日苏和平条约，才能按1956年10月19日《日苏联合宣言》的规定，把齿舞群岛、色丹岛让渡给日本。①

苏联政府的这份对日本政府备忘录，给《日苏联合宣言》规定的缔结日苏和平条约后让渡齿舞群岛、色丹岛又增加了新的附属条件，即美国从日本冲绳群岛撤出军队的新条件。

为此，2月5日，日本政府向苏联驻日本大使费德林提交了日本政府对苏联备忘录，提出反驳，该备忘录主要内容为：

> 苏联政府在这份备忘录中，把日美两国之间的新条约与让渡齿舞群岛、色丹岛问题相联系，是极其不可理解的。《日苏联合宣言》是确定日苏两国关系的基本国际条约，是经过日苏两国最高权力机关批准的正式国际文件。这样严格的国际条约内容是不允许单方面进行更改的。日本政府对于苏联政府就领土问题在联合宣言规定之外又增加新的条件，想要更改联合宣言内容的态度不予承认。另外，我国不仅对齿舞群岛、色丹岛，而且对其他日本固有领土也坚决主张返还到底。②

2月24日，苏联政府提交了第二份对日本备忘录。其进一步提出："日本政府提出齿舞群岛、色丹岛之外的领土要求有报复主义危险倾向，这一问题根据国际协定已经解决完了，是没有根据的领土要求。"苏联政府在此提出领土问题解决完毕的观点。2月26日，赫鲁晓夫在印度尼西亚议会发表演说，强烈指责新的《日美安全保障条约》。2月27日，日本首相岸信介发表讲话反驳赫鲁晓夫的言论，并且指出日本政府决定的外交政策不接受外国干涉。3月1日，日本外务省向苏联驻日本大使费

---

① 末澤畅二、茂田宏、川端一郎编：《日露（ソ連）基本文書·資料集》（改訂版），東京，RPプリソティソゲ，2003年，第160頁。
② 末澤畅二、茂田宏、川端一郎编：《日露（ソ連）基本文書·資料集》（改訂版），東京，RPプリソティソゲ，2003年，第163頁。

德林提交备忘录，指出："领土问题没有解决，日本国民要求让渡国后岛、择捉岛是当然的。"①

4月22日，苏联政府提交了第三份对日本备忘录。备忘录中指出："日本提出的领土要求毫无根据。日本政府提出，两国在《日苏联合宣言》中就有关领土问题将来讨论达成一致，这一说法是错误的，没有这种一致，也不可能达成这种一致。"显然，苏联政府暴露出不准备与日本政府就领土问题继续交涉的强硬态度。

5月5~7日，苏维埃最高主席团会议上，赫鲁晓夫发表讲话，指责美国侦察机侵略苏联领空。5月1日一架美国V-2高空侦察机侵略苏联领空，结果被苏联空军击落，并且俘虏了其飞行员。针对这一事件，苏联方面取消了预定于5月16日在法国巴黎举行的美苏两国首脑会谈。这件事使国际形势进一步紧张，5月20日，苏联政府对日本提交第四份备忘录。其明确指出："在苏联领土上击落的美国侦察机是配备在日本领土上的美国军事基地的，击落V-2高空侦察机事件说明，苏联警告新的《日美安全保障条约》会带来危险性是有根据的。"6月15日，苏联政府发表了政府声明，警告"日本政府对5月20日苏联政府备忘录没有认真考虑自己国家被美国空军利用的严重性与危险性，而且日本政府正倾向全力争取获批带有侵略苏联及其他邻国的军事条约"②。

5月19日，在日本国会众议院审议新《日美安全保障条约》时，日本政府派遣大量警察保护会场。5月22日早晨，自民党采取单独强行通过方式使该条约完成审议过程。6月19日，该条约在一片反对声中自然生效。6月23日，日美两国交换了批准书。新《日美安全保障条约》完成了所有法律程序后，6月29日，苏联政府发表政府声明，对于新《日美安全保障条约》的批准进行激烈批判。其指出："与日本国民意志相反，上演了日美军事条约批准的闹剧，这只能表明美国统治者破产的战争叫嚣政策的发展。日本统治者参与该条约，违背了日本国民和亚洲各国的利益，是要复活军国主义，实现长期扩张政策。为了发展日苏关系

---

① 末澤暢二、茂田宏、川端一郎編：《日露（ソ連）基本文書・資料集》（改訂版），東京，RPプリスティソゲ，2003年，第160頁。
② 〔日〕吉泽清次郎主编：《战后日苏关系》，叶冰译，上海，上海人民出版社，1977年，第125页。

必须要废除违反国民意志的日美军事条约。"①

苏联方面围绕着日美两国修改《日美安全保障条约》,采取了强烈反对态度,指责该条约已在亚太地区构成更大的军事威胁。如该条约中规定,日本发展"抵抗武装进攻的能力";"美国军队获准驻扎日本,并使用日本国内的设施和地区","美军不只是为了日本的安全,而且为了远东的安全也可以使用日本的设施和地区";"承认日本有根据联合国宪章的精神,进行单独或集体自卫的权利";同时还规定,"日本有在本国行政权管辖之下的范围内保卫美国的义务,即在美国受到武力攻击时,日本基于集体自卫权有采取共同行动的义务"。② 明显可以看出,如果在远东地区苏美两国爆发军事冲突,日本会成为美国的帮凶。

对于苏联方面采取的上述措施,赫鲁晓夫晚年留下的录音中解释说:"我们作为条件提出,要求驻日美军全部撤出。如果美军不撤出,日本实质上处于美军占领下,返还两岛完全是愚昧的。我们认为如果返还这两个岛屿,就会被美国直接用于军事基地。因此我们通告,在讨论向日本让渡这些岛屿时,只有废除敌视苏联的日美军事同盟才能进行。这种条约也许会给日本国民带来比投下核武器更可怕的战争。"③ 另外,当时苏联驻日本大使费德林讲:"美国海军、空军基地遍布邻国领土,炮口和导弹对准我们苏联,这是什么感觉?"④

然而,对于日本来说:第一,岸信介内阁把对美关系作为外交工作重心,取消旧的《日美安全保障条约》中有损于日本国家主权的条款,并不是非要与美国分道扬镳,而是改变原来完全屈从美国的地位,在对等关系的基础上进一步密切日美特殊关系。作为日本,自1868年明治维新以来,在外交政策上历来以利用大国之间的矛盾来寻找自己的发展道路。在国际社会"冷战"的环境下,日本正是利用美苏之间的矛盾,得到美国的庇护才能发展到今天,所以其绝不会像苏联所要求的那样,走

---

① 末澤暢二、茂田宏、川端一郎編:《日露(ソ連)基本文書・資料集》(改訂版),東京,RPプリソティソゲ,2003年,第166頁。
② 末澤暢二、茂田宏、川端一郎編:《日露(ソ連)基本文書・資料集》(改訂版),東京,RPプリソティソゲ,2003年,第157~158頁。
③ 〔俄〕ボリス・スラビンスキー:《無知の代償——ソ連の対日政策》,营野敏子訳,東京,人間の科学社,1991年,第169頁。
④ 〔俄〕ボリス・スラビンスキー:《無知の代償——ソ連の対日政策》,营野敏子訳,東京,人間の科学社,1991年,第171頁。

中立化道路。第二，此时苏联方面已不再如两国复交前那样，对日本拥有强大的制约力。日苏两国复交前，日本方面有加入联合国问题、遣返日被俘人员问题、渔业问题、"北方领土"问题等，急切希望苏联方面对此"高抬贵手"。对于今天，苏联方面只能以核打击与"北方领土"问题来恫吓日本。因为日本在军事上有美国的核保护，所以对这种恫吓采取不予理睬的态度。日本对于"北方领土"问题，绝不会以此与苏联方面做交易，来破坏日美两国的特殊关系。岸信介内阁对于苏联方面的各种抗议、恫吓，采取我行我素、不予理睬的对策。

岸信介内阁关于修改《日美安全保障条约》的举动，从开始就遭到国内左翼势力的强烈反对。以社会党为首的左翼势力，主张废除不平等条约，废除可能将日本卷入战争的日美安保体制，建立以日、美、苏、中为中心的新安保体制，确保日本的中立。在左翼政党领导下，日本国内不断爆发几十万人参加的大规模反对运动，甚至出现激烈冲突事件。为此，岸信介内阁被迫决定推迟美国总统艾森豪威尔的访日时间。在秘密状态下，极其仓促地完成条约批准书的交换仪式。1960年7月15日，在一片反对声中，岸信介内阁被迫宣布总辞职。

随着《日美安全保障条约》的修改，苏联方面也开始加强在远东地区领土上的军事防卫力量。据苏联的美国加拿大研究所所长阿尔巴托夫（Г. А. Арбатов）讲："当然第二次世界大战结束后，我们不担心来自日本方面的攻击，但是'冷战'出现，我们认为日本是美国的盟国，是美国不沉的航空母舰，美国把战斗机、轰炸机配置在日本基地上。我们期待美军从远东地区撤出，去掉对我们的威胁。美国把对日本占领政策改变为安全保障条约，在日本拥有与以前同样的军事方面权利，我们是不能接受的。"① 当时担任苏联太平洋舰队司令员的阿梅里科（Н. Н. Амелько）讲："我当时担任苏联太平洋舰队司令员，日本是离我们最近的敌国。我十分注意日本方面的行动，必须采取最有效的政策防止日本侵略。我认为美国对日本实行统治政策，当时这种考虑也是有根据的。根据日美军事同盟，美国把舰队、军队配备到日本，20世纪60年代是冷战最激烈的时期，因此对苏联构成严重威胁。离苏联本土仅500公里就是日本，那里有美国的海军基地和空军基地，日本

---

① 〔俄〕ボリス・スラビンスキー：《無知の代價——ソ連の対日政策》，菅野敏子訳，東京，人間の科学社，1991年，第171~172頁。

军队自卫队也在增强。我们认为日本方面的行动，意图是想利用军事力量解决领土问题，这是不能接受的。"①

基于这种判断，苏联方面增强了驻远东地区的军事力量。阿梅里科司令员讲："没有向远东地区集结、投入大规模兵力的特别对策，但是远东地区的苏军首先要加强警戒、战斗状态。另外加强对千岛群岛的防御，为此在千岛群岛配备炮兵机关枪师团，整个千岛群岛配备1个师团，有8000~10000人兵力。在此前是每25公里才配备1名边防部队队员。一部分旧式舰艇和潜艇更换成新式，以加强战斗能力。这时期出现最初的舰载导弹，计划把剩下的舰船都换成新式的。"②

二、日苏两国有关领土问题"存无"的争论

1960年7月19日，第一届池田勇人内阁成立后，以1961年8月苏联部长会议第一副主席米高扬（А. И. Микоян）访问日本为契机，日苏两国在不断扩大经济贸易发展的同时，也为解决两国目前关系中的各种纠纷问题进行探索。在这一时期，日苏两国分别以池田勇人首相和赫鲁晓夫主席的名义，开展了交换信件外交，探询解决双方存在的纠纷问题，其中主要焦点仍然为"北方领土"问题。

1961年8月12日，赫鲁晓夫给池田勇人的亲笔信中，就有关发展日苏两国关系问题提出：

> 尊敬的首相，正因为如此，如果我不指出日本同美国缔结了军事同盟，并且在日本国内设立了外国军事基地，这必将妨碍贵国与我国之间相互信赖的增进和关系的正常化这一点，那就说明我是缺乏诚意的。但是我相信从日本国土撤走外国军队、撤除军事基地，为进一步增进苏联与日本之间的友好睦邻关系而创出一条道路的时刻是一定会到来的。③

---

① 〔俄〕ボリス・スラビンスキー：《無知の代償——ソ連の対日政策》，菅野敏子訳，東京，人間の科学社，1991年，第172頁。
② 〔俄〕ボリス・スラビンスキー：《無知の代償——ソ連の対日政策》，菅野敏子訳，東京，人間の科学社，1991年，第172~173頁。
③ 鹿島和平研究所編：《日本外交主要文書・年表》（2）（1961~1970年），東京，原書房，1984年，第359~361頁。

赫鲁晓夫在信件中所言的"日本同美国缔结了军事同盟",就是指新修改的《日美安全保障条约》。赫鲁晓夫认为,新修改的《日美安全保障条约》,是日苏两国关系发展道路上的最大障碍,日本要想发展日苏两国关系必须要废除《日美安全保障条约》。

针对赫鲁晓夫的上述言论,1961年8月26日池田勇人给赫鲁晓夫回信,提出:

> 阁下谈到了日苏两国关系完全正常化,为达到此目的,缔结日苏和平条约是必要的。日本国民认为只有苏联政府归还日本的固有领土,才能为缔结和约开辟道路。可是阁下提到了我国与美国之间缔结的安全条约、在我国领土内设立外国军事基地等问题,认为好像因此而妨碍了日苏两国关系的正常化。然而,当为谋求两国关系正常化而签署联合宣言的时候,日美之间的安全条约早已存在,这也如阁下所知道的那样,日苏联合宣言是确认了联合国宪章第51条款中规定的关于单独的或集体的自卫权。不仅如此,以后又根据我国国民的意愿,对《日美安全保障条约》作了合理的修改,进一步表明具有以联合国宪章为依据的防御性质。而苏联政府坚持说由于安全条约对苏联及其他爱好和平国家是一种威胁,主张对这种条约的存在不得不引起关注,要求废除这个条约,对此日本国民是完全无法理解的。①

从池田勇人的信件可以看出,日本方面认为在日苏两国关系发展道路上的最大障碍,不是苏联方面所提出的是"日本同美国缔结了军事同盟",而是日苏两国之间存在的"北方领土"问题。日本方面认为签订及修改《日美安全保障条约》,是根据联合国宪章第51条款中有关单独的或集体的自卫权规定,而且在1956年缔结《日苏联合宣言》时也得到双方确认。针对苏联方面提出日苏两国之间"北方领土"问题已经解决完毕,1961年11月15日池田勇人给赫鲁晓夫的信件中提出:

> 阁下谈到,日苏之间的领土问题已经根据一系列国际协定解决

---

① 鹿岛和平研究所编:《日本外交主要文書・年表》(2)(1961~1970年),東京,原書房,1984年,第361~362页。

完毕。可是按理说作为战争结果的领土归属和改变，是要通过和约的形式才能确定的，这一点阁下也是十分清楚的。但是，由于日苏两国政府除齿舞群岛、色丹岛以外，领土问题未能取得一致意见，因此没有以结束战争状态的和约形式，而是通过联合宣言加以处理。所以日苏之间的领土问题并没有解决，这是非常明确的。

《雅尔塔协定》虽然规定应将库页岛南部交给苏联，将千岛群岛交予苏联。可是美国对协定曾明确表示："它不过是与会国当时的领导人阐述其共同目标的文件，并非与会国所作的最后决定，对领土的转让也不具有任何法律效力。"

不仅如此，我国毕竟不是该协定的与会国，另外我国所接受的《波茨坦公告》也根本没有涉及《雅尔塔协定》，并且该协定当时完全是秘密签订的。因此在法律上或政治上，贵国政府是不能援用该协定的。另外，关于日本根据《旧金山对日媾和条约》放弃库页岛南部、千岛群岛的一切权利、权利根据和要求，这是事实，但是该条约并没有规定日本把这些地方的权利放弃给哪个国家。考虑到上述情况，阁下所主张的领土问题已经解决完毕，显然是没有根据的。

日本所接受的《波茨坦公告》，苏联政府也是参与签订的，该公告明文规定必须履行《开罗宣言》的条款。而《开罗宣言》除规定日本从"武力和贪欲所攫取"的地方被驱逐出去之外，同盟国本身也明确宣布"不为自己国家谋取任何利益，完全没有领土扩张的企图"。然而，苏联政府不仅主张对决非"日本以武力和贪欲所攫取"的领土——千岛群岛拥有领有权，甚至主张对自古以来仅有日本人居住，历来就没有被其他国家占有过的国后岛、择捉岛也拥有领有权，这不能不说是与《开罗宣言》的条款完全相互矛盾的。

阁下还谈道，日本政府以"固有领土问题"为借口，提出将非日本领土归还日本这样一个问题，是逃避承认《旧金山对日媾和条约》所规定的有关条款。我想，关于"固有领土问题"大概是指国后岛、择捉岛。这些岛屿自19世纪中叶幕府时代起，就已经是日本固有领土，这是国际上所公认的。沙皇俄国政府也于1855年的《日俄友好条约》上承认这些岛屿是日本的领土。然而，日本政府与俄国政府于1875年所缔结的《库页岛、千岛群岛交换条约》中，把千岛群岛定为得抚岛以北的18个岛屿。在与库页岛南部交换后，千岛群岛当然是日本领土。所以日本政府根据旧金山和约放弃的"千岛群岛"是指历史上早有明确概念的，即得抚岛以北的18个岛屿。本来就不包括在"千岛群岛"之内的日本固有领土国后岛、择捉岛，日本政府是没有放弃任何权利的。①

从池田勇人的信件看，除反驳赫鲁晓夫提出日苏两国之间领土问题已经解决完毕外，关于领土问题日本方面的立场仍然是过去的观点，基本没有提出什么新的内容。针对池田勇人的上述主张，1961年12月8日赫鲁晓夫给池田勇人回信，提出：

> 构成日本之投降基础的同盟国的《波茨坦公告》规定，日本的主权限定在本州、北海道、九州以及四国各岛和若干小岛。日本政府在投降书上签了字，当时的政府以及其后继者宣誓将忠诚履行《波茨坦公告》各条款。只要千岛群岛已排除在日本主权范围的领土之外，则日本现在所提出的千岛群岛的要求，就是违背上述誓约的。日本政府既然放弃了对千岛群岛的一切权利、权利根据与要求，而现在竟然又提出对这些岛屿的要求，这就不能不引起疑虑。
>
> 你们认为条约规定日本放弃千岛群岛权利，并没有记载这些岛屿归属于哪个国家，因而仿佛问题尚未解决。众所周知，日本在任何情况下都不能对于千岛群岛有所要求。日本政府到底要求些什么呢？难道日本政府是希望把控制着通往苏联远东沿岸要道的千岛群岛归属于西班牙或者葡萄牙所有吗？还是想为大洋彼岸的盟友效劳，在已经在日本列岛布满了目标指向苏联的军事基地之外，又准备把千岛群岛当作新的军事基地？
>
> 阁下引证说日本政府并非是《雅尔塔协定》的缔约国，因而该协定仿佛与日本无关。《雅尔塔协定》既然是对日作战各国间缔结的协定，日本未参加这个协定，也不可能参加这个协定，这是理所当然的。日本投降接受了同盟国所决定的条件。在这一点上同盟国是以已有的同盟国各国间的许多协定为出发点，其中包括在雅尔塔签订的协定，都是具有同样的约束力。

---

① 鹿岛和平研究所编：《日本外交主要文书・年表》（2）（1961~1970年），東京，原书房，1984年，第373~375页。

阁下来信中试图引用一些美国政府的声明作为日本方面的主张根据，这是完全不能成立的。必须指出美国政府也无条件承认《雅尔塔协定》对它自己的约束力，并根据这个协定采取了行动。例如，1951年3月29日及5月19日美国政府致苏联政府的备忘录，就明确了库页岛南部与千岛群岛全部归属苏联，这一点美国与苏联之间没有任何分歧。

《雅尔塔协定》也好，《总命令第1号》也好，《旧金山和约》也好，都没有对千岛群岛作任何划分，都是作为一个整体来对待的。这一点在苏联与美国的政府首脑之间的来往信件中也是被肯定的。因此日本方面试图证明似乎有关的国际协定规定让给苏联的不是整个千岛群岛，而只是其中若干岛屿，这完全是没有根据的。

认为国后岛、择捉岛不包括在千岛群岛之内的说法也是不成立的。如看1937年日本海军省航道局出版的航道志和1941年观光局出版的官方日本旅行指南及其他许多日本出版物，就会发现日本自己陷入多么滑稽的立场。另外，国后岛、择捉岛属于千岛群岛，连战后日本政府也一再承认过，这是众所周知的。

阁下在信中引用了1855年和1875年的日俄条约，这些条约与本事件毫无关系。如果也像阁下那样翻翻历史老账，就会使人想起1904年日本背信弃义进攻俄国，从俄国夺取半个库页岛，并且把《朴茨茅斯条约》的苛刻的掠夺条件强加于俄国。由于这些行为破坏了1855年和1875年日本与俄国所缔结的条约，所以日本也就再无权引用这些条约了。①

从池田勇人与赫鲁晓夫之间交换信件的内容看，两国在"北方领土"问题上的争论并没有提出什么新的根据或者反驳证据，也仅是在旧有观点上重复而已。另一方面，此时两国关系在大的环境下逐渐走向缓和发展趋势，所以在两国有关"北方领土"问题的争论上还主要表现为通过双方领导人交换信件形式，并没有引发大规模的公开争论。此时日苏两国都感到应该以发展两国经济贸易关系为主线，并不希望因"北方领土"问题而破坏目前两国经济贸易关系的发展势头。

---

① 鹿岛和平研究所编：《日本外交主要文书・年表》（2）（1961～1970年），東京，原書房，1984年，第375~379頁。

日苏双方经济关系的加强，促进了政治关系的发展，但是政治关系发展中，也马上暴露出尖锐的矛盾。1964年5月14~27日，苏联部长会议第一副主席米高扬率领苏联最高苏维埃会议代表团访问日本。米高扬在会见日本首相池田勇人时，转交了苏联领导人赫鲁晓夫关于缔结《日苏和平条约》和建议日苏共同发表声明，呼吁停止地下核试验的亲笔信，并就此与池田勇人首相举行会谈。池田勇人认为日苏发表《关于禁止地下核试验的联合声明》固然"很好"，但是必须"建立有效的国际监督制度"①。关于缔结日苏和约问题，池田勇人表示："只要'北方领土'问题得到解决，日本准备随时缔结和约。"② 在米高扬与日本外相大平正芳举行的会谈中，米高扬又一次提出希望日本"更加积极地在停止地下核试验等裁军问题上发言并提出建议"，而且还保证"苏联在这种情况下，将表示赞成"。大平正芳外相立即提醒米高扬说："过去反对日本参加日内瓦裁军会议的就是你们苏联。"米高扬连忙解释说：那是为了对付美国，"苏联并不是把日本作为一个目标而表示反对的"。在谈到双方缔结航空协定时，大平正芳外相提出："苏联好像不愿意开发西伯利亚的领空"③，因此两国首都东京至莫斯科之间无法直接通航。

1967年7月20日，在莫斯科举行日苏双方第一次定期协商会议。在日本外相三木武夫与苏联第一副外长库兹涅佐夫（В. В. Кузнецов）举行的会谈上，三木武夫外相提出国后岛、择捉岛是日本固有领土，强烈要求返还，同时提出"领土问题不解决就不能缔结和平条约，日苏关系即使发展到今天，如果没有缔结和平条约，两国关系就不能够永久安定"④。对此苏联第一副外长库兹涅佐夫提出"有关领土问题，不想反复讲苏联政府以往的立场"⑤。此次协商会议没有什么进展。7月21日，在三木武夫外相与苏联部长会议主席柯西金（А. Н. Косыгин）举行会谈的

---

① 宋成友、李寒梅等：《战后日本外交史》（1945~1994），世界知识出版社，1995年，第448页。

② 宋成友、李寒梅等：《战后日本外交史》（1945~1994），世界知识出版社，1995年，第448页。

③ 宋成友、李寒梅等：《战后日本外交史》（1945~1994），世界知识出版社，1995年，第447~448页。

④ 落合忠士：《北方領土問題——その歴史的事実・法理・政治的背景》，東京，文化書房博文社，1992年，第169~170頁。

⑤ 落合忠士：《北方領土問題——その歴史的事実・法理・政治的背景》，東京，文化書房博文社，1992年，第170頁。

上，三木武夫外相说："《日苏联合宣言》生效已经10年了，两国关系取得很大发展，但是对于日本的大问题即领土问题至今没有解决，没有缔结和平条约而感到遗憾。两国为了寻找一致的解决方案，必须具备两国政府之间的对话机会。"对此柯西金提议"无论日本政府还是苏联政府，都希望缔结和平条约。为此我认为有关和平条约问题采用什么样的渠道好，两国还没有找到。因而是否可以采取中间措施，通过两国外交机构探讨？"① 这就是所谓柯西金的"中间措施"提议。

针对柯西金提出的"中间措施"，日本政府方面立即进行了讨论。10月17日，日本驻苏大使中川融在记者招待会讲："有关苏联方面提出的'中间措施'的意思，三木武夫外相访苏后不清楚。因而在'中间措施'是什么意思上，政府统一了见解，对此应该分阶段处理。"②

10月31日，三木武夫外相、中川融大使、牛场信彦外务次官等人，就日本政府对苏交涉的基本方针，最终达成一致协议。其主要内容为：

（1）日本应该抓住柯西金提议的机会，在平等互惠、不干涉内政原则下，推进日苏友好关系发展，讨论两国之间的所有问题。

（2）讨论的内容，除领土问题、安全作业问题、渔业问题、经济技术协作问题、文化交流问题外，还应包括两国共同关心的重要国际问题等内容。

（3）今后交涉中，从各个角度努力为解决领土问题而寻找对策，即以柯西金提议的"中间措施"推进解决各悬案为方针而推动对苏交涉。③

12月2日，日本驻苏大使中川融与苏联副外长维诺格拉多夫（В. М. Виноградов）就有关"中间措施"问题举行会谈，但是会谈没有进展。这次日苏会谈内容没有发表公报，但是12月27日，日本政府表明了自己的主张。其主要内容为：

（1）齿舞群岛、色丹岛，在"中间措施"基础上妥协后，要求立即返还。

（2）国后岛、择捉岛，要待包括越南战局变化等国际形势适合时才

---

① 落合忠士：《北方領土問題——その歴史的事実・法理・政治的背景》，東京，文化書房博文社，1992年，第173頁。

② 落合忠士：《北方領土問題——その歴史的事実・法理・政治的背景》，東京，文化書房博文社，1992年，第173頁。

③ 落合忠士：《北方領土問題——その歴史的事実・法理・政治的背景》，東京，文化書房博文社，1992年，第174頁。

能返还。

（3）对于返还，日本政府考虑对苏联方面投入的资金以补偿，并在国后岛、择捉岛实施非军事化。①

这就是日本政府所谓返还"北方领土"问题的"两阶段方式"。

针对日本政府提出的解决"北方领土"问题的"两阶段方式"，12月29日，苏联共产党机关报《真理报》发表文章，指出"日本要求返还已经被国际协定确定的'北方领土'，是忘记了现实的态度，是受华盛顿的意志影响而导致《日美安全保障条约》延长。"② 12月31日，柯西金回答日本共同社记者的提问时说，有关"北方领土"问题，"已经由战时及战后的国际各种协定解决了"③。这样，使日本政府一时兴奋的"中间措施"，以及因此而提出的"两阶段方式"，此后就失去了继续交涉的机会。

1970年10月，日本首相佐藤荣作在纪念联合国成立25周年大会上发表讲话，其中就日苏两国之间"北方领土"问题的解决指出："有关我国固有领土问题，日苏之间谈判至今没有进展，为此两国至今没有缔结和平条约。我认为应该尽快在日苏之间最终解决领土问题，缔结和平条约，建立真正友好关系，为亚洲和平作出贡献。"对此，勃列日涅夫（Л. И. Брежнев）在1971年3月苏联共产党第二十四次代表大会上公开指责日本政府"存在着战争与侵略势力，当然也存在其他帝国主义。日本不仅违反了永久放弃战争的宪法，而且再次走向对其他国家侵略与扩张的军国主义道路"。这明显反映出，苏联不仅对日本抱有警戒感，而且根本没有考虑解决"北方领土"问题的意愿。

日苏两国还在为是否存在"北方领土"问题争论不休之际，国际形势却突然出现巨大转变。1971年7月15日，中美两国同时向全世界宣布：美国总统尼克松（R. M. Nixon）将于1972年5月前访问中国。中美关系转变，不仅标志美国长期遏制中国政策的结束，而且也对亚太地区乃至全球国际关系格局带来巨大冲击。美国总统尼克松自1969年1月20

---

① 落合忠士：《北方領土問題——その歷史的事實・法理・政治的背景》，東京，文化書房博文社，1992年，第175頁。
② 落合忠士：《北方領土問題——その歷史的事實・法理・政治的背景》，東京，文化書房博文社，1992年，第175頁。
③ 落合忠士：《北方領土問題——その歷史的事實・法理・政治的背景》，東京，文化書房博文社，1992年，第175頁。

日上台后，对外政策出现巨大转折。1969年7月，美国总统尼克松发表了著名的"关岛演说"，宣布美国将在亚洲和太平洋地区实施战略收缩，进而要求日本和亚太地区诸国"自己承担责任"。① 1970年2月，尼克松进一步提出"伙伴关系、实力和谈判"作为"新的和平战略"的三大支柱。美国在与西方盟国关系上，放弃"家长作风"，由过去的"盟主"与"盟员"关系，改变为平等"伙伴"关系。为了进一步加强日美关系，1971年6月美国政府决定返还日本冲绳群岛主权。苏联在对待日本方面主张返还"北方领土"要求时，经常以美国占领冲绳群岛为借口进行搪塞，但是美国政府决定返还日本冲绳群岛主权后，苏联使用的借口消失了。相比之下，苏联在"北方领土"问题上就处于比较被动局面了。苏联为了扭转这种不利形势，被迫在"北方领土"问题上采取一定的妥协对策。

1972年1月23～28日，苏联外长葛罗米柯第二次正式访问日本。葛罗米柯这次访问日本，是取消了出席华沙条约组织首脑会议而来的紧急出访。当时苏联驻日本大使托罗扬诺夫斯基在谈到葛罗米柯决定访日时说：由于中美关系急剧接近，使得苏联不能无视与日本的政治关系恶化而不管，葛罗米柯认为不进行这次访问，苏联在远东地区将处于不利地位。在两国发表的《联合宣言》里表示："双方同意，为日苏关系进一步持久、稳定发展，缔结日苏和平条约具有意义，双方同意有关缔结日苏和平条约的交涉，在本年度双方认为合适的时期举行。"② 葛罗米柯外长对日本首相佐藤荣作表示："如果日本方面与苏联缔结和平条约有实际诚意表现的话，苏联政府可以研究1956年共同宣言的实际条款落实问题。"③ 在非正式的场合提到"北方领土"问题时，苏联方面暗示可以返还齿舞群岛、色丹岛。④ 但是，日本方面对葛罗米柯的暗示并不接受，仍然坚持苏联方面返还"北方四岛"的主张。苏联方面从"领土问题解决完毕"，不肯相让，到自己暗示返还齿舞群

---

① 于群：《美国对日政策研究》，长春，东北师范大学出版社，1996年，第322页。
② 鹿岛和平研究所编：《日本外交主要文書·年表》（3）（1971～1980年），東京，原書房，1985年，第526頁。
③ 和田春樹：《北方領土問題——歴史と未来》，東京，朝日新聞社，1999年，第279頁。
④ 〔俄〕ボリス·スラビンスキー：《無知の代償——ソ連の対日政策》，菅野敏子訳，東京，人間の科学社，1991年，第191頁。

岛、色丹岛，反映出苏联不仅在"北方领土"问题上的缓和姿态，而且也想把日本的注意力吸引到苏联方面，以避免出现日本追随美国并促成中日关系接近的形势。

日本学者普遍认为，这是日本方面第二次有机会收回齿舞群岛、色丹岛，可是就这样被轻易错过了。此次苏联方面在"北方领土"问题上作出一定妥协的目的，是要阻止日本恢复与中国关系正常化，所以伴随着日本方面加快推动恢复与中国关系正常化，苏联方面也完全放弃了这种态度，再次拾起对日本"领土问题解决完毕"的对策。

三、田中角荣访苏与"政经不可分"领土政策

战后日本吉田茂内阁确立追随美国的外交路线后，历届内阁都坚持以日美关系为基轴，忠实执行美国在亚太地区的外交政策，成为美国在亚太地区推行霸权主义路线的最主要帮凶。日本政府对美国可谓忠贞不贰，是其亚太地区最亲密同盟国，可是美国对于推进对华恢复邦交正常化的秘密谈判之事却守口如瓶。日本媒体曾经讽刺地说：日本政府几乎是与全世界各国平民百姓同时获知这一消息的。日本政府过去一直认为美国政府会在涉及亚洲和太平洋地区问题上事先与自己协商，而这种"事先协商"的原则，也正是1960年1月日美两国重新修订《日美安全保障条约》的核心内容之一。中美两国的恢复邦交正常化谈判，日本方面称之为"越顶外交"的行动。中美两国恢复邦交正常化，日本方面认为给其国家利益带来巨大危害。综观第二次世界大战结束以来的历史发展，围绕着太平洋两岸的中日美三国关系，一直呈现着相互影响的态势，当中美两国关系重要时，日本的地位就要受到影响。同样，当中日两国表示要接近时，美国也会感到自己的利益受到损害。日本在战后几十年间的顺利发展，也正是建立在美国对华"遏制"的基础之上。然而中美关系已经出现松动的种种迹象，并没有引起当时日本佐藤荣作内阁的重视，仍然于1971年9月通知美国驻日本大使，在联合国关于中国代表权问题上，日本支持"双重代表制"议案，即继续坚持"两个中国"的立场。佐藤内阁的顽固立场受到日本国内朝野上下的普遍反对和指责，这也正是力主改善对华关系的田中角荣内阁上台的主要因素。

1972年2月，美国总统尼克松访华及中美两国发表《上海公报》，

标志着美国对华政策发生了重大转折。1972年6月17日，日本首相佐藤荣作正式发表声明从政界引退。日本自民党内部围绕着后继的首相职位展开竞争大战，结果7月5日田中角荣（1918年5月至1993年12月）当选自民党总裁，7月7日组成第一届田中角荣内阁。

7月19日，田中首相在记者招待会上，再次就举世瞩目的中日恢复邦交问题指出："我认为中国问题是最大的外交问题"，两国邦交正常化的"时机已经十分成熟了"，"所有的话，用这一句话来表达就足够了"。① 田中角荣首相多次强调中日复交的时机"业已成熟"，并非宣传性臆断，而是一种对形势发展的正确判断，选择了务实性道路。日本自1968年成为资本主义世界第二大经济强国后，与西方国家之间的经济摩擦越来越激烈，日本需要扩大国际经济市场，中国大陆是日本传统及最理想的海外贸易市场。恢复对华关系正常化，是日本国内经济发展的需求，同时也是追随美国缓和对华关系的必要举措。另外，美国总统尼克松在亚洲和太平洋地区实施战略收缩，提出"伙伴关系"等政策，也为田中内阁对外政策上主张"自主多边外交"创造了外部条件。

1972年9月25日，田中角荣首相率领高级代表团访问中国，在中日两国领导人共同协商努力下，9月29日两国发表了《中日联合声明》，宣布中日两国间正式恢复外交关系。田中角荣内阁抢在美国之前与中国恢复邦交正常化，可以说是战后日本对外政策由从属于美国对外政策，向独立性对外政策转化的重要标志。中日两国恢复邦交正常化，对于东北亚地区的三大国，即中、日、苏的关系变化产生了重大影响。由于中苏两国关系恶化，所以苏联方面绝对不希望中日两国关系正常化，而相反日本方面却极力希望利用中日两国关系正常化来压迫苏联方面，使苏联在日苏两国之间悬案的解决上作出一定的让步。这也是田中内阁在完成中日两国恢复邦交正常化后，试图努力调整日苏两国关系的主要原因。

田中角荣内阁上台后，苏联最初的反应还可以称为积极。1971年7月7日，苏联《消息报》刊登了田中角荣首相组阁的消息，强调田中角荣的"佐藤姿态"，并引用田中角荣首相关于"同苏联建立更加密切关系的时刻已经到来"的谈话，表示"苏联公众对扩大两国关系表示欣然

---

① 宋成友、李寒梅等：《战后日本外交史》（1945～1994），北京，世界知识出版社，1995年，第348页。

接受"。然而伴随着中日两国关系改善的力度加大，苏联方面也由冷言冷语、旁敲侧击，发展到公开指责。9月29日，中日两国发表《中日联合声明》后，苏联国家电视台发表评论，指责"这种接近是在什么基础上实现的"？并警告"不要损害第三国的利益"。

为了调整日苏两国关系，田中角荣内阁派遣外相大平正芳于1972年10月21~24日访问苏联，并出席第三届日苏两国外长定期会议。太平正芳外相访苏期间，分别与外长葛罗米柯和部长会议主席柯西金进行会谈。两国外长会议上，大平正芳外相强调归还"北方四岛"是缔结日苏和约的前提条件。葛罗米柯外长同意在和约谈判中包括领土问题，但又强调"有关'北方领土'问题，苏联的原则立场是不能让步的"。在大平正芳外相与部长会议主席柯西金的会谈上，柯西金大谈西伯利亚开发问题，并表示，"从地理上看，日本是最好的伙伴"，亟欲同日本合作。大平正芳外相表示，欢迎正在进行的经济交流谈判，但又强调必须先解决"北方领土"问题，缔结和约，把日苏关系置于稳定的基础上。由于日苏双方在"北方领土"问题上各执己见，会谈没有取得实质性进展，但出于各自的需要，双方都为今后的和约谈判留有余地，双方同意于1973年在莫斯科继续举行外长会谈。实质上，苏联方面关心的是西伯利亚联合开发问题，而日本方面关心的是如何归还"北方领土"问题，会谈最后发表的新闻中表示："双方认为，日本和苏联之间各层次上扩大交流是有益的，就今后日本和苏联之间经济协作发展进行了交换意见。"[1]

田中角荣内阁调整日苏关系政策，是由深刻的国内外因素决定的：

第一，田中内阁认识到，苏联是日本的邻国，为"北方领土"问题同苏联搞得太僵，对其搞"自主多边外交"不利。改善日苏两国关系，有利于扩大外交回旋余地，日本可以在对中、对美关系中增加讨价还价的资本，也可以缓解来自苏联的军事压力。

第二，田中内阁谋求能源来源的多元化，改变日本石油过于依赖中东的状况。日本缺乏资源，主要原料依靠外国进口，而石油资源几乎全部依靠进口。而苏联的资源丰富，据估计秋明油田地区的石油储藏量有400亿吨，另外，还有大量天然气、煤、铜和木材等资源。为对付日后的世界资源争夺战，田中内阁希望苏联西伯利亚成为日本石油和木材的

---

[1] 末澤暢二、茂田宏、川端一郎編：《日露（ソ連）基本文書・資料集》（改訂版），東京，RPプリソティソゲ，2003年，第198頁。

稳定供应基地之一。

第三，田中内阁对苏调整政策，与当时日美矛盾加剧有直接联系。20世纪60年代日本经济的迅速膨胀，使战后形成的日美经济关系结构发生了明显变化。结果为日美贸易由日本方面的大量逆差变为顺差，为此美国一再施压日本让步，以改变日美贸易的不平衡状况。田中内阁企图以日苏缓和为筹码，提高日本在同美国进行经济谈判中的地位。

第四，田中内阁上台后，推行积极的财政政策，引发了物价飞涨、通货膨胀。这种状况引起广大国民的不满和在野党的指责，社会舆论的批评也很强烈，致使日中建交引起的"田中热"有所冷却。田中内阁希望通过缓和日苏关系，谋求在外交上继续打开局面，以转移国内视线，提高其威望，稳定其政权。

第五，田中内阁推行调整日苏关系政策，也是美苏关系缓和的结果。美苏关系继20世纪60年代初的第一次缓和之后，20世纪70年代初出现第二次缓和，使处于美苏关系延长线上的日苏关系的改善有了可能。这对田中内阁来说，当然是一个开展"自主多边外交"的大好机会。

1972年12月，勃列日涅夫在苏联国庆50周年纪念大会上发表讲话，提出："明年应该进行重要的日苏交涉，目的是解决第二次世界大战以来遗留下来的诸问题，两国关系作为条约基础，我们可以讨论所有问题，在相互都能接受的情况下达成一致。日本方面如果表示同意交涉，肯定会获得期待的成果。苏联希望与日本确立真正的友好关系。"① 勃列日涅夫发出这种呼吁，实质上是担心随着中日两国关系正常化，日本原来投向苏联的资金、技术会转移流向中国方面。

为了推动两国关系发展，田中角荣内阁决定对苏联方面提出的联合开发秋明油田、库页岛大陆架计划给予合作态度。1973年4月，日本方面派遣了以海外石油开发公司总经理今里广记为团长，日本输出入银行副总裁前川春雄、新日本制铁公司副总经理田坂辉敬为副团长的大型经济代表团前往苏联，就日苏两国联合开发西伯利亚问题举行会谈。日本方面的"积极"态度，博得苏联方面的欢喜，于是苏联领导人勃列日涅夫向田中角荣首相发出访问苏联的邀请，试图通过两国首脑会谈，进一步扩大两国之间的合作。

---

① 〔俄〕ボリス・スラビンスキー：《無知の代償——ソ連の対日政策》，菅野敏子訳，東京，人間の科学社，1991年，第194頁。

对于日本方面来说，勃列日涅夫发出的邀请被认为是解决"北方领土"问题的好机会。日本方面特别注意到，勃列日涅夫在讲话中几次提到解决日苏两国之间战后"遗留问题"。1956年《日苏联合宣言》发表以来，日苏两国之间的"遗留问题"就是"北方领土"问题，所以日本方面认为应该肯定解释为"北方领土"问题，也应该作为一个突破口来考虑。于是田中角荣首相亲自给勃列日涅夫总书记写信，提议把"诸问题"改为"单个问题"，作为战后日苏两国之间唯一的遗留问题，即日苏之间"北方领土"问题。田中角荣首相的亲笔信是1973年3月通过日本驻苏联大使馆转送的。其主要内容为：

> 苏联共产党中央委员会总书记勃列日涅夫阁下：
> 　　基于不干涉内政和平等互惠原则，发展与邻国苏联的睦邻关系，为缔结和平条约，在相互信赖基础上解决两国之间尚未解决的问题，是日本政府一贯坚持的方针。根据我国的基本方针，我希望今后与贵国在政治、经济、文化及其他方面进一步发展广泛的协作。例如，其重要内容之一，即在西伯利亚天然气资源开发上日苏之间可进行经济协作。根据互惠，如果有关西伯利亚天然气资源开发计划取得成果，会推动今后日苏经济关系长期发展并取得可喜成果。以上我认为要不惜协作，为取得双方达成一致，在此申明保证遵守信用。期待阁下就日苏之间相互问题发表意见。
> 　　　　　　　　　　　　　　　　　　　日本国总理大臣田中角荣
> 　　　　　　　　　　　　　　　　　　　　　　1973年3月3日①

从田中角荣的信中可以看出，他虽然只字未提"北方领土"问题，但日本方面的立场是解决"北方领土"问题为大前提已经充分体现出来。如果苏联方面满足这一条件，日本方面就准备与苏联在西伯利亚天然气开发等项目上进行经济协作。从田中角荣首相写给苏联共产党总书记勃列日涅夫的这一封信的内容上看，这是日本政府方面第一次明确向苏联方面提出，在解决"北方领土"问题上坚持"政经不可分"原则。

这时候日本政府提出解决"北方领土"问题上坚持"政经不可分"

---

① 〔俄〕ボリス・スラビンスキー：《無知の代償——ソ連の対日政策》，菅野敏子訳，東京，人間の科学社，1991年，第192~193頁。

原则，是因为日本自1968年已经成为资本主义世界第二大强国。而苏联方面因为长期与美国争夺世界霸权，造成经济发展出现困难的局面。为了改变这种不利局面，苏联希望能够引进日本方面的资金、技术，开发西伯利亚丰富的天然资源，特别是带动苏联西伯利亚及远东地区的经济发展，进一步提升整个经济发展。苏联的这种需求有助于日本的希望，也正好成为日本方面收回"北方领土"的机遇。

3月20日，勃列日涅夫给田中角荣回信，其主要内容为：

> 日本国总理大臣田中角荣：
> 　　对于日苏关系改善尽管存在许多不同点，但是发展两国之间友好与协作关系是日苏两国人民所希望的，决不会损害第三国利益。社会主义苏联，尽管社会体制不同，但是与法国、美国和过去发生战争的西德等国能够发展互惠协作，相互理解，为什么就不能与最近的邻国日本建立广泛的协作与相互理解呢？我认为是十分可能的。以善意与务实的方法，双方就有关必须解决的诸问题，在相互都能够接受的前提下达成一致。阁下提出经济协作问题，我同意阁下对这方面的评价，日本政府参与包括西伯利亚天然气资源开发的共同计划，扩大经济协作，我们表示欢迎。我们相互通信往来是好的，如能够相互会面就更有益。
> 　　　　　　　　　苏联共产党中央委员会总书记勃列日涅夫
> 　　　　　　　　　　　　　　　　　1973年3月20日①

勃列日涅夫的回信，采用以往"双方就有关必须解决的诸问题"的表达方式，对于日本方面提出仅一个问题"领土问题"，苏联方面没有涉及。当时苏联驻日本大使托罗扬诺夫斯基（О. А. Трояновский）对此事解释说："勃列日涅夫总书记所讲的'准备就战后遗留问题会谈'，是指准备开始与日本交涉，是为推动会谈，并不包含苏联向日本让渡什么岛屿的意思，所以无论一个问题还是几个问题都一样。"他进一步说："日苏之间除领土问题之外，还有许多悬案，但是日本主张只要解决日苏

---

① 〔俄〕ボリス・スラビンスキー：《無知の代償——ソ連の対日政策》，菅野敏子訳，東京，人間の科学社，1991年，第194頁。

之间领土问题，其他问题不解决也可以。"① 对于苏联来说，尚未解决的问题决不是领土问题，而是渔业安全作业、日本人在苏联领土内扫墓等问题。

1973年9月20日，日本众议院大会通过决议，其主要内容为：

> 经过战后1/4世纪，至今我国固有领土齿舞群岛、色丹岛及国后岛、择捉岛等"北方领土"尚未返还，对于日本国民是非常遗憾的事情。因此政府应该努力尽快解决北方领土问题，确立日苏之间永久和平的基础。②

日本众议院大会通过的决议，也被参议院大会通过，此后成为日本国会的共同决议。

1973年10月7日，田中角荣首相在大平正芳外相的陪同下，在访问了英国、法国、西德之后，应邀访问了苏联。苏联部长会议主席柯西金、第一副主席基马祖罗夫（К. Т. Мазуров）、外长葛罗米柯等到机场迎接。田中角荣首相访问苏联，是自鸠山一郎首相访苏17年之后，日本首相的再次来访。苏联方面对田中角荣首相此次来访给予高度重视，为表示盛情款待之意，勃列日涅夫总书记特意临时作出变更，将田中角荣首相的下榻处由原定列宁山的贵宾馆，改为克里姆林宫内塔形宫的贵宾专用房间，并在田中角荣首相一行抵达的当天，安排了周到细致的莫斯科市的市容观光活动。然而，苏联方面的盛情款待并不能"堵住"田中角荣首相的嘴，陪同访问的大平外相在抵达莫斯科之前，就向随行记者透露了田中角荣此行的意图，即将"北方领土"问题纳入首脑会谈，要求一揽子归还"北方四岛"。

10月8日上午举行的第一次首脑会谈是在克里姆林宫的叶卡捷琳娜房间举行的，该房间曾经是1943年美国国务卿赫尔向斯大林转告让渡千岛群岛的房间，这次日本方面特意提出要在该房间举行会谈。日本方面出席会谈的有田中角荣首相、大平芳正外相、日本驻苏联大使新关钦哉，

---

① 〔俄〕ボリス・スラビンスキー：《無知の代償——ソ連の対日政策》，菅野敏子訳，東京，人間の科学社，1991年，第195頁。
② 末澤暢二、茂田宏、川端一郎編：《日露（ソ連）基本文書・資料集》（改訂版），東京，RPプリソティソゲ，2003年，第221頁。

苏联方面出席会谈的有勃列日涅夫总书记、葛罗米柯外长、苏联驻日本大使托罗扬诺夫斯基。会谈开始后，田中角荣首相直截了当地提出要求苏联方面"一揽子"归还"北方四岛"，他强调"我特意来访问，是为了更好地改善日苏两国关系。现在日苏两国关系中有刺喉咙的骨头，如果不先把这块骨头拔掉，就不能建立真正信赖的关系。当飞机飞行在西伯利亚上空时，我看到了贝加尔湖水在流动，'北方领土'要比这流水小得多呀！"①

　　苏联方面原本将此番日苏首脑会谈定调为，以构建"亚洲集体安全体系"作为主要议题，但是完全没有想到日本方面开始就提出"北方领土"问题，所以对田中角荣首相这一做法感到困惑。据出席会谈的苏联驻日本大使托罗扬诺夫斯基回忆说，田中角荣首相从开始就用激烈的言辞，正面提出"北方领土"问题，这种单刀直入、不按照规定提出问题的做法，只能引起苏联方面的反感。② 对于田中角荣首相的讲话，勃列日涅夫总书记冷淡地说："苏联领土是大，但是苏联不能生产领土，我们不能割让任何领土。"③ 表现出对日本方面提出的"北方领土"问题不关心的态度。

　　10月8日下午，第二次首脑会议上，勃列日涅夫总书记首先讲："苏联有丰富的资源，西伯利亚似乎每天都能够发现一种新的资源，只要日本参与经济协作，就肯定能够获得巨大利益。如果这样考虑，和平条约问题可以作为第二步考虑，不是非要先解决领土问题。"④ 这是强调应该优先考虑经济协作问题。勃列日涅夫总书记进一步解释说，两国应首先在经济方面建立友好信赖关系，在此基础上再缔结和平条约，像西德那样采取分阶段性方法。勃列日涅夫总书记指着铺在桌面上的大幅西伯利亚地图，一边指出煤、石油、天然气、铁矿石等矿藏点，一边强调日本与苏联进行经济协作如何有益。

---

① NHK日ソプロジェクト編：《こわがソ連の対日外交だ——秘録・北方領土交渉》，日本放送出版協会，1991年，第198頁。
② NHK日ソプロジェクト編：《こわがソ連の対日外交だ——秘録・北方領土交渉》，日本放送出版協会，1991年，第199頁。
③ NHK日ソプロジェクト編：《こわがソ連の対日外交だ——秘録・北方領土交渉》，日本放送出版協会，1991年，第199頁。
④ 久保田正明：《クレムリンの使節——北方領土交涉：1955～1983》，東京，文藝春秋，1983年，第234頁。

对此田中角荣首相强调说:"日本作为缺少资源的国家,对经济协作、资源开发问题是有兴趣,这些也是日苏之间的重要问题。但是,我在这里呼吁的是,为了建立日苏之间巩固的基础,有必要首先缔结和平条约,解决'北方四岛'问题,这是签订日苏和平条约的绝对前提条件。"他再次提醒说:"现在是为解决领土问题而找出办法的时机。"① 然而勃列日涅夫总书记则强调:日本要求归还领土,与缓和紧张局势的发展趋势是"背道而驰"的,苏日之间在开发西伯利亚资源等方面进行广泛合作,才"是有意义的"。显然可以看出,苏联方面把此次首脑会谈的重心仍然放在了双方联合开发西伯利亚资源等经济问题上。

与此同时,大平正芳外相与葛罗米柯外长也举行了两国外长的第三次定期协商会议。双方就领土问题、经济合作、祭扫"北方领土"墓地等问题,进行磋商与交换意见。日本外务省欧亚局官员与苏联外交部第二远东司官员围绕着起草两国首脑会谈公报问题,多次进行联络与协商。

经过双方激烈的争论,在日本代表团一再强烈要求下,为了换取联合开发西伯利亚计划进一步推进,苏联方面被迫作出有限的让步。苏联方面同意在1974年的适当时期,继续进行包括解决"北方领土"问题在内的缔约谈判。10月10日出版的苏联《真理报》、《苏维埃俄罗斯报》,也以报道田中角荣首相讲话的方式,首次刊登了日苏两国之间存在着尚未解决的"领土问题",从而改变了以往苏联方面不承认两国之间存在领土问题的提法。

10月10日,日苏两国正式签署并公开发表了《日苏联合宣言》,其第一项内容如下:

> 双方认为,解决第二次世界大战以来的未解决的诸问题,才能缔结和约,为使两国真正确立友好睦邻关系,就和约内容有关诸问题进行交涉。双方同意,在1974年适当时期,两国间继续就缔结和约交涉。②

---

① 久保田正明:《クレムリンの使節——北方領土交渉:1955~1983》,東京,文藝春秋,1983年,第241頁。
② 鹿島和平研究所編:《日本外交主要文書·年表》(3)(1971~1980年),東京,原書房,1985年,第660頁。

从上述内容看，并没有特别出奇之处，但是实际上具有重要意义。关于"就和约内容有关诸问题进行交涉"，在字面上没有明显表述，可日本方面认为实际上指的就是"北方领土"问题，是双方之间的谅解结果。苏联方面从过去主张"领土问题已经解决"，已经大大后退了。进一步可以确认，包括齿舞群岛、色丹岛、国后岛、择捉岛的四岛，构成了领土问题的内容。

田中角荣首相在结束访问苏联前夕，在克里姆林宫附近的国际旅行社新闻中心举行记者招待会，极力宣扬日本在"北方领土"问题上获得的成果。田中角荣首相表示：两国首脑会谈触及了这个"在迄今 1/4 世纪里，甚至没有被当作议题的困难问题"，他"理所当然地明确陈述了日本的意向"，"这个问题是日苏间最大的问题，这一点得到了理解。这个问题应当作为缔结和约谈判的议题，解决得越早越好。日本不准备再等 25 年才归还'北方四岛'，解决不了这个问题，无助于发展两国关系和国际关系"。① 大平正芳外相在归国后举行的记者招待会上表示，"把北方领土问题纳入具体谈判的内容，获得成功"，但又说这次访问"未能完全找到解决领土问题的线索"。②

田中角荣首相这次访问苏联，虽然在解决"北方领土"问题上没有取得实质性发展，但他敢于强硬对抗苏联的态度，博得了国内社会舆论的普遍好评，对此后日本领导人就有关"北方领土"问题对苏谈判的姿态产生很大影响。日本财界巨头特别称赞田中在"北方领土"问题上表现的"坚韧不拔的精神"，即便政敌福田赳夫也对田中对苏的"勇敢、积极"的态度表示赞赏。日本新闻界评称，苏联方面从过去不承认存在"北方领土"问题，转变到被迫同意"第二次世界大战以来的各项悬案"中包括"北方领土"问题，是田中角荣内阁推行对苏联外交战略所获得的一大成就。

关于此次访苏问题，事后田中角荣首相在会见日本"北方领土"问题对策协会会长铃木九平时，作了如下解释：

> 10 月 8 日的第一次会议，日苏双方仅交换了基本态度。我直接、简明地提出，为促进两国真正友好，有必要缔结和平条约。缔

---

① 坂本德松、甲斐静马：《返せ北方领土》，東京，青年出版社，1977 年，第 133 页。
② 坂本德松、甲斐静马：《返せ北方领土》，東京，青年出版社，1977 年，第 133 页。

结和平条约的前提，返还"北方四岛"是不可缺少的，这是全体日本人民从心里发出的呼吁。①

在下午的第二次会议上，我见机提出，以下我的发言是十分重要的，请日苏两国的事务当局的官员能够正确记录。然后我庄重地宣布，为了今后长久的未来日苏两国友好发展，有必要缔结和平条约，但是作为前提，返还"北方四岛"是绝对的条件。"北方四岛"是日本固有领土，参众两院一致通过的归还决议是全体日本人民的要求。我们两国之间关系中不可回避的问题，就是"北方四岛"问题。

10月10日的最后一次首脑会议上，领土问题如何解决成了矛盾焦点，最终双方确认，"北方领土"问题应该列入由缔结和平条约来解决的战后未解决的问题。这样实现了双方共同声明的发表。

这时，我还追问勃列日涅夫总书记，未解决的诸问题中，最重要的问题是"北方四岛"，即齿舞群岛、色丹岛、国后岛、择捉岛，最好确认一下。勃列日涅夫总书记忙说"是的，确认，是的，确认"，反复两次回答。②

有关田中角荣首相访问苏联时，苏联领导人勃列日涅夫在最终双方签署《日苏联合宣言》时，是否口头许诺"战后未解决问题"中包括"北方领土"问题，存在不同解释。日本前驻苏联大使新关钦哉在回忆录《日苏交涉舞台背后——外交官的记录》里记载："根据这次会谈记录员新井弘一课长证明，首相提问，联合宣言第一项'根据缔结和平条约应该解决的战后未解决诸问题'中，是否包括'北方四岛'问题？对此勃列日涅夫表示确认。考虑到苏联向来采取领土问题解决完毕的态度，这样为交涉领土问题打开了道路，所以双方最终确定日苏联合宣言草案。"③同样的内容在《日俄关系40年》编辑委员会撰写

---

① 坂本德松、甲斐静馬：《返せ北方領土》，東京，青年出版社，1977年，第131页。
② 坂本德松、甲斐静馬：《返せ北方領土》，東京，青年出版社，1977年，第131~132页。
③ 新関欽哉：《日ソ交渉の舞台裏——ある外交官の記録》，東京，日本放送出版協会，1989年，第210页。

的《日俄关系40年——从日苏恢复邦交到〈东京宣言〉》中也有记载。①日本方面的各种资料显示出，苏联领导人勃列日涅夫曾经答复说，"战后未解决问题"中包括"北方领土"问题，但是苏联及俄罗斯方面的资料现在却无法证实。从当时的历史状况分析看，苏联领导人应该许诺了，但是也仅是口头许诺而已，毫无实际价值，但是这却成为日本方面欢喜的大事件。日本方面认为，据此可以与苏联方面交涉"北方四岛"问题。

田中角荣首相访问苏联，两国共同发表《日苏联合宣言》，在日本朝野关注的"北方领土"问题上，可以说迎来了新的阶段。但是，田中角荣首相回国后，立即卷入第四次中东战争引发的第一次石油危机之中，石油危机直接冲击着日本国内的政治、经济稳定，特别是如何协调与美国的中东政策关系，使田中角荣首相无暇顾及日苏关系方面。第一次石油危机逐渐趋向平稳后，1974年4月，田中角荣首相在出席法国总统蓬皮杜的葬礼途径莫斯科时，与苏联外长柯西金就开发西伯利亚问题举行短暂的会谈。1974年11月26日，日本《文艺春秋》杂志发表了立花隆的《田中角荣研究》一文，揭露了田中角荣的政治资金来源问题，使田中角荣首相处于不利地位，加上国内经济不景气迟迟未能好转，国民怨声载道。为了摆脱困难，田中角荣首相在接待美国总统福特访日后，于12月9日宣布辞去首相职务。

田中角荣内阁时期，力图利用中美两国关系正常化和中日两国恢复邦交所带来的形势变化，努力调整日苏两国关系，目标仍然是希望借此收回"北方领土"问题。此时的苏联也力图挽回这种形势被动的局面，想以联合开发西伯利亚资源为诱饵，把日本拉向自己一方，所以在"北方领土"问题上采取承认尚未解决的态度，这比以往不承认双方存在领土问题已经大大退让。如果我们把1956年10月鸠山一郎内阁时两国发表的《日苏联合宣言》，与1973年10月田中角荣内阁时两国发表的《日苏联合宣言》相比较，可以看出：

第一，从两份《联合宣言》内容看，都没有明确写入苏联归还日本"北方四岛"的字句，仅是双方表示为缔结和平条约而继续谈判，或"由缔结和约来解决战后尚未解决的问题"。

---

① 《日露関係の40年》編輯委員会編：《日露関係の40年——日ソ国交回復から［東京宣言］まで》，東京，日本·ロシア協会，1995年，第91頁。

第二，从两份《联合宣言》中都没有明确写入关于领土问题的字句看，实际上双方的实力对比与所处的国际地位变化不大。1973年10月，虽然日本的国际地位早已比1956年10月时大大提高，但是美苏"冷战"局面仍未改变。1969年美国总统尼克松上台后，在亚太地区采取战略收缩政策，与此同时，苏联则在该地区采取战略扩张政策。日本是美国在亚太地区遏制苏联势力的主要帮凶，美国的战略收缩无疑使日本对抗苏联的实力减弱。

第三，从双方发表《联合宣言》的目的看，对于日本方面，力图收回"北方四岛"是一直坚持的基本主张，苏联占领"北方四岛"，对日本政治、经济、军事都构成严重威胁，所以早日收回"北方四岛"是对苏政策的基本主张。对于苏联方面，包括"北方四岛"在内的千岛群岛不仅具有重要的经济价值，而且更重要的是具有军事价值，特别是在美苏"冷战"的情况下，其军事价值更加明显，所以苏联绝不会轻易撒手的。苏联默许或口头承诺双方可以就领土问题谈判，实际上仅起到不断勾起日本收回"北方四岛"的强烈欲望，日本方面增强企盼心态，就会尽量向苏联方面靠近一些。此时苏联方面口头许诺可以就"北方领土"问题谈判，明显是诱惑日本参与合作开发西伯利亚问题。开发西伯利亚不仅对苏联经济发展起到重要作用，而且也为"冷战"中的苏联增加实力起到重要作用。西伯利亚开发，如果有技术、资金大国日本参加，显然会加快开发速度。

四、苏联再度否认"北方领土"问题存在

1974年12月9日，三木武夫内阁成立。三木武夫（1907年3月至1988年11月）首相上台后，对内热衷于政治改革，对外提出"等距离"外交方针。在组阁后不久，12月14日发表的施政演说中，三木武夫表示即要促进《中日和平友好条约》的早日缔结，又要对"日苏关系，对缔结日苏和约这一悬案"，"积极给予对待"。然而由于中苏两国关系的日益恶化，中苏两个大国对日本都具有重大的影响力，使日本在处理中日两国关系和日苏两国关系上，很难找出"等距离"的策略，特别是在苏联采取以势压人的高姿态外交方针面前，搞折中、搞平衡的暧昧态度，只能招致各方指责的被动局面。

三木武夫内阁成立后，满怀希望地就不久前田中角荣首相访苏时双

方签订的《日苏联合宣言》的内容,特别是关于"北方领土"问题为主的"战后未解决问题",进一步与苏联方面交涉。1975年1月15~18日,三木武夫内阁派出外相宫泽喜一前往莫斯科,与苏联外长葛罗米柯举行会谈。在会谈上,宫泽喜一外相首先提出一揽子归还"北方四岛"问题,结果遭到葛罗米柯外长当即回绝。葛罗米柯外长指出:"不能同意这一要求。毋宁通过现实地处理,先缔结和约,向前迈进更好些。"宫泽喜一外相马上反驳说:"你所说的'现实地处理'是什么?说穿了不就是固定现状吗?如果有这种想法就不能缔结和约。"宫泽喜一外相进一步强调指出:"只有一揽子返还'北方四岛',才是缔结和约的大前提,才能建立真正的日苏友好关系。"① 对此,葛罗米柯外长除了反复强调要"现实地处理",并未作更多的解释。此次外长级会谈中,关于"北方领土"问题方面的谈判毫无进展。

日苏两国关于是先缔结和平条约,还是先返还"北方领土"之争,可以说从两国恢复邦交谈判以来持续至今的矛盾焦点。苏联方面主张先缔结和平条约再解决领土纠纷问题,而日本方面则主张先解决领土纠纷问题再缔结和平条约。日本方面认为,先缔结和平条约就等于承认"北方四岛"现状的合理性,也就无法再收回"北方四岛"。苏联方面认为,两国之间应该先建立友好关系,缔结和平条约,在良好环境下解决双方领土纠纷问题。在双方争持下,日本政府采取所谓"政经不可分"对策,即不返还领土就不进行大规模经济合作。苏联方面则采取不时地否认"北方领土"问题存在,与此同时加紧在"北方四岛"上的建设,使日本方面放弃收回"北方领土"问题的愿望。

苏联在包括"北方四岛"在内的千岛群岛上的投资建设项目,主要出于军事与经济目的,特别是伴随着美苏"冷战"局势紧张,这种建设速度愈加快速。千岛群岛被整体军事基地网覆盖,在色丹岛、国后岛、择捉岛都建有飞机场,而且雷达覆盖整个千岛群岛。择捉岛太平洋沿岸的天然良港单冠湾,曾经作为日本海军联合舰队偷袭珍珠港的出发基地而闻名天下,如今成了苏联太平洋舰队军舰频繁出入的港湾。现在齿舞群岛、色丹岛、国后岛、择捉岛由苏军太平洋管区司令部所属第114国境警备队、第14独立飞行队负责防务。在经济方面,以渔业为中心的产

---

① 宋成友、李寒梅等:《战后日本外交史》(1945~1994),北京,世界知识出版社,1995年,第460页。

业经济不断发展。在"北方四岛"多数地区建立了渔业基地,发展鱼类罐头工厂,不断开展鱼类孵化事业,进一步发展农业与矿产业。在色丹岛、国后岛上苏联建有大型国营农场。据苏联新闻通讯社资料,苏联占领后的"北方四岛"已经发生了巨大变化。例如,择捉岛的古城沙那,过去只是在城里中心地区有行政机构、邮局和156户居民,现在是大型渔业工厂林立、拥有1500人的城镇。再如,国后岛的古釜布,昔日的影子完全没有了,铺筑的道路纵横交错,两侧有百货店和食品店。色丹岛变化最明显,从斜古丹到又古丹的14公里区间,可以说是排列着居民住宅与罐头工厂。关于得抚岛以北的各岛屿,幌筵岛中心地区是远东地区最大的水产加工基地,人口大约为5000人。苏联政府在包括"北方四岛"在内的千岛群岛上,投入大量资金进行基础设施建设,从另一角度反映出苏联政府根本没有打算归还日本方面的意愿。

三木武夫内阁时期对苏联外交毫无进展,对华外交进展也不顺利,其原因就是来自苏联方面的干扰。1974年12月14日,三木武夫内阁成立后的第五天,三木武夫首相在国会发表施政演说中指出:"关于日中关系,我将诚实地履行1972年9月29日《中日联合声明》的各项原则,促进缔结《日中和平友好条约》。"① 但是,在中日两国就缔结和平友好条约的预备性谈判中,三木内阁却不敢认真履行《中日联合声明》的有关原则。

1975年2月14日,中国驻日本大使陈楚与日本外务省次官东乡文彦就缔结《中日和平友好条约》举行第三轮预备性谈判,中国代表提出:既然以《中日联合声明》为基础缔结和约,就应该在和约中载明《中日联合声明》的第七项条款,即"两国任何一方都不应在亚洲和太平洋地区谋求霸权,每一方都反对任何其他国家或国家集团建立这种霸权的努力"②。

3月4日,中国驻日本大使陈楚与日本外务省次官东乡文彦就缔结《中日和平友好条约》举行的第四轮预备性谈判中,双方围绕"反霸权条款"是否载入和约正文展开激烈争论。中方重申原则立场,主张将

---

① 宋成友、李寒梅等:《战后日本外交史》(1945~1994),北京,世界知识出版社,1995年,第416页。

② 鹿岛和平研究所编:《日本外交主要文书·年表》(3)(1971~1980年),东京,原书房,1985年,第594页。

"反霸权条款"写入和约的正文。日方则认为,第三国实际上指苏联,写入条约会有麻烦,反对将反霸条款列入条约内。这样,中日两国缔结和平友好条约的预备性谈判,因是否写入"反霸权条款"意见不同而出现僵局。

三木武夫内阁不敢将"反霸权条款"写入《中日和平友好条约》,主要外部因素就是来自苏联方面的威胁。1975年6月17日,苏联塔斯社发表苏联政府《对日本政府的声明》,指责将"反霸权条款"写入《中日和平友好条约》是"反苏行为",强调这是"为了第三国某种狭隘意图而企图制造改善日苏关系的障碍"①。1976年1月13日,苏联外长葛罗米柯在会见日本首相三木武夫时公开扬言:如果日本在"反霸权条款"问题上"屈服中国的压力,就必须重新考虑日苏关系"。② 2月24日,在苏联共产党第二十五次代表大会上勃列日涅夫的报告中,就有关日苏关系问题指出:"有关和平解决诸问题,日本受到外来教唆,向苏联提出毫无根据的无理要求。"③ 这里所指的"毫无根据的无理要求"就是日本方面提出的返还"北方领土"问题。以这次勃列日涅夫的报告为契机,日苏两国关系明显不断走向恶化。

1976年5月,苏联政府宣布,日本人前往齿舞群岛与色丹岛扫墓活动,与前往苏联其他领土一样,必须得到苏联政府签发的旅行证和护照。1964年以来,按照两国协议,日本人前往齿舞群岛与色丹岛扫墓,只要有日本外务省签发的身份证明就可以入境。但是,已经连续十几年的惯例,此时苏联政府突然宣布更改,使日本人不得不终止前往上述岛屿的扫墓活动。实际上,有关日本人进入"北方四岛"扫墓问题,也涉及有关日本政府对"北方领土"问题政策,日本认为"北方领土"是"固有领土",所以进入本国"固有领土"而向苏联方面申请及签字,违背了日本政府的政策原则。

9月6日,苏联空军中尉别连科(В. И. Беленко)驾驶着当时本国最先进的米格-25型战斗机,强行在日本北海道函馆机场着陆,然后立即

---

① 鹿岛和平研究所编:《日本外交主要文书・年表》(3)(1971~1980年),東京,原書房,1985年,第766頁。
② 久保田正明:《クレムリンの使節——北方領土交渉:1955~1983》,東京,文藝春秋,1983年,第243頁。
③ 久保田正明:《クレムリンの使節——北方領土交渉:1955~1983》,東京,文藝春秋,1983年,第244頁。

向日本方面投降，并提出赴美国要求政治避难。苏联驻日本大使托罗扬诺夫斯基奉政府之命，立即前往日本外务省进行交涉，要求将别连科本人及所驾驶飞机马上引渡归还苏联方面。但是，日本外务省却以别连科本人要求赴美国政治避难为由，拒绝了苏联大使的引渡要求。9月9日，别连科本人成功地离开日本赴美。9月19日，日本国民自卫队将米格-25战斗机运往茨城县百里基地，与美国军方人员一起将飞机完全拆卸，认真研究该飞机的构造和技术性能后，于11月14日在茨城县日立港，将飞机交还给苏联方面接运回国。11月15日，日本外务省情文局长发表谈话，指出"有关此次事件，我国政府对飞机及飞行员所采取的措施，是符合国际上类似事件处理方法，作为主权国家当然被认可的。日本政府认为苏联政府应该正确冷静地理解这一事件，相信不会因此该事件而影响近年来日苏两国之间的友好关系"①。

在日本北海道原"北方四岛"居民和广大渔民的强烈要求下，9月11日，当时担任日本外相的宫泽喜一，首次以外相名义到临近"北方四岛"的海域进行视察。苏联塔斯社发表评论，指责宫泽喜一外相"乘坐军舰"，"到属于苏联岛屿范围""进行没有先例的旅行"。②

上述事情的连续出现，使日苏两国关系急剧恶化。9月29日，在出席联合国大会期间，苏联外长葛罗米柯在会见日本外相小坂善太郎时，怒气冲冲地指责日本政府的态度是"不友好的"。该事件出现后，苏联方面中止了日苏合同经济委员会活动，停止了日本围棋代表团访苏事宜。在日本北方海域，苏军动用飞机、军舰等加大巡逻力度，以武力向日本方面示威。

由于三木武夫内阁在对外关系上，无论是对华关系，还是对苏关系都无明显进展，加上党内派系争斗的不利，于1976年12月24日被迫总辞职。当天，福田赳夫内阁成立。

福田赳夫（1905年1月至1995年7月）曾担任佐藤内阁和田中内阁的大藏相、三木内阁经济企划厅长官等职。福田赳夫长期与财界联系，关系十分密切，受到财界的支持与影响是福田内阁的特征。在当时，中国"文化大革命"刚刚结束，一场大规模的经济建设高潮即将到来，日

---

① 鹿島和平研究所編：《日本外交主要文書・年表》（3）（1971~1980年），東京，原書房，1985年，第874頁。
② 坂本德松、甲斐静馬：《返せ北方領土》，東京，青年出版社，1977年，第16頁。

本财界对此视为"扩大经济合作"的良机。日本财界的积极对华姿态，为福田赳夫内阁缔结中日和约提供了有力的支持。在中日两国各界人士的努力下，1978 年 7 月 21 日，两国之间再次就缔结和约问题举行谈判。由于中日两国之间就缔结和约谈判已经拖拉持续有六年，双方彼此十分清楚对方的主张，因此这次谈判实质上仅剩下最后决断阶段。特别是关于"反霸权条款"，双方都相应作出一定让步后，于 8 月 12 日正式签订了《中日和平友好条约》。其中第二条款规定：缔约国任何一方都不应该在亚太地区或其他地区谋求霸权，并反对任何其他国家或国家集团建立这种霸权的努力。①

福田赳夫内阁在对华关系上大胆突破，在对苏关系上就愈加被动。1978 年 1 月，日本外相园田直赴莫斯科，与苏联外长葛罗米柯举行第五次外长定期协商会议。双方再次就缔结和约问题举行谈判。然而会谈仍然在"北方领土"问题上僵持不下，因而草草收场，但是出乎日本方面意料的是，2 月 23 日苏联单方面公布自己起草的《苏日睦邻合作条约》。此条约完全忽视日本方面最关心的"北方领土"问题，不仅遭到福田赳夫内阁的拒绝，而且也招致日本朝野上下的指责。对此，3 月 6 日，苏联外交部发表《关于领土问题的口头声明》，指责日本"对苏联领土千岛群岛南部诸岛提出要求，是对苏不友好的政治宣传"，是"歪曲了 1973 年 10 月 10 日《日苏联合宣言》"，鼓动"复仇主义的宣传狂热"，强调"苏日之间不存在任何领土问题"。3 月 20 日，日本政府就此也发表声明，再次重申"北方四岛"为日本固有领土，并指出"那种认为日苏之间似乎不存在领土问题的观点，才是造成两国之间疏远和不信任的真正障碍"②。这次两国之间关于"北方领土"问题的公开争论，更加大了双方之间的距离，关系日趋冷淡。

1979 年 1 月 29 日，日本防卫厅发表情况说明报告，指出苏联方面从 1978 年夏天开始，在"北方领土"的国后岛、择捉岛上新增加军事力量配备并构筑新军事设施。③ 1979 年 2 月 5 日，日本外务省审议官高岛会

---

① 鹿岛和平研究所编：《日本外交主要文書・年表》(3) (1971~1980 年)，東京，原書房，1985 年，第 1010 頁。
② 鹿岛和平研究所编：《日本外交主要文書・年表》(3) (1971~1980 年)，東京，原書房，1985 年，第 967~968 頁。
③ 末澤畅二、茂田宏、川端一郎编：《日露（ソ連）基本文書・資料集》(改訂版)，東京，RPプリソティソゲ，2003 年，第 214 頁。

晤苏联驻日大使普里雅斯基,向苏联政府提出口头抗议,其主要内容为:"长期以来,日本政府对苏联政府提出,遵照历史事实并从国际法角度,齿舞群岛、色丹岛、国后岛及择捉岛为日本领土是毫无疑问的,应尽快返还。日本政府多次提出,为了日苏两国建立真正相互信赖关系,在安定的基础上发展,解决上述领土问题是缔结和平条约不可缺少的因素。日本国政府根据已经掌握的情报,苏联最近在国后岛及择捉岛上进行新的军事力量配备及构筑设施,这与"北方领土"问题早日并且和平解决的精神是背道而驰的,日本政府一贯追求国际和平的政策,促进与苏联之间努力促进平等友好关系,对苏联方面所采取的新的军事措施不得不感到遗憾!"①

1979年12月24日晚间,苏军入侵阿富汗事件发生后,日本政府迅速作出反应。1979年12月29日,日本外相大来发表谈话,公开指出:"众所周知,日本政府一贯主张任何问题都不应使用武力或者威胁,应该采取和平对话解决的立场。这次苏联派遣军队入侵阿富汗,这与日本政府的立场不相容并违反国际正义,对此不得不表示遗憾!苏联采取军事行动,有损于国际和平及安全,日本政府不得不表示深刻忧虑!日本政府认为,苏联政府应该立即停止对阿富汗的军事介入,希望尊重该国独立和主权。阿富汗的国内问题,应该由本国人民自己解决。"②

与此同时,日本政府针对苏联入侵阿富汗事件,采取了一系列抵制苏联的措施:

第一,在外交事务上推迟,或者取消原订与苏联的交往活动。日本推迟了邀请苏联最高苏维埃代表团来访;推迟了日苏文化协定的谈判;撤销了苏联驻日本大使馆拜访日本自民党领导人的安排。这些措施实际上停止了日苏两国间的国家关系往来,在政治方面抵制苏联。

第二,抵制莫斯科奥运会。1980年1月6日,沙特阿拉伯奥委会率先发表拒绝参加莫斯科奥运会的声明,接着美国等西方国家均积极响应。日本在奥运会报名期满前夕,明确自己的态度,采取抵制莫斯科奥运会

---

① 末澤暢二、茂田宏、川端一郎編:《日露(ソ連)基本文書·資料集》(改訂版),東京,RPプリソティソゲ,2003年,第214頁。
② 末澤暢二、茂田宏、川端一郎編:《日露(ソ連)基本文書·資料集》(改訂版),東京,RPプリソティソゲ,2003年,第216~217頁。

的立场。①

第三，利用各种场合发表言论，谴责苏军入侵阿富汗，呼吁国际社会共同抵制。1980年3月，日本代表宫泽喜一在伦敦举行的日美欧三方委员会第11次会议上作了"为对应挑战"的演说。宫泽在演说中指出，为了政治、安全保障问题，日美欧三方必须把阿富汗事件作为契机，加强三方的同盟关系，积极分担各自的国际责任。1982年11月的联合国大会上，日本代表投票支持要求苏联从阿富汗撤军的决议案。

日本积极参与抵制苏军入侵阿富汗事件，也使日苏关系更加紧张，当然有关"北方领土"问题的接触完全处于僵持或者对抗局面。在这种形势下，1981年1月6日，日本内阁通过决议，决定设置"北方领土日"，其主要内容如下：

1. 动因

为了更加深入推动国民对"北方领土"问题的关心和理解，推进全国的返还"北方领土"运动进一步发展，设置"北方领土日"。

2. 日期

每年2月7日。

3. 活动

"北方领土"问题有关机构、民间团体等共同协助，当天举行与这样动因相符的全国性集会、演讲会、研修会。②

日本设置所谓"北方领土日"的目的非常明确，就是决议所说的"为了更加深入推动国民对'北方领土'问题的关心和理解，推进全国的返还'北方领土'运动进一步发展"。同时当然也存在对苏联方面施加压力的目的，警告苏联方面日本国民不会忘记返还"北方领土"问题。日本确立每年2月7日为"北方领土日"，是根据1855年2月7日日本与俄罗斯两国第一次签署双边关系条约——《日俄友好条约》之日，按照该条约规定，日俄两国在千岛群岛地区的国境线划定，应该是择捉岛与得抚岛之间。这也是现在日本方面所主张的内容，或者所依据的法律条款内容。

---

① 末澤畅二、茂田宏、川端一郎编：《日露（ソ连）基本文書・資料集》（改訂版），東京，RPプリソティソゲ，2003年，第217頁。

② 末澤畅二、茂田宏、川端一郎编：《日露（ソ连）基本文書・資料集》（改訂版），東京，RPプリソティソゲ，2003年，第219頁。

针对日本方面设置"北方领土日",1981年1月20日,苏联方面也发表声明,其主要内容为:

> 苏联注意到,最近在日本政府方面的积极鼓动下,围绕着所谓领土问题展开的宣传活动。
>
> 上述宣传活动是由政府权力带有方向性鼓动的,最近一系列事实明显给予证明。最近日本政府作出举行2月7日"北方领土日"的决定。东京报道2月7日计划举行首相及国会两院议长参加的集会。另外,政府提出修改学校教育体系,在学校教学计划里增加"北方领土"问题。日本政府采取类似行为,对苏联是不友好的,是破坏日苏关系上已获得成果的行为,日本意图将使日苏关系更加复杂化。
>
> 当然,这是我们不得不作出的结论。日本政府人为制造不存在的"北方领土"问题,其应该清楚知道,无论采取什么措施,苏联都不会改变立场。这个立场是非常清楚的,即在日苏关系上不存在任何领土问题。这种事情,苏联方面对日本领导人已多次声明。我们深信,不要提出毫无根据的领土要求,只有冷静、现实地与苏联确立睦邻关系路线,才能适合日本自身利益和远东及整个亚洲地区的安全保障利益。①

针对日苏关系发展问题,长期担任苏联外长职务的葛罗米柯在《回忆录》中评价说:"在那个时期,两国关系的发展往往因日本不时掀起的反苏浪潮所中断。由于日本方面在合作道路上人为设置各种障碍,许多双边合作问题的解决拖延了下来。随着时间的推移,日本对外正常独立性减弱和日本更加屈从于美国全球利益的趋势日益明显。东京开始寻找各种借口,以便使日苏关系停滞,甚至倒退。"② 对于日苏两国有关缔结和平条约谈判问题,葛罗米柯在《回忆录》中说,在交换意见时,我们苏联方面总是提出:"签订苏日和约很重要。但是,日本不应对签署这

---

① 末澤畅二、茂田宏、川端一郎编:《日露(ソ连)基本文書・資料集》(改订版),东京,RPプリソティソゲ,2003年,第219~220頁。

② 〔苏〕安・安・葛罗米柯:《永志不忘——葛罗米柯回忆录》下卷,伊吾译,北京,世界知识出版社,1989年,第177页。

一条约提出明显不能接受的条件。"① 第二次世界大战结束已经近70年，可是日俄两国至今尚未签署和平条约，这在国际关系史上也成为特殊例子。日本领导人每每与苏联领导人及后来的俄罗斯领导人会面时，总是提议双方就缔结和平条约问题进行谈判，对此苏联领导人及后来的俄罗斯领导人并不回避，但是日本各届领导人必提"定义式"要求，即缔结和平条约需要归还"北方四岛"，否则将不缔结和平条约。日本方面长久不变的要求，并未打破苏联及后来的俄罗斯方面的既定方针，仍然坚持领土问题不让步，使双方谈判无法进行，推延至今成为特例。

五、"政经不可分"政策下的日苏渔业关系

千岛群岛位于太平洋北部地区，地处日本海由南向北的暖流和白令海由北向南的寒流交汇处，所以包括"北方四岛"周边海域在内的北太平洋渔场，是世界著名的渔场。该渔场盛产鲑鱼、鳟鱼、鳕鱼、鲱鱼、金枪鱼等名贵的鱼类及各类海产品，其海岸附近还栖息着海獭、海狗、海豹等海洋生物。就日本本身而言，近海渔场非常有限，所以日本向南、向北扩展渔场是扩展渔业发展空间。日本向北扩展的渔场就是著名的北太平洋渔场。早在19世纪下半叶，伴随着俄罗斯向远东地区扩张领土，日本向北扩展渔场，主要是俄罗斯沿海海域，形成所谓日俄关系中的渔业问题。由于俄罗斯在远东地区人烟稀少，经济不发达，导致该地区渔业捕捞能力有限，日本渔民就成为该渔场的主要捕捞者，而且渔产品也主要销往日本国内市场。1905年日俄战争失败后，俄国被迫签署《朴茨茅斯条约》，第十一条款规定："关于俄罗斯将濒临日本海、鄂霍次克海及白令海的俄国领土沿岸之渔业权，许予日本臣民，约定同日本缔结协定。"据此日本就从法律上获得在苏联领海及附近海域与苏联公民有同等的渔业捕捞权，1925年5月两国签署《北京条约》时再次获得确认。苏联伴随着国家实力不断增长，采用各种限制措施，力图收回日本在本国海域捕捞的权益，而日本则极力采用各种手段保持已经获得的权益，日苏渔业问题就成为两国关系主要纠纷内容之一。

第二次世界大战结束后，日苏两国之间围绕"北方领土"纠纷不断发展，致使两国之间的渔业纠纷也不断出现。两国渔业纠纷产生的根本

---

① 〔苏〕安·安·葛罗米柯：《永志不忘——葛罗米柯回忆录》下卷，伊吾译，北京，世界知识出版社，1989年，第184页。

原因为，日本方面认为"北方四岛"为本国"固有领土"，苏联非法侵占，拒绝承认苏联拥有主权，日本渔民仍然按照传统习惯，在该渔场捕鱼作业。在该海域，苏联方面宣布拥有12海里的领海主权，对于"侵犯领海"的日本渔船则采取扣押措施，因此不断产生两国之间的渔业纠纷。

日本政府为了确保渔民的安全作业，在苏联占领下的"北方领土"周边海域设立"危险推定线"，警告渔民掌握好作业范围，但是渔民不留心就会进入苏联"领海"。苏联方面对于领海采取了严格防范措施，不断派遣监视船巡逻警卫，如果确认有侵犯领海的船只，立即予以扣押。日本渔船马力小、速度慢，根本不是苏联监视船的对手，而且苏联方面的扣押战术也在逐年提高，既提高监视船的速度，又增加直升机参与巡逻，使扣押力度不断加大。1946年4月20日，齿舞群岛的多乐岛周边海域上，日本北海道地区根室市的渡边雄吉所拥有的鲜鱼运输船"第三晓丸"（16吨、有4名船员）被苏联监视船扣押为第一例，到1976年9月30日止，在"北方领土"周边海域，苏联共扣押日本渔船1531艘、渔民12726人，其中在"北方四岛"周边海域扣押的渔船占74%，为1031艘。其详细情况如表5-1所示①：

表5-1 苏联扣押日本渔船、渔民状况

年代	扣押		归还		事故		未归还	
	船数	人数	船数	人数	船数	人数	船数	人数
1946	7	52	7	52	0	0	0	0
1947	1	3	1	3	0	0	0	0
1948	19	159	18	157	0	2	1	0
1949	25	492	24	490	0	2	4	0
1950	45	276	32	276	1	0	0	0
1951	47	368	25	367	2	0	0	0
1952	47	390	45	385	2	2	1	0
1953	44	340	44	340	0	4	0	0
1954	65	537	63	537	2	0	12	0
1955	125	1104	125	1103	0	1	0	0

① 坂本德松、甲斐静馬：《返せ北方領土》，東京，青年出版社，1977年，第80頁。

(续表)

年代	扣押		归还		事故		未归还	
	船数	人数	船数	人数	船数	人数	船数	人数
1956	131	1207	83	1206	3	1	45	0
1957	99	944	68	944	2	0	29	0
1958	80	557	50	557	2	0	28	0
1959	91	774	44	774	1	0	46	0
1960	58	476	13	475	0	1	45	0
1961	89	579	41	579	2	0	46	0
1962	72	506	26	506	1	0	45	0
1963	31	326	16	326	1	0	14	0
1964	35	268	10	268	0	0	25	0
1965	40	450	21	450	0	0	19	0
1966	34	294	16	288	1	6	17	0
1967	47	315	11	315	0	0	36	0
1968	40	346	15	345	0	1	25	0
1969	39	363	12	351	2	12	25	0
1970	22	190	14	190	0	0	7	0
1971	27	272	20	272	0	0	7	0
1972	36	234	17	234	1	0	18	0
1973	25	186	15	186	0	0	10	0
1974	33	246	18	246	0	0	15	0
1975	42	290	26	286	2	4	14	0
1976	35	198	19	184		1	1	13
合计	1534	12742	939	12692	25	37	570	13

说明：①数据来源于第一管区海上保安本部调查。②事故为扣押有关的沉船、死亡事故。

从表5-1看，在1946～1976年的30年间，苏联扣押日本渔船的最高峰是1955～1956年间，1955年扣押渔船为125艘，渔民为1104人；1956年扣押渔船为131艘，渔民为1207人。其原因为：第一，苏联加强沿海水面的警备力量，对日本渔民作业活动严格审查。第二，《旧金山对日媾和条约》生效后，日本渔民自认为恢复了法律上的独立地位，可以更多地进入该海域。第三，1955年该海域的特产鱼增多的诱惑力。然而关键性原因是1955~1956年间，正是日苏两国为恢复邦交正常化而进行艰苦谈判之际，苏联方面为了迫使日本方面就范，在渔业问题上有意加大打击力度，为谈判起到配合作用。

苏联方面实施扣押行动的主要是国境警备队的监视船及军舰，其理由为违反《日苏渔业条约》。苏联国境警备队的监视船频繁出现在日本渔船作业的海域，如果认为某渔船可疑，就命令其停船，然后军官、翻译及武装士兵登船检查，确定船位。如果该船确定为"入侵"苏联12海里领海，立即将船带人一起扣押。日本渔船被扣押后，要把船长、捕捞长、船主人等扣押，最少被判三个月刑期，最多被判四年刑期。对一般船员进行有关调查，扣押一至两个月后释放。对于船只、渔网等捕捞工具则采取没收。释放人员要支付所用食品费，如果没有要设法支付。

到1976年末，被扣押的日本渔船的总数达到1534艘，其中37%即570艘没有返还。这种扣押措施，不仅给日本渔民带来肉体痛苦，而且没收渔船和渔网，对小规模经营的渔民也是经济上、生活上的致命打击。在这些被扣押的渔民中，根室市渔民片冈永吉是被扣押渔船最多的，在1959~1972年的13年间，片冈永吉共有17艘渔船被扣押，年平均达1.3艘。如此执著的片冈永吉出生在国后岛，1948年被强行引渡到根室市，他坚持到该海域捕鱼作业。

在苏联扣押日本渔船过程中，经常出现日本渔船拼命逃跑而苏联监视船快速追赶时发生的冲突事件，导致渔船沉没而船毁人亡。渔业安全作业问题，实际上与"北方领土"问题有密不可分的关系。苏联也正是不断利用渔业问题来向日本施加压力，妄图迫使其在领土问题上就范让步，而日本方面也以渔业问题为理由之一，不断坚持要求收回"北方四岛"。

1976年12月10日，苏联部长会议公布《苏联沿岸水域生物资源保护与渔业调查临时措施》，宣布设立200海里经济专属区水域。① 1977年2月24日，苏联部长会议公布《关于实施苏联沿岸相连太平洋及北冰洋水域保护生物资源以及限制渔业暂时措施》，宣布200海里包括所属各岛屿，领海基线至200海里，白令海、鄂霍次克海、日本海、楚科奇海、

---

① 鹿岛和平研究所编：《日本外交主要文书·年表》(3)（1971~1980年），東京，原书房，1985年，第874頁。

太平洋及北冰洋苏联沿岸水域，1977年3月1日起正式生效。①

设立200海里经济专属区水域，本来是拉丁美洲国家首先提出的，其目的是反对美苏两个海洋霸权主义国家利用先进的科技手段肆意乱捕，以捍卫本国渔业资源，所以受到越来越多第三世界沿海国家的支持。随着越来越多的第三世界沿海国家宣布自己拥有200海里经济专属区水域后，美苏两个海洋霸权主义国家也不得不宣布自己同样实施200海里经济专属区水域。

苏联宣布实施200海里经济专属区水域后，对于日本渔业也产生巨大影响。日本年均渔业产量约1010万吨，其中在美国200海里经济专属区水域捕捞为160万吨，在苏联200海里经济专属区水域捕捞为170万吨，两者相加330万吨。再从北海道地区情况看，1974年度该地区渔业生产量为233.6483万吨，其中半数50.7%，即118.4508万吨，是从其他国家的200海里经济专属区水域捕捞的，这其中的48%是在苏联200海里经济专属区水域捕捞的，金额达700亿日元。② 当然，这并不意味着全部丧失了，通过交涉和双方签订协议，可以获得一定的捕捞量。

按苏联部长会议公布的《临时措施》规定，在苏联政府划定的200海里经济专属区水域里，外国渔船进行渔业捕捞作业时，必须事先与苏联方面签订协议，确定每种生物资源种类、年度总的捕捞量。对此，苏联方面还确立了严格的监视方法。如果触犯这一规定将被处罚，作为行政处罚的罚金额限定为1万卢布（约4000万日元），被扣留的渔船与渔民，在提出合理的担保或其他保证后释放。③

在苏联实施200海里经济专属区水域之前，1977年2月25日，日本以内阁官房长官园田直的名义发表了抗议谈话，指出：苏联设置200海里经济专属区水域，包括"我国固有领土，我国政府在缔结日苏和平条约谈判中，要求一揽子归还'北方四岛'。苏联单方面在'北方四岛'周边水域设置苏联渔业管制对象水域，我国表示非常遗憾并不予承认"④。

---

① 鹿岛和平研究所编：《日本外交主要文書・年表》（3）（1971~1980年），東京，原書房，1985年，第882页。
② 坂本德松、甲斐静雨：《返せ北方領土》，東京，青年出版社，1977年，第93页。
③ 鹿岛和平研究所编：《日本外交主要文書・年表》（3）（1971~1980年），東京，原書房，1985年，第874~875页。
④ 鹿岛和平研究所编：《日本外交主要文書・年表》（3）（1971~1980年），東京，原書房，1985年，第882页。

2月28日至3月3日,在莫斯科举行了日本农林相铃木善幸与苏联渔业部长伊什科夫(A. A. Ишков)的渔业谈判。日本方面认为,尽管渔业是重要的,但是如承认从"北方领土"划定的200海里经济专属区,就等于承认了苏联占领日本"北方领土"的既成事实,也等于自己放弃了主权要求。因此,日本方面希望把领土问题与渔业问题分割开处理,而苏联方面希望形成日本承认苏联占领"北方领土"为既成事实,结果双方没有达成一致。

4月7日,日本农林相铃木善幸再赴莫斯科,与苏联渔业部长伊什科夫继续进行谈判,为了加强力量,日本首相福田赳夫特派官房长官园田直以首相特使身份前来助阵。4月16日,以樱内义雄为首的15名多党派议员组成代表团访苏作为策应。4月18日,日本国内的自民党与在野的社会党、公明党、民社党等举行6党首脑会议,形成超党派,一致支持日本渔业谈判代表团的主张。5月27日,双方签订了《日苏渔业临时协定》,规定"北方领土"包括在苏联划定的200海里经济专属区范围内,苏联渔船拥有"在日本沿海水域进行传统捕鱼的权利"。双方还交换了分配捕鱼量的信件,允许日本当年年底前在苏联沿海200海里经济专属区水域捕捞鳕鱼、竹刀鱼70万吨。① 8月4日,双方又一次签订了《日苏渔业临时协定》,以相互重叠形式规定苏联渔船在日本200海里经济专属区水域捕鱼的条件。② 这样两国在渔业问题上的紧张局势有所缓解。

进入1978年后,由于日苏两国在"北方领土"问题上又出现了公开争论,使渔业问题又一次受到影响。1978年4月21日,两国虽然签订了《日苏渔业合作协定》,但是苏联方面分配给日本方面的鲑鱼、鲟鱼的捕捞量却大幅度下降。1976年的捕捞量为8万吨,1977年的捕捞量为6.2万吨,1978年与1979年则下降到4.25万吨,而且日本方面还要支付40.1亿日元的"渔业合作费"。③

1977年5月2日,日本方面公布《领海法》、《渔业水域暂时措施

---

① 鹿岛和平研究所编:《日本外交主要文书·年表》(3)(1971~1980年),東京,原書房,1985年,第925~927頁。
② 鹿岛和平研究所编:《日本外交主要文书·年表》(3)(1971~1980年),東京,原書房,1985年,第938~940頁。
③ 鹿岛和平研究所编:《日本外交主要文书·年表》(3)(1971~1980年),東京,原書房,1985年,第972~974頁。

法》。前者宣布日本实施 12 海里领海权；后者宣布日本实施 200 海里渔业水域，并且宣布两部法律当年 7 月 1 日实施。① 就渔业而言，日本方面的领海权从过去的 3 海里扩大到今天的 12 海里后，无疑阻拦了苏联渔船队向日本沿岸海域靠近，对于日本沿岸海域的渔业发展是有利的。但是，实施了 12 海里领海权后，例如，津轻海峡等就不能让苏联船只自由通航。因此，如果苏联舰艇携带核武器通过这些海峡，就违反了日本的非核三原则，"不拥有、不使用、不携带"。对于苏联舰艇携带核武器通过海峡，日本只能采取视而不见的态度。为了避免出现这种尴尬局面，日本方面在《领海法》（附则）里设置"特定海域"，即在宗谷海峡、津轻海峡、对岛（东、西）海峡，仍然实施 3 海里领海权，承认外国船只拥有的正常航行权。②

　　从战后日苏渔业纠纷看，日本方面坚持的立场为：在"北方领土"问题没有解决前，暂时搁置领土问题，先就渔业问题进行交涉，以保证眼前的渔业生产顺利进行。苏联方面则利用渔业问题不断地向日本施加压力，特别是两国关系出现紧张时，渔业问题往往成了苏联方面可以利用的矛，不断地向日本要害刺去。实际上，两国之间的渔业纠纷要想真正解决，必须要解决两国之间的领土问题，否则只能是缓解，而并不能达到真正解决。

---

① 鹿岛和平研究所编：《日本外交主要文書・年表》（3）（1971～1980 年），東京，原書房，1985 年，第 908～909 頁。

② 鹿岛和平研究所编：《日本外交主要文書・年表》（3）（1971～1980 年），東京，原書房，1985 年，第 908 頁。

第六章　日本对俄"扩大均衡"领土政策

一、"新思维"外交与"北方领土"问题

1985年3月11日，米哈伊尔·谢尔盖耶维奇·戈尔巴乔夫（М. С. Горбачёв）（1931年3月2日生）当选为苏联共产党总书记，开始了苏联历史上的戈尔巴乔夫时期（1985年3月至1991年12月）。戈尔巴乔夫上台后，通过1985年4月的苏共中央全会和1986年2月的苏共第二十七次代表大会确立了戈尔巴乔夫的改革路线。

他在对内政策中提出"公开性"与"改革"，试图结束勃列日涅夫后期以来苏联国内出现的停滞状态，求得社会政治经济的复兴与发展。他在对外政策上提出了"新思维"，指望改善在国际舞台上的不利处境，从而加强同美国的竞争。1986年1月15日，戈尔巴乔夫在苏联政府声明中提出了"新思维"，指出为了停止军备竞赛，建立国家之间的信任与合作关系，需要大胆的态度和新的政治思维。其后，他在苏联共产党第二十七次代表大会上的政治报告、庆祝苏联十月革命胜利70周年的讲话以及《改革与新思维》一书中，对"新思维"外交进行了解释。戈尔巴乔夫根据对世界发展及趋势的基本估计，提出了苏联处理国际关系的基本原则：和平共处的普遍原则、自由选择的原则、普遍安全的原则、维持两极体制的原则。这一基本原则总的概括，就是"世界是相互联系，相互依存的统一整体"，"全人类的利益高于一切"的外交"新思维"。

在外交"新思维"指导下，苏联的对外政策进行了大幅度调整。首先是缓和与美国的关系，从美苏全面对抗转变到全面对话，进而谋求协调与合作，以维持世界两极体系。其次是努力恢复与中国的关系，在中苏双方磋商中，中国方面曾明确指出：苏联在中苏边境和蒙古驻扎重兵、

支持越南入侵柬埔寨和出兵占领阿富汗，从北部、南部和西部严重威胁中国的安全，这是实现两国关系正常化的三大障碍。① 经过双方不断努力终于消除障碍，实现两国关系正常化。再则是采取收缩战略，随着中苏关系调整，苏联从阿富汗撤军，减少直至停止对柬埔寨、安哥拉等热点地区的军事支持，放松对东南欧国家的控制。苏联对外政策的大幅度调整，给整个国际社会带来巨大影响，同样也为日苏关系调整及解决"北方领土"问题带来新的机遇。

日苏两国关系，自1979年苏联出兵阿富汗以后，日本积极参与了国际社会对苏联的制裁活动，使两国关系进入所谓"严冬季节"。1985年3月，日本方面在获知苏联共产党总书记契尔年科（К. У. Черненко）去世的消息后，当时的日本首相中曾根康弘（1918年5月27日生）就决定亲自赴莫斯科参加契尔年科的葬礼活动，并且指示外务省方面准备他与苏联新任总书记戈尔巴乔夫举行会谈。中曾根康弘首相的决定确实使日本外务省官员感到为难，因为此前日本首相铃木善幸（1911年1月至2004年7月）赴莫斯科，参加了苏联原共产党总书记安德罗波夫（Ю. В. Андропов）的葬礼活动，铃木善幸首相未能与当时担任苏联共产党总书记的契尔年科举行会谈，失望下于第二天返回。对此日本方面认为，这不仅损害了日本首相本人的威信，而且也损害了日本国家的威信，这些情况至此还在日本人心目中记忆犹新。如确实不能够与戈尔巴乔夫总书记举行会谈，中曾根首相赴莫斯科之行就丧失了意义。外务省的反对并没有能够阻止中曾根首相的决心，虽然此时还正值日本国会举行期间。中曾根康弘首相敏锐地感觉到，年轻的苏联共产党总书记也许会改变日苏关系现状的！

1985年3月13日，契尔年科葬礼结束后，戈尔巴乔夫以苏联国家最高领导人的身份在克里姆林宫里举行答谢外国贵宾仪式。按照苏联传统的问候顺序，戈尔巴乔夫一般最先接见社会主义国家代表，其次为第三世界国家代表，最后接见资本主义国家代表。可是这次在接见完社会主义国家代表后，在接见第三世界国家代表前，戈尔巴乔夫打破传统而提前接见了资本主义国家代表、日本首相中曾根康弘，双方举行了三分钟的简单会谈。简单会谈后，日本方面通过本国驻苏联大使馆，要求举行

---

① 栾景河主编：《中俄关系的历史与现实》，开封，河南大学出版社，2004年，第581页。

两国首脑正式会谈。苏联方面最初答复为，举行苏联政府总理吉洪诺夫与中曾根康弘首相会谈。对此中曾根康弘首相感到愤怒，认为戈尔巴乔夫让勃列日涅夫时期遗留的老年人吉洪诺夫代替会谈，是对日本方面的侮辱，提出如果不能与戈尔巴乔夫举行会谈的话，立即离开回国。在日本首相中曾根康弘强烈的态度下，最后苏联方面同意戈尔巴乔夫与中曾根康弘首相举行会谈。

3月14日，日本首相中曾根康弘与苏联共产党总书记戈尔巴乔夫举行会谈。这是1973年日本首相田中角荣访问莫斯科，与时任苏联共产党总书记勃列日涅夫举行会谈后，相隔12年后两国首脑再次举行会谈。这次首脑会谈上，中曾根康弘首相仍然提出解决"北方领土"问题，缔结和平条约等日本政府方面的定式言论。对此戈尔巴乔夫总书记也是采用以往苏联政府的惯用答复，指出两国之间不存在领土问题。但是这次会谈上，中曾根康弘首相提议，日苏关系"包括发展"为目标，把领土问题与缔结和平条约交涉同时进行。具体的"包括发展"为，包括文化协定和科学技术协助等。中曾根康弘首相还提议，两国之间恢复自1978年后中断的外长级会谈，对此戈尔巴乔夫总书记的表示同意。可以说，中曾根康弘首相与戈尔巴乔夫总书记这次会谈，为此后日苏关系发展打开了大门。

戈尔巴乔夫推行新外交政策，开始呈现的迹象为，1985年7月撤换了担任28年外长职务的葛罗米柯，转任为最高苏维埃会议主席，让他脱离苏联外交部门，任命格鲁吉亚共产党第一书记谢瓦尔德纳泽（Э. Шеварднадзе）为苏联外交部部长。苏联外交上葛罗米柯时代结束，对于日本方面来说，是非常利好的消息！对于新外长就任，日本方面抱着极大的欢迎态度。谢瓦尔德纳泽外长就职后第五天，按照中曾根康弘与戈尔巴乔夫的会谈结果，恢复两国外长会谈，日本方面最早发出邀请，正式邀请谢瓦尔德纳泽外长访问日本。

1985年9月12日，苏联共产党政治局候补委员、文化部部长杰米切夫（П. Н. Демичев）携带戈尔巴乔夫亲笔信访问日本。苏联共产党政治局委员访问日本这是战后以来第五次，而且携带共产党总书记亲笔信，这是自1978年来第一次。戈尔巴乔夫在信中仍然表现出，要把日本作为亚洲安全保障的一环，不仅要改善与日本的关系，而且更重要的是作为与美国战略关系的一环对日本表示关心。与此同时，日本社会党干事长石桥政嗣访问莫斯科，戈尔巴乔夫与他进行了四个小时会谈，详细说明了苏联有关亚洲安全保障考虑。如在亚洲禁止首先使用核武器，在亚洲禁止核武器实验、废除现存的军事集团、撤除外国军事基地等。所以日本方面认为没有什么新异观点，仍然重复过去老一套的苏联观点。对于石桥政嗣干事长提出的有关"北方领土"问题，戈尔巴乔夫仍然重复苏联政府过去主张，指出作为第二次世界大战结果出现的国境线不能够改变。

然而，苏联戈尔巴乔夫时代两国举行的第一次外长会谈，却让日本方面感到苏联对日外交政策出现新变化。1985年9月24日，出席联合国大会期间，日苏两国外长在纽约举行了会谈，这实际上是日苏相隔七年后举行的第一次外长会谈。两国外长会谈上，首先让日本方面感到新异的是，苏联对待会谈的态度发生变化。苏联方面为此次会谈特意准备了各种茶点，这与过去的会谈完全不同，过去两国外长会谈上苏方甚至连白水都不准备。苏联外长谢瓦尔德纳泽向日本外相安倍晋太郎明确表示，他将于1985年底或1986年初访问日本。苏联外长的这一决定，是日本外交近来不断努力的结果。日本外相安倍晋太郎在这届联合国大会上没有如以往那样讲话必提"北方领土"问题，而是采用回避谈论该问题的态度。在与谢瓦尔德纳泽外长的会谈上，安倍晋太郎外相也没有涉及"北方领土"问题。安倍晋太郎外相提议，双方开始就包括文化协定、科学技术协助、租税协定和贸易支付有关协定的经济协助各问题举行交涉。这明显是中曾根康弘首相提议的"包括发展"具体措施。

1985年10月12日，日本首相中曾根康弘首相给苏联共产党总书记戈尔巴乔夫的来信给予回信答复，中曾根康弘首相提议，恢复自1973年田中角荣首相访问苏联以来为缔结和平条约而进行的交涉，日本方面确认有意扩大在政治、经济、文化方面的联系。针对戈尔巴乔夫总书记提出的安全保障问题，中曾根康弘首相表示，如果在不损害日本安全保障政策核心，即《日美安全保障条约》的前提下，可以就戈尔巴乔夫总书记的提议向前推动。该信笺同样没有涉及"北方领土"问题。

1986年1月15～19日，苏联外长谢瓦尔德纳泽在任职刚半年就访问了日本。这是自1976年1月以来，苏联外长十年后首次访日。两国间外长定期协商，也从1978年1月日本外相园田访苏后，中断了近八年。日本近几年来一直要求苏联外长访日，并希望恢复两国外长定期协商，而在去年 9 月以前，苏联对此一直采取置之不理的态度。这期间，日苏两国外长直接接触，只有在纽约借出席联合国大会的机会举行会谈。这次苏联外长访问日本，日本方面最大的目的是，使苏联方面承认"北方领土"问题的存在，日苏关系至少恢复到 1973 年田中角荣与勃列日涅夫发表联合声明那样的状态。

谢瓦尔德纳泽外长在与日本领导人的会谈中，反映出一种新气氛，包括在正式会谈场合，谢瓦尔德纳泽外长善意、直率的语言，最大努力地理解日本方面的立场，就对方的建设性态度给予积极反应，努力赞成。1 月 16 日下午，两国外长会谈上就"北方领土"问题开展讨论。日本外相安倍晋太郎提议，这次会谈从解决缔结两国和平条约的前提条件"北方领土"问题开始。对此谢瓦尔德纳泽表示，同意为了缔结两国和平条约再次举行交涉，但是任何方面都不应该设置前提条件。安倍晋太郎外相就日本方面有关"北方领土"问题的主张进行详细阐述，从 1855 年《下田条约》到 1973 年田中角荣与勃列日涅夫联合声明给予说明。对于安倍晋太郎外相的长篇说明，谢瓦尔德纳泽不像苏联原外长葛罗米柯那样极其不耐烦，或者高叫"不存在领土问题"而打断日本方面的说明。这次谢瓦尔德纳泽是耐心听取日本方面说明后，表示两国之间国境是由历史、法律文件决定的，俄罗斯方面认为千岛群岛是俄罗斯人发现的，并存在大量文献证明，现在的两国国境线是第二次世界大战的结果决定的，不能够改变。谢瓦尔德纳泽的以上说明，表示苏联政府长期以来的主张仍然没有发生改变。

两国外长会谈的焦点问题，在会谈后发表的联合声明里表现出来。在 1 月 16 日晚间会谈上，日本外相安倍晋太郎提出，会谈后发表的联合声明里，至少应该像 1973 年两国首脑发表的联合声明那样，再次表示"两国为缔结和平条约就第二次世界大战后遗留问题的解决而交涉。"谢瓦尔德纳泽对此表示坚决拒绝。最后两国外长会谈后发表的共同声明里表示："两位外长认为，根据 1973 年 10 月 10 日日苏联合声明确认一致为基础，日苏和平条约的内容与包括有关各问题，举行就缔结条约的交涉。"① 对此双方出现完全不同的解释，日本方面认为该联合声明表示，苏联方面恢复了 1973 年存在的条件，即苏联确认两国之间存在领土问

---

① 末澤畅二、茂田宏、川端一郎编：《日露（ソ連）基本文書・資料集》（改訂版），東京，RPプリソティソゲ，2003 年，第 235 頁。

题。但是，谢瓦尔德纳泽则明确表示，这种解释的可能性是不存在的，"未解决问题"不包括领土问题。

尽管双方在"北方领土"问题上仍然存在着严重分歧，但是双方同意外长协商将继续下去。1986年5月，安倍晋太郎外相访问苏联，这是自1978年以来日本外相第一次访问莫斯科。5月30日，在克里姆林宫戈尔巴乔夫与安倍晋太郎举行的会谈上，戈尔巴乔夫指出，苏联不管日本与其他国家的关系，决心在所有方面采用一切努力改善对日关系。这里所指的"不管日本与其他国家的关系"，实际是说苏联开始改变原来对《日美安全保障条约》的否定态度。同时，针对安倍晋太郎提出对有关"北方领土"问题没有任何进展表示遗憾后，戈尔巴乔夫指出："你提出了不应提起的问题。该问题作为第二次世界大战的结果，正当规定的国境是不可侵犯的。日本这样不近情理地要求，有关该问题的解决是不可能的。"① 这反映出苏联有关领土问题的原则立场并没有改变。

然而在两国关系发展上，苏联政府为了改善双方关系，在许多具体问题上采取现实性方针。例如，应日本方面请求，1986年6月两国签订了有关协定，苏联方面对包括库页岛南部地区在内的日本国民前往扫墓活动实行简化手续。双方签署了1月已经达成一致的文化交流协定。在安倍晋太郎外相访问苏联时，他携带了中曾根康弘首相给苏联共产党总书记戈尔巴乔夫的亲笔信，中曾根康弘首相正式邀请戈尔巴乔夫总书记访问日本，举行两国首脑正式会谈。

1986年7月28日，戈尔巴乔夫总书记在苏联远东地区重要城市海参崴（符拉迪沃斯托克）发表关于"新亚洲政策"的讲话，强调了日本的国际作用，希望将日苏关系纳入正常轨道，"在不受过去问题影响下，在平心静气的环境中"② 开展全面合作。随着苏联方面不断作出善意姿态，日苏两国关系有所改善，两国之间签订了若干经济贸易协定，停顿了多年的合作开发西伯利亚大型项目的谈判重新开始。特别是1986年7月，苏联共产党总书记戈尔巴乔夫在给日本首相中曾根康弘的回信中，表示欣然接受日本方面提出的访日邀请后，使两国关系缓和的热度骤然升温。

关于戈尔巴乔夫访日的时间，在1986年9月的两国外长会谈中，苏

---

① 長谷川毅：《北方領土問題と日露関係》，東京，筑摩書房，2000年，第95頁。
② 末澤暢二、茂田宏、川端一郎編：《日露（ソ連）基本文書・資料集》（改訂版），東京，RPプリソティソゲ，2003年，第240頁。

联外长以美苏首脑会谈尚未确定为理由,表示戈尔巴乔夫总书记访日今年内无法实现。美苏首脑冰岛会晤确定之后,日本外务省就开始积极促进实现戈尔巴乔夫能够在1987年1月访日。中曾根康弘首相的想法是,在戈尔巴乔夫访日时,要求苏联在"北方领土"问题上采取行动,至少比1973年日苏首脑会谈更前进一步。另外,由于美苏首脑会谈未能达成协议,日本担心日苏关系因东西方关系变化而变化,日本政府以戈尔巴乔夫访日问题为中心,密切注视苏联对日政策的走向。

正当日本政府满怀希望地为戈尔巴乔夫1987年1月访日加紧进行准备之际,苏联方面却通知日本,戈尔巴乔夫推迟1月访日行程,至于推迟至何时访日未提出具体时间,只是说双方本年3~4月再度磋商。苏联的这一决定引起日本政界的震惊,戈尔巴乔夫推迟访日,无疑给中曾根康弘首相推行的对苏联外交政策带来很大打击。中曾根康弘首相原设想在他延长的一年首相任期内,外交上实现邀请苏联领导人戈尔巴乔夫来访,使日苏关系上取得一定突破,加上他在内政方面的改革,完成"战后总决算",然后体面地辞去首相职务。戈尔巴乔夫1月访日无法实现,打乱了中曾根康弘首相外交上的部署。进入2月之后,日本国会开始审议有关改革的方案,内政事务缠身,随着时间的推移,自民党内部围绕着中曾根康弘首相何时下野,谁来接替的斗争将趋于激化。在这种条件下,他的对苏外交计划就有告吹的危险。

为了扭转对苏外交上出现的这种被动局面,中曾根康弘首相调整了他的外交活动日程,从1月10日起访问了芬兰、东德、南斯拉夫和波兰。据报道,中曾根康弘首相在决定出访这些国家前颇费了一番脑筋,目的是采取"迂回战术",从侧面对苏联做工作,通过这些国家向苏联传递信息。在访问期间,日苏关系是一系列会晤中的重点议题。在东德,中曾根康弘首相赞扬戈尔巴乔夫去年在海参崴的讲话是"历史性的讲话",说"我们了解到苏联关心亚太地区"。在波兰,中曾根康弘首相同波兰总统雅鲁泽尔斯基也谈到日苏关系,特别谈到"北方领土"问题,表示只要苏联在这个问题上作出让步,日本就将以加强经济合作来回报。

与此同时,苏联领导人戈尔巴乔夫在推动日苏关系发展上表现出慎重态度,至1988年12月谢瓦尔德纳泽外长正式访问日本的这段时间,两国高层交往似乎出现"中断"现象。当然,出现这种局面的主要原因为:一是日本领导人缺少对苏联方面给予积极回应的态度,认为苏联政府迟早要改变对日政策，因为苏联国内经济改革需要日本的经济协作。二是该时期双方关系上出现几个事件，直接影响了两国关系，不利于戈尔巴乔夫访问日本。

第一个事件为，苏联坚决反对日本加入美国研制的"战略防御体系（SDI）"计划。日本宣布决定参加美国"战略防御体系"后，1986年9月11日，苏联外交部针对日本政府决定与美国商谈参加战略防御计划发表声明，指出："日本政府发表声明决定参与美国SDI计划与美国政府进行交涉。日本参与美国计划实施的开发具有进攻性的宇宙武器，将军备竞争扩大至宇宙空间，并迈出实际步伐。""日本参加SDI计划，与日本公开宣布无核三原则，主张的军事政策防御理念是不一致的。""日本在客观上会为实现美国关于把远东和整个太平洋地区变成进行更高程度的军事对抗区域的军国主义打算开辟一个崭新的渠道"，并声称"这自然不能不对日苏关系产生不良影响"。① 对此日本政府采取不理睬的态度，1987年7月22日，日本政府与美国政府正式签署《关于日本参加美国战略防御计划研究协定》。

第二个事件为，1987年3月21日，美国揭发日本东芝机械公司和挪威孔斯贝格公司违反巴黎统筹委员会规定，1983年、1985年先后两次向苏联出口了禁运物资——九轴数控铣床，该铣床可以加工重量100吨以上、直径1米的大型螺旋桨，使苏联生产的潜艇减少了噪音，以致难以侦察，给西方国家的安全防范造成更大威胁。针对美国政府利用"东芝事件"施加越来越大的压力，日本政府被迫决定一方面加强出口管制措施，特别限制向社会主义国家出口；另一方面加强与美国进行反潜武器研制上的合作而弥补所造成的损失。日美关系加强造成日苏关系出现急剧恶化趋势，对此苏联方面指责在日本国内存在一股反苏势力和军国主义势力，反对日苏友好，指责日本政府"企图以在军事、政治战略上服从美国的反苏需要，换取美国在经济贸易方面取消对日本实行制裁"。②

第三个事件为，1987年6月10日，苏联《消息报》揭露日本利用

---

① 末澤畅二、茂田宏、川端一郎编：《日露（ソ连）基本文书・资料集》（改订版），东京，RPプリソティソゲ，2003年，第240~241页。

② 末澤畅二、茂田宏、川端一郎编：《日露（ソ连）基本文书・资料集》（改订版），东京，RPプリソティソゲ，2003年，第249页。

在苏联过境的火车集装箱搞间谍活动。这家报纸说,日本在这批火车集装箱内装入了能够拍摄西伯利亚大铁路沿线每 1 米实况的专用照相机。同样,当天日本外务省也约见苏联驻日公使,指责苏联驻日本大使馆人员收买日本人,窃取了横田军事基地美国空军技术资料。6 月 11 日,苏联外交部发言人警告说,如果日本"继续对苏联驻日机构加紧制造不健康的环境",苏联将"被迫采取相应的对策"。① 8 月 20 日,同一天内,日苏两国政府分别向对方外交人员开刀,演出一场急如星火的驱逐战。苏联外交部发言人格拉西莫夫(Г. И. Герасимов)在 8 月 20 日的新闻发布会上,指责日本大使馆武官冈本智博和竹岛信博在黑海敖德萨港"从事了间谍活动",日本三菱商事公司驻莫斯科事务所副所长大谷隆男在苏联"捞取商业情报进行投机"。格拉西莫夫说,苏联政府对这种违法行为表示"强烈抗议",并通知日本方面,竹岛信博和大谷隆男"已不能留在苏联"。日本政府对此做出了针锋相对的反应,8 月 20 日下午,日本外务省指责苏联驻日本贸易代表处代表波克罗夫斯基"同东京航空计器公司的资料被盗事件有关并拒绝警视厅的传讯",为此"决定要他离境"。从日苏两国所采取的驱逐外交人员的行动看,苏联是对日本一系列事件发生所采取的报复行动。苏联外交部还明确警告日本,不要"陶醉"于目前的经济成就,而不考虑自己的"长期安全利益"。日本政府立即采取针锋相对的措施,主要动机是想向美国及西方盟国显示对苏联的强硬立场,以摆脱向苏联出口禁运物资遭到美国严厉指责的尴尬处境。

在这种形势下,苏联急速发展与韩国之间的关系。在苏联国内学术研究机构,如东洋学研究所与世界经济研究所等,都在研究日本问题部门的基础上,或者是增加,或者是设置了有关韩国问题的研究部门。在党政机关,就连苏联共产党中央与苏联政府外交部也把日本部变成日本韩国部。1988 年 9 月,在汉城奥运会召开前一天,戈尔巴乔夫总书记视察了西西伯利亚的库拉斯诺亚斯库,在两年前发表海参崴演说后,再次发表苏联政府对亚洲太平洋地区政策。在这次演说中,戈尔巴乔夫第一次提出在海参崴的演说中根本没有涉及的与韩国的关系问题,表示希望与韩国建立经济关系。戈尔巴乔夫指出:"我希望在全面改善朝鲜半岛形

---

① NHK 日ソプロジェクト編:《こわがソ連の対日外交だ——秘録・北方領土交渉》,日本放送出版協会,1991 年,第 215 頁。

势的背景下，尽可能与南朝鲜开展经济关系的道路。"[1] 1988 年 2 月，韩国国民直接选举产生卢泰愚政权，利用汉城奥运会举办之机，积极扩大与苏联为首的社会主义国家交流。韩国经济的高速发展也必然引起苏联方面注意，在两国共同努力下，1990 年两国建立了外交关系。

苏联方面利用接近韩国的方法，间接向日本方面施加压力，说明在戈尔巴乔夫的战略中日本地位的重要性。从苏联的军事战略上看，虽然声称全部国际关系并不等于美苏关系，但是实际上苏联仍然从同美国的全球战略均势这一基本前提出发，处理同其他国家的关系。苏联战略中，日本是一个重要目标，认为日本在美国的反苏战略中起着重要作用。日本不仅以其领土为美国提供反苏前沿基地，而且还在财政方面帮助美国在亚太地区，特别是东北亚地区组织新的反苏军事集团，从而导致苏联同美国在全球，特别是在亚太地区的对峙态势失衡。日本向美国提供高技术和高技术产品，同美国在军工生产领域合作，发展新型武器，这样合作反过来又促成了日本本国军事工业的发展和军事能力的增强，这使苏联感到不安。因此苏联急于离间日美关系，牵制日美不断加强的战略合作行动。戈尔巴乔夫认为，苏联前领导人对待日本的强硬做法，不仅未能达到离间日美关系的目的，反而进一步使日本向美国靠拢，因此有必要改变这一策略。从苏联的经济发展战略看，戈尔巴乔夫要扭转苏联经济和社会长期停滞、落后的状态，以便在未来仍然能够保持世界头等强国的地位，把日本视为可以借助的一支最重要力量。日本已成为世界最发达的资本主义国家之一，在当今世界上已取代美国成为最大债权国。正当苏联由于经济、政治原因国际威望逐渐下降之时，日本却以雄厚的经济实力为后盾，一步步扩大着它在亚太地区及全球的影响。苏联为扭转这种发展不利的趋势，迫切需要借助日本的资金、技术发展本国经济，以缩小同发达资本主义国家逐渐拉大的差距。随着日苏两国关系"转暖"，双方贸易也大幅度增长，1988 年达到历史最高纪录。在化工、造纸、资源开发、渔业、环保以及和平利用宇宙空间等方面，双方都开展了合作。日本还在电器、石化、水产、旅游、服务等领域扩大了对苏投资。

---

[1] NHK 日ソプロジエクト編：《こわがソ連の対日外交だ——秘録・北方領土交渉》，日本放送出版協会，1991 年，第 217 頁。

二、日本对俄"扩大均衡"领土政策

1987年11月6日，日本竹下登（1924年2月至2000年6月）内阁成立后，致力于推动改善陷入困境的日苏关系。特别是苏联共产党总书记戈尔巴乔夫推行"新思维"外交，主动与西方国家改善关系，日本更担心这样的结果会导致本国在国际上处于孤立。为此，竹下登内阁决定采取"北方领土问题国际化"对策。该对策的目的，一方面可以向西方盟国说明日本与苏联关系困境的原因，争取西方盟国理解、帮助促进"北方领土"问题解决；另一方面向苏联方面施加压力，以西方盟国的集体力量，促使苏联方面在"北方领土"问题上让步。

竹下登内阁采取"北方领土问题国际化"的第一步措施为，利用西方七国首脑会议舞台游说西方盟国，争取获得西方各国共同对苏联方面施加压力。1988年6月19～21日，在加拿大多伦多举行西方七国首脑会议期间，日本首相竹下登对西方各盟国首脑劝说，戈尔巴乔夫的"新思维"外交也许对欧洲地区适合，但是对亚洲地区不适合，因为苏联的军事实力在亚洲地区继续增加，威胁亚洲地区的安全保障问题。多伦多西方七国首脑会议上，各国领导人对于日本首相竹下登的主张基本给予认可，日本方面感到获得初步成功。

为了进一步具体落实"北方领土问题国际化"战略，竹下登内阁采取更加明显的措施，即采取第二步措施，派遣使团游历西方各国，劝说西方各国承认"北方领土"为日本领土主权。1988年7～8月，日本方面派遣以木村睦男为团长的自民党"地图使节团"出访欧洲，向有关欧洲各国说明"北方领土"应该是日本主权，所以在"世界地图"上有关"北方领土"的标志应该改为日本领土。实际上早在1984年，日本方面第一次派遣"地图使节团"出访的对象是美国，并因获得美国政府方面理解而感到自信倍增，可那是戈尔巴乔夫总书记上台之前的事情。现在状况为，戈尔巴乔夫推行外交"新思维"后，东西方关系大大缓解，所以欧洲各国对日本方面派遣"地图使节团"态度冷淡。英国政府初期发表声明表示支持日本政府的立场，认为苏联继续占领"北方领土"是不当行为。但此后又改变态度，撤回原来的主张，理由为英国政府必须遵守《雅尔塔协定》的立场。法国政府通报说，"北方领土"问题属于日本与苏联之间的问题，法国政府在地图上标志为有争议地区，不属于任何国家的领土。西德政府答复说,西德政府的地图很情愿如日本政府所希望的那样修改,有关出售的地图没有什么影响力。实际上,作为西方国家首领,美国对"北方领土"问题的态度也是非常微妙的。"北方领土"问题,形成与美国政府对日苏领土问题政策的变化有深刻联系,冷战期间美国支持日本方面的立场,主要目的为利用"北方领土"问题阻止日本和苏联改善关系,是其手中利用的道具。美国政府虽然支持日本方面主张,但是这种支持也仅为虚伪形式而已,缺少真正实质性的内容。日本竹下登内阁此番采取"北方领土问题国际化"对策并没有收到预想效果,特别是西方盟国,并没有像日本预计的那样给予大力支持,使其不得不重新考虑其他途径改善与苏联关系问题。

在这样的背景下,日本政府希望把改善目前日苏关系冷淡局面交由前首相中曾根康弘扭转,幻想利用中曾根康弘当政时期与苏联领导人建立的"个人"关系,改变目前这样的僵局。中曾根康弘在访问苏联前,向苏联方面提出三个条件:

第一,戈尔巴乔夫不能够拒绝讨论"北方领土"问题。如果戈尔巴乔夫否认存在"北方领土"问题,而且表示该问题已解决完了,那么他赴莫斯科访问就丧失意义了。中曾根康弘讲:"例如,戈尔巴乔夫不同意返还四岛的话,希望该问题能够向前推进10%、15%也是可以的。"[①]

第二,中曾根康弘提议,在访问苏联期间能够允许他与苏联的研究机构代表、苏联国内社会舆论能够产生影响的领导人直接对话。

第三,要求苏联政府能够提供电视台,直接转播他在苏联国内访问期间所进行的演说内容实况。[②]

中曾根康弘提出的上述三个条件,苏联方面表示完全接受后,中曾根康弘赴苏联进行访问。1988年7月21日,中曾根康弘在苏联世界经济国际关系所(INEMO)举行演说。中曾根康弘提出,历史哲学者认为,在过渡时期,即过去时代统治倾向和未来时代状态倾向混乱时期,此时新倾向具有最大的发展前途。他认为,在国际社会激烈变化中,国家、企业、国民,都在消除自己与对手过去的隔阂,不能否认存在不同形式的相互依存的现实状况。这种相互依存的考虑方法,被称为戈尔巴乔夫"新思维"外交的根本考虑方法。中曾根康弘提出,日苏之间为了构筑

[①] 長谷川毅:《北方領土問題と日露関係》,東京,筑摩書房,2000年,第126頁。
[②] 長谷川毅:《北方領土問題と日露関係》,東京,筑摩書房,2000年,第126頁。

缔结和平条约的新关系，必须要解决领土问题，为此"苏联政府应该采取主动，与日本之间就领土问题再次举行讨论，并应该改变过去那种顽固态度，应该表现出愿意推动问题解决的诚意"①。

7月22日，中曾根康弘与戈尔巴乔夫在克里姆林宫举行会谈。中曾根康弘提出，为了解决"北方领土"问题，应该以1956年《日苏联合宣言》附带的"松本俊一、葛罗米柯交换信笺"为出发点。②戈尔巴乔夫对此给予反驳，他指出，苏联认为作为第二次世界大战结果而确定的双方国境，具有不可侵犯性，如被破坏将有损世界和平。③双方有关"北方领土"问题的争论并未获取任何结果，但是这次会谈使日苏冷淡的关系，再次转向改善关系的轨道上。双方约定当年11月谢瓦尔德纳泽外长访问日本。

1988年9月16日，戈尔巴乔夫总书记在克拉斯诺亚尔斯克发表了苏联有关亚洲政策演说，与上次海参崴的演说相比较，这次演说明显重点谈论苏日关系，日本方面认为，这是中曾根康弘访苏后，苏联方面有意推动改善双方关系向前发展的表现。

苏联对日态度由冷转热，除政治因素外，经济方面也是一个重要考虑因素。苏联自1979年12月入侵阿富汗以来，以美国为首的西方各国相继对苏联采取了严厉的经济制裁措施，日苏之间经济交流逐渐缩小，两国贸易额大幅度下降。尽管苏联不断努力改善同西欧各国的经济联系，但是一直渴望获得的开发西伯利亚地区资源所需要的大型机械依然受到美国严格控制，所以近年来越发希望同日本进行合作。另外，戈尔巴乔夫总书记不久前提出了要使苏联的国民收入和工业生产总值到2000年翻一番的目标。为此在今后的第十二个五年计划期间，苏联将加强基础工业建设，大力开发东西伯利亚的资源。这些都离不开同西方国家在经济、技术上的合作。

苏联方面有意推动双方关系发展，也促进了日本政府认真考虑对苏政策问题。1988年7月，日本外务省新任苏联课长东乡和彦在日本经济

---

① 長谷川毅:《北方領土問題と日露関係》，東京，筑摩書房，2000年，第128頁。
② 〔苏〕米·谢·戈尔巴乔夫:《戈尔巴乔夫回忆录》（全译本）下卷，述弢译，北京，社会科学文献出版社，2003年，第1019页。
③ 〔苏〕米·谢·戈尔巴乔夫:《戈尔巴乔夫回忆录》（全译本）下卷，述弢译，北京，社会科学文献出版社，2003年，第1019页。

团体联合会发表演说，阐述了日本政府新的对苏政策，即所谓"扩大均衡"政策。具体说，日本政府提出的所谓"扩大均衡"政策，就是在"北方领土"问题和经济关系上同时采用"扩大均衡"方针，改变以往不解决"北方领土"问题就不开展双方经济关系的方针。

东乡和彦课长对此解释说：日本对苏政策应该由以下三个原则构成：第一，"日本的立场，与苏联这样拥有强大军事力量的邻国不应长期争吵，应该采用原本的低声，与这样的国家发展正常关系"。第二，日本不能为了正常化而牺牲根本原则问题。因此解决"北方领土"问题，是缔结两国和平条约的前提。第三，日本的对苏政策，"综合实力为决定因素"。所谓综合实力，就是"自卫实力及日美安全保障体制为基础的国家安全保障需要的力量，经济、科学技术力量，包括与第三国关系的外交、政治力量，国民舆论等内政的力量"四个方面的内容。东乡和彦指出，现在虽然日本加强了在经济、技术、政治上的发言权力，但是"这种状态能够持续到什么时候，还不清楚。在短时期对苏交涉上，应该认识到这是重要时期"①。东乡和彦认为，戈尔巴乔夫"是比过去的苏联任何领导人都更有头脑的人、讲实效的人"。因此"在短时间内，对于日本是重要时期"。无论是日本因素还是苏联因素，都将面临重要时期，结论为"作为外务省抓住有限的实惠，考虑如何制定出有效的对苏联的外交政策，不是等待坐在对面的戈尔巴乔夫考虑变化，而是必须采取外交策略改变戈尔巴乔夫的考虑"②。

东乡和彦的演说，表明日本外务省在对苏联方针上出现重要转化，也是在对苏政策上，第一次采用"扩大均衡"言辞。其原因为：

第一，东乡和彦提出要注意改善对苏联关系，要提高到比解决"北方领土"问题更重要的地位。日本政府不是等待、观望苏联方面出现变化，而是应该采取积极主动的政策。

第二，东乡和彦提出的新政策与过去的"政经不可分政策"存在不同点。东乡和彦对此解释说，所谓"政经不可分原则"，"日苏关系在不能确立真正信赖关系的状况下，日本国民没有兴趣推行经济协作"，所以日本拒绝长期的经济协作政策。可是经济协作并非完全不能，"一定的互惠的经济关系是最好的"，"领土问题不彻底解决仅经济协作是不能推进

---

① 長谷川毅：《北方領土問題と日露関係》，東京，筑摩書房，2000年，第132頁。
② 長谷川毅：《北方領土問題と日露関係》，東京，筑摩書房，2000年，第133頁。

的"。结论为,应该采取"双方扩大均衡发展"①。

根据东乡和彦的演说,1988年夏季,日本外务省内部就此进行深入讨论,提出构成日苏关系的基本因素为:第一,领土问题与和平条约。第二,包括经济关系的两国关系。第三,亚洲太平洋、或者国际形势中一般的日苏关系。这三方面内容如何分配?如何进攻?结论为"全面进攻不能打开突破口",应进攻最重点的目标,即把解决"北方领土"问题和缔结和平条约作为最重要突破口。这实质上表明,日本外务省虽然承认"扩大均衡"政策,但是仍然未否认"政经不可分"政策,实际上出现了在"扩大均衡"政策和"政经不可分"政策之间左右摇摆的局面。

1988年12月18~21日,苏联外长谢瓦尔德纳泽正式访问日本,这也是其第二次正式访问日本。在两国外长会谈上,日本政府期待的目标为,将上次双方发表的共同声明中采用的模糊不清的"第二次世界大战后未解决残留问题",确认为包括"北方领土"问题。如果这样的目标被确认后,日本政府准备在经济协作与亚洲太平洋地区安全保障问题上与苏联方面展开协作。同时,在这次外长会谈上,日本政府希望努力确认戈尔巴乔夫访问日本的具体时间。

日本外务省为此制定了策划书,计划采取"三步走"实现目标,第一步在两国外长会谈上,使苏联方面承认"未解决"的问题是"北方领土"问题。第二步在戈尔巴乔夫访日时,确认1956年《日苏联合宣言》的有效性和返还两岛问题。第三步为日本首相竹下登在访问苏联时,实现苏联方面返还"北方四岛"的目的。

苏联外长谢瓦尔德纳泽访日期间,先后与日本外相宇野宗佑、首相竹下登举行会谈,双方就戈尔巴乔夫访问日本取得一定的共识。在苏联外长访日结束后两国发表的联合公报上,表明双方开始为戈尔巴乔夫访日活动进行准备,双方同意设置共同常设机构——副外长级官员工作委员会,讨论有关和平条约问题。②

在这次两国外长东京会谈中,苏联外长提议在两国首脑会谈中签署几份协定,即环境保护协作协定、宇宙空间和平利用协作协定、经济协

---

① 長谷川毅:《北方領土問題と日露関係》,東京,筑摩書房,2000年,第134~134頁。
② 末澤暢二、茂田宏、川端一郎編:《日露(ソ連)基本文書・資料集》(改訂版),東京,RPプリソティソゲ,2003年,第245頁。

作原则协定、旅游协作协定、相互设置银行代表部协定，日本外相同意在首脑会谈中予以讨论上述协定。日本首相竹下登在与谢瓦尔德纳泽的会谈中，提出双方应该减少意见不一致内容，增加一致内容的行动。苏联媒体对于这次外长会谈给予满意的评价，认为向两国首脑会谈方面迈向现实的一步。在宇野宗佑外相举行的欢送宴会上，谢瓦尔德纳泽外长讲，要把苏联与世界上主要国家关系"变化与发展"的特征，全力投向日苏关系上。

1988 年 12 月 20 日，日本外务省事务次官栗山尚一与苏联副外长罗高寿（И. А. Рогачёв），举行两国副外长级的和平条约工作委员会预备会议。日本方面希望利用该委员会会议，再次详细阐述本国有关"北方领土"问题的主张。

栗山尚一事务次官就日本方面的主张进行详细阐述，如下：

栗山尚一事务次官首先强调，"北方领土"从 1855 年至 1945 年的 90 年间是日本的领土，这是客观事实。有关"北方领土"的范围，与"日本在《旧金山对日媾和条约》宣布放弃的库页岛南部与千岛群岛"有不同表示。栗山尚一事务次官强调，"北方四岛"不属于日本在《旧金山对日媾和条约》里放弃的千岛群岛范围内。另外，栗山尚一事务次官还提出，苏联占领"北方四岛"是在日本接受《波茨坦宣言》后，"只能认定使用为武力扩张领土"。日本作为战败国，限于国际法，承认战后的现实。日本根据《旧金山对日媾和条约》不要求库页岛南部和"千岛群岛"返还。栗山尚一事务次官的讲话仍然是日本政府的传统观点，即放弃库页岛南部与得抚岛及以北的千岛群岛，换取收回"北方四岛"的目的。栗山尚一事务次官提出，确认 1956 年《日苏联合宣言》的有效性和松本俊一、葛罗米柯往来信笺，确认 1973 年《日苏共同声明》中未解决问题为四岛返还问题，是缔结和平约的前提条件。这里的重点为，栗山尚一事务次官要求缔结和约的前提条件，不仅是确认 1956 年《日苏联合宣言》的有效性，而且还要确认松本俊一、葛罗米柯往来信笺。

针对日本栗山尚一事务次官的上述言论，苏联副外长罗高寿立即给予有力反驳。针对栗山尚一事务次官宣称 1855 年条约和 1875 年条约涉及的"千岛群岛"中不包括"北方四岛"，罗高寿副外长指出，这一观点是不能够成立的，无论是俄文资料还是日文资料中，保存着大量文献证明，俄国人最先发现、最先开发的千岛群岛。罗高寿副外长明确指出，日俄战争后缔结的《朴次茅斯条约》，致使1855年条约和1875年条约丧失了效力。针对栗山尚一事务次官提出苏联武力攻占千岛群岛是领土扩张，罗高寿副外长明确指出，这是完全无视第二次世界大战同盟国作出决定及行动的客观事实。针对栗山尚一事务次官提出日本不是《雅尔塔协定》的签字国，所以不受该协定约束的观点，罗高寿副外长特别反驳说，日本是战败无条件投降，当然应该接受包括《雅尔塔协定》在内的所有协定、宣言。针对栗山尚一事务次官提及的有关1956年《日苏联合宣言》中，双方就有关返还齿舞群岛、色丹岛达成一致问题，罗高寿副外长指出，这是苏联方面出于善意，并非苏联方面的义务，而且规定两岛是在"缔结和平条约后"返还，有关国后岛、择捉岛没有任何涉及，这是非常明确的。针对栗山尚一事务次官提及有关1973年联合声明中"未解决问题"应该包括"北方领土"问题，罗高寿副外长强烈指出，苏联政府从来没有承认"未解决问题"包括"北方领土"问题。

综合上述双方主张，实质上看双方观点没有出现什么大变化，不过是双方再次重复自1955~1956年两国恢复邦交谈判过程中已经提出的主张而已。日本外务省计划在此次外长会谈上，促使苏联方面确认1973年日苏首脑联合声明里"未解决问题"包括"北方领土"问题，目的并没有实现。

日本外务省在没有获得预计成果后，出现是否坚持推动"扩大均衡"政策的争论，最终决定利用出席巴黎全面禁止化学武器国际会议期间，向苏联方面施加压力，促进苏联方面改变态度。

1989年1月8日，在巴黎举行全面禁止化学武器国际会议期间，苏联外长谢瓦尔德纳泽与日本外相宇野宗佑举行了会谈。在这次会谈中，宇野宗佑外相采取居高临下的强硬态度，提出欢迎戈尔巴乔夫总书记访问日本，但是此时解决领土问题和缔结和平条约是必要的，如果苏联政府准备改变领土问题政策，日本也就采取对策就苏联所希望的成果范围内进行讨论，可是如果苏联政府不考虑改变领土问题政策，日本也不准备采取对策讨论苏联所希望的众多成果问题。即使没有获取成果，还是欢迎戈尔巴乔夫总书记访问日本，举行首脑之间对话，但这种事态将是遗憾的。

日本外相宇野宗佑所提出的"苏联所希望的众多成果"，是指1988

年12月谢瓦尔德纳泽外长访问日本时，苏联方面提出准备在两国首脑会谈中签署几个协定，即环境保护协作协定、宇宙空间和平利用协作协定、经济协作原则协定、旅游协作协定、相互设置银行代表部协定。日本方面曾经表示同意在首脑会谈中讨论这些协定。宇野外相此番言论，是利用苏联政府希望获得日本经济援助，要挟其在"北方领土"问题上尽快作出让步决定。

对于日本外相宇野宗佑的这番言论，苏联外长谢瓦尔德纳泽感到极大反感，感到日本外相似乎突然向苏联方面发出最后通牒。谢瓦尔德纳泽外长明确指出："如果双方为了改善关系，在具有同样兴趣的前提下，访问是能够获得成功的。如果固执于领土问题上，不可能朝着好的方向发展。"①

日本外相宇野宗佑的上述言论，一方面表示日本政府在从"扩大均衡"政策后退，另一方面对苏联政府施加压力的做法，引起苏联方面极大反感。苏联政府认为，日本在戈尔巴乔夫总书记访日问题上设置前提条件是完全无法接受的，所以对戈尔巴乔夫总书记访问日本的热情也随之减弱了。

1989年3月19日，在日本东京举行日苏副外长级定期会谈，苏联副外长罗高寿提议，双方先就苏联外长谢瓦尔德纳泽提出的六个协定进行讨论，但是日本外务省次官栗山尚一以"现在日苏关系不存在充分的政治条件"②为理由，拒绝了罗高寿副外长的提议。栗山尚一次官所提出的"政治条件"就是指"北方领土"问题，实质上意味着日本政府从"扩大均衡"政策后退到"政经不可分"政策的立场上。

3月21日上午，两国副外长级的和平条约工作委员会会议上，日本外务省事务次官栗山尚一，首先就上次苏联副外长罗高寿的主张给予反驳。栗山尚一事务次官指出，以前谁最先发现、开发的"北方领土"，与主权问题没有关系，两国缔结《下田条约》，不是日本行使武力侵略的结果。日本方面强调1855年《下田条约》，是要证明所谓"北方四岛"与得抚岛及以北的千岛群岛是有区别的。针对罗高寿提出的"依据《朴次茅斯条约》日本丧失了以前条约的效力"观点，栗山尚一事务次官指出，这是错误运用了国际法。日本主张依据《开罗宣言》和《波茨

---

① 長谷川毅：《北方領土問題と日露関係》，東京，筑摩書房，2000年，第140頁。
② 長谷川毅：《北方領土問題と日露関係》，東京，筑摩書房，2000年，第144頁。

坦宣言》的领土不扩张原则，苏联对日本开战违反了《日苏中立条约》。有关《雅尔塔协定》，是同盟国之间决定的，并没有法律效力，日本不受其约束。有关《旧金山对日媾和条约》规定日本放弃的千岛群岛地区，应该是指得抚岛及以北的千岛群岛，"北方四岛"不包括在放弃的千岛群岛之内，日本方面的解释与美国方面的解释是一致的。1956年两国虽然没有缔结和平条约，可是就两岛主权问题已经在联合宣言中达成一致，国后岛、择捉岛的意见不一致，联合宣言是两国之间批准的条约，具有法律效力，1960年赫鲁晓夫单方面增设附加条件，是违反国际法的。苏联将这一切做法归咎于修改《日美安全保障条约》的说法，在国际法上是不能成立的。1973年两国共同声明中的"未解决问题"，确实包括领土问题，最后结论为，"北方四岛是日本固有领土"。

日本外务省事务次官栗山尚一发表讲话后，苏联副外长罗高寿开始阐述自己的主张。他首先表示，为了解决领土问题，"政治的意识，现实的考虑，利益的平衡"① 是必要的。他同时提出，有关和平条约工作委员会不仅是讨论领土问题的，应该从更广泛方面讨论缔结和平条约问题。罗高寿副外长表示，去年12月两国外长会议上达成协议应该值得肯定，但巴黎会议上日本方面的态度让人感到失望。如有政治意识，领土问题未必不能解决，日本方面应该提出如日韩、中日缔结和平条约那样相互承认的妥协方案。罗高寿副外长阐述了苏联对两国和平条约问题的认识，缔结和平条约的出发点应该是"第二次世界大战的结果"，"应该考虑世界整体发展这种现实的相互关系"。② 1956年《日苏联合宣言》结束了日苏战争状态并恢复邦交，此后两国关系进一步发展了。和平条约应该反映这种现实，例如，必须根据联合国宪章的广泛原则。苏联主张缔结和平条约，应该从经济、科学技术、文化、人道的协助等广泛领域交流，明显反对日本提出和平条约必须要"划定两国地理界线"为前提条件。

3月21日下午，苏联副外长罗高寿继续就上午的主张阐述：解决领土纠纷问题，必须由第二次世界大战的结果确立的现实和大战中同盟国之间缔结的协定为出发点，《雅尔塔协定》作为苏联方面主张的最大根据，对于日本主张不接受《雅尔塔协定》约束，提出联合国宪章第107

---

① 長谷川毅：《北方領土問題と日露関係》，東京，筑摩書房，2000年，第145頁。
② 長谷川毅：《北方領土問題と日露関係》，東京，筑摩書房，2000年，第145頁。

条款所谓"敌国条款"①，要求日本应该遵守《雅尔塔协定》。罗高寿副外长指出：这是"第二次世界大战中同盟国对敌国采取的行动，这种宪章能够没有效力？"②日本在联合国范围内上下活动，企图让联合国废除该项条款，完全是神经质的表现。罗高寿副外长继续指出："如第三国承认条约的效力，条约有关当事国就条约效力问题"，可以引用《维也纳协定》第 35 条款③。日本是接受规定日本领土的《波茨坦宣言》的，同样也必须接受成为《波茨坦宣言》前提的《雅尔塔协定》所规定的领土条款约束。日本不是确认《雅尔塔协定》为同盟国之间签署的文件吗？依据《维也纳条约法公约》第 26 条款④规定，《雅尔塔协定》有关领土问题条款是制约所有签字国的法律条约。"苏联对库页岛南部和千岛群岛的权利是依据《雅尔塔协定》，不是依据《旧金山对日媾和条约》。这些领土如何处理，日本没有发言权，并且不受《旧金山对日媾和条约》的限制。"对于日本主张"苏联不是旧金山和约的签字国，所以领土条款不适合苏联"，他指出中国也不是签字国，并不妨碍日本根据旧金山和约的规定承认中国台湾及澎湖列岛的中国主权。针对日本主张"北方四岛是日本固有领土"，他提出各种资料证明，在千岛群岛的最早居民是阿伊努人，日本是"从阿伊努人手中获得的土地"。另外，根据地理学与各种国际协定及条约看，日本主张千岛群岛范围为得抚岛及以北千岛群岛也是不能成立的。有关日本主张苏联"使用武力侵略"占据千岛群岛的观点，他指出"这些岛屿是被同盟国利用发动军事进攻的基地"，苏联的行动符合《开罗宣言》，"为了阻止惩罚日本的侵略"，具有正当性。⑤

综合苏联副外长罗高寿的论述看，采用了苏联方面传统的观点。苏联认为，日本利用战争手段获得日俄战争胜利，迫使俄国方面接受不平等的 1905 年 9 月《朴次茅斯条约》，结果导致双方 1855 年缔结的《下田

---

① 《联合国宪章》第 107 条款规定：本宪章并不取消或禁止负行动责任之政府对于在第二次世界大战中本宪章任何签字国之敌国因此次战争而采取或受权执行之行动。
② 長谷川毅：《北方領土問題と日露関係》，東京，筑摩書房，2000 年，第 146 頁。
③ 《维也纳条约法公约》第 35 条款规定：如条约当事国有意以条约之一项规定作为确立一项义务之方法，且该项义务经一第三国以书面明示接受，则该第三国即因此项规定而负有义务。
④ 《维也纳条约法公约》第 26 条款规定：凡有效之条约对其各当事国有拘束力，必须由各该国善意履行。
⑤ 長谷川毅：《北方領土問題と日露関係》，東京，筑摩書房，2000 年，第 146～149 頁。

条约》和1875年的《库页岛、千岛交换条约》丧失了法律效力。日本出兵西伯利亚后，迫使苏联接受1925年缔结的《日苏基本条约》时，苏联政府为使日本撤军而被迫承认《朴次茅斯条约》的约束，1945年日本在战败投降时《朴次茅斯条约》丧失了效力。苏联认为，"二战"末期本国出兵是根据同盟国的一致协议，出兵是合法、合理的，并且苏联占领有关领土也是按照同盟国的决定执行的。

从双方举行的和平条约工作委员会会议情况看，虽然双方争论不断，但是通过这些会议使彼此之间了解了对方的主张，特别是日本方面还没有听到苏联方面如此经过精心准备的反驳，触动很大，被迫必须充分准备资料，便于能够在下次工作委员会会议上阐明自己的主张。

1989年4月30日至5月5日，日本外相宇野宗佑正式访问苏联。在两国外长会谈上，苏联外长谢瓦尔德纳泽向日本外相宇野宗佑提出，在日苏关系上有必要注意"扩大一致领域，加深相互之间理解，不提出任何前提条件"①。宇野宗佑外相提出倡议为：

（1）解决领土问题，缔结和平条约，这是最重要课题。
（2）酝酿建设信赖关系，例如，通过实施扫墓、稳定渔业秩序等。
（3）推进事务关系。
（4）扩大从长期观点看的重要人物交流。
（5）实现首脑互访。②

日本外相宇野宗佑的提议反映出，日本政府准备采用"扩大均衡"政策，可是仍然把解决"北方领土"问题放置于明显的首要位置。

这次两国外长会谈上，宇野宗佑外相就"北方领土"问题表示：面对课题应该改变为具体协商，必须采取对应态度，最重要的领土问题一定要拿出解决方法，应该放置于首要地位。宇野外相就有关"北方领土"问题具体阐述观点为："（1）无论1855年《日俄友好条约》，还是1875年《库页岛、千岛群岛交换条约》，都证明'北方四岛'为日本固有领土。（2）1945年占领'北方四岛'，苏联对日开战是无视当时有效的《日苏中立条约》，我国接受《波茨坦公告》后，苏联违反'领土不

---

① 〔俄〕アレクサンドル・パノ：《不信カラ信頼へ——北方領土交渉の内幕》，高橋実、佐藤利郎訳，東京，サィマル出版会，1992年，第34頁。
② 和田春樹：《北方領土問題——歴史と未来》，東京，朝日新聞社，1999年，第296頁。

扩大原则'占领千岛群岛等,我国国民对苏联行为的不信任感倍增。(3) 双方采用1956年共同宣言形式恢复邦交,两国之间就领土问题没有抓紧调整。另外,苏联以1960年修改《日美安全保障条约》为由,单方面更改共同宣言内容,使日本人心目中对苏不信任感进一步增加。(4) 1973年田中角荣与勃列日涅夫的会谈上,确认未解决问题就是'北方四岛'问题,这是历史事实。"①

宇野宗佑上述有关"北方领土"问题的主张,回避谈论日本在《旧金山对日媾和条约》里已经宣布放弃千岛群岛及库页岛南部主权的事实,就其内容看并没有什么新内容。日本外相宇野宗佑一方面向苏联政府正式提出日本政府准备采用"扩大均衡"政策,另一方面又大谈解决"北方领土"问题的重要性,所以日本外相宇野宗佑此番访苏并没有引起苏联方面过多注意,也就是说苏联方面并没有看出日本政府出现政策方面微弱的新变化。

在会谈上,谢瓦尔德纳泽外长还表示:"《日美安全保障条约》存在的条件下,苏联政府为了缔结和平条约而举行交涉,这样缔结是可能的。"② 这是苏联戈尔巴乔夫时期第一次在正式场合承认《日美安全保障条约》并不阻止日苏关系发展,这使日本方面进一步确信,苏联方面再次确认1956年《日苏联合宣言》具有现实性。另外,会谈上,宇野宗佑外相提议原岛民扫墓扩大到国后岛,谢瓦尔德纳泽外长表示同意。

在日本外相宇野宗佑与苏联共产党总书记戈尔巴乔夫的会谈上,戈尔巴乔夫总书记就日本政府对"北方领土"问题的强硬态度表示非常不满,他毫不客气地质问日本方面,日苏之间的领土问题,为什么不能考虑采用中日之间的钓鱼岛方式?日韩之间的独岛(竹岛)方式?他警告日本放弃那种认为改善日苏关系问题上苏联比日本更急切的错误观念。③

在日本外相宇野宗佑访问结束时举行的记者招待会上,苏联外交部副部长罗高寿明确指出,在戈尔巴乔夫访问日本的准备中,双方不应该提出任何前提条件。他说:"在这次访问期间,我们准备讨论任何问题,

---

① 和田春樹:《北方領土問題——歷史と未来》,東京,朝日新聞社,1999年,第296~297頁。
② 長谷川毅:《北方領土問題と日露関係》,東京,筑摩書房,2000年,第150頁。
③ NHK日ソプロジェクト編:《こわがソ連の対日外交だ——秘録・北方領土交涉》,日本放送出版協会,1991年,第219頁。

也就是说议题是自由的。我们唯一的条件就是不要提出任何条件。"① 苏联认为在戈尔巴乔夫总书记访问日本问题上，日本政府设置"前提条件"是非建设性态度。在戈尔巴乔夫总书记与宇野宗佑外相会谈中，有关戈尔巴乔夫总书记访问日本之事，基本上确定了时间问题，时间大体确定在1991年初。但是从宇野宗佑外相此次莫斯科之行看，戈尔巴乔夫总书记访问日本的时机还没有成熟，两国在重大问题上，特别是"北方领土"问题上的立场并未出现任何变化。

日本政府认为，戈尔巴乔夫推行国内经济改革，必然需要日本方面经济、技术援助，否则不可能获得成功。日本正是以这种认识为基础，在戈尔巴乔夫推行改革的关键时刻，对苏联采取强势态度，不断采取各种高压手段，要求苏联返还"北方四岛"，企图实现自己的愿望。

三、两国为戈尔巴乔夫访日作准备

日本与苏联之间就有关"北方领土"问题争论不休之际，周边国际环境却发生了巨大变化。中苏两个社会主义大国长期以来形成了对峙局面，在国际"冷战"环境中，美国出于对抗苏联的目的而拉拢中国，但是1989年5月15～18日，苏联共产党总书记、苏联最高苏维埃主席戈尔巴乔夫成功访问中国，为20余年的中苏两国对抗状态画上句号。美国再利用中国对抗苏联的局面已经消失了。1989年春夏之季，中国国内出现动乱局面，西方国家转变对中国的态度，对中国采取各种制裁措施，相反对苏联戈尔巴乔夫推行的"西化"改革却给予大力支持。在这种局面下，日本处于非常微妙的地位。西方国家对中国采取各种制裁，日本则不希望损害与中国的特殊关系，因为中国市场是日本的主要贸易对象。西方国家采取援助苏联行动，日本则因"北方领土"问题而拒绝出手援助。日本在处理与中国、苏联关系上，完全处于与西方国家不同的立场上，自然导致与西方同盟国家关系上不断产生摩擦。

1988年12月，苏联共产党总书记戈尔巴乔夫在联合国大会上宣布，单方面削减军队50万，其中包括亚洲地区20万，即包括驻远东地区的12个师、12万人，太平洋舰队的16艘军舰。② 这样使日本长期以来一

---

① 〔俄〕アレクサンドル·パノ：《不信カラ信頼へ——北方領土交渉の内幕》，高橋実、佐藤利郎訳，東京，サィマル出版会，1992年，第39頁。
② 長谷川毅：《北方領土問題と日露関係》，東京，筑摩書房，2000年，第156頁。

直鼓吹的在亚太地区的"苏联威胁论"丧失了说服力。日本今后说服西方国家力量协助抵抗苏联威胁的借口已不成立了。与此同时，苏联方面不顾社会主义阵营同盟国朝鲜的强烈反对，不断扩大发展与韩国的关系。1988年苏联参加韩国首都汉城市举行的奥林匹克运动会后，1988年10月在韩国设置苏联常设经济贸易代表处，1990年12月两国升级建立大使级外交关系。苏联与韩国拉近关系，明显是要取代日本地位，或者向日本示威。苏联与韩国关系拉近，一方面韩国也属于经济发达国家之列，具备一定的技术、资金实力，可以解决苏联的需求，显然警示日本并非不可或缺；另一方面也是为日本树立样板，或者指明发展道路，启发日本应该走韩国式发展道路。

在戈尔巴乔夫"新思维"外交的积极推动下，苏联与世界各国的关系普通出现友好气氛，更加显得日苏关系"另类"。对待苏联戈尔巴乔夫政权，日本政府虽然采用"扩大均衡"政策，力图解决"北方领土"问题，但是对于急剧变化的国际形势仍然表现出犹豫不决的态度。尽管采用"均衡"来"扩大"政策范围，但是"北方领土"问题先行解决的立场并未改变，双方分歧并未因此而缩小。日本政府虽然不断努力试图改善与苏联关系，或者不断释放友好的善意，但是与此同时也不断警告苏联方面这一切都是为了解决"北方领土"问题而作出的让步，使得苏联方面并未感到日本政府释放出善意能够带来真正好处，无非是提供一定的经济技术援助来换取"北方领土"，或者说是"政经不可分"政策的另一种版本而已。总之，日本政府采用的"扩大均衡"政策，自认为是对苏联已经作出了巨大让步，可并未获得苏联方面认可，结果并未收到预期效果。

1988年2月，苏联塔斯社和日本共同社各自举办国内社会舆论联合问卷调查活动，结果为：在调查"你知道日本要求返还'北方领土'问题吗？"时，有94%的日本人、87.4%的苏联人答复说"知道！"；在调查"你认为第二次世界大战的结果规定的现行国境线正当吗？"时，有7.1%的日本人、74%的苏联人认为是"正当"，有74%的日本人、2.5%的苏联人认为"不正当"。① 上述社会调查结果可以看出，有关"北方领土"问题在日苏两国人民心目中的意识是完全相反的。

---

① 長谷川毅：《北方領土問題と日露関係》，東京，筑摩書房，2000年，第153頁。

另外，日本国内有关"北方领土"问题的新闻媒体报道也出现新变化。在戈尔巴乔夫政权下，改变了以往禁止外国人员前往库页岛和千岛群岛访问报道活动的限制规定，1989 年 2 月，日本《北海道新闻》记者进入苏联控制下的库页岛，从这里编辑有关"北方领土"问题特别专集。因为日本政府不允许日本人获得苏联签证而登上千岛群岛，所以《北海道新闻》记者不得不在库页岛对千岛群岛居民实施电话现场采访活动，了解当地居民的实际生活状况。这是日本国内第一次听到来自千岛群岛居民的真正声音，第一次了解千岛群岛居民对日本方面要求返还"北方四岛"的态度。4 月 15～19 日，日本《北海道新闻》记者最终突破国内各种限制登上国后岛，实现了日本记者战后第一次实地采访"北方四岛"的夙愿，真正听到"北方四岛"现在居民的声音。这种真实现场报道同时也再次引起日本人对"北方四岛"问题的关注。

在这种形势下，北海道大学斯拉夫研究中心教授、日本国内著名的日苏关系史专家木村汎在 1989 年《论坛》第 5 期发表文章，他认为戈尔巴乔夫推行"新思维"外交为重要时机，日本应该把握这种机会，不仅要等待对方行动，而且也必须要创造容易解决"北方领土"问题的环境。具体提出：

（1）日本要考虑苏联人居住在"北方领土"上，苏联军队驻扎这样事实。

（2）日本要明确返还"北方四岛"后不会给苏联的安全保障方面带来损害。

（3）日本要考虑如何防止返还"北方四岛"问题上引起苏联国内社会舆论给予否认。

（4）日本返还"北方四岛"的要求，不要再采取逐步升级的应对对策。

（5）日本应该考虑让过去不了解情况的苏联青年人能够顺利接受返还心理。①

木村汎文章的主要意愿为，日本面对这种形势，要考虑到苏联朝野的各种反应，不要一味追求日本方面的考虑，要主动采取行动改善双方关系，创造出能够返还"北方四岛"的环境是重要的条件。

---

① 長谷川毅：《北方領土問題と日露関係》，東京，筑摩書房，2000 年，第 152 頁。

1989年9月，日苏两国外长借出席联合国大会之机举行正式会谈。在会谈上，苏联外长谢瓦尔德纳泽与日本外相中山太郎商定，戈尔巴乔夫于1991年正式访问日本。为了促使访问成功，苏联方面决定派遣雅科维列夫率代表团先期访问日本。

1989年11月12～18日，以苏共中央政治局委员兼书记雅科维列夫为团长的苏联最高苏维埃主席团代表团访问日本。雅科维列夫一行来访是应日本国会众参两院议长的邀请。日本报纸、电视等在介绍雅科维列夫时称，他作为党的外交政策委员会主席，是戈尔巴乔夫外交的代名词，"新思维"外交的演出者，是戈尔巴乔夫总书记心腹之心腹，是苏共党内事实上的第二号人物。雅科维列夫访日，主要目的是为了在新的国际环境下探索打开日苏关系的途径和办法。

雅科维列夫在访日期间，除礼节性的拜访之外，重点是与新任首相海部俊树（1931年1月2日生）、外相中山太郎以及执政的自民党干事长小泽一郎等人进行正式会谈。会谈中主要就戈尔巴乔夫总书记1991年访日问题，包括"北方领土"在内的安全保障和地区问题，经济合作问题等，双方互摸对方的底牌。雅科维列夫还同在野党的代表及经济界首脑进行了会谈。

雅科维列夫在与自民党干事长小泽一郎的会谈中提出、"日苏两国迄今一直坚持各自的主张，有没有第三种方法？要考虑考虑。"① 这一发言被报道后，引起日本各界哗然，纷纷探询"第三种方法"的真实意图指什么。是指"北方领土"问题呢？还是指整个日苏关系？各方理解不一。日本外务省苏联课课长东乡和彦，直接与小泽一郎干事长当面确认谈话的内容和真意，其结果是政府和自民党统一了认识，认为这一发言是指整个日苏关系。即使如此，"第三种方法"之说具体应该怎么理解仍然是个谜。日本方面认为，"北方领土不解决，不可能对苏实行大规模经济合作"。苏联方面迄今一直坚持"领土问题可以留在以后解决，先推进经济合作"的"政经分离"主张。因此，迄今双方的立场截然不同。

日苏关系仍然处于停滞期间，世界形势发生巨大变化。1989年12月2～3日，在马耳他举行了具有历史性意义的美苏首脑会谈，苏联共产党总书记戈尔巴乔夫与美国总统乔治·布什（G. H. W. Bush）宣布结束国

---

① 〔俄〕アレクサンドル・パノ：《不信カラ信賴へ——北方領土交渉の內幕》，高橋实、佐藤利郎訳，東京，サィマル出版会，1992年，第104頁。

际冷战局面。与此同时，在日苏两国关系上，日本政府仍然不断地向苏联方面施加压力，一味地追求"北方领土"问题的解决，引起苏联方面反感。1989年秋，苏联领导人亚戈布列夫访问日本时，在与一位日本政治家的谈话中，据苏联方面翻译人员统计，仅"北方领土"这一句话，先后提到50次以上。1990年7月，在美国休斯顿举行的西方七国集团（G7）首脑会议上，对苏联实施经济援助成为会议讨论重要的问题，日本虽然不反对向苏联提供援助，但是却提出经济援助应该坚持的四个条件，即：

（1）提出有关向市场经济转移的大胆计划。

（2）从军事产业向非军事产业的资源转移。

（3）出现纠纷地区缩小援助数量。

（4）"北方领土"问题解决是这一前提条件。①

在美国方面的支持下，7月10日发表了西方七国集团（G7）首脑会议主席声明，声明中有如下内容："我们支持作为日苏关系正常化上不可缺少的措施，'北方领土'问题早日解决。"② 在会议发表的经济宣言里，承认日本提出的前三个条件，并且表示"我们注意到有关'北方领土'问题与苏联和平解决对日本政府的重要性。"③ 日本方面为西方七国集团（G7）首脑会议上承认"北方领土"问题而感到高兴时，苏联方面却认为日本采取敌视态度，因而产生反感。

1990年7月25日，戈尔巴乔夫会见日本众议院议长樱内义雄时，樱内义雄仅谈"北方领土"问题，不提其他问题。对此戈尔巴乔夫愤怒地说："如果日本方面仅提领土问题，我们的答复是除了不存在领土问题，就没有别的选择啦。除了这样的问题，难道日本方面不准备讨论其他问题吗？如果我去日本，日本方面仅准备讨论领土问题的话，我们也许考虑停止访问日本是最好的方法，因为访问相反会使两国关系恶化是没有意义的。"④

---

① 長谷川毅:《北方領土問題と日露関係》，東京，筑摩書房，2000年，第183页。
② 末澤畅二、茂田宏、川端一郎编:《日露（ソ連）基本文書・資料集》（改訂版），東京，RPプリソティソゲ，2003年，第528页。
③ 末澤畅二、茂田宏、川端一郎编:《日露（ソ連）基本文書・資料集》（改訂版），東京，RPプリソティソゲ，2003年，第529页。
④〔俄〕アレクサンドル・パノ:《不信カラ信頼へ——北方領土交渉の内幕》，高橋实、佐藤利郎訳，東京，サイマル出版会，1992年，第121页。

1990年7月21日，苏联报刊大量转引日本媒体的有关报道，并对日本外相中山太郎在名古屋市与当地实业界代表会谈中的发言进行评论。中山太郎外相当时讲："现在对苏联给予财政援助，就像把钱丢失了一样。"① 后来他解释这句话并不是有意侮辱苏联方面，但是却引起苏联领导人的极大反感，也引来苏联媒体对此作出强烈批判。谢瓦尔德纳泽外长在与樱内义雄为团长的日本国会代表团进行会谈时，对中山太郎外相的名古屋讲话表示"深深地遗憾"。

尽管在戈尔巴乔夫总书记访问日本准备期间不时地出现"紧张"事件，但是无论是苏联方面还是日本方面，越来越多的人士表示支持改善日苏两国关系。其中著名政治家、原自由民主党干事长安倍晋太郎为这次首脑会谈的举行作出了重大贡献。1990年1月12日，在以安倍晋太郎为团长的日本自民党代表团访苏前夕，接受各家媒体记者采访时安倍晋太郎表示："领土问题不是根本问题，但这一问题不解决日苏关系就不能前进，对于两国都是不利的。"② 这句话引起各家媒体关注并且被广泛转载发表。安倍晋太郎访苏期间，在1月15日与戈尔巴乔夫的会谈中，安倍晋太郎首先向戈尔巴乔夫总书记递交了日本首相海部俊树的亲笔信，正式邀请戈尔巴乔夫总书记在樱花盛开时访问日本。同时，安倍表示希望日苏关系在扩大均衡基础上大幅度发展双方关系，为此安倍晋太郎提出八项具体内容，如下：

（1）协助经营管理技术开发和提高生产率的改革。向苏联的社会经济发展研究所派遣技术指导和专家。

（2）具体落实去年秋天以米列科夫为团长的苏联经济调查团访日的结果，相互派遣专家代表团，举办各种研究班、讨论会等，在经济领域扩大人员交流。

（3）在苏联举办日本消费品和消费物资生产设备的大规模展销会，在日本举办苏联技术展览会。

（4）促进青年大规模交流。党、政府、民间共同行动，迎接戈尔巴乔夫访日，日本邀请苏联1000名青年人访日。

---

① 〔俄〕アレクサンドル・パノ：《不信カラ信頼へ——北方領土交渉の内幕》，高橋实、佐藤利郎訳，東京，サィマル出版会，1992年，第130頁。
② 和田春樹：《北方領土問題——歴史と未来》，東京，朝日新聞社，1999年，第313頁。

（5）学术文化交流，派遣教师协助在苏联普及日本语言教育。

（6）今年9月在苏联举办大规模日本文化周。迎接戈尔巴乔夫总书记访日，准备在日本举办苏联文化周。

（7）开展民间协作，促进渔业关系安定，推进互惠。

（8）开展人道方面的协作，实现"北方四岛"中的择捉岛扫墓活动。①

安倍晋太郎提出在经济、科学技术、人员交流、专家培养、举办展览会、人道主义等方面加深日苏两国合作关系，被称为"安倍纲领"。"安倍纲领"虽然没有直接触及"北方领土"问题，但是真实目的是为解决"北方领土"问题创造环境。戈尔巴乔夫对"安倍纲领"给予充分的肯定，期待着两国关系应该顺应时代潮流发展，消除不正常状态。

可以说，安倍晋太郎访苏为陷入僵局的日苏关系再次打开交涉大门创造了时机，双方关系再次出现转化。1990年9月，苏联外长谢瓦尔德纳泽访问日本，双方最后决定1991年1月苏联总统戈尔巴乔夫正式访问日本。此后日苏两国开始进入戈尔巴乔夫总统正式访问日本的具体准备之中。

然而，历史进入1989年后，在东欧及苏联一起发生了巨大变化。东欧国家曾作为苏联为首的社会主义国家的主体，战后一直同苏联发展社会主义道路。自1985年3月苏联共产党总书记戈尔巴乔夫上台后，由于苏联放松了对其的控制，使各国改革出现了逆转，进入1989年后，首先在波兰、匈牙利宣布放弃共产党领导，实现资产阶级多党议会制，结果反对派政党纷纷掌权，把国家急剧地推向资本主义道路。接着，东德、保加利亚、捷克斯洛伐克、罗马尼亚、南斯拉夫及阿尔巴尼亚，先后放弃社会主义道路，转变为走资本主义道路。与此同时，在苏联，戈尔巴乔夫改革也转向走资本主义道路。1990年3月，苏联召开第三次人民代表大会，决定修改苏联宪法，取消苏联共产党法定领导地位，实现多党制和总统制。戈尔巴乔夫在会上当选为苏联首任联邦总统。1990年7月，苏联共产党召开第二十八次全国代表大会，通过了《走向人道的、民主的社会主义》纲领性声明，此后苏联政治、经济和外交发生了质变，国内出现全面危机，苏联共产党内部发生分化，形成西方学者及政客所

---

① 落合忠士：《北方領土問題——その歷史的事實・法理・政治的背景》，東京，文化書房博文社，1992年，第191~192頁。

谓的"激进派"、"传统派"、"中间派"。

苏联国内的各种危机加剧，导致在国际社会上的地位也急剧下降。1990年8月2日，伊拉克出兵占领了科威特，爆发了震惊世界的海湾危机。对于海湾危机，苏联方面首次采取支持美国为首的西方国家的立场，这是在国际"冷战"时期绝对不可能出现的局面。在两国准备戈尔巴乔夫访问日本之际，为了创造双方关系的新气氛，1990年9月苏联外长谢瓦尔德纳泽访问日本期间，日苏两国发表针对海湾危机的共同声明，一致谴责伊拉克入侵科威特。但是当两国商定在日本外相中山太郎访问苏联时再次发表针对海湾危机的共同声明时却遭到挫折。苏联外交部起草了联合声明后，提交到部长会议讨论，结果要求其中一部分必须修改。在苏联外交部起草的联合声明中，对海湾地区多国部队行动双方表示完全支持。部长会议要求修改这一部分，避免对于多国部队武力打击伊拉克而苏联政府表现为完全支持的态度，使得这份日苏联合声明被迫流产。

1990年6月27日，日本政府新任命的驻苏联大使枝村纯郎向苏联总统戈尔巴乔夫递交了任命书。枝村纯郎大使上任后立即多方面与苏联联系，广泛接触莫斯科社会各个阶层人士，苏联媒体也不断报道采访日本新大使的消息，学生与社会团体也不断邀请新大使去发表讲演，日本大使馆也频繁地举行各种招待会、展览会、节日庆祝会等活动。与此同时，日本外务省也把优秀的苏联问题专家选派到大使馆工作，以加强对苏联外交工作。

1990年5月9～13日，日本渔船因违反苏联渔业规定，被苏联渔业保护部门扣留。苏联萨哈林州霍鲁姆斯库市法院判定，没收渔船、捕获的鱼及捕鱼工具，并且处以罚金及赔偿损失，渔船上的船员引渡给日本方面，渔船船长要实行监禁。日本方面对这个判决表示不服，因为按照1985年5月12日日苏两国签订的有关违反逆河性鱼类作业的规定，苏联方面有权逮捕违反规定的日方人员，但是必须尽快将人员引渡给日本方面，只有日本方面才有权对此作出判决、量刑等。

从苏联外交部角度看，霍鲁姆斯库市法院的判决明显违反了这一协定，苏联地方法院没有处罚日本渔船的权利。但是，这时苏联的新闻界，特别是远东地区新闻界，"认为这是保护国家财产，防止外国乱捕获的行为"。此事在苏联国内社会舆论中引起很大反响，同时日本驻苏联大使馆也为此事不断努力活动。苏联外交部排除国内社会舆论的干扰，坚持按照协定规定处理问题。为了纠正霍鲁姆斯库市法院违反协定的行为，苏联外交部邀请有关国际法专家参与，最后使问题获得圆满解决，日本渔民返回国内。通过这件事情，日本外交官对苏联外交官的信任度进一步提高。

在日苏关系中有一个很敏感的问题，就是第二次世界大战结束时在苏联拘留所死亡的日本被俘人员的埋葬地点问题，为了寻找埋葬地点，苏联外交部采取了积极态度。随着时间流逝，当年埋葬日本人的墓地因无人管理而荒废，多数墓地被允许建设了各种建筑物。1989年1月16日，苏联最高部长会议作出决定，为当年日本俘虏判刑者恢复名誉，有关个人或亲属希望获得恢复名誉证明书的，可以向俄罗斯联邦监察厅提出申请。我们在这里要说明，有关这些日本被俘人员的称呼，在日苏两国是不同的。苏联方面认为这些日本人应该称为"俘虏"，理由为苏联与日本已经进入战争状态，所以被俘虏的军人按照国际法应该称为俘虏。而日本方面认为这些日本人应该称为"被拘留者"，认为这是日苏两国仍然在中立条约有效期间内发生的行为，按照有关国际法规定，所谓被拘留者是指战争期间因各种原因被扣留的中立国家或没有参与战争国家的人员。但是无论如何苏联方面都应该有责任或义务帮助寻找有关人士的下落。1990年9月，苏联外长谢瓦尔德纳泽在访问日本期间，曾向日本社会团体发表讲话，他说："在日本追悼祖先是非常重要的，我们是知道的，也尊重这种感情。我们对在1904～1905年日俄战争中死亡在当地的俄国俘虏墓地，贵国政府给予照顾表示深深感谢。我们曾就苏联境内日本俘虏死亡埋葬地点等有关问题，尽量满足日本方面的希望，以缓和因战争带来的痛苦，我们要进一步努力落实，这也是我们两国关系历史中的一部分。过去战争与战后初期的各种事件，是由于严酷的时代造成的，今天我们要向当时因此而牺牲的人们表示敬意。"[①]

1990年9月东京举行的日苏外长会谈上，苏联外长谢瓦尔德纳泽向日本外相中山太郎提出，所谓"千岛群岛南部三角地带"防止日本渔民侵犯边境，建议就此事讨论防止对策。根据1984年日苏两国签订的协议，日本渔民可以无偿在千岛群岛南部海峡地域捕鱼及捞取海产品。但是1987年该地域生物资源枯竭的威胁出现后，苏联政府宣布该地域禁止

---

① 《日露関係の40年》編輯委員会編：《日露関係の40年——日ソ国交回復から〔東京宣言〕まで》，東京，日本・ロシァ協会，1995年，第158頁。

捕捞作业。到1989年苏联政府又提出，日本渔民到"千岛群岛南部三角地带"进行捕捞作业实行有偿作业，另外还提出签订新的许可协定，实施联合作业，组成合资企业等建议，对此日本政府没有回答。

苏联边防部队指责，在千岛群岛南部海峡地域日本渔船侵犯苏联边境事件明显增多。1987年为5509件，1988年为8405件，到1989年达到10139件。大量侵犯苏联边境事件的发生，使苏联边防部队处于紧张状态。这些事件，按日本方面众所周知的有关"北方领土"问题立场，是不承认日本渔船行为是侵犯边境事件的，但是经过1990年9月东京外长会谈后，双方规定采取措施防止此类事件发生。日本外务省对此采取一定措施，此后这类事件明显减少。

在日苏两国之间发生的最感人事情，是1990年8月苏联三岁儿童受重伤，日本方面为抢救他的生命而进行努力。北海道知事横路孝弘特意向日本外务省提出申请，允许该儿童与父亲进入日本境内，日本海上保安厅派出飞机将父子送到札幌，当地日本医生为抢救苏联儿童先后为他进行了六次手术，最后该儿童完全恢复后回国。1990年12月苏联总统戈尔巴乔夫就此事向日本方面表示感谢。

1990年12月2日，日本第一位宇航员乘坐苏联宇宙飞船在拜科努尔航空基地升空。这是两国宇宙飞行员第一次共同升空、生活。虽然此次为商业航行，但是受到两国人民的好评。在日本，1990年末至1991年初，为了帮助处于经济困难时期的苏联人民，多次举行义务募捐活动，以表示人道主义感情。另外，苏联的千岛群岛南部及库页岛居民与日本人的接触不断扩大。1990年夏，日本人获准在择捉岛上进行扫墓活动。1990年5月，居住在库页岛的12名日本人，战后第一次被允许访问日本。

1990年12月18日，日本政府决定对苏联实施紧急救援计划。按照这个计划，通过世界卫生组织（WHO）向苏联切尔贝利核电站受害者提供药品、医疗仪器等，价值达26亿日元，通过国际机构为苏联购买粮食，提供1亿日元无偿援助，通过进出口银行为苏联购买粮食，计划融资1亿美元。日本参议院议员土屋义彦为团长的国会议员代表团，在1991年1月访问苏联之前，又向苏联方面提供药品、粮食及日用品达7.5吨。日本社会党组织开展为援助苏联收集药品、粮食活动，第一批方便食品10.6万箱，于1990年12月22日运抵莫斯科。川崎市民组成对苏援助粮食、药品日本委员会，1990年12月将第一批物品运送到苏联。笹川财团在援助切尔诺贝利核电站事故牺牲者的基础上，又向苏联医疗机构追加援助一次性注射器110万支，以及医疗设备等。

在军事方面，戈尔巴乔夫开始削减远东地区的军事力量，苏联远东军区与太平洋舰队拥有兵力32.6万人、飞机870架、战车4500辆、装甲车4000辆、火炮7000门、大型舰艇55艘、核动力潜艇48艘（不包括战略导弹核潜艇）。与中国对峙的萨巴伊卡尔军区拥有兵力27.1万人、飞机820架、战车8000辆、装甲车1万200辆、火炮9400门。1991年上半年苏联按计划削减兵力，其中远东军区削减5万人，萨巴伊卡尔军区削减7万人，太平洋舰队削减大型舰艇3艘、潜艇7艘、战列舰16艘。苏联方面实行削减远东地区军事实力政策后，使日本方面也感到来自苏联方面的军事威胁减少了，1990年日本防卫厅发表的《防卫白皮书》中，第一次取消了"苏联军事威胁"的命题。

为了进一步加强日苏两国的信任度，在1990年9月东京举行的两国外长会谈中，苏联外长谢瓦尔德纳泽向日本外相中山太郎提出开展两国军事交流建议。谢瓦尔德纳泽提议在军事理论方面两国相互交换，在大型军事演习方面两国相互通告，在实施实弹射击期间封闭一定海域范围且两国事先相互通告，在军事演习中两国相互派遣观察员参观，确定苏联国防部与日本防卫厅的直接接触与交流，两国军事人员、舰艇、飞机等进行相互访问，缔结有关日苏两国防止发生海上纠纷协议，扩大两国在此基础上的军事院校、部队、军事机关及军事设施的交流。谢瓦尔德纳泽进一步提出希望举行两国有关军事专家会谈，就上述内容具体落实达成一致，但是仅限于两国军事专家参加，反对美国代表参加。日本方面虽然对这个提议没有明确提出反对，但是也没有表示接受。对此苏联方面认为日本方面仍然存在"冷战"思维。而实质上是"北方领土"问题及对苏联传统上的不信任感使日本方面很难马上接受这种提议。日本方面提出一个有趣的借口，担心苏联舰艇来访携带核武器，违反日本"无核三原则"而日本政府又无法制止，因美国舰艇就出现过类似情况引起日本国内社会舆论指责政府无能。

四、两国就解决"北方领土"问题的各种主张

在准备戈尔巴乔夫访问日本的过程中，两国无法避免的"北方领

土"问题,成为两国之间讨论的最重要内容。

1988年12月两国达成一致,设置常设机构副外长级和平条约工作委员会。在东京首脑会谈举行之前,该工作委员会一共举行七次会议,主要集中于讨论"北方领土"问题。在讨论中,双方代表认识到先要把"北方领土"问题总体现状问题搞清楚,认识到可能性和寻找解决的办法。为了便于参加讨论人员全面了解有关"北方领土"问题,双方经过协商后,1991年10月在莫斯科两国外长会谈中,苏联外长潘金(П. Д. Панкин)正式向日本外相中山提出联合出版正式资料集,对此日本外相表示原则上同意。这本资料集已经于1992年9月29日,以俄罗斯外交部、日本外务省的共同名义正式出版发行。这本资料集正式名称为《日俄间领土问题历史资料联合汇编集》,该资料集在双方协商一致基础上,确定所编入的文件、文献内容,目的是最大限度地、客观地反映出"北方领土"问题的本质。

在有关"北方领土"问题的讨论中,双方最后归纳出各自的主张、观点,使对方明确,便于寻找其解决方法。

日本方面的立场与主张为:

日本方面认为,齿舞群岛、色丹岛、国后岛、择捉岛,根据1855年最初的《日俄条约》规定为日本领土,不属于日本以外任何国家,主张1945年被苏联"非法占领"。1941年8月14日美英签订《大西洋宪章》,后来苏联也加入,但是苏联违反了"领土不扩大原则",同样也违反了1943年《开罗宣言》。

1945年2月11日,美苏英三国签订的《雅尔塔协定》有关远东问题条款,规定向苏联让渡千岛群岛,日本方面认为自己没有参加这份秘密协定,1945年9月2日签订投降书时也不知道该协定,所以对自己没有效力。

苏联违反1941年4月13日的《日苏中立条约》,苏联1945年4月5日通告废除该中立条约,1945年8月9日对日宣战,这期间该条约是有效的。

日本方面认为,1951年9月8日《旧金山对日媾和条约》中,日本放弃对千岛群岛的权利、权利根据、请求权,但是苏联没有在该条约上签字,所以苏联没有权利引用该条约。

最后,从历史上19世纪划定边境的日俄条约分析看,齿舞群岛、色丹岛、国后岛、择捉岛不属于《旧金山对日媾和条约》中日本放弃的"千岛群岛"的地理范围之内，其应该从得抚岛到堪察加半岛。

日本方面认为，1956年9月29日，苏联第一副外长葛罗米柯与日本全权代表松本俊一交换的信件中，苏联同意与日本恢复邦交正常化后，继续就包括领土问题在内的缔结和平条约进行交涉，即主张色丹岛及齿舞群岛，根据1956年10月19日《日苏联合宣言》"解决完了"，苏联同意就国后岛、择捉岛与日本举行谈判。

苏联方面的立场与主张为：

苏联方面认为，1904年日本背信弃义进攻俄国，1905年《朴次茅斯条约》夺取了库页岛南部，日本失去了包括1855年条约在内，引用以前条约的权利。

1945年的《雅尔塔协定》符合国际法原则，主张日本应该无条件接受。日本在1945年9月2日签订无条件投降书，这点就证明其接受了包括《雅尔塔协定》在内的联合国间达成的所有条约。联合国根据《雅尔塔协定》把千岛群岛让渡给苏联，与1941年的《大西洋宪章》、1943年的《开罗宣言》并不矛盾。在这些宪章、宣言中规定"联合国家不谋求获得领土及其他方面"或"不支持任何扩大领土的观点"，联合国家向苏联让渡千岛群岛被认为是历史的正当行为，《雅尔塔协定》给予法律上的承认。

日本有组织、有目标地破坏了1941年的《日苏中立条约》，如在中国东北地区准备对苏联发动战争；援助德国与苏联战争；向德国提供有关苏联政治、经济、军事的情报；日本军舰袭击苏联商船；对通过日本附近海峡的苏联船只开枪、开炮、逮捕、破坏、封锁。这些行动都说明日本方面违反了《日苏中立条约》，所以苏联不遵守《日苏中立条约》是有根据的。

1948年远东国际军事法庭判决，"日本不诚实履行（与苏联）缔结的中立条约，日本认为与德国关系更密切，为便于实行对苏联的进攻计划，才签订中立条约。"

有关《旧金山对日媾和条约》，苏联虽然没有在条约上签字，但是并不能改变日本按照条约规定放弃对千岛群岛的权利、权利根据、请求权的事实。主张这个事实符合国际法，具有绝对性，涉及《旧金山对日媾和条约》以外的国家。

日本方面主张"四岛"不属于千岛群岛范围之内，苏联方面认为有关决定千岛群岛归属的诸文件（《雅尔塔协定》、《旧金山对日媾和条约》等），没有这种划分的根据，所以不能接受。

日本方面有关葛罗米柯与松本俊一通信的解释，苏联方面表示不能接受。苏联主张这些书信是在双方决定联合宣言中不涉及领土问题的状态下出现的，强调签订联合宣言后讨论。但是日本方面再次要求把领土问题写入联合宣言，结果苏联方面同意把齿舞群岛及色丹岛让渡给日本的记述写入联合宣言中，这是苏联方面为准备缔结和平条约而同意的，被认为是最终的立场。1956年苏联并不承认日本要求返还齿舞群岛及色丹岛有正当的根据，在战胜国与战败国之间的历史上从来没有这种先例。苏联强调自己的行为是为加强与邻国的友好关系，是例外满足日本方面立场的行为。①

该工作委员会从1990年末到1991年初，包括非正式场合在内，对有关领土问题进行审议讨论，双方各自加强自己的立场，补充文件与资料，引出证据，取得共识。但是在此基础上再提出新的意见也是不可能的，工作委员会决定把这些问题提交两国首脑会谈讨论解决。

围绕着戈尔巴乔夫访问日本问题，在日苏两国国内都出现了关心、讨论解决两国之间领土问题的"社会舆论"高潮。日本国民由过去的不关心或不太关心，转变到参与、关心。苏联国内随着改革开放政策不断深入，人们也更加关注国家，关注日苏关系变化。

这时期日本方面就有关领土问题，提出了许多解决方案，归纳起来有：

日本著名苏联问题专家木村汎、袴田茂树两位教授提出，首先苏联方面把齿舞群岛及色丹岛让渡给日本，解决各岛苏联军事基地与当地居民问题，然后经过10～20年转移期后，再把国后岛、择捉岛让渡给日本。

东京大学和田春树教授的方案与上述方案相似。

上智大学外川继男教授提出，支持齿舞群岛、色丹岛返还日本，另外两岛交由联合国管理，然后进行分割，把国后岛割让给日本，把择捉岛割让给苏联。

---

① 日本国外務省、ロシア連邦外交部編：《日露領土問題の歷史に関する共同作成資料集》，東京，1992年，第54頁。

筑波大学进藤荣一教授提出，苏联承认日本对四岛拥有潜在主权作为基础，解决问题后两国共同对四岛进行利用开发。

1990年3月20日，日本《产经新闻》发表采访自民党著名政治家金丸信的文章。金丸信提出："如果苏联方面表示准备返还岛屿，在达成一致问题上，返还四岛还是返还两岛，实际上意义是一样的。"① 同年4月24日日本国内各家报纸刊登了有关金丸信在4月13日就"北方领土"问题的谈话。金丸信讲，苏联如果准备返还两岛，要是我为总理大臣就努力实现所谓两岛返还。② 这些讲话表明，日本自民党著名政治家开始支持领土问题分阶段解决的观点。自民党干事长小泽一郎表示赞成日苏两国为解决领土问题采取相互让步政策。

据日本报纸报道，在以前的日本自民党内部，占统治地位的观点为必须返还北方四岛，但是现在党内形成三种潮流。第一种潮流，支持探索包括金丸信提案在内的妥协解决方法。第二种潮流，认为应该等待苏联方面提出新方案。第三种潮流，仍然坚持传统观点不变，而且是多数派。但是这些潮流的代表人物普遍担心，自民党内部及各种媒体的讨论结果，有可能把日本国内有关领土问题的社会舆论分裂，如国内社会舆论分裂会削弱日本政府对苏联交涉中的立场。坚持传统观点人士对支持探索妥协解决方法的人士进行严厉批判，强调对苏联关系要坚持"政经不可分"方针的必要性。

1990年10月19日，日本首相海部俊树在国会发表讲话，强调日本政府不接受仅返还两岛作为基础的有关领土问题解决方案，主张必须返还"北方四岛"。据日本方面报纸报道，在戈尔巴乔夫访问日本之前，日本首相海部俊树与自民党长老政治家举行了座谈会。出席座谈会的有原首相竹下登、福田赳夫、中曾根康弘、铃木善幸。他们强烈要求首相在与戈尔巴乔夫举行的会谈中，日本要把经济协作问题与领土问题相结合，有关领土问题上拒绝作出任何让步。这样实际上，日本政府在有关领土问题上并没有改变立场。

这一时期，日本学界研究日苏关系史的著名专家木村汎著《北方领

---

① 和田春樹：《北方領土問題——歷史と未来》，東京，朝日新聞社，1999年，第315頁。

② 〔俄〕アレクサンドル・パノ：《不信カラ信頼へ——北方領土交涉の内幕》，高橋实、佐藤利郎訳，東京，サィマル出版会，1992年，第71頁。

土——轨迹和返还的助跑》（时事通信社1989年版）、和田春树著《关于北方领土问题的思考》（岩波书店1990年版）先后发表，笔者在此简要介绍日本国内两位具有不同主张的专家的代表性观点，使读者能更加了解日本国内学术界对解决"北方领土"问题的观点。

木村汎主张：第一，日本对返还领土问题必须坚持顽强的意志。具体讲，要培养新生一代人，必须采取措施，防止该问题被遗忘。在苏联占领下的"北方领土"，日本不积极要求不可能返还。"北方领土"问题维持现状是不利的，苏联肯定要采取持久战术，日本决不能退步，一定要艰苦地反复地提出返还要求。第二，必须利用形势变化，选择合适的时机。国际形势的变化，使戈尔巴乔夫政权认识到苏联经济援助的必要性，特别是苏联远东地区经济发展的必要性，现在是解决"北方领土"问题的绝好时机。第三，日本外交构筑对苏联综合战略，其中必须放置"北方领土"问题。对于日本，最重要的国家利益是安全保障，《日美安全保障条约》是这一要素。这样的原则不能因为返还"北方领土"而牺牲，其次重要的日本外交的目的，是要保障经济稳定和繁荣，可是日苏经济关系与日本经济没有太大关系。日本国家利益再则重要的是"北方领土"问题。为了实现返还"北方领土"，日本的经济援助必须与返还领土问题相联系。①

木村汎最后认为，戈尔巴乔夫政权诞生后，苏联改变了过去"问答皆无"的态度，接近"北方领土"问题交涉的入口，现在应该探询是否是走到门口的时刻。日本方面希望苏联能够真正坐下，以"返还"为前提，在桌面上认真进行讨论。解决"北方领土"问题，不是今天世界瞩目的急切问题，该问题的解决仅是在日苏关系中拔掉不利的"刺"，亚洲太平洋地区相邻的两个大国，依据平等互惠原则，最大限度地发挥友好合作的潜力，把两国关系不仅转变为"富有生气"的关系，而且还要在有利于地区及世界和平安全方面发挥重大作用。② 木村汎的观点，作为日本主流派的主张，一直是日本在解决"北方领土"问题上具有代表性的观点。

和田春树认为，"两国改善不仅对两国人民具有重要意义，而且对亚

---

① 長谷川毅：《北方領土問題と日露関係》，東京，筑摩書房，2000年，第172~173頁。
② 長谷川毅：《北方領土問題と日露関係》，東京，筑摩書房，2000年，第172頁。

洲及太平洋地区，对全世界安全保障与扩大协作都具有重要意义。"① 在解决"北方领土"问题上，和田春树的主张明显与木村汎的主张存在差异。

和田春树认为，解决"北方领土"问题，必须采取"依据妥协和相互让步"原则解决。"作为战败国的日本方面采取更多的让步是当然的。"② 和田春树认为，《雅尔塔协定》与苏联占领千岛群岛，不仅是苏联国家利益的要求，而且苏联作为同盟国一员参加对日作战，苏联参战对于结束太平洋战争，与原子弹爆炸同样是"上天保佑"。该观点是基于历史客观事实的论证，但是对于大多数日本人，习惯把日苏战争与太平洋战争分割开来考虑，当然很难接受这种观点。③

和田春树最后认为，此时要认真考虑两国都能接受的解决方法，结局是站在什么立场，肯定是推进"北方四岛"实行非军事化、共同开发、自由往来。如果日苏两国政府能共同确认原岛民与现岛民具有同样地位的话，在这一前提下，或者选择苏联拥有四岛；或者选择四岛返还日本；或者选择中间立场，两个大岛归属苏联、两个小岛归属日本；或者进一步选择四岛为共同领土的立场。选择其中任何一种立场，都应确定期限，由外交官员全面考虑并进行交涉缔结条约。④ 和田春树的观点，作为日本反主流派的主张，一直是日本在解决"北方领土"问题上具有代表性的观点之一。

这时期，在苏联国内，有关领土问题的讨论，也出现了四种潮流。第一种潮流，主张日苏领土问题的解决应该采取中日领土问题——钓鱼岛的解决方法，搁置领土问题，先寻求双方关系发展。第二种潮流，主张承认把两岛或四岛让渡给日本，尽快解决领土问题。第三种潮流，认为有必要探索如何相互妥协解决领土问题。第四种潮流，主张苏联必须拥有四岛领土。

苏联方面主张日苏领土问题的解决应该采取"钓鱼岛模式"，搁置领土纠纷问题，先寻求双方关系发展，最早是 1988 年 2 月，是当时担任苏联世界经济与国际关系研究所所长的普里马科夫（Е. М. Примаков）

---

① 長谷川毅：《北方領土問題と日露関係》，東京，筑摩書房，2000 年，第 174 頁。
② 長谷川毅：《北方領土問題と日露関係》，東京，筑摩書房，2000 年，第 174 頁。
③ 長谷川毅：《北方領土問題と日露関係》，東京，筑摩書房，2000 年，第 174 頁。
④ 和田春樹：《北方領土問題——歷史と未来》，東京，朝日新聞社，1999 年，第 307~308 頁。

在接受日本《读卖新闻》记者采访时提出的。1989 年 3 月，苏联副外长罗高寿在参加第一次日苏两国有关和平条约工作委员会会后，在记者招待会上提出日苏领土问题的解决应该采取"钓鱼岛模式"，他接受苏联报纸记者采访时，也大谈应该采取"钓鱼岛模式"。1989 年 4 月 30 日至 5 月 5 日，日本外相宇野宗佑访问苏联期间，在与戈尔巴乔夫的会谈上，戈尔巴乔夫总书记就日苏之间领土问题，就提出过为什么日本不能考虑采用中日之间的钓鱼岛方式、日韩之间的独岛（竹岛）方式、对于苏联学者、领导人多次呼吁日苏问题采取"钓鱼岛模式"解决，日本方面基本不理睬，很少看到日本学者、领导人对于苏联方面的这种呼吁给予回应。

苏联国内主张把北方四岛让渡给日本，即百分之百满足日本方面的要求，持这种主张的人都是在民主化改革浪潮中出现的所谓"新政治家"们。他们完全脱离了领土问题的本质，目的就是以向日本让渡北方四岛来换取大规模经济援助。例如，苏联政治团体"世界一家族"协会附属的历史研究中心，提出尽快把北方四岛返还给日本，"如果这样就能够获得更多的资金"。实际上，苏联国内出现的这种"卖岛"构想并非新内容，这种构想在日本国内很早就已经出现了。如 1972 年日本商工会议所会长永野重雄在自民党国土开发研究会上，就提出利用增长的外汇储备来从苏联处购买北方四岛的构想。现在这种构想苏联也出现了，当然这种构想受到国内舆论的激烈批判，被指责为"出卖俄国领土是不道德的"。

在主张探索妥协方法解决领土问题的人士中，1989 年 10 月 27 日，苏联科学院院士萨哈罗夫（А. Д. Сахаров）在日本俱乐部会见记者时，表示支持妥协解决领土问题观点。1989 年 11 月 8 日，苏联有影响的政治活动家、苏联人民代表大会①代表波波夫（Г. Х. Попов）表示，支持探索以相互妥协与让步为基础解决"北方领土"问题的方案。他指出，有必要实现岛上非军事化，把岛屿作为日苏两国经济协作地区，人员自由流动地区。他提出创立在联合国管理下的国际管理体系。1990 年 10 月 21 日，波波夫担任莫斯科市市长后，在接受日本《每日新闻》报记者采访时，他把自己的观点更加具体化。他说：考虑到苏联国内社会舆论状况，解决问题的道路应该分几个阶段达到目标。

---

① 原苏联的议会称为"人民代表苏维埃"，其常设机构是两院制的"最高苏维埃"，内分联盟院和民族院。戈尔巴乔夫时期，1988 年苏联进行改革，"人民代表苏维埃"改称为"苏联人民代表大会"，其常设机构依然称"最高苏维埃"。

第一阶段，把四岛都改变为特别经济区。

第二阶段，创立具有特殊经济目的的地区，即让岛上的苏联国民与日本国民自由居住，自由创办企业的地区。

第三阶段，着手共同管理问题，一定阶段内不属于苏联，也不属于日本①。

这种观点基本代表了苏联左翼民主主义运动人士的立场。

1990年1月16日，苏联人民代表大会代表叶利钦在访问日本东京时，在帝国旅馆举行的亚洲调查会会议上发表讲话，他就解决"北方领土"问题提出了非常具体的方案。他指出："如果像一部分人所提出的那样，把四岛让渡给日本，我国人民肯定会把这样的领导人赶下台。日本国民要抱有这种信赖与确信，就是这个问题在解决，是在前进而不是在停滞。另一方面，对于我国人民来说，这个方面的社会舆论在逐渐形成。"②

叶利钦提出的分阶段解决方案为：

第一阶段，苏联方面公开承认日苏之间存在领土问题。

第二阶段，宣布千岛群岛南部四岛为向日本开发的自由企业活动地区。

第三阶段，岛上实行非军事化。

第四阶段，苏联与日本缔结和平条约。

第五阶段，经过15～20年时间实现上述四个阶段后，新一代政治家们，把各个岛屿设置在苏联与日本的共同管理下，或者发表具有自由地位的独立宣言，或者把各岛让渡给日本，在三种方案中探索解决领土问题的方法。③

"叶利钦方案"不是设想经过15～20年时间把岛屿让渡给日本，但是在这一时期也不能排除在日本提出的各种条件下解决问题的可能性。他认为把这些岛屿向日本让渡前，日本要向苏联让步缔结和平条约。但是，苏联媒体报道"叶利钦方案"时，解释说叶利钦方案是以四岛让渡

---

① 長谷川毅：《北方領土問題と日露関係》，東京，筑摩書房，2000年，第167頁。
② 国際シンポジウム組織委員会編：《エリツィンの対日政策》，東京，人間の科学社，1992年，第306～307頁。
③ 末澤畅二、茂田宏、川端一郎編：《日露（ソ連）基本文書・資料集》（改訂版），東京，RPプリソティソゲ，2003年，第250頁。

给日本为前提的，实际上完全未反映出该方案的基本理念。叶利钦于1990年5月29日当选为俄罗斯最高苏维埃主席，当年8月22日，他作为俄罗斯联邦最高苏维埃主席①视察国后岛时，遭到当地居民的强烈抗议。为此叶利钦发表讲话指出："无论什么情况，不久的将来千岛群岛必须是我国领土。此后随着国际形势变化，新的政治家出现，20～30年后，这个问题如何解决无法预测。"② 为了扭转俄罗斯联邦人民对政府有关"北方领土"政策的不信任感，叶利钦领导下的俄罗斯联邦最高苏维埃会议于1990年10月通过决议，决定"俄罗斯联邦的国界线变更，必须由俄联邦同意"③。叶利钦作出这种决定，一是向俄罗斯联邦人民保证绝不会擅自决定领土问题；二是牵制戈尔巴乔夫领导的苏联政府在"北方领土"问题上擅自作出决定，实际上"北方领土"问题成为叶利钦限制戈尔巴乔夫对日政策的工具。

苏联国内有众多有关领土问题的论述，我们在这里介绍一位具有代表性的人物——库纳泽，1990年夏季他在《世界经济国际关系》上发表论文，后来又出任俄罗斯外交部副部长，具体负责俄罗斯政府与日本政府谈判的领导人。他的主张对俄罗斯政府对日外交政策产生了一定影响。

库纳泽认为，戈尔巴乔夫政权对日本政策，仅采用"新思维"外交还不够，因为斯大林外交政策的残渣还存在。斯大林外交政策是把国际政治划分为明显的两极思维，把日本放置于从属于美国的国家地位，而不是作为独立国家对待，对日本采取敌视态度，所以拒绝在旧金山和约上签字。在赫鲁晓夫领导下，1956年与日本恢复关系正常化，尽管尝试从斯大林外交政策中转换出来，可是仅把日本作为美苏关系的一环，继续沿用斯大林外交政策。有关1956年日苏联合宣言，库纳泽认为"返还齿舞群岛和色丹岛这样的约束，不应该给予任何指责。事实相反，为了外交关系正常化，从基本正义观点看，是完全正确的。为什么有许多专家认为齿舞群岛和色丹岛不属于日本在旧金山和约中放弃权利的千岛群

---

① 1988年苏联改革，原"人民代表苏维埃"改称为"苏联人民代表大会"，其常设机构依然称"最高苏维埃"。俄罗斯也相应建立了"俄联邦人民代表大会"，其常设机构是"俄联邦最高苏维埃"。
② NHK日ソプロジエクト編：《こわがソ連の対日外交だ——秘録・北方領土交渉》，日本放送出版協会，1991年，第227頁。
③ 国際シンポジゥム組織委員会編：《エリッィンの対日政策》，東京，人間の科学社，1992年，第320頁。

岛?"库纳泽认为,松本俊一和葛罗米柯的往来信笺,从法律角度看不具备任何效力。苏联与日本就国后岛和择捉岛的讨论是"道义责任"。赫鲁晓夫在日本修改安全保障条约期间,直接推翻返还两岛的约束。这是从法律观点看完全不能辩护的行为。其原因为:"任何国家没有权利废除两国之间的协定。任何国家都不能对与其他国家缔结协定或者不缔结协定给予强制。"赫鲁晓夫的行为,就《日美安全保障条约》的性质而言,没有任何道理,他幻想苏联能够利用日本的反美运动。苏联政府否认领土问题存在,认为日本反动势力利用领土问题,甚至提出外国军队从日本撤除时才能返还齿舞群岛和色丹岛的条件,这样苏联政府的观点逐步消失了,苏联拒绝履行条约上义务,可以说带来绝对性。实际上,这种要求领土返还,是日本国民心理、情绪的必然反应,确实具有大众广泛性。苏联政府强硬地否认领土问题存在,使日本政府态度强硬,不可能探索解决方案。这样的备忘录是违法的,要确认1956年日苏联合宣言,"不仅为了日苏关系的现在和未来,而且为了我们树立法制国家",为了"我们自身恢复正义"。

库纳泽进一步分析了苏联对日政策出现这种不幸的原因。首先,最初苏联完全误解了日美关系,认为"苏联所有的行动,使日本脱离美国,日本这样考虑是当然的"。其次,苏联存在错误判断日本现实的观念。苏联长期将日本视为战败国,不承认日本是拥有自卫权的主权国家。苏联存在无产阶级革命意识形态的偏见,存在有关日本"工人和资本家的斗争"、"贫穷的工人阶级对资产阶级民主主义不满"、"经济军事化"等幻想,带有抓住了日本弊端的认识。可是现实完全相反,日本在世界主要国家中是最好的非军事化国家。日本存在稳定的议会民主制度,其经济被赞扬为最高效率的经济。现实的日本应该成为苏联改革的样板。

库纳泽认为,"新思维"外交的目的就是克服过去这样的遗产。首先,必须从国家利益平衡的思维出发。苏联构筑新亚洲太平洋地区政策,过去突出军事力量,现在必须修改对该地区构成威胁的政策。为了构筑这样的新政策,从根本上改善日苏关系是不可缺少的条件。可是改善日苏关系的可能性非常有限,日苏关系存在一个恶性循环。政治关系改善,必须扩大经济关系,为此也必须改善政治关系。至少改善动作明显是制止关系恶化倾向的动作。为了切断这种恶性循环,苏联要认识到日本领土要求的重要性,这也包括进行自我批评,必须提出相当认真的提议。

库纳泽认为，日本政府顽固地坚持要求返还领土，苏联政府顽固地否认领土问题的存在，双方形成对抗。双方顽固地坚持各自主张，明显是不可能解决问题的。南千岛（"北方领土"）非军事化，日本人不用签证即可访问南千岛（"北方领土"），设置自由经济地区是应该给予肯定的方案。但是这些措施不能解决本质问题。所谓本质问题就是国境不被法律承认。依据国际法，国境只能通过和平条约确定，可是和平条约现在还没有缔结。

苏联方面占领千岛群岛的最大依据是《雅尔塔协定》。库纳泽认为，《雅尔塔协定》是为苏联参加对日作战，就有关领土和其他方面的报酬，战争中同盟国之间达成的秘密协定。换句话说，该协定没有经过批准，也不应该批准……现在，恢复正义，同盟国正式文件没有出现该协定，只是代表我们历史的一页，因此这一页，不应承认是我们历史中最应夸耀的例子。①

在苏联国内，就有关领土问题，这种完全满足日本要求的观点与相互妥协解决问题的观点，很自然地遭到坚持"传统"观点的人们猛烈批判。在苏联坚持"传统"观点的主要是苏联共产党党员、苏联军人等。在苏联共产党第二十七次代表大会上，苏联共产党中央委员会国际部部长范林发表讲话，呼吁"广大党员、社会群众支持苏联西部及东部边境的不可侵犯"。

苏联共产党萨哈林州委员会也作出特别决定，指出"从日本军国主义者手中解放库页岛南部及千岛群岛是社会正义行为。最初是俄国人发现、开拓这些岛屿的。1945年苏联战士为解放这些岛屿时流过血，今天的千岛群岛的多数居民，是在这里出生、成长的，他们把这里作为自己的故乡，自己的出生地。"②

苏联军队方面对于让渡"北方四岛"也是采取反对态度。他们表示："驻扎南千岛的俄罗斯军队是抑制日本企图采用武力解决领土问题的重要因素。千岛群岛在整个远东防御体系中担负着打击美日侵略的重要作用。"③他们认为所有领土问题让步的结果，都会导致危险降临。

---

① 長谷川毅：《北方領土問題と日露関係》，東京，筑摩書房，2000年，第166～170頁。
② 和田春樹：《北方領土問題——歴史と未来》，東京，朝日新聞社，1999年，第327頁。
③ 和田春樹：《北方領土問題——歴史と未来》，東京，朝日新聞社，1999年，第342頁。

萨哈林州州长费多罗夫（В. П. Фёдоров）坚决反对任何有关改变领土问题的主张。费多罗夫在1990年8月29日的《苏维埃萨哈林》报上发表长篇文章，指出包括库页岛及千岛群岛南部的各个岛屿，永远是俄罗斯领土不可分割的一部分。他强调这种主张得到萨哈林州居民的普遍支持，如果有谁对千岛群岛南部地区居民的地位抱有怀疑，无论他的地位有多么高，都将与他斗争到底。与此同时，费多罗夫也提出自己的解决领土问题方案，他认为维持这些岛屿苏联所有，维持现有边境不变的同时，提议把苏联的千岛群岛南部与日本北海道的一部分划分为日苏两国共同经济开发区。①

1989年苏联有关部门对不同年龄、不同居住年限、不同受教育程度及不同团体、企业的千岛群岛居民进行调查问卷，发卷4000份，收回2725份，统计如下②：

表6-1　千岛群岛居民意识调查

1. 你对日本是否抱有亲近感？		2. 日苏关系必须紧密吗？	
抱有	42.1%	必须更紧密	77.2%
无论怎么说都抱有	27.4%	现在水准可以	7.2%
无论怎么说也不抱有	5.4%	没必要更紧密	4.8%
不抱有	6.6%	说不清楚	6.2%
不知道	10.2%	不知道	2.0%
3. "北方领土"问题带有反苏性质吗？		4. 日本对苏联有军事威胁吗？	
带有反苏性质	36.6%	有威胁	26.7%
一定程度带有	27.3%	说不清楚	31.2%
不带有	17.8%	没有威胁	26.6%
不知道	14.0%	不知道	11.5%
5. 赞成按照日本要求返还四岛吗？		6. 在四岛设立经济特区如何？	
反对	88.1%	赞成	63.7%
赞成	8.1%	不反对	12.6%
		说不清楚	14.0%
		不知道	5.8%

---

① 国際シンポジウム組織委員会編：《エリツィンの対日政策》，東京，人間の科学社，1992年，第321頁。

② 〔俄〕アレクサンドル・パノ：《不信カラ信頼へ——北方領土交涉の内幕》，〔日〕高橋実，佐藤利郎訳，東京，サィマル出版会，1992年，第161頁。

(续表)

7. 千岛群岛在联合国保护下苏日共同管理？		
绝对反对	64.8%	
赞成	6.6%	
不知道	12.4%	

这份调查表说明，千岛群岛居民绝大多数对日本抱有亲近感，认为两国关系应该亲密友好，认为日本有威胁的回答者不足 1/3。但是应该注意的是，此时回答者中有 88.1% 的人明确表示反对向日本让渡千岛群岛南部。

1991 年 3 月 17 日，苏联国内进行有关新联盟问题公民投票的同时，再次就有关领土问题对千岛群岛居民进行调查。被调查者 11704 人，其中赞成把四岛移交给日本的人为 21.5%，反对者为 68.8%，支持以把四岛移交给联合国或者与日本共同管理等方法解决领土问题的人为 7.8%。① 这份调查报告说明，支持把四岛让渡给日本方面的千岛群岛居民在上升，是 1989 年调查时的三倍。出现这种变化的原因主要为，第一，现在为信息时代，千岛群岛居民已经知道有关领土问题的实际情况。第二，有关让渡问题是否最终决定，是当地居民最迫切关心的，认为无论如何解决，越快越好。这种拖延不解决又不发展，只会使居民更加痛苦，反映了"早解决早发展"的心理状态。第三，有部分人认为把四岛让渡给日本会得到丰厚的补助金，可以过上如同日本人一样的生活。

正在日苏两国社会舆论争论如何解决"北方领土"问题之际，德国统一问题却走上快车道。1989 年 11 月 9 日，东德政府宣布开放柏林墙和与西德的边界。1989 年 11 月 28 日，西德总理科尔提出实现德国统一"十点计划"。1990 年 3 月 18 日，德意志民主共和国（东德）举行大选，基督教民主联盟获得胜利；5 月 18 日，德意志民主共和国（东德）与德意志联邦共和国（西德）签署《关于建立货币、经济和社会联盟的国家条约》；8 月 31 日，德意志民主共和国（东德）与德意志联邦共和国（西德）签署《关于实现政治统一的国家条约》；9 月 12 日，"2+4"（东德、西德与苏、美、英、法）外长会议签署《最后解决德国问题的

---

① 〔俄〕アレクサンドル・パノ：《不信カラ信頼へ——北方領土交渉の内幕》，高橋实、佐藤利郎訳，東京，サィマル出版会，1992 年，第 162 頁。

条约》；10月3日，两个德国实现了统一。

日本和德国皆为第二次世界大战的战败国，面对处理战后遗留问题出现截然不同的结果，不仅在日本国内，而且在世界范围也引起人们的广泛关注。德国实现了统一，给急切等待苏联领导人戈尔巴乔夫访问的日本朝野上下带来了冲击感！为什么德国能够实现统一？为什么"北方领土"问题没有能够解决？这对当时的日本，甚至今天的日本仍然具有思考意义！

在德国实现统一前，假如就有关德国统一问题与"北方领土"问题进行社会调查，前者与后者比较看，谁能先解决？肯定多数人会答复是后者！因为德国统一问题牵扯的面要比日本"北方领土"问题大得多的多！可是德国实现了统一，而日本"北方领土"问题却仍然处于争论状态！

有关德国统一问题与日本"北方领土"问题比较研究，在日本已发表了许多成果，我们这里介绍下日本学者长谷川毅撰写的《北方领土问题与日俄关系》（筑摩书房2000年版）的分析。因为德国统一问题与日本"北方领土"问题牵扯的主要对象都是苏联，长谷川毅是采用从苏联方面角度分析的：

（1）德国统一问题对苏联安全保障具有决定性意义。对于苏联来说，德国问题，特别是柏林问题，可以说是安全保障的中枢问题。虽然日本"北方领土"问题在苏联世界战略中具有重要性但是这种重要性与德国问题是无法相比的。为什么这样重要、困难的问题能够先获得解决？这与下一原因有关系。

（2）德国问题是东西方关系的关键点，是主要西方国家非常关注的问题，特别是美国起到了决定性作用。美国乔治·布什政权早就赞成西德总理科尔有关德国统一的目标，并且对仍然抱有怀疑态度的英国、法国两国施加压力，最终促成德国实现统一。相比之下，即使实现了"北方领土"返还日本，对西方国家也没有太大影响。

（3）德国统一问题对于苏联是第一大事，戈尔巴乔夫总统和谢瓦尔德纳泽外长对德国统一问题的解决，在外交政策上投入大量时间和精力，所以将其他问题往后推迟了。

（4）苏联谈判对手的态度。对于西德来说，德国统一问题是德意志民族的夙愿。当然"北方领土"问题也是日本民族的夙愿，但是这一夙愿的程度不能相比。德国的情况是，分裂的国家实现统一，意味着与160万同胞实现合体，而"北方领土"上不存在日本人。"北方领土"问题存在隐藏的秘密，对于日本人可以说"北方领土"问题是民族夙愿，但仅是表面上说，实际上大部分日本人内心对该问题并不关心。因此即使返还，或者不返还，对于日本人的命运影响不是太大。即使"北方领土"返还了，对日本人的命运也没有太大影响，日本贯彻原则论，追求返还"北方四岛"政策非现实性。对于德国人，德国统一是必须实现的民族夙愿，所以采取缓和政策，准备对苏联方面作出最大让步。

对于德国统一，所有德国人都认识到，如不抓住东欧革命这场千载难逢的机遇，也许不会再有第二次机会了。对于"北方领土"问题，日本人没有这样紧张的感觉，继续采取过去的惰性姿态。日本人认为，"北方领土"问题并非必须立即解决的问题，更没有考虑到要向苏联方面作出妥协。以往苏联领导人对待日本是毫不妥协的态度，相比之下，戈尔巴乔夫政权能围绕日苏之间的问题采取认真的处理态度，当然他对于德国政府能尽量作出让步的态度更具有好感。

（5）解决的内容存在不同。德国统一，西德政府没有要求改变战后确定的领土是可行的。对于"北方领土"问题的解决，苏联不可能作出任何领土变更和让步。苏联与周边许多国家存在领土纠纷，苏联领导人面对国内民族主义运动高涨，绝不敢改变领土主权。

（6）外交和内政的关系，存在时间选择上的问题。戈尔巴乔夫处理德国统一问题，遇到国内保守势力的猛烈反对，他在国内压制反对势力，推动了德国统一进程。在这一过程中，戈尔巴乔夫所具有的威信丧失了，此后在解决"北方领土"问题上，推动向日本方面让步的力量已经丧失了。如果这样看，日本要想解决"北方领土"问题，必须在德国统一前实现，可日本没有抓住这样的机会。[1]

长谷川毅关于德国统一问题与"北方领土"问题的对比分析，是在德国实现统一的十年后，明显带有日本人自我反省的味道，同样也能感受到一定程度的指责意识。在日本国内大部分人认为，戈尔巴乔夫改革时期是解决"北方领土"问题的绝好时机，可是未能抓住这样的绝好时机，对于今天的日本人确实感到非常遗憾！

---

[1] 長谷川毅：《北方領土問題と日露関係》，東京，筑摩書房，2000年，第161～163頁。

五、戈尔巴乔夫访问日本

在苏联方面，确定戈尔巴乔夫总统访问日本后，苏联外交部由负责太平洋东南亚事务的局长帕诺夫（А. Н. Панов）为核心起草总统访日方案。1990 年 11～12 月间，帕诺夫起草了两份方案，苏联政府就解决"北方领土"问题在内，有关缔结两国和平条约的立场如下：

第一草案，"以 1956 年《日苏联合宣言》的'领土条款'为谈判的基础，为了解决问题而追求妥协"①。

第二草案，以不涉及领土问题为基础，探索双方相互接受的途径推进和平条约交涉。交涉对象明确为四岛名字，为了增进相互信赖和相互理解，减少苏联在四岛的驻军，采取相互免签证访问四岛等。②

上述两套方案，首先在新任外长别斯梅尔特内赫的（А. А. Бессмертных）主持下，外交部内部进行讨论，别斯梅尔特内赫外长等人倾向于采用第二套方案；进一步在副总统亚纳耶夫（Г. И. Янаев）主持下，戈尔巴乔夫总统访日准备委员会内部讨论，副总统亚纳耶夫等人也倾向于采用第二套方案，最后由总统戈尔巴乔夫本人决定。

在日本方面，为了准备苏联总统戈尔巴乔夫访问日本也进行了精心准备。日本外务省组成审议官小和田、欧亚局长兵藤长雄、苏联课长东乡和彦的所谓"三人组"，策划日本政府对戈尔巴乔夫访日的对策。外务省设计的对策为：

（1）戈尔巴乔夫承认存在领土问题。
（2）承认 1956 年《日苏联合宣言》的精神。
（3）确认联合宣言，同意就国后岛、择捉岛进行谈判。
（4）确认联合宣言，约定返还两岛。
（5）承认日本拥有"北方四岛"主权，同意就返还进行谈判。③

在日本国会参议院预算委员会上，外务省欧亚局长兵藤长雄就制定有关对策问题解释说："我们提出的建议是，苏联承认以《日苏联合宣言》为出发点。"④

---

① 佐藤和雄、駒木明义：《検証日露首脳交渉》，東京，岩波書店，2006 年，第 12 頁。
② 佐藤和雄、駒木明义：《検証日露首脳交渉》，東京，岩波書店，2006 年，第 12 頁。
③ 長谷川毅：《北方領土問題と日露関係》，東京，筑摩書房，2000 年，第 222 頁。
④ 長谷川毅：《北方領土問題と日露関係》，東京，筑摩書房，2000 年，第 223 頁。

1991年4月16~19日，戈尔巴乔夫以苏联国家总统的身份访问了日本。由于俄罗斯联邦最高会议已通过决议，要求"俄罗斯联邦的国界线变更，必须由俄罗斯同意"①，所以在戈尔巴乔夫访日代表团里，配备了俄罗斯政府代表，并且全程参与所有对日谈判活动。

戈尔巴乔夫总统抵达东京当天，日本当局为保证安全，出动了2.2万名警察。当天中午，天皇在迎宾馆主持隆重的欢迎仪式，并且和苏联总统戈尔巴乔夫同乘一辆车驶向皇宫，晚上又设宴欢迎。这一天，戈尔巴乔夫总统和夫人进入皇宫三见天皇和皇后，4月19日，天皇和皇后到迎宾馆为其送行，这样高规格的礼遇是罕见的。

然而，在双方的正式会谈上，却呈现出另外一番景象。4月16日下午，戈尔巴乔夫总统同海部俊树首相举行第一轮首脑会谈，双方首先就"北方领土"问题分别阐述自己的基础立场。海部俊树首相表示，"为了缔结和平条约双方都应该更加努力，在日苏首脑会谈之际，现在应该作出决定。"② 他请求戈尔巴乔夫总统就领土问题马上作出决定。对此，戈尔巴乔夫总统表示："日苏关系没有明显的进展，被抛弃在世界潮流之外。现在还没有缔结和平条约是时代的错误。应该在一切领域扩大联系，创造公正地解决所有问题的气氛。"③ 他明显要求扩大日苏两国之间的协作关系，然后再提缔结和平条约的目标。在第一轮首脑会谈上，双方承认领土问题存在，把过去副外长级工作委员会的讨论结果，提到本次首脑会谈中进行。

4月16日晚，日本方面为戈尔巴乔夫总统来访举行宫廷宴会。日本天皇首先讲话，指出"两国曾经经历痛苦悲愤的时期，而今天日苏两国各个阶层相互加深了信赖，为建筑新的睦邻国家关系投入热情"④。对此，戈尔巴乔夫总统就西伯利亚日被俘人员问题讲："我们在精神上有很近的关系，但是，命运使两国人民的情感不仅一次地受到考验，两国关

---

① 国際シンポジウム組織委員会編：《エリツィンの対日政策》，東京，人間の科学社，1992年，第320頁。

② NHK日ソプロジエクト編：《こわがソ連の対日外交だ——秘録・北方領土交渉》，日本放送出版協会，1991年，第231頁。

③ NHK日ソプロジエクト編：《こわがソ連の対日外交だ——秘録・北方領土交渉》，日本放送出版協会，1991年，第231頁。

④ NHK日ソプロジエクト編：《こわがソ連の対日外交だ——秘録・北方領土交渉》，日本放送出版協会，1991年，第232頁。

系长期在阴影状态下，我们追悼因战争死亡的两国人民，对在异国他乡死亡的日本军人俘虏的亲属表示哀悼，两国及两国人民告诉我们，必须避免再次出现绝对不幸的状况。"① 这是苏联首脑第一次正式就西伯利亚日被俘人员问题向日本方面表示哀悼。

第二次世界大战结束后，苏联将50多万日本战俘带到本国及所控制地区，进行所谓强迫劳动改造，这就是日本人经常提出的西伯利亚被拘留者问题。苏联认为这些战俘应该进行劳动改造，也是对他们发动侵略战争的惩罚，而日本则认为这些人属于被非法拘留。日本人认为，战争结束了，日本人就应该回家了，苏联扣留日本人就是不合法的，特别是苏联西伯利亚地区严寒的冬季气候，使很多日本被俘人员难以忍受而丧失生命，这也是战后日本人心理上对苏联人仇视的因素之一。此次苏联方面为了缓和对日关系，就所谓西伯利亚被拘留者问题向日本方面正式表示歉意，无疑是要缓解日本人对苏联人的仇视心理。

4月17日上午，两国举行第二轮首脑会谈前，戈尔巴乔夫与在野党——日本社会党委员长土井多贺子举行会谈，土井多贺子表示日本社会党从过去主张返还全部千岛群岛，转变为现在要求返还"北方四岛"。她强调说："日本的社会舆论要求承认拥有四岛的主权并且要求返还。"② 对此，戈尔巴乔夫答复说："人民的意志是考虑的基础，日本有社会舆论，同样苏联也有社会舆论，苏联的社会舆论是反对返还。"③ 日本社会党在日本国内历来是最大的左派势力，日本社会党首脑正式向苏联总统戈尔巴乔夫提出全部返还"北方四岛"问题，显示出该问题在日本国内政治上的重要性。土井多贺子委员会长采用"日本社会舆论"的理由，遭到戈尔巴乔夫采用同样手段回击。

在两国举行的第二轮首脑会谈上，双方就东西方关系问题、中东地区形势问题、亚太地区形势等五个问题进行讨论。戈尔巴乔夫总统提出，日本、苏联、美国、中国及印度五国，可设置包括亚太地区安全保障问题在内的讨论会议，也可以作为将来的课题，扩大参加国家，创立亚太

---

① 末澤暢二、茂田宏、川端一郎編：《日露（ソ連）基本文書・資料集》（改訂版），東京，RPプリソティソゲ，2003年，第260頁。
② NHK日ソプロジエクト編：《こわがソ連の対日外交だ——秘録・北方領土交渉》，日本放送出版協会，1991年，第232~233頁。
③ NHK日ソプロジエクト編：《こわがソ連の対日外交だ——秘録・北方領土交渉》，日本放送出版協会，1991年，第233頁。

地区各国的协商机构。对此海部俊树首相讲："在亚洲存在困难问题，如朝鲜半岛紧张形势等，这些问题必须各个解决。另外，亚洲与欧洲那样东西方对立的形势不同。"① 实际上他是对戈尔巴乔夫总统的提议采取谨慎态度。

4月17日下午，戈尔巴乔夫总统在日本国会众议院发表了45分钟的讲演。他在讲演中第一次在公开场合使用"划定领土"言辞，承认领土问题没有解决，表示这次访问就是为解决领土问题而迈出决定性一步。他讲："我与日本首相举行会谈中涉及的所有问题，会谈后准备签字的文件有10个以上。莫斯科与东京，两国之间达到完全的相互理解，包括最困难的划定领土问题，这向最终调整战争遗留的诸问题迈出了决定性一步。"② 戈尔巴乔夫总统就有关苏联国内形势讲："世界是否能够创造新秩序，关系到改革是否成功。对于国内冒险主义行为，我们如不采取果敢态度，就会出现国内重大动乱，就可能出现国家崩溃。"③ 戈尔巴乔夫总统希望日本方面对苏联政府在推动改革与解决民族问题的一系列措施上给予理解与支持。

4月17日晚，双方举行第三轮首脑会谈，出席会谈的人员减少，日本方面出席会谈的有：海部俊树首相、外务省审议官小和田、欧亚局局长兵藤长雄。苏联方面出席会谈的有：戈尔巴乔夫总统、总统助理切尔尼亚耶夫。双方就领土问题展开了激烈讨论。海部俊树首相首先讲："'北方四岛'与日本有很深的联系，其主权在日本已经是十分明确的。总统应该就1956年《日苏联合宣言》中有关领土问题条款，决定返还齿舞群岛、色丹岛。"④ 对此，戈尔巴乔夫讲："最早发现'北方四岛'的是俄国，想必也听说过作为年贡而交纳毛皮吧！"对于海部俊树首相要求尽快作出决定的提议，戈尔巴乔夫总统指出："现在不能，很理解必须尽

---

① NHK日ソプロジエクト编：《こわがソ连の对日外交だ——秘録・北方领土交涉》，日本放送出版协会，1991年，第233页。
② 末澤畅二、茂田宏、川端一郎编：《日露（ソ连）基本文書・資料集》（改訂版），東京，RPプリソティソゲ，2003年，第260页。
③ 末澤畅二、茂田宏、川端一郎编：《日露（ソ连）基本文書・資料集》（改訂版），東京，RPプリソティソゲ，2003年，第260页。
④ 末澤畅二、茂田宏、川端一郎编：《日露（ソ连）基本文書・資料集》（改訂版），東京，RPプリソティソゲ，2003年，第260~261页。

快解决,但是要认真谈判,因为这是重要问题。"① 在双方就领土问题争论毫无结果的情况下,决定次日再增加计划外的第四轮首脑会谈。

第三轮首脑会谈后,当天4月17日深夜,日本执政的自民党召开领导人会议。会上海部俊树首相就与戈尔巴乔夫总统会谈情况进行报告,他指出:"即便提出'北方四岛'问题,戈尔巴乔夫总统也不会作出明确表示返还的决定。"他感到解决事态的难度大。对此自民党领导人强烈要求:"如果那样就不发表联合声明,就不提供经济援助。"② 表现出一种十分强硬对抗的态度。

原定访问的第三天即4月18日上午,戈尔巴乔夫总统夫妇到东京新宿御苑观看樱花与参观日本最高建筑物——新落成的东京都厅大楼、访问推土机制造厂等安排被取消,改变为举行第四轮首脑会谈,这些变动和做法在各国首脑正式访问活动中也是少见的。

4月18日清晨,海部俊树首相召集外务省有关官员紧急研究下一步会谈的方案。在接着举行的第四轮首脑会谈上两国首脑围绕着1956年《日苏联合宣言》展开了激烈的争论。戈尔巴乔夫总统表示,可以承认领土问题作为交涉对象,也可以在联合声明中明确记载四岛的名字,但是强烈要求日本方面进行经济协作。他讲:"对于处理困难问题,创造好的环境是非常必要的。我可以决定在联合声明中明确记载四岛,但是希望首相能够决定修改不解决领土问题就不实行经济协作的政治经济不可分离原则。"③ 对此海部俊树反驳说:"解决领土问题之后实行经济协作,我国的这一方针不会改变。"戈尔巴乔夫总统提出:"希望考虑一下苏联与德国的例子,在加强苏德经济关系中德国实现了统一。"对此海部俊树首相讲:"我们对改革可以提供帮助,但是并不打算用金钱来买回领土。"戈尔巴乔夫总统马上反驳说:"我们也不是拿金钱出卖领土,如果日本方面在经济协作上仅做出一个样子或者摆出一种姿态,也是绝对不

---

① 末澤畅二、茂田宏、川端一郎编:《日露(ソ連)基本文書·資料集》(改訂版),東京,RPプリソティソゲ,2003年,第261頁。
② NHK日ソプロジエクト编:《こわがソ連の対日外交だ——秘録·北方領土交渉》,日本放送出版協会,1991年,第234頁。
③ NHK日ソプロジエクト编:《こわがソ連の対日外交だ——秘録·北方領土交渉》,日本放送出版協会,1991年,第235頁。

允许的，那是耻辱。"①

　　在4月18日上午的第四轮首脑会谈未获得任何结果后，双方决定下午举行第五轮首脑会谈，结果仍然没有进展。在休息30分钟后，双方又举行第六轮首脑会谈，时间已经为晚上9时50分。最后双方就首脑会谈后发表的联合声明，一边逐句阅读一边不断提出修改意见。在联合声明中，提到两国经济协作的表述上，海部俊树首相提出"扩大"经济协作，而戈尔巴乔夫总统却强烈要求采用"开展"经济协作来表述，因为俄语中"开展"一词的意思是"从零开始开展的"，戈尔巴乔夫总统的观点为日苏之间没有经济协作关系。戈尔巴乔夫总统解释说："请考虑一下我的观点，我如果会见记者，假如被问到'现在还没有的经济协作怎么扩大呢？'，我怎么回答呢？"海部俊树首相对此表示理解，他说："总统所言很好！"最后双方决定采用"开展"一词表述。② 前三轮会谈是预定的、后三轮会谈是临时增加的。18日一天就举行了三次会谈，会谈持续到晚间11时21分，接着举行联合声明等文件签字仪式。海部俊树首相与戈尔巴乔夫总统共同出席联合声明签字仪式，同时签署的还有另外15份协议。

　　签字仪式结束后，海部俊树首相发表讲话说："联合声明为铸造新的日苏关系指出了两国努力的方向，今后两国会共同努力圆满落实所签署协议的内容。"戈尔巴乔夫总统也发表讲话说："我们两国为建设新的关系，为缔结和平条约、经济协作等迈出了第一步，希望像西伯利亚日被俘人员问题那样的悲剧不会重演。"③

　　在双方发表的联合声明中，有关领土问题与和平条约问题的表述为："海部俊树首相与戈尔巴乔夫总统，考虑到双方就齿舞群岛、色丹岛、国后岛及择捉岛的归属问题立场，就日苏两国之间包括领土划定问题在内的有关和平条约诸问题进行认真会谈。双方对过去进行的联合工作，特别是高水平的交涉，一系列概念性观点，即包括解决领土问题在内的和平条约作为最终解决战后问题的文件，在友好的基础上发展日苏关系，

---

① NHK日ソプロジェクト編：《こわがソ連の対日外交だ——秘録・北方領土交渉》，日本放送出版協会，1991年，第235頁。
② NHK日ソプロジェクト編：《こわがソ連の対日外交だ——秘録・北方領土交渉》，日本放送出版協会，1991年，第237頁。
③ NHK日ソプロジェクト編：《こわがソ連の対日外交だ——秘録・北方領土交渉》，日本放送出版協会，1991年，第238頁。

以及确认不伤害对方的安全保障。"① 这些表述说明，第一，苏联正式承认存在领土问题。第二，领土问题具体指齿舞群岛、色丹岛、国后岛、择捉岛四岛被明确记载。第三，领土问题没有解决，到缔结和平条约时，包括这些领土问题必须得到解决。这三点达成一致是很大的进步。

在联合声明中，"苏联方面表示为扩大日本国民与上述诸岛居民之间的交流，日本国民访问上述诸岛时实行简单的免签证程序，在该地区开始实行互利互惠的经济活动，在不久的将来苏联削减在这些岛屿上的军事力量。日本方面同意今后进一步就这些问题举行会谈。"② 这些表述说明，苏联方面在过去要求必须得到签证才能够访问"北方四岛"，日本方面则以"北方四岛"为自己领土而极力反对签证，现在苏联方面实行免签证，意味着作出让步。另外，日本要求苏联军队从"北方四岛"上撤出，苏联作出一定让步。

在联合声明中有关1956年《日苏联合宣言》方面的表述为，"首相与总统，在会谈中强调为完成和平条约的准备加速工作，为此日本与苏联发表结束战争状态及恢复外交关系的联合宣言，要充分利用1956年以来经过两国长期交涉积累的所有肯定因素，要有建设性并投入精力地工作。"③ 这些表述说明，在联合声明没有提及1956年《日苏联合宣言》中没有规定返还两岛内容，代替的是以抽象性词语来表示："要充分利用1956年以来经过两国长期交涉积累的所有肯定因素"，日本方面认为，这里的"肯定因素"就是返还两岛的意思。

最后，联合声明中就今后两国开展经济协作方面的表述为："日本与包括俄罗斯在内的邻国苏联之间的双边关系，在睦邻、互惠以及信赖的气氛中，在经济贸易、科学技术及政治方面展开交流，在社会活动、文化、教育、观光、体育等方面展开交流，通过两国国民的广泛自由交流，开展建设性协作，实现共同的目的。"④

---

① 末澤暢二、茂田宏、川端一郎編：《日露（ソ連）基本文書・資料集》（改訂版），東京，RPプリンティソゲ，2003年，第254頁。
② 末澤暢二、茂田宏、川端一郎編：《日露（ソ連）基本文書・資料集》（改訂版），東京，RPプリンティソゲ，2003年，第254頁。
③ 末澤暢二、茂田宏、川端一郎編：《日露（ソ連）基本文書・資料集》（改訂版），東京，RPプリンティソゲ，2003年，第255頁。
④ 末澤暢二、茂田宏、川端一郎編：《日露（ソ連）基本文書・資料集》（改訂版），東京，RPプリンティソゲ，2003年，第256頁。

联合声明签字仪式后，海部俊树首相与戈尔巴乔夫总统分别举行记者招待会。戈尔巴乔夫总统表示，这次会谈把因时代错误而不正常的日苏关系作为过去的东西，首脑会谈的百分之八十是协商两国关系与缔结和平条约问题，即使是领土问题也通过正面讨论，总之对访问成果表示满意。另外，有关1956年的《日苏联合宣言》，结束战争状态与恢复外交关系已经写入联合宣言，但是有关返还"北方四岛"的条款，已经失去了实现机会，不具备有效性，应该在国际政治的现实中探讨新的解决方法。他说："日苏两国在1956年发表联合宣言，宣布结束两国之间的战争状态与恢复外交关系，确认两国之间继续进行交涉。我们认为联合宣言是历史与国际法的结果，但是联合宣言中一部分内容已经失去了实际成立的时机，历史是不能恢复为另外的道路前进的。我认为对于和平条约问题，应在1956年已经达成一致的基础上，同时应在现实政治环境下，探讨出新的解决方法。基于近年来的经验与历史事实来考虑，如西德与苏联关系不发展，能够产生'新思维'外交吗？历史表明只有在友好、协作、信赖中才有可能开展。"①

海部俊树首相说："有关领土问题，过去在文字上从来没有正确地表述四岛的名字，这次具体地写入联合声明，对包括领土划定问题在内的有关和平条约的起草、缔结等问题进行了充分讨论，这就是成果。1956年联合宣言发表以来，过去所有肯定的部分都被承认，当然也包括联合宣言。"② 作为日本方面，明显将"肯定因素"解释为包括1956年《日苏联合宣言》中有关返还两岛的条款。

经过三天的首脑会谈后4月19日，戈尔巴乔夫总统访问了日本京都与长崎，夜里到达了韩国济州岛访问。4月20日，与韩国总统卢泰愚举行首脑会谈后返回苏联。

4月26日，在苏联联邦议会上，戈尔巴乔夫总统汇报访问日本情况时说："不能说为日苏关系根本改善打开了突破口，但是迈出了非常困难的第一步，可能发现了突破口。"③ 这反映出他对此次访问日本并不十分

---

① NHK日ソプロジェクト編：《こわがソ連の対日外交だ——秘録・北方領土交涉》，日本放送出版協会，1991年，第240頁。

② NHK日ソプロジェクト編：《こわがソ連の対日外交だ——秘録・北方領土交涉》，日本放送出版協会，1991年，第241頁。

③ NHK日ソプロジェクト編：《こわがソ連の対日外交だ——秘録・北方領土交涉》，日本放送出版協会，1991年，第241頁。

满意，但是还是认为有成果的。就有关领土问题，他讲："苏联与日本都没有失败，是在平分秋色中结束的。"有关经济问题，他讲："海部俊树首相坚持政治经济不可分离的主张，但是政治不可能制止经济。"① 这是对日本方面的主张进行批判。有关1956年《日苏联合宣言》，戈尔巴乔夫重申返还两岛的条款已经失去了有效性的主张。他讲："在联合声明中谈到了1956年联合宣言，有关联合宣言中返还两岛的条款，已经仅能成为现实中的历史依据，这部分已经产生了国际法的结果，我们应该以宣言中的第二部分（日苏两国结束战争状态、恢复外交关系）作为基础。没有实现的内容，在30年后不可能恢复原样。历史的车轮已经行驶过去了，时机已经丧失了。1956年联合宣言，苏联承认两岛是日本领土，不是决定向日本返还。苏联从善意出发决定移交管理，但是后来状况复杂化了，《日美安全保障条约》签订，没有出现合适的历史时机。""应该从新的现实出发，如果要问如何返还，回答就是继续进行交涉。扩大包括四岛在内的两国人民的交流，也可能寻找出双方都能够接受的解决方法。但是必须改变两国之间今天这样的状况与性格，必须创造更大的相互依存关系，必须在与现在完全不同的气氛与两国协作中解决领土划定问题。德国实现统一就是现实的例子，统一之前还有很长的路要走，在两三年前不可能设想到德国会实现统一，但是在短期内状况发生了变化。必须走广泛联系与协作的道路。"② 他仍然强调只有在扩大日苏之间协作与交流中，才能解决领土问题。

戈尔巴乔夫总统访问日本，对于日本方面来说是第二次世界大战后重大的外交活动。苏联领导人第一次访问日本，又加上东西方"冷战"结束，可以成为打开日苏关系的突破口，但是剩下有关领土问题。日本方面实现了苏联承认存在领土问题，并具体记载把"北方四岛"作为双方领土问题的交涉对象，可以说是一大进步。但是，日本方面的目标，是要根据1956年《日苏联合宣言》，明确承认返还齿舞群岛、色丹岛的有效性，剩下的国后岛、择捉岛，承认日本具有潜在的主权，结果没有实现。

---

① NHK 日ソプロジエクト編：《こわがソ連の対日外交だ——秘録・北方領土交渉》，日本放送出版協会，1991年，第242頁。

② NHK 日ソプロジエクト編：《こわがソ連の対日外交だ——秘録・北方領土交渉》，日本放送出版協会，1991年，第242頁。

如何看待在戈尔巴乔夫访问日本时苏联方面在有关领土问题上作出的让步？据与戈尔巴乔夫总统同行访问的苏联官员透露说，苏联政府在初期预案中，就有承认存在领土问题与把"北方四岛"作为交涉对象的计划。有关把"北方四岛"作为交涉对象问题，他解释说，即使明确记载"北方四岛"明确记载，苏联政府也不可能将来返还"北方四岛"。另外，苏联部分民众担心，如果把"北方四岛"返还日本，日本是否还会要求返还库页岛南部与整个千岛群岛呢？这次明确记载"北方四岛"是否是为了让苏联人民安心呢？有关1956年《日苏联合宣言》，苏联方面表现不积极，等待日本方面提出建议，完全是一种应付态度。这次联合声明的内容基本上是可以接受的。苏联方面不过是承认自己最初打算承认的内容。

戈尔巴乔夫总统不敢在"北方领土"问题上向日本作出更大让步，主要理由就是苏联国内形势问题。当时苏联国内经济完全混乱，出现罢工游行、民族纠纷与联邦制是否存续问题，并武力镇压立陶宛要求独立的势力等。苏联改革不仅被迫停顿，而且国家面临危机。戈尔巴乔夫总统为收拾混乱，借用军队与保守派势力，加强右倾化，结果统治基础软弱，致使权力降低，使他不可能在"北方领土"问题上作出大胆决定。

戈尔巴乔夫访问日本返回国内后就卷入激烈的争权夺势斗争中。1991年6月12日，俄罗斯联邦举行历史上第一次人民选举活动，激进派代表人物叶利钦以57.3%的多数票当选为俄罗斯总统，叶利钦成为俄罗斯及苏联历史上第一位通过人民选举的国家总统。这次选举结果使叶利钦的势力大增，也使得传统派处境更加不利。7月10日，俄罗斯国家总统叶利钦签署"非党化"总统令，禁止共产党在俄罗斯联邦政府机关和国营企业进行活动，给传统派以沉重打击。

面对日益严重的政治、经济、社会和民族危机，苏联国内传统派势力发动了"8·19"政变活动。1991年8月19日早晨，苏联国家副总统亚纳耶夫在电视节目发布命令，宣布鉴于苏联总统戈尔巴乔夫健康状况已不能履行总统职务，根据苏联宪法，他本人即日起履行总统职务。[①] 同时还宣布，成立由代总统亚纳耶夫等八人组成的苏联国家紧急状态委员会。自8月19日起，在苏联部分地区实施为期六个月的紧急状态。苏

---

① 末澤暢二、茂田宏、川端一郎編：《日露（ソ連）基本文書・資料集》（改訂版），東京，RPプリソティソゲ，2003年，第263頁。

联国家紧急状态委员会发表《告苏联人民书》，指出戈尔巴乔夫领导的改革已经走入"死胡同"，"苏联国家和人民的命运处在极其危险的时刻"，呼吁苏联公民支持该委员会使国家摆脱危机的努力。他们力图维护统一的联盟国家，维护共产党的合法地位，维护社会主义的选择。这次政变活动采取温柔的处理手段，除戈尔巴乔夫本人遭到软禁外，没有逮捕其他任何人，只禁止少数新闻媒体的宣传活动，对多数媒体宣传活动没有任何限制。

这种温柔的政变活动遭到叶利钦等反对势力强烈反扑，事发之时，刚从哈萨克斯坦回到莫斯科的叶利钦毫无思想准备，但他很快便清醒过来，这次事变，在很大意义上是针对他而来的，是向他的挑战。他驱车前往议会大厦——白宫，冒着危险爬上了一辆包围白宫的坦克，大声宣读事先准备的《致俄罗斯公民呼吁书》，并且发表了演讲。他举行记者招待会，呼吁举行总罢工；派代表前往克里米亚半岛，与被困的戈尔巴乔夫弃嫌联手；用电话与西方大国领导人联系，寻求他们的支持；组织支持者去劝说包围白宫的军人倒戈；等等。8月21日清晨，戈尔巴乔夫总统在克里米亚发表声明，强调他已经控制了局势，并恢复了一度中断的与全国的联系。8月22日，苏联总统戈尔巴乔夫回到莫斯科颁布总统令，宣布撤销紧急状态委员会及其颁布的一切决定，解除国家紧急状态委员会所有成员的现任职务，"8·19事件"以其迅速失败而告终。

实际上，俄罗斯总统叶利钦在镇压"8·19"政变过程中，已于8月20日宣布掌握俄罗斯境内所有苏联军队的指挥权，并且宣布接受在俄罗斯境内苏联的全部国有企业资产及经营权，实质上叶利钦已经完全控制了俄罗斯，形成事实上的独立国家。8月23日，俄罗斯总统叶利钦以俄罗斯共产党参加政变为由，下令停止俄罗斯共产党的一切活动，并没收其财产。8月24日，戈尔巴乔夫宣布辞去苏联共产党中央总书记职务，并要求苏联共产党中央自行解散，并下令剥夺其财产。随后《真理报》等苏联共产党报刊被停止出版，苏联共产党中央大楼被查封，苏联共产党档案被没收。各加盟共和国的共产党也被禁止活动，财产被没收，有的共产党领导人遭逮捕。苏联国内掀起反共浪潮，苏联共产党不复存在。

与此同时，联盟迅速走向解体。8月24日，苏联第二大共和国乌克兰宣布独立，这给联盟以致命一击。到1991年12月，原有的15个加盟共和国除俄罗斯外均宣布独立，12月8日，俄罗斯、乌克兰、白俄罗斯三个斯拉夫国家宣布建立独立国家联合体。12月21日,俄罗斯等11个独立国家首脑会议在哈萨克斯坦首都阿拉木图举行。阿塞拜疆、亚美尼亚、白俄罗斯、哈萨克斯坦、吉尔吉斯、摩尔多瓦、俄罗斯、土库曼、塔吉克斯坦、乌兹别克斯坦和乌克兰等共和国领导人出席会议。会议通过《阿拉木图宣言》和《关于武装力量的议定书》等文件,正式宣布建立"独立国家联合体"。这样1922年12月30日成立的苏联不复存在,并通知戈尔巴乔夫苏联总统的设置已经停止存在。12月23日,戈尔巴乔夫同叶利钦在克里姆林宫讨论了交权问题。12月25日,戈尔巴乔夫发表电视讲话,宣布辞去苏联总统职务,同时辞去苏联武装力量最高统帅职务,并把核按钮交给了叶利钦,至此苏联解体。

第七章 日本对俄"多层次接触"领土政策

一、"双头政治"时期日本对叶利钦政府的政策

1991年8月21日苏联发生"8·19"政变失败后，到1991年12月25日戈尔巴乔夫总统宣布苏联解体前，在苏联国家内部实质上形成两个政府并存状态，即处于加速解体状态下的苏联政府与不断加强独立性的俄罗斯政府的并存局面，所以这时期也被西方人称为"双头政治"时期。

在"双头政治"时期，苏联政府与俄罗斯政府对日本政策形成既相互牵制又相互竞争的局面，无论是苏联政府还是俄罗斯政府，都希望从日本方面获得经济支持而扭转自己统治的被动局面。与此同时，无论苏联政府还是俄罗斯政府，都不希望日本方面经济支持对方而抛弃己方。苏联国内出现"双头政治"时期，对日本方面来说既有利也有弊，苏联国内两个政府相互争夺对日本关系的主动权，有利于日本推动解决"北方领土"问题。与此同时，两个政府相互牵制也使日本很难获得实际成效，特别是日本政府如何对待新生的俄罗斯政府，将会对以后双方关系的发展产生很大影响。

1991年8月19日，苏联国内发生以副总统亚纳耶夫为首的"8·19"政变，力图推翻戈尔巴乔夫政权，但是三天后迅速以失败而告终。可以说，俄罗斯联邦第一任总统叶利钦在粉碎"8·19"政变过程中起到关键作用。同样，叶利钦粉碎这次政变事件后，在国内外的政治影响力大大增强，苏联不可逆转地加速推进解体进程。苏联的戈尔巴乔夫、俄罗斯的叶利钦，两位总统并存，特殊状况下，苏联国内局势不断加剧变化。

8月19日，日本海部俊树内阁已经获得有关苏联发生政变的情报，

但是海部俊树首相却表示，日本政府还需要进一步确认情报是否准确，不能轻易作出决定。中山外相发表讲话表示，事实还不清楚时，政府对什么都不能表态。自民党干事长小渊惠三表示，政变不要损害到日苏关系，日本自民党关心的是，亚纳耶夫领导下的新政府是否能够遵守由戈尔巴乔夫总统所签署的约束。上述言论表明，此时日本领导人所关心的是，只要不影响苏联归还"北方领土"问题，其他问题都可以忽略不计。

与日本政府采取"等待、观望"对策形成鲜明对照，美国为首西方大国领导人迅速作出反应。8月19日苏联发生政变后，美国总统乔治·布什、英国首相约翰·梅杰（J. Major）、法国总理埃迪特·克勤松（É. Cresson）、加拿大总理马尔罗尼（Mulroney）、德国总理赫尔穆特·科尔（H. Kohl）等西方主要国家领导人一致呼吁，弹劾亚纳耶夫政变政府。

8月20日，日本首相海部俊树召集安全保障委员会会议，他表示，在是否承认新政府决定前，应该再等待形势变化。为了将来的日苏关系，首先应该考虑的第一课题是"解决'北方领土'问题，缔结和平条约"①。8月21日清晨，苏联总统戈尔巴乔夫已经宣布恢复统治权，当天海部俊树首相仍然表示对政变事件"评论时间还尚早"②。当天晚间，苏联发生的政变已经明确证明失败后，海部俊树首相给美国总统乔治·布什打电话，表示对他的"勇气和行动深深敬佩"！日本政府对苏联发生政变事件的反应，充分暴露出日本方面所谓的"北方领土症状群"的病理现象。日本政府对苏联政策只是固执地关心如何设法从苏联方面收回"北方领土"问题，至于其他任何方面的问题一概不加考虑。

所谓"北方领土症状群"的称呼，来源于长谷川毅在1991年第9号《中央公论》杂志上发表的文章，题目为"陷入'北方领土症状群'的日本"。美国加利福尼亚大学教授长谷川毅，站在比较客观的立场上看待"北方领土"问题，提醒日本政府要转变思维，客观对待现实状态，制定出符合实际的解决问题的对策。他在该文章中提出："现在世界关心的是，日本对俄罗斯的援助。苏联国家分裂，共产党独裁垮台了，与此同时'冷战'结束了，时代发生巨大变化时，日本如何构建对俄援助政

---

① 長谷川毅：《北方領土問題と日露関係》，東京，筑摩書房，2000年，第253頁。
② 長谷川毅：《北方領土問題と日露関係》，東京，筑摩書房，2000年，第253頁。

策？具体上，日本对俄罗斯变化如何对应？应该注意思考苏联解体后的东北亚地区安全保障如何构建。可是，苏联解体后，世界看到的是，尽管形势发生变化，日本却完全没有改变'仍然是首先要求北方领土问题'，仍然是所有问题从属于'北方领土'问题倾向。这种状态，如从世界常识看，你，整个日本，不可能超越'北方领土'问题这一固定思维，不可能理性地考虑对苏、对俄罗斯政策的。毫无疑问，这不是患上'北方领土症状群'了吗！"①

日本政府这种缺少大原则性的"近视眼"行为，不仅使西方国家反感，同样也受到国内有识之士的反对。苏联发生"8·19"政变时，日本驻苏联大使枝村纯郎正为苏联总理西拉耶夫访问日本而回国准备，获知苏联发生政变后，立即返回苏联。在大使滞留东京期间，作为代理大使、公使的茂田将苏联发生政变及国内形势报告书发给国内政府，他认为这是苏联保守派发动的政变，合法性值得怀疑，今后预见还需要进一步判断，但是，如果苏联政变获得成功，苏联的改革不可避免地将要倒退，所以劝告政府与国家紧急状态委员会应该谨慎。枝村纯郎大使返回莫斯科后，只身前往抵抗政变势力控制的俄罗斯联邦政府大楼，在答复记者提问时表示："海部俊树首相在国会发表讲话，强烈指责国家紧急状态委员会控制政权是违反宪法的，日本政府准备讨论冻结向苏联的援助。"② 可以看出，不管枝村大使讲话内容是否合适，至少比日本政府的踌躇态度前进一步，稍微透露出日本政府对抵抗政变势力的一点支持态度。枝村大使返回大使馆，又与茂田公使讨论，两人一致认为，如果苏联政变获得成功并且控制政权，日苏关系不可避免地要倒退，解决"北方领土"问题及缔结和平条约肯定要绝望。两人通过电报和电话向东京方面提议，要求日本政府尽早明确谴责政变态度，应该发表声明支持叶利钦领导的抵抗势力。

8月21日，苏联"8·19"政变被最终确认失败后，日本政府发表声明谴责政变行为。8月27日，日本政府派遣外务省审议官斋藤彦赴莫斯科，带来海部俊树首相写给苏联总统戈尔巴乔夫与俄罗斯总统叶利钦的亲笔信。

---

① 和田春樹：《北方領土問題——歷史と未来》，東京，朝日新聞社，1999年，第345頁。
② 長谷川毅：《北方領土問題と日露関係》，東京，筑摩書房，2000年，第254頁。

海部俊树首相在写给叶利钦总统的亲笔信中表示："支持叶利钦为民主主义的斗争,对俄罗斯的改革给予支援,同时希望解决'北方领土'问题,缔结和平条约。"① 可以看出,即使在这样的非常时期,日本政府首脑仍然念念不忘向苏联及俄罗斯方面提醒解决"北方领土"问题。

在此前,日本政府并未把俄罗斯联邦政府作为正式交涉对手,但是发生"8·19"政变事件后,伴随着苏维埃联邦政府权力逐渐转移到俄罗斯联邦政府手里,特别是俄罗斯联邦政府提出了与苏维埃联邦政府存有差别的外交方针后,日本政府开始把俄罗斯联邦作为正式交涉对手。与此同时,俄罗斯联邦政府任命库纳泽为外交部副部长,更加引起日本政府要收回"北方领土"的欲望。

库纳泽原是苏联世界经济与国际关系所（IMEMO）日本部部长,是俄罗斯国内屈指可数的著名的研究日本问题专家,能够讲一口流利的日语,他是苏联政府推行的对日政策的最严厉批判者。库纳泽认为,《雅尔塔协定》不应是苏联获取"北方领土"的根据,赫鲁晓夫破坏1956年《日苏联合宣言》的领土条款是违法的。在解决"北方领土"问题上,库纳泽认为:要确认1956年《日苏联合宣言》,即返还齿舞群岛、色丹岛,就国后岛、择捉岛继续谈判。但是,库纳泽认为日本政府提出的要求并非完全正当化,特别是日本政府提出返还"北方四岛"的主张就存在法律问题。他认为日本政府要求归还齿舞群岛、色丹岛有法律依据,但是,对于要求归还国后岛、择捉岛问题,只能通过两国政治协商解决,即两国确认1956年《日苏联合宣言》并缔结和平条约后,继续审议国后岛、择捉岛问题。②

1991年9月9～13日,俄罗斯联邦最高苏维埃代理主席卢斯拉·哈兹布拉托夫（Р. И. Хасбулатов）访问日本时,向海部俊树首相递交了叶利钦总统的亲笔信。

该信件对有关"北方领土"问题如下表示:

（1）对叶利钦提出的"五阶段方案"加以修正,缩小阶段性并加速推动进程。

（2）放弃第二次世界大战的战胜国与战败国区别,依据国际法,平等地、历史地、公正地解决该问题。

---

① 長谷川毅:《北方領土問題と日露関係》,東京,筑摩書房,2000年,第254頁。
② 長谷川毅:《北方領土問題と日露関係》,東京,筑摩書房,2000年,第255頁。

(3) 反省过去对苏联人民所进行的错误教育。

(4) 准备实现日本人长久的梦想。

(5) 尊重日本提出的政经不可分原则，同时请求日本扩大对俄经济支援。①

叶利钦总统的这封信件内容，对过去苏联政府长期推行的对"北方领土"问题政策作出巨大修正，可以说几乎靠近了日本政府有关"北方领土"政策。该信件内容也反映出此时此刻俄罗斯总统叶利钦的心情，处于"双头政治"时期，他非常希望能够带领俄罗斯摆脱眼前的经济困难局面，使俄罗斯人民能够获得稳定生活及经济发展前途，当然也稳定了叶利钦本人的统治地位。叶利钦把本国经济发展完全寄托于日本方面的援助，希望借返还"北方四岛"来换取日本经济援助。在哈兹布拉托夫访问日本时，他向日本政府提出请求实施"日本版马歇尔计划"，具体提出日本政府向俄罗斯投入80亿～120亿美元援助。② 另外，从该封信件内容看，也反映出叶利钦政权还不成熟，对待如何处理"北方领土"问题还处于比较盲目的阶段，等到他真正独自掌管俄罗斯独立国家时，面对国内社会舆论压力后，他就不再提出这样的内容建议了。

为了更好地维护国家领土问题，叶利钦领导下的俄罗斯最高苏维埃会议于1990年10月通过决议，决定"俄罗斯联邦的国界线变更，必须由俄罗斯同意"。俄罗斯此举表明，对于日苏之间"北方领土"问题，俄罗斯联邦直接承担责任。③ 叶利钦所采取的上述手段，无非就是要在对日政策方面，排斥戈尔巴乔夫总统领导下的苏联政府势力，表现出"双头政治"时期下，双方在对日政策影响力上的争夺态势。

1991年9月24日，在第46届联合国大会上，日本外相中山太郎发表讲话。中山外相表示："苏联发生历史性转折，自己从心里表示欢迎！"应该在以下五项原则内，与新的苏联发展关系。即：

(1) 对苏联改革"加强联系与支持"，并适当扩大及有效地支援。

(2) 与苏联各加盟共和国、特别是俄罗斯联邦进行多方面协助。

---

① 国際シンポジウム組織委員会編:《エリッィンの対日政策》，東京，人間の科学社，1992年，第317頁。

② 国際シンポジウム組織委員会編:《エリッィンの対日政策》，東京，人間の科学社，1992年，第319頁。

③ 国際シンポジウム組織委員会編:《エリッィンの対日政策》，東京，人間の科学社，1992年，第320頁。

(3) 协助苏联作为建设性一员融入到亚洲太平洋地区。

(4) 为使苏联能够加入到国际经济体制——国际货币基金（IMF）和世界银行为核心的国际经济关系，给予协助及大力支持。

(5) 根据"法律和正义"解决领土问题及缔结和平条约，日俄、日苏关系飞速发展。①

"中山五原则"具有一定的划时代意义，一是日本明确表示对苏联与俄罗斯改革的支持，明确日本对俄关系的基础。二是过去日本对苏联要求加入亚洲太平洋地区经济组织态度冷淡，这次明确表示支持。

10月8日，日本政府发表对苏联援助25亿美元的决定，其中5亿美元为进出口贸易银行的人道主义援助，18亿美元为贸易保险（15亿美元为出口保险、3亿美元为投资保险），2亿美元为进出口贸易银行的正常出口贸易信用。② 在发布会上，日本官房长官坂本三十次对记者们表示，这些援助与"北方领土"问题没有关系。这不仅表明日本的"政经不可分"原则，而且"扩大均衡"原则也被打开大洞了。

1991年10月4日，《消息报》发表了苏联外交部非常重要的历史文件，1853年2月24日俄国沙皇尼古拉一世签名的、当年2月27日发出的、给普佳京总督的有关与日本交涉的指令。这份指令一直在苏联外交部文件馆保存，没有发表过，其理由很清楚。俄国沙皇尼古拉一世的指令是给普佳京总督的，是有关千岛群岛划分领土问题，与日本人进行交涉应该采取如何行动的明确指示。该指令有关两国国境线划分问题的内容记载如下：

"关于国境线问题，我们希望应在（不损害我们利益范围内）可能限度内扩大。对于我们来说，真正具有重要性的是另外一个目的，要获得通商贸易上的利益。在千岛群岛范围内，可以说属于俄罗斯最南端为得抚岛，该岛屿为俄罗斯领土南端终点。根据此（如今天既成事实那样），我方与日方之间国境线，应为我国得抚岛的南端与日本方面的择捉岛的北端。预计，日本政府提出对得抚岛拥有主权时，应该向对方说明，该岛屿在我国所有地图上标志为俄罗斯领土。另外，在美国，负责管理俄罗斯各海域及领土的俄美公司都证明，得抚岛与其他千岛群岛一样，

---

① 末澤暢二、茂田宏、川端一郎編：《日露（ソ連）基本文書・資料集》（改訂版），東京，RPプリソティソゲ，2003年，第277頁。

② 長谷川毅：《北方領土問題と日露関係》，東京，筑摩書房，2000年，第260頁。

处于我国管辖下，包括管辖岛上居民，这是有关归属问题的最有力证据。一般认为，该岛屿在千岛群岛中属于我国领土的界限。"①

苏联方面这时候主动公布出这份明显不利于自己长期主张的文件，是什么人处于什么目的公布的这成为人们关注的焦点。当然，这份文件的公布显然会受到日本方面非常热情的欢迎。这时候苏联方面公布这样的历史文件，对外界明显要迎合日本方面的主张，为今后解决日苏两国有关"北方领土"问题主动创造出良好的国际环境，换取日本方面的信任，可以肯定地说，这是苏联方面主动让步的一项措施。对苏联国内说，现在处于所谓"双头政治"时期，实际上处于国内政策制定无法统一之际，显然是所谓改革派所为，力图尽快与日本解决"北方领土"问题。该历史文件的公布，目的是让苏联民众认识到，实际上在历史上我们已经承认得抚岛为国境的事实，现在不必坚持拒绝日本的主张了！这是为国内社会舆论接受日本主张而作的铺垫工作。同时，该历史文件也反映出1855年双方缔结日俄条约时，千岛群岛南部各岛屿归属日本方面，俄国并未提出反对意见，而是完全承认的，且是自发的，没有外来压力，实质上为日本方面的主张提供了历史依据。

苏联方面主动公布该文件，不仅使日本方面如获至宝，成为日本主张"北方四岛"主权最重要的证据之一，而且也加强了日本要求苏联返还"北方四岛"更大的决心及热情。

1991年10月14日，在莫斯科举行了两国外长会议。苏联新外长潘金与日本外相中山举行会谈，潘金对"中山五原则"给予高度评价，他也提出五项原则，即：

（1）打破过去的旧框架。
（2）推进相互理解。
（3）构筑相互信赖。
（4）扩大协助。
（5）共同构筑。②

另外，潘金外长表示，在这五项原则内解决"北方领土"问题及缔

---

① 末澤暢二、茂田宏、川端一郎編：《日露（ソ連）基本文書・資料集》（改訂版），東京，RPプリソティソゲ，2003年，第22~23頁。
② 末澤暢二、茂田宏、川端一郎編：《日露（ソ連）基本文書・資料集》（改訂版），東京，RPプリソティソゲ，2003年，第278頁。

结和平条约。潘金外长还提议，为了启蒙日苏两国社会舆论，就领土问题双方制订一份共同资料集。对于潘金外长提出的五原则，中山外相表示接受，并且表示日本对苏联民主化和经济改革给予全面支持。中山外相提议，设置日本、苏联、俄罗斯三者组成的经济援助委员会。双方为了促进缔结和平条约，设置处理领土问题的专门委员会和处理其他问题的专门委员会。莫斯科外长会议后，日本通产大臣中尾荣一访问莫斯科，这是战后日本现任通产大臣首次访问苏联，双方就经济援助问题进一步协商。

1991年9月，俄罗斯联邦政府副外长库纳泽为了推动对日领土问题的解决，前往千岛群岛视察，结果刚登上岛就遭到岛民的强烈抗议。哈萨林州州长费多罗夫指责库纳泽视察千岛群岛"是为了向日本出卖领土而进行社会舆论方面的准备"①，并且号召当地居民抗议库纳泽的行动，发动集会、宣言、短期罢工。库纳泽推行的对日领土问题政策，不仅遭到当地居民的强烈反对，而且也引起国内广大人民群众的强烈反对。民族主义者和原来的共产党人组成反对同盟，共同反对库纳泽推行的亲日路线。反对派势力获得了苏联军队方面的支持，苏联国防部长沙波什尼科夫曾经表示，如果将国后岛、择捉岛返还日本，这其中的海峡将会落入统治日本的美国人手中，那样将会对俄罗斯构成军事上的威胁。显然这时期俄罗斯国内有关千岛群岛问题已经成为最大的政治问题。

对于俄罗斯国内的社会舆论，出现强烈反对在领土问题上向日本作出任何让步的浪潮，但日本政府并没有给予足够的重视。9月，库纳泽在千岛群岛遭到居民强烈抗议后，日本官房长官坂本三十次表示："确认这些为日本领土，比考虑居住在这里的2.5万居民的意见更重要。"② 这显然是呼吁俄罗斯政府应该重视日本政府的要求，不要顾及岛上居民的反对声音。日本外务省次官小和田也发表演说，表示苏联转换市场经济，促进民主主义，必须推进"新思维"外交，"新思维"外交要体现在解决"北方领土"问题上。这显然是把解决"北方领土"问题摆在调整日苏关系的最前面。

---

① 国際シンポジゥム組織委員会编：《エリツィンの対日政策》，東京，人間の科学社，1992年，第319頁。
② 和田春樹：《北方領土問題——歷史と未来》，東京，朝日新聞社，1999年，第342頁。

1991年11月5日，日本国内出现内阁更替，宫泽喜一（1919年10月至2007年6月）代替海部俊树，成为新的日本首相。当时正值苏联解体的转折时期，宫泽喜一首相认为这是日本解决"北方领土"问题的最好时机，因为俄罗斯国内经济混乱，急需经济援助，俄罗斯没有外来资金投入，将无法推进经济改革，俄罗斯必然求助于日本方面。支持叶利钦总统推翻"苏联旧制度"之际，日本也有可能推动俄罗斯改变在"北方领土"问题上的立场。因此，宫泽喜一内阁上台后，即把日俄关系作为外交突破的重点，将促进俄罗斯国内稳定、变革与解决"北方领土"问题作为两大政策目标，期待日俄之间尽快解决这一战争遗留问题。宫泽喜一首相在第一次记者招待会上表示："创造全世界面向和平的新秩序时，日本和苏联没有缔结和平条约是不自然的。"① 针对领土问题，宫泽首相强调解决"北方领土"问题是必要的，但是这种解决不能给居住在岛屿上的俄罗斯居民带来不安，返还岛屿时有关俄罗斯居民如何处置应该由日本法务部门具体讨论。宫泽喜一的上述讲话，明显是要缓和居住在"北方四岛"上的俄罗斯居民对日本的反对情绪。

11月18日，叶利钦总统特使卢基索访问日本，外相渡边美智雄与他会谈时表示："如果俄罗斯在'北方领土'问题上承认日本主权，日本政府就返还期限采取缓和态度。"② 这是日本政府第一次正式提出可以分阶段返还"北方领土"的讲话。日本政府在以前明确提出"一揽子返还"，现在修改为可以"分阶段返还"，但是仍然坚持返还"北方四岛"为前提条件。日本宫泽喜一内阁自认为对解决"北方领土"问题作出了大的妥协，但要求返还"北方四岛"的实质内容并未改变，所以未引起苏联及俄罗斯方面任何有效的反应。

面对国内外的这种形势变化，作为俄罗斯国家领导人的叶利钦，于1991年11月16日采用答复国民来信的方式发表特别声明，其全文如下：

亲爱的同胞们：
我知道大家对南千岛的命运抱以忧虑不安的心情，为此我有义务向大家解释俄罗斯领导人对此问题的立场。

---

① 国際シンポジゥム組織委員会編：《エリッィンの対日政策》，東京，人間の科学社，1992年，第321頁。
② 長谷川毅：《北方領土問題と日露関係》，東京，筑摩書房，2000年，第267頁。

我完全同意大家有关现在的俄罗斯人面对过去我国领导人的政治冒险主义不负责的立场。同时，过去时代政策的延续，至今仍妨碍俄罗斯与国际社会相互正常交往，探求这些问题的解决方法，是新的俄罗斯领导人的绝对义务。

总之，作为国际社会的一员，新的俄罗斯未来，要更有效地掌握这一国际权威，我们必须克服过去不容易解决的遗留问题，必须理解先进的国际交流准则，即严格遵守法律秩序、正义、国际法的各项原则，作为我国政策的主要基础。

如大家所知，在缔结条约的道路上的主要障碍就是俄罗斯与日本之间的国境划定。这个问题有很长的历史，最近大家很关心，俄罗斯人民各种情感都集中在这个问题上。对于这个问题的解决途径，我们以正义与人道主义的原则为指针，维护俄国人民，特别是南千岛居民的利益与尊严。我向大家保证不损害南千岛居民的命运。要考虑到形成的历史与现实，肯定保证他们的社会、经济利益及财产利益。与日本达成所有协定的第一原则，就是考虑到对伟大的、整体不可分割的祖国的幸福。作为历史上第一个民主选举出的俄罗斯总统，我向大家保证，有关政府在这方面的所有意图与计划，将即时、全面地向俄国人民公布。期待大家从内心给予理解与支持。①

我们从今天的角度看，叶利钦的这份特别声明完全反映出他对日俄两国之间有关"北方领土"问题的立场。从这份特别声明可以看出，第一，叶利钦承认探求解决与日本缔结和平条约问题是新的俄罗斯领导人的方针，承认这个问题的存在阻挡了日俄两国之间关系的发展，同时也阻挡了在文明化国际社会里作为具有平等权利成员的地位。新的俄罗斯要克服这种过去不容易解决的遗留问题，要按照正义、法律秩序、国家法、人道主义原则，决心与日本认真解决和平条约问题。第二，叶利钦明确保证，要严格保证俄罗斯人民，特别是南千岛居民的权利与利益，并且表示俄罗斯领导人就有关和平条约问题，包括划定领土问题，与日本方面进行交涉时，都会遵守这些基本原则。

有关叶利钦提出的解决"北方领土"问题的方案，如第 6 章所述，

---

① 末澤暢二、茂田宏、川端一郎編：《日露（ソ連）基本文書・資料集》（改訂版），東京，RPプリソティソゲ，2003 年，第 279～280 頁。

1990年1月，当时作为苏联人民代表大会代表的叶利钦在访问日本时，在帝国旅馆举行的亚洲调查会会议上发表讲话，阐述了解决领土问题非常具体的"五阶段解决方案"。此后他仍然坚持这种观点。

二、叶利钦推迟访问日本

1991年12月25日，苏维埃社会主义共和国联盟宣布解体，"二战"后美苏两国长期争夺世界霸权的国际冷战格局基本瓦解。新独立的俄罗斯联邦完全继承了原苏维埃社会主义共和国联盟的国际权利与义务，仍然维持着世界大国地位。新独立的俄罗斯联邦叶利钦总统执政时期，或者称为叶利钦时代，即从1991年12月25日鲍里斯·尼古拉耶维奇·叶利钦（1931年2月1日至2007年4月23日）从苏联总统戈尔巴乔夫手中接过具有象征意义的核按钮，成为克里姆林宫的新主人，到1999年12月31日叶利钦宣布辞去俄罗斯联邦总统。

叶利钦时代的俄罗斯国家对外政策，大体上也可以划分为两个不同阶段：一是1996年前，俄罗斯国家在对外政策上采取了亲欧美的"一边倒"政策；二是1996年后，俄罗斯国家在对外政策上采取了调整性的"全方位"政策。同样，在日俄两国关系发展中也明显呈现出这种发展变化。

叶利钦总统在入主克里姆林宫的初期，其主要对外政策就是全面改善与美国等西方国家的关系。在叶利钦看来，既然俄罗斯决定了从经济基础到上层建筑全盘西方化，就必须争取美国等西方国家的支持与帮助，否则这种"改革"就难以实现，自己的政权也难以巩固。叶利钦推行了亲欧美的"一边倒"政策，不惜作出了巨大让步，以换取欧美国家的帮助和支持。俄罗斯外长科济列夫（А. В. Козырев）在美国外交杂志《外交季刊》（春季号）上发表论文，提出俄罗斯外交的目标是民主主义、人权、否认帝国主义扩张。从1991年11月到1992年2月，作为俄罗斯总统的叶利钦先后访问德国、意大利、英国、美国、加拿大、法国，依据新的原则与西方各国建立良好关系。1992年1月，叶利钦出席联合国安理会会议，高调宣布"俄罗斯与美国等西方各国不仅建立伙伴关系，而且要建立同盟国关系"[1]。

---

[1] 長谷川毅：《北方領土問題と日露関係》，東京，筑摩書房，2000年，第268頁。

对于俄罗斯总统叶利钦抛出的橄榄枝，欧美国家当然表示欢迎，并且迅速作出反应。1992年4月美国总统乔治·布什提出对俄罗斯经济援助。1992年7月，在慕尼黑举行的西方七国集团（G7）首脑会议上，制订了240亿美元的对俄罗斯一揽子援助计划，以帮助叶利钦总统摆脱国内经济危机。① 1993年4月，西方七国集团（G7）财政部长、外交部长在日本东京举行紧急磋商后，决定向俄罗斯方面提供434亿美元的援助。② 在这种巨额经济援助的友好气氛下，1993年4月，俄罗斯总统叶利钦与美国总统比尔·克林顿（B. Clinton）举行了首次正式会晤，宣布俄美两国关系由"冷战"时期的竞争对手，转变为"战略伙伴"关系。所谓"战略伙伴"关系，是近几十年来国家与国家关系中经常使用的外交词语。从外交关系上讲，战略伙伴关系并非一种非常严谨的、具有很强约束力的国际关系。战略伙伴关系是指在双边或多边国际事务中，在重大国际和地区问题上，在战略方向、战略关系、战略合作诸方面互为伙伴，体现在国际和地区范围内的相互协调、相互配合、相互支持。战略伙伴关系根植于各自国家和民族利益的国家主义。1994年1月，俄美两国元首又在莫斯科举行了第二次正式会晤，并且签署了《莫斯科宣言》，宣布俄美两国关系进入了"成熟的战略伙伴关系"的新时代。

新的俄罗斯联邦独立后，日苏两国关系随即转变为日俄两国关系。总体上看，日俄两国关系并没有实质性的变化。因为造成第二次世界大战后日苏两国关系长期停滞的三大因素，即领土问题争端、国际"冷战"环境、两大民族长期积怨并没有实质性的改变。可以说，苏联解体标志着长期以来的国际"冷战"大环境基本瓦解，特别是新独立的俄罗斯联邦完全采用了资本主义制度，所以日俄两国以往那种政治及意识形态领域里的对抗已经不复存在了。但是"冷战"结束后，美国对俄罗斯的挤压政策，如在欧洲地区不顾俄罗斯的强烈反对，大力推行北约东扩政策，在亚太地区美国强化日美安全保障体系等，都使得俄罗斯感到外来压力并没有彻底减轻。另外，日俄两国之间长期争论的"北方领土"问题并没有得到解决，两大民族之间的长期积怨也因"北方领土"问题

---

① 高连福主编：《东北亚国家对外战略》，北京，社会科学文献出版社，2002年，第249页。
② 高连福主编：《东北亚国家对外战略》，北京，社会科学文献出版社，2002年，第249页。

未能解决而无法获得缓解，这就是日俄两国之间关系没有实质性变化的根本原因。

叶利钦上台后推行亲欧美的"一边倒"对外政策，使得日本政府对俄政策上又一次表现出过于乐观。实际上，在戈尔巴乔夫执政时期，日本政府对苏联政策上，就是希望利用戈尔巴乔夫急于求助于西方国家的经济援助来换取收回"北方四岛"，日本政府不断以经济援助为"诱饵"，或者说为筹码，但是截至苏联解体也未能实现夙愿。戈尔巴乔夫执政时期，承认日苏两国之间存在着"北方领土"问题，他提出应该首先发展两国之间的经济合作，创造出一定的气氛，两国再就有关"北方领土"问题举行会谈，共同寻找双方都能够满意的解决办法。然而，日本政府却采取了似乎盛气凌人的态度，坚持"政经不可分"原则，即苏联方面不返还"北方四岛"，日本方面就不提供大规模经济援助。到了1989年5月，日本政府又提出了所谓"扩大均衡论"，即仍然坚持"政经不可分"原则的同时，以扩大两国之间的各种交流来缓和关系。日本政府所谓"扩大均衡论"，表面上是对戈尔巴乔夫提议的回应，但是实质上仍然推行"政经不可分"原则。戈尔巴乔夫执政六年多，在许多重大国际争端问题上作出了重大让步，也取得了很大进展，但是唯独"北方领土"问题仍然处于停滞状态。特别是在东西德统一问题上，可以说这也是第二次世界大战所带来的后果，苏联方面在作出了很大让步后，最终形成了西德吞并东德的结局。与此同时，日本政府似乎并没有认真总结这些争端问题解决的经验教训，仍然按照长久以来形成的固定模式，或者老套路来对待两国之间的"北方领土"问题。日本政府对苏政策采取"政经不可分"原则的根本出发点，就是认为苏联要想取得改革成功，必须有日本的经济技术援助，否则就无法实现成功。

叶利钦的亲欧美"一边倒"对外政策，使日本又一次看到了以经济援助来迫使俄罗斯返还"北方四岛"的良机。苏联宣布解体的第二天，12月26日，日本驻俄罗斯大使枝村纯郎将首相宫泽喜一的亲笔信递交给俄罗斯方面。宫泽喜一首相代表日本政府宣布，承认俄罗斯联邦作为苏联继承国，确认以1956年日苏共同宣言为代表的、所有日本和苏联签署的条约和国际协定，与俄罗斯之间完全有效①。对此俄罗斯外长科济

---

① 末澤暢二、茂田宏、川端一郎編：《日露（ソ連）基本文書·資料集》（改訂版），東京，RPプリソティソゲ，2003年，第283頁。

列夫表示，感谢日本政府能够在很早的时刻宣布这样的决定，同时代表俄罗斯政府宣布确认苏联与日本之间签署的所有条约和国际协定有效。科济列夫外长在涉及1956年日苏共同宣言时，表示"俄罗斯政府确认，规定缔结和平条约后返还齿舞群岛、色丹岛的1956年《日苏联合宣言》的合法性"。① 在1991年12月29日的电视采访节目里，科济列夫外长进一步表示，1960年苏联政府单方面破坏《日苏联合宣言》有关领土条款是不当的。②

新生的俄罗斯政府发出善意的信息，使日本朝野上下对解决"北方领土"问题的信心倍增，似乎日本民族长久以来的夙愿即将实现了。1992年1月，在纽约举行了由美国方面召集的对原苏联加盟共和国紧急经济援助的国际协调会议，出席会议的有47个国家、7个国际组织。这次国际协调会议的召开，意味着美国乔治·布什政府对新生俄罗斯政府的积极经济援助政策，可是单凭美国方面的能力无法满足有关国家急需的经济援助，所以美国呼吁其他盟国能够给予全力协助。由于过去对苏联援助最热心的德国因国内统一已没有余力提供，所以美国政府把希望寄托于日本方面，并且把日本新外相渡边美智雄和德国外长根舍（H. D. Genscher）设为会议两个副主席的位置上，辅佐会议上主席美国国务卿贝克主持会议。

可是，日本政府的态度使美国人大失所望，日本在这次会议上仅约定5亿美元的人道主义援助。这样的数字，与泰国约定的4.5亿美元、韩国约定的10亿美元、沙特阿拉伯约定的12亿美元、阿曼约定的4.2亿美元相比较③，世界上最大的债权国家日本显然是约定数额少得可怜。日本外相渡边美智雄对此解释说，早在伦敦西方七国首脑会议上，日本对苏联的经济援助政策就已经阐述清楚了，日本对苏联提出经济援助的三个必要条件为"经济观点"、"政治观点"、"国际关系观点"。④ 这里所强调的"国际关系观点"与解决"北方领土"问题相联系，反映出日本政府仍然坚持向苏联提供经济援助与解决"北方领土"问题相挂钩。

渡边美智雄外相参加完纽约对原苏联加盟共和国经济援助国际协调

---

① 長谷川毅：《北方領土問題と日露関係》，東京，筑摩書房，2000年，第270頁。
② 長谷川毅：《北方領土問題と日露関係》，東京，筑摩書房，2000年，第271頁。
③ 長谷川毅：《北方領土問題と日露関係》，東京，筑摩書房，2000年，第271頁。
④ 長谷川毅：《北方領土問題と日露関係》，東京，筑摩書房，2000年，第271頁。

会议后，直接赴俄罗斯首都莫斯科参加第一次日俄外长会议。会谈中，渡边美智雄外相对俄罗斯外长科济列夫表示，日本准备为了改善与俄罗斯的关系付出努力，但是为此必须要解决"北方领土"问题，如果俄罗斯方面能够返还"北方四岛"的话，对于返还的形式和时间，日本方面持长期缓和态度。① 这是日本方面自1991年11月，渡边外相首次向俄罗斯总统特使卢基索提出这一建议后，在两国外长正式会谈上第一次提出。可是对于日本政府在"北方领土"问题上政策的微妙变化，并没有引起俄罗斯方面的任何注意。科济列夫外长的谈话中没有直接涉及"北方领土"问题，只是强调日俄关系依据"法律和正义"原则来克服过去的遗留问题，强调鉴于俄罗斯国内经济困难，双方必须在现实的可能之间寻找出平衡点。

渡边外相这次莫斯科两国外长会谈，原订计划有渡边外相与俄罗斯总统叶利钦的会见，但是会见却突然被俄方宣布取消了。后来证明叶利钦总统取消与渡边美智雄外相会见的计划，是为了处理俄乌两国之间的克里米亚半岛问题。日本政府认为，这样轻易取消已经决定的与大国外相的会见计划，不仅是对日本外相渡边美智雄本人的羞辱，而且也是对日本国家的羞辱，说明俄罗斯方面轻视日本。

1992年1月31日，在纽约举行的联合国安理会国家首脑会议期间，日本首相宫泽喜一与俄罗斯总统叶利钦举行会谈。宫泽喜一首相对叶利钦总统表示，希望能够如叶利钦总统给海部俊树首相的亲笔信里所讲的那样，两国之间就"北方领土"问题能够依据"法律和正义"原则解决。叶利钦总统有意回避涉及领土问题，但是他表示"考虑在自己访问前就包括领土问题，和平条约所涉及一切方面准备开始讨论"②。宫泽喜一首相正式邀请叶利钦总统在出席慕尼黑西方七国集团（G7）首脑会议前访问日本，可是叶利钦答复为，预定9月中旬访问日本，即叶利钦计划在访问西欧各国后再访问日本，这样又使日本政府感到俄罗斯方面把自己放在比西方各国低的地位上而不愉快。日本方面希望的是在叶利钦总统访问日本时，叶利钦总统在"北方领土"问题上能够比戈尔巴乔夫总统访日时再向前走一步，然后日本在慕尼黑西方七国集团（G7）首脑

---

① 和田春樹：《北方領土問題——歷史と未来》，東京，朝日新聞社，1999年，第332頁。
② 佐藤和雄、駒木明義：《検証日露首脳交渉》，東京，岩波書店，2006年，第24頁。

会议上同意给予俄罗斯以更大的经济援助。

日本在苏联解体后迅速表明了要求俄罗斯尽快返还"北方四岛"的立场，并且把解决领土问题作为与俄罗斯进行大规模经济合作的先决条件。实际上，叶利钦与戈尔巴乔夫几乎处于同样的环境里，一方面迫切希望日本方面能够给予经济援助，以解决本国的各种危机局面，另一方面又受国内各种因素制约，担心"出卖领土"的罪名使自己还不稳定的政权垮台，所以叶利钦总统对于日本方面的急切态度采取了比较谨慎的对策。

1992年2月底，俄罗斯总统叶利钦致函日本首相宫泽喜一郎，表示俄罗斯方面认为日本是"伙伴和潜在的同盟国"。俄罗斯方面"决心本着法律与正义的原则继续共同探讨包括划分领土在内的缔结俄日和约问题"。日本政府对俄罗斯的动向作出了积极反应，外务省认为叶利钦总统的这些讲话是苏联时代从来没有使用过的表述，是"新的向前看的发言"，日本方面应不失时机地以日本所认为比较满意的形式谋求"北方领土"问题的解决。

1992年4月18日，日本外相渡边美智雄在故乡栃木县大田原市发表谈话中，针对叶利钦总统的信函指出："如果俄罗斯承认'北方四岛'为日本领土，无论采用什么形式，甚至在返还时间上，我们都将采取缓和的对策。可以通过双方交涉来探讨这样的方式是否合适。（日方）不是停止所有援助，实施65亿日元的紧急人道主义援助，实施25亿美元的银行信用贷款和贸易保护，如超过以上的大规模援助，需要双方缔结和平条约。如果（苏方）承认四岛为日本领土，（日方）可以暂时承认俄罗斯施政权、行政权。与当年美国返还冲绳一样，（日方）也有这样的历史吗！关于采用什么样的方法，（苏方）可以提出！即使（苏方）请求援助军（企业）转换民（企业），作为日本也需要返还领土。俄罗斯首先要承认斯大林主义的错误，要根据法律和正义原则，承认日本对四岛拥有主权。"[①]

1992年4月20日，日本内阁官房长官加藤纮一也发表谈话，他表示"渡边外相有关承认施政权条件的讲话，作为政府，认为如果俄罗斯承认'北方四岛'为我国固有领土的大原则，返还时间、形式、条件考虑缓

[①] 末澤暢二、茂田宏、川端一郎編：《日露（ソ連）基本文書・資料集》（改訂版），東京，RPプリソティソゲ，2003年，第284頁。

和态度。但是，渡边外相考虑暂时承认施政权的方针这一范围，不能适用于齿舞群岛、色丹岛"①。

日本官员的上述谈话，表示出可以缓和对待俄罗斯方面返还"北方四岛"问题，日本国内认为这是日本方面作出的巨大让步，但是这样巨大的让步却没有引起俄罗斯方面注意，认为未能看到日本方面在要求返还"北方四岛"问题上出现实质性改变。同时，也反映出日本政府此时急于借助俄罗斯国内要求经济援助之际实现返还"北方四岛"的心情来。

1992年5月3~4日，日本外相渡边美智雄再次访问莫斯科，先后与科济列夫外长、叶利钦总统的举行会谈。在渡边美智雄外相与叶利钦总统的会谈上，叶利钦总统第一次在两国正式交涉中谈论自己就解决领土问题的"五阶段的解决提案"。叶利钦总统同时表示，五阶段的期限有必要缩短，但是俄罗斯国内状况是非常困难的，所以领土问题对话有必要"控制并且等待"。渡边美智雄外相在会谈中表示，承认"北方四岛"为日本领土是大事，只要俄罗斯承认日本对"北方四岛"拥有主权，归还的具体时间和方法可以灵活处理。在会谈中，双方还确定了当年9月13~16日叶利钦总统正式访问日本的日程。

日本宫泽喜一内阁，一方面焦急等待叶利钦总统访问日本，因为"北方领土"问题至此仍然毫无进展；另一方面对于即将举行的西方七国集团（G7）慕尼黑首脑会议，邀请了俄罗斯总统叶利钦参加，会议肯定要重点讨论西方国家对俄罗斯经济援助问题，日本担心对俄经济援助问题将再次受到西方其他国家指责。

因为1991年7月西方七国首脑伦敦会议时，英国首相梅杰作为东道主，邀请苏联总统戈尔巴乔夫同七国集团（G7）首脑举行会谈，即"7+1"会谈，日本坚持"政经不可分"原则，对苏经济援助政策采取消极态度，受到其他西方各国家指责。1992年7月，七国首脑仍将与俄罗斯总统叶利钦举行会谈，即"7+1"会谈，如果日本仍然坚持这样的政策必然将影响与西方各国家的关系。为此宫泽喜一内阁决定提前展开向西方各国的劝说活动，争取在西方各国家的支持下，推动"北方领土"问题的解决朝着"日本认为比较满意"的方向发展。

---

① 末澤暢二、茂田宏、川端一郎編：《日露（ソ連）基本文書·資料集》（改訂版），東京，RPプリソティソゲ，2003年，第284頁。

1992年4~5月间，日本首相宫泽喜一访问欧洲，争取西方盟国支持日本的政策，然而多数西方国家对日本有关"北方领土"问题的主张采取冷淡态度。1992年4月29日，宫泽喜一首相与法国总统密特朗举行会谈，法国方面表示"北方领土"问题是俄罗斯与日本之间的问题，不应该成为西方七国集团（G7）首脑会议的讨论议题，反对把"北方领土"问题加入到西方七国集团（G7）首脑会议的政治宣言里。4月30日，宫泽喜一首相与德国总理科尔举行会谈，德国一方面表示同情日本的主张，另一方面又表示存在复杂因素而无法支持日本的要求。在慕尼黑首脑会议即将举行前，日本政府仍然在继续努力，7月1日，宫泽喜一首相与美国总统乔治·布什举行会谈。7月4日，宫泽喜一首相与英国首相梅杰举行会谈。7月5日，宫泽喜一首相与加拿大总理马尔罗尼举行会谈。宫泽喜一首相到慕尼黑后，又向意大利总理阿马托（G. Amato）提出同样的内容。日本首相会见西方盟国各位领导人，谈话的内容都是"北方领土"问题。

对于日本政府的要求，美国方面给予支持，美国的目的是为了从日本方面获取更大的资金支持。日本是对俄罗斯援助IMF和欧洲复兴银行的最大出资国，西方各国援助实际上依靠的是日本资金。日本政府为了争取法国和德国的支持，决定派遣外务省顾问松永信雄代替渡边美智雄外相出席会议并访问两国。松永信雄在访问法德两国期间表示，日本政府不反对西方国家对俄罗斯的经济援助，但日本提供更大资金是有条件的，即将"北方领土"问题加入到西方七国集团（G7）首脑会议发表的政治宣言里。日本政府的举动十分明目张胆，在慕尼黑西方七国集团（G7）首脑会议上的最大目的，就是出资换取西方各国家同意将要求俄罗斯返还"北方领土"问题写入会议最后发表的政治宣言里。最终日本政府如愿以偿，以出资240亿美元的代价，换取会议发表的政治宣言里写入"北方领土"问题。1992年7月8日慕尼黑西方七国集团（G7）首脑会议政治宣言里记载："我们欢迎俄罗斯宣布依据法律和正义的原则推行外交政策。我们相信俄罗斯这一原则能够成为解决领土问题的基础，实现日俄关系完全正常化。"①

日本在慕尼黑西方七国集团（G7）首脑会议上获得外交的胜利，对

---

① 末澤暢二、茂田宏、川端一郎编：《日露（ソ连）基本文書·資料集》（改訂版），東京，RPプリソティソゲ，2003年，第529頁。

此宫泽喜一在回忆录里很自豪地讲:"我的努力没有白费,'北方领土'问题终于上升为首脑级的国际问题了。"① 但是结果完全出乎日本人的想象! 在慕尼黑会议期间,西方各国对日本的行为很冷淡。会议结束后,日本新闻媒体就此大肆加以报道并且成为国内焦点新闻,而西方各国几乎没有对此给予报道。日本新闻媒体方面认为政治宣言里提出"法律和正义"就是指返还"北方四岛",而西方国家则不一定这样认为。德国科尔总理在会后的记者会议上公然批评日本怠慢对俄罗斯大规模经济援助行为。美国方面虽然表示支持日本"北方领土"问题的主张,但是这仅为口头应付而已,实际上让俄罗斯加入西方七国集团(G7)首脑会议的主要推动者就是美国。日本将"北方领土"问题塞进了慕尼黑七国集团(G7)首脑会议的政治宣言之中,企图使日俄两国之间"北方领土"问题国际化,借用西方七国的力量来压迫俄罗斯让步。结果是欲速则不达,此举激怒了俄罗斯联邦总统叶利钦,叶利钦指责日本政府把"领土问题绝对化"。

慕尼黑会议期间,叶利钦总统受邀请参加西方七国首脑正式会议后举行的"7+1"首脑会谈,在他离开莫斯科赴慕尼黑前,对日本政府的做法表现出非常不满,他指出:"这完全不是七国首脑会议的事情,是俄罗斯与日本之间的事情。"② 慕尼黑会议期间,叶利钦总统与宫泽喜一首相没有举行任何会见活动。慕尼黑会议的结果是日俄两国关系气氛很坏,叶利钦总统的新闻发言人甚至在会见记者时表示:"日本在首脑会议上的做法是起到相反作用的!"实质上,日俄两国仍然处于无法使用共同语言进行对话的境地。

日本政府企图唤起俄罗斯人民对自己主张返还"北方领土"问题的同情和理解,1992年5月,日本驻俄罗斯大使馆出面,在俄罗斯国内散发了由日本外务省编制的名为《日本北方领土》的小册子,共计16页,印刷6万册。在小册子的"发刊词"里记载:"我们从你们俄罗斯人法律和正义的角度,依据这本小册子记述的事实深入探讨问题,作出正确判断,我们确信'北方领土',即齿舞群岛、色丹岛、国后岛、择捉岛返还日本为正确结论。我们认为,解决领土问题,最好是根据相互能够

---

① 〔日〕御厨贵、中村隆英编:《宫泽喜一回忆录》,姜春洁译,北京,东方出版社,2009年,第271页。
② 佐藤和雄、駒木明義:《検証日露首脳交渉》,東京,岩波書店,2006年,第34頁。

接受的方法及正确认识事实，对于该问题采用正确判断。"小册子对"二战"结束前苏联对日宣战问题，记载为苏联"破坏了中立条约，对失败已毫无悬念的日本宣战"。这是指责苏联行为是进行非正义战争，非法占领并且吞并了日本领土。小册子对苏联政府指责："在全体主义体制下，宣扬这些领土获得的行为合法化，长期宣传齿舞群岛、色丹岛、国后岛、择捉岛为苏联领土。这样使许多人产生误解，认为这些就是苏联领土。"小册子指责苏联是全体主义国家，采用媒体宣传的手段宣扬侵略其他国家的合法化，希望苏联人民认清斯大林所犯下的罪恶，与全体主义罪恶诀别，归还四岛。小册子最后呼吁："我们期待俄罗斯人民对斯大林的这种行为作出公正评价。苏联这种非法行为是不会被国际社会所承认的，采用这种单方面获得其他国家领土的行为，是法律所不允许的。"①

日本国内日苏关系问题研究专家和田春树教授对这本小册子予以深刻评价：日本外务省采用了浓厚的"站在自己立场上的绝对正确的、具有独善性"② 方式，目的是希望借用俄罗斯国内人民开展反思过去、面向未来，对过去斯大林主义错误进行尖锐批评的时机，采用此宣传手段，幻想将俄罗斯国内社会舆论导向有利于日本的主张。可是日本外务省官员们完全没有考虑到，这样的做法会彻底伤害俄罗斯人民的自尊心，最终导致原来同情和理解日本方面主张的俄罗斯部分人群也极其反感，转而加入到反对归还"北方领土"主张的行列中。

这本小册子在俄罗斯国内被广泛传播后，受到各界人士的猛烈反对。在俄罗斯国内被认为是"日本间谍"、或者被认为是亲日派代表人物的萨尔基索夫（К. О. Саркисов），在莫斯科出版的俄文杂志《今日日本》1992 年第 8 期上发表文章质问："难道战争是由一个国家开始的吗？难道日本仅是一个参战国吗？日本没有考虑对于战争初期（日本）作为侵略国家的行为进行批判吗？既不想伤害日本，更不想伤害（日本）的对外形象！按照小册子所言，似乎日本更大程度上成为苏联侵略的牺牲

---

① 和田春樹：《北方領土問題——歷史と未来》，東京，朝日新聞社，1999 年，第 332~333 頁。
② 和田春樹：《北方領土問題——歷史と未来》，東京，朝日新聞社，1999 年，第 333 頁。

者。"① 7月25日，俄罗斯《星火》杂志发表读者文章，该作者讽刺小册子的编者说："日本人知道天皇的事情比我们多，可我们知道斯大林的错误比日本人多。"② 显然俄罗斯人对日本借用批评过去斯大林的错误来满足本国利益的做法表示非常反感。在国际冷战时期，西方国家一般指责斯大林时期的苏联为"独裁"制度，日本在小册子里采用"全体主义制度"指责斯大林时期的苏联制度，"全体主义"在国家体制上可以理解为高度集中、高度垄断，实质上还指"独裁"制度。

6月30日，俄罗斯一家报社向俄罗斯宪法法院提出起诉，指出日本大使馆在俄罗斯国内发行这样的小册子，并且主张俄罗斯的领土为日本领土，是违反俄罗斯联邦宪法的，要求追究俄罗斯外交部的责任。7月10日，俄罗斯议会52名议员向叶利钦总统提出联合声明，警告如果放弃千岛群岛，俄罗斯联邦将会出现解体局面。同时，联合声明对俄罗斯副外长库纳泽推行的对日本政策给予严厉批判。为了限制总统叶利钦在日俄领土问题上擅自作出决定，俄罗斯议会国际问题委员会决定，7月28日举行公众会议，讨论有关日俄领土问题。在公众会议上，代表们公然批判副外长库纳泽推行的对日政策，同时各地纷纷提交批判库纳泽推动的对日政策建议。7月31日，俄罗斯"千岛群岛守卫委员会"在俄罗斯联邦外交部前举行示威游行，反对政府推行的对日政策，表示决不允许放弃千岛群岛，甚至表示不惜动用武力守卫千岛群岛。

面对俄罗斯国内社会舆论出现这样强烈的反对叶利钦总统推行的对日政策的呼声，日本政府为了向叶利钦总统施加压力，希望叶利钦总统不要惧怕俄罗斯国内社会舆论压力，大胆地选择向日本方面让步。1992年8月26日，日本决定派遣外相渡边美智雄赴莫斯科，与叶利钦总统直接会谈。

8月29日至9月4日，日本外相渡边美智雄访问莫斯科。9月2日，渡边外相与叶利钦总统举行会谈，渡边外相针对"北方领土"问题提出："我们希望总统和宫泽首相能够创造出两国之间的新关系。以前日本要求及时返还四岛，现在打算作出让步。如果俄罗斯承认这些岛屿为日

---

① 和田春樹：《北方領土問題——歷史と未来》，東京，朝日新聞社，1999年，第335~336頁。

② 和田春樹：《北方領土問題——歷史と未来》，東京，朝日新聞社，1999年，第336頁。

本主权，我方在让渡时间和条件方面采取缓和态度。我们已经向科济列夫外长递交了我方缓和态度的提议，可是没有得到任何反应，甚至连解释都没有。希望能够听到总统的不同提议。总统的五阶段解决方案，除此之外没有其他考虑吗？这不过是承认1956年联合宣言第9条款的有效性。这在戈尔巴乔夫时代是不可能做到的事情。希望你据此对国后岛、择捉岛问题上作出政治决定。从历史角度，明确归属条件下的交涉方向。"① 显然日本方面希望叶利钦总统凭借个人权威，排除俄罗斯国内强大的社会舆论压力而接受日本方面主张。

与此同时，渡边美智雄外相还提出，10月末将在东京举行援助俄罗斯国际会议，明年将在东京举行西方七国集团（G7）首脑会议，这些会议都将讨论对俄罗斯经济援助问题，为此有必要先解决"北方领土"问题。显然这里渡边美智雄外相带有威胁性，提醒俄罗斯总统叶利钦既不要错过好的机会，又不要轻视日本在这些会议上的作用。日本政府过去主张"一揽子返还'北方四岛'"，但是现在方针已经发生转变，如果双方搞清楚了"北方四岛"的主权问题，有关返还状况、条件、时间方面，日本方面可以缓和对应。渡边美智雄外相针对叶利钦总统提出的"五阶段方案"采取批判态度，认为1956年《日苏联合宣言》是理所当然的出发点，问题是要承认有关国后岛、择捉岛的归属，这是解决领土问题的正确方向，希望访问东京时叶利钦总统能够作出果断决定。

对于日本外相渡边美智雄的上述言论，俄罗斯总统叶利钦冷淡地答复说："我考虑的方法为，任何日俄关系问题都不应作为前提条件提出，经济协助、其他问题，或者领土的对话必须同时推进。"可是"今天不是这样的阶段，也没有时间"！② 渡边美智雄外相急切地表示："您要是赴东京访问后再决定就迟了，希望尽早知道叶利钦总统的考虑方法，依据考虑作好准备。"对此叶利钦总统再次表示，自己准备访问东京时提出12项建议，到东京后自己再考虑。叶利钦总统与渡边美智雄外相的会谈仅进行30分钟就结束了，完全是冷淡的对话。

日本政府派遣渡边美智雄外相赴莫斯科与叶利钦总统会谈，目的是

---

① 和田春樹：《北方領土問題——歷史と未来》，東京，朝日新聞社，1999年，第347～348頁。

② 和田春樹：《北方領土問題——歷史と未来》，東京，朝日新聞社，1999年，第348頁。

希望劝说叶利钦总统利用个人权威及影响，能够排除国内强大的社会舆论干扰，大胆地接受日本主张来换取经济援助，但是事与愿违，这进一步引起叶利钦总统本人及俄罗斯国内社会舆论的极大反感。

随着俄罗斯总统叶利钦访问日本的日程临近，俄罗斯国内出现不利于访问活动的声音。1992年9月3日，俄罗斯总统警卫局向日本政府警备当局提出抗议，抗议日本方面规定俄罗斯总统警卫队随访时不允许携带武器。警卫局长拉特尼克夫发表声明，如果警卫工作上没有保障，他建议总统停止访问活动。但是，俄罗斯总统警卫局长发表声明后，总统新闻发言人随即发表讲话，"相信"总统叶利钦会按照约定时间访问日本的。9月6日，俄罗斯总统叶利钦出席莫斯科与东京卫星连线活动，直接答复日本国民所提出的问题。叶利钦总统对日本国民在两国关系上仅仅关心"北方领土"问题逐渐表现出不满情绪，叶利钦总统警告说，不要期待他访问期间会将任何岛屿转让给日本方面。当天，叶利钦总统访问日本的先遣队已出发赴日。9月7日，日本驻俄罗斯大使枝村纯郎拜会俄罗斯外长科济列夫，就叶利钦总统访日做最后的双方联系工作，并且转告大使夫妇将于当天晚间返回日本，为叶利钦总统访日作最后准备工作。但是，9月9日下午7点（日本时间），在记者会议上，叶利钦总统的新闻发言人突然宣布，叶利钦总统原定访问日本和韩国的活动延期。

叶利钦总统新闻发言人宣布的主要内容为：

"俄罗斯总统考虑到现在各种形势，并与俄罗斯政府、最高会议、安全保障会议等方面领导人协商后，决定延期对日本及韩国的正式访问。访问日程将通过外交渠道进行调整。此次总统延期访问的决定，不会影响与日韩两国的友好关系。总统已对俄罗斯外交部指示，为了维护俄日、俄韩友好关系，作好总统访问准备，继续就双方关心的问题进行对话。"①

这样在预定访问日本的前四天，叶利钦宣布停止访问活动。晚上10点，俄罗斯外长科济列夫约见日本代理大使茂田，申请俄罗斯总统与日本首相电话联系。据宫泽喜一回忆录记载："当晚11点，叶利钦总统突然来电告知：我确实已经作好了去日准备，但自己国内却发生了非常激烈的争执，因此不得不拖延若干时日。请放心，这是俄罗斯国内的问题，

---

① 末澤暢二、茂田宏、川端一郎编：《日露（ソ連）基本文書·資料集》（改訂版），東京，RPプリソティソゲ，2003年，第285页。

和日本无关。只要再过几个月就能息事宁人，请您谅解。"①

实际上，有关叶利钦要告诉日本延期访问的消息已经被日本方面猜测到了，然而更让日本方面感到不满的是，在俄罗斯外交部门联系与日本首相通电话时，俄罗斯领导人已与韩国总统卢泰愚通完电话，消息如电波一样迅速传到日本国内。俄罗斯外交部门先与韩国方面联系，后与日本方面联系，又使日本朝野上下更加感到脸上无光。

叶利钦总统突然宣布推迟访日活动，给日本国内造成了巨大冲击。不仅日本政府已基本就绪的各类访日准备工作付之东流，而且更重要的是，日本朝野上下急切盼望在"北方领土"问题上，叶利钦总统访日时能够带来比戈尔巴乔夫总统访日更大让步的愿望落空了。

叶利钦总统突然宣布延期访日，遭到日本朝野上下一片谴责。日本政府指责，这是外交上闻所未闻的非礼活动。日本的社会舆论反应，据日本时事社会舆论调查，在"讨厌的国家"栏里加入俄罗斯，在叶利钦停止访日前为30.4%，在叶利钦作出决定后急剧增加到44.2%②，日俄关系又陷入低谷状态。

针对叶利钦突然宣布延期访日，日本朝野上下，特别是学术界作出各种各样的分析，同时发表大量文章，有指责俄罗斯政府及叶利钦总统本人决定无理的，也有文章分析俄罗斯国内各种矛盾导致叶利钦总统无法实现访日活动。我们从日本对俄政策角度上看，这一政策在叶利钦总统突然决定延期访日问题上起到不可忽视的作用。

首先，日本宫泽内阁推行在"政经不可分"原则下解决"北方领土"问题，导致俄罗斯政府及叶利钦总统无法接受。叶利钦总统本人的决定是延期访日问题的关键点，对于叶利钦总统来说，日本政府早在一年前就反复讲"如果承认四岛为日本主权，日本对返还条件可以采取缓和对应态度。日本大规模经济援助是以解决领土问题为前提条件的"③。显然叶利钦总统如在"北方领土"问题上不作出让步，访问日本毫无意义。

---

① 〔日〕御厨贵、中村隆英编：《宫泽喜一回忆录》，姜春洁译，北京，东方出版社，2009年，第271页。
② 長谷川毅：《北方領土問題と日露関係》，東京，筑摩書房，2000年，第304页。
③ 末澤畅二、茂田宏、川端一郎编：《日露（ソ連）基本文書・資料集》（改訂版），東京，RPプリソティソゲ，2003年，第284页。

其次，日本宫泽内阁采取一系列对俄外交政策导致俄罗斯方面强烈不满。(1) 宫泽内阁为了推动"北方领土"问题尽早解决，将"北方领土"问题加入慕尼黑西方七国集团（G7）首脑会议政治宣言里，日本的目的是希望借用国际力量向俄罗斯方面施加压力，结果事与愿违，反而引起俄罗斯政府，特别是叶利钦总统本人的极大不满，造成双方关系急剧下滑。(2) 在叶利钦总统即将访问日本前，宫泽内阁派遣外相渡边美智雄赴莫斯科与叶利钦总统会谈，此举无疑要向叶利钦总统本人施加压力，希望叶利钦总统能够在访问日本期间作出重大让步。双方首脑会谈在即，而首脑会谈前设置条件迫使对方接受，此举动无疑会使对方感到难堪。(3) 日本外务省在俄罗斯境内发行俄语版《北方领土》小册子，特别是小册子内容完全采用日本人的理解方式及内容，无疑为日本收回"北方领土"主张进行辩解。日本政府的愿望是启蒙俄罗斯人民群众能够懂得、理解日本方面主张收回"北方领土"的合理性；日本政府幻想利用这种宣传活动，唤醒俄罗斯人民群众支持叶利钦总统在"北方领土"问题上作出重大让步，或者不反对，或者至少不阻止这种让步政策。日本方面认为自己是站在"正义"的一方，唤醒俄罗斯人民群众起来改正"斯大林时期所犯的错误"，这无疑未免太过于天真！日本外务省在俄罗斯人民群众面前的这种拙劣表现，被认为是煽动欺骗行为，必然引起俄罗斯国内广大人民群众对千岛群岛主权命运的关注，同样也引起俄罗斯国内社会舆论对有关千岛群岛问题的争论，结果社会舆论导向对日本主张更加不利。在俄罗斯国内这种强大的社会舆论压力下，叶利钦总统对日政策肯定会受到极大制约。

虽然叶利钦原定访问日本的行程被推迟了，但是双方外交部共同编辑的《日俄间领土问题历史资料联合汇编集》最终于1992年9月29日正式出版。这本资料集的印刷费、出版费等完全由日本方面承担，资料集正面看是日语版，翻过来看是俄语版。资料集中唯一的彩色地图在第19页，是日本方面主张采用的、1644年绘制的记述"北方四岛"的《正保御国地图》。资料集能让人感到日本似乎有点"东道主"色彩吧？然而，该资料集出版后，并且没有引起日俄双方国内社会舆论的关注。

三、日俄东京宣言

俄罗斯总统叶利钦宣布延期访问日本后，日本朝野上下各种各样的谴责声音不断，特别是俄罗斯外交部宣布叶利钦总统延期访问日本外交活动三天后，宣布叶利钦总统将于1992年11月18～20日访问韩国，对日本朝野上下的自尊心可以说是更大打击。

面对俄罗斯方面总统叶利钦延期访日行为，日本政府对俄政策如何展开？1992年9月10日上午，即俄罗斯外交部宣布叶利钦总统延期访问日本消息的第二天上午，日本外务省在次官室举行会议，讨论采取何种对俄政策问题。日本外务省最终决定对俄政策继续坚持过去的政策，向俄罗斯方面许诺的经济援助争取尽早落实，确认继续准备预定在东京举行的俄罗斯及原苏联各加盟共和国经济援助会议。

日本外务省确认的对俄政策，获得了宫泽内阁会议的批准。宫泽喜一首相与内阁官房长官加藤纮一分别发表讲话，强调日本政府对俄罗斯政策没有发生任何改变。官房长官加藤纮一特别强调说，叶利钦总统决定的是延期访问日本，而不是中止访问日本。9月13日，日本外务省发表声明，指出在1月纽约会议上决定的援助俄罗斯的数额上再增加1亿美元，作为粮食和医疗紧急援助。

9月16日，日本首相宫泽喜一和外相渡边美智雄确认日本政府对俄罗斯的基本政策是"扩大均衡政策"。9月24日，在美国纽约联合国总部，日本外相渡边美智雄与俄罗斯外长科济列夫举行会谈。渡边外相转告：日本政府努力改善与俄罗斯关系的政策没有变化，并且再提供1亿美元援助。10月，原定东京举办的俄罗斯及原苏联各加盟共和国经济援助会议如期举行。叶利钦总统延期访问日本，使日本政府对俄"强硬政策"受挫，再次出台对俄"缓和政策"，日本政府对俄罗斯进行积极的经济援助。

日本政府对叶利钦总统推迟访日活动决定采取非对抗性政策，可以说完全是出于理性的选择。第一，日本对俄政策核心是解决"北方领土"问题，如果要解决该问题，就必须与俄罗斯方面接触，假如日本因叶利钦推迟访日活动而采取针锋相对的对抗措施，结果只能使双方关系进一步紧张，那么解决"北方领土"问题还不知道要推迟到何日交涉。第二，叶利钦决定推迟访日后，日本国内有识之士也开始反思日本政府对俄政策。日本对俄罗斯新政权，特别是对叶利钦总统的认识是，叶利钦总统比戈尔巴乔夫更容易作出果断决定。从叶利钦上台后对解决"北方领土"问题的几次表态看，叶利钦总统比戈尔巴乔夫更希望获得日本方面的经济援助。利用叶利钦总统急于扭转俄罗斯国内经济状况的心情，加强对叶利钦本人的劝说，会导致叶利钦最终在"北方领土"问题上作出果断决定，实现日本长期以来收回"北方领土"的夙愿。

对于日本政府坚持对俄罗斯采取"扩大均衡"政策，日本外务省审议官斋藤邦彦解释说："扩大均衡"政策代替"政经不可分"政策，在基本点上都是"北方领土"问题和经济合作不可分离。但是，原来是领土问题不动，则对俄关系全部不动的消极态度；现在是只要俄在领土问题上表示松动，日本方面即可提供经济援助，或者双方同时有所动作，是一种向前看的积极姿态。同时他又强调：经济合作是对俄外交唯一有效的手段，不能在"北方领土"问题毫无进展的情况下就先对俄开展经济合作，以致失去这一有效性。①

1993年4月，日本政府进一步决定，基于政治经济互动以便产生积极影响的观点，不再使用"政经不可分"的表述，改用"扩大均衡"的措辞。武藤嘉文外相在日本参议院外交委员会作证时发表政府统一见解：由于俄罗斯方面回避领土问题，优先发展经济合作，日本方面才需要强调"政经不可分"；现在俄罗斯方面已经承认日俄之间存在领土问题，为促使双方互动关系向前发展，日本方面应改为"扩大均衡"政策方针。后来日本政府又在"扩大均衡"政策框架内进行了策略性微调，改为即使领土问题未定，也先提供人道主义援助和参加国际社会的援助俄罗斯计划，但是大规模政府援助和经济合作，仍然需要等待俄罗斯方面在"北方领土"问题上有所突破后再进行。这种俄罗斯方面先动，日本方面再动，领土问题先动，经济援助跟上的政策，本质上还是政治经济挂钩，还是把"北方领土"问题作为推动日俄关系的先决条件，只要"北方领土"问题没有实质性进展，日俄关系的全局就必然无法进一步发展，与原来的政策相比并无实质性的变化。

在日俄两国关系出现低潮时期，两国国内也各自出现更大变化。

在日本国内，从利库德特事件到佐川急便事件，连续不断地爆发出贪污事件，动摇了国民对长期执政的自民党的信赖。在自民党内部，宫泽喜一内阁没有实行选举法改革，小泽一郎率领党内反宫泽派倒向在野党一边，议会通过了对宫泽喜一内阁的不信任案。小泽一郎与羽田孜等

---

① 佐藤和雄、駒木明義：《検証日露首脳交渉》，東京，岩波書店，2006年，第59頁。

人脱离自民党并且组建新生党，1993年7月日本众议院选举中，在野党联合势力超过半数议席，自民党宫泽喜一内阁宣布下台。8月，细川护熙（1938年1月14日生人）被任命为首相，细川首相任命羽田孜为新外相。战后日本历史上自民党独自长期执政的"55体制"从此正式宣布崩溃了。

与此同时，在俄罗斯国内，立法机关——俄联邦人民代表大会与总统出现权力斗争的高潮。1993年3月，俄联邦人民代表大会通过限制总统权限法案，总统叶利钦对抗该法案，宣布全国处于紧急状态。俄罗斯联邦宪法法院支持俄联邦人民代表大会，总统叶利钦被迫收回紧急状态命令。4月，叶利钦总统宣布就宪法问题举行全国公民投票，结果叶利钦总统方面虽然获得胜利，可是提议解散俄联邦人民代表大会并没有能够得票超2/3，俄联邦人民代表大会与总统进入对峙状态。9月21日，叶利钦总统下令解散俄联邦人民代表大会，修改宪法，宣布进行新俄联邦人民代表大会选举。当天俄联邦人民代表大会宣布解除叶利钦总统的权力，任命副总统鲁茨科伊（А. В. Руцкой）接替总统职务。9月24日，叶利钦总统下令军队包围俄联邦人民代表大会所在地——白宫。10月4日，叶利钦总统下令军队实施对白宫的武力攻击，俄军发出的重型炮弹在议会大楼里频频爆炸。这座白色的大楼四处起火，700名特种兵凭靠T－80重型坦克和3架武装直升机的火力，攻下了白宫。叶利钦总统在这场持续了一年多的立法机构与总统之间争权夺势斗争中获得最后胜利，这就所谓"十月事件"，或者称为"炮打白宫"事件。1993年10月，即"十月事件"后，俄罗斯总统叶利钦宣布废除原来的苏维埃制度，建立新的联邦议会，其上院称"联邦委员会"，其下院即"国家杜马"。

在叶利钦与立法机构争权夺势的斗争中，西方主要国家站在支持总统叶利钦这一边。1993年3月，法国总统密特朗提议，召开西方七国集团（G7）首脑会议，讨论援助俄罗斯的问题，以帮助叶利钦总统在国内扭转经济困难局面，结果获得美国总统克林顿的全面支持。西方主要国家认为，支持叶利钦总统就是支持俄罗斯民主化改革道路，俄罗斯民主化改革道路对西方国家是有利的。随着西方主要国家对俄罗斯经济援助热情提高，西方国家对日本方面援助俄罗斯的怠慢政策越来越表示不满。德国总理科尔表示，如叶利钦在俄罗斯改革中失败，对世界和平将是危机。不能期待德国的大规模援助，应该期待日本的经济力量。法国总统密特朗指责日本政府不了解俄罗斯国内状况。美国方面虽然没有公开批评日本，但是国务卿克里斯托弗（W. M. Christopher）却两次赞扬日本政府将经济援助与"北方领土"问题分开的态度。

由于西方主要国家推动对俄罗斯经济援助政策，日本为避免处于国际孤立地位，也被迫采取附和对策。1993年2月，日本外相渡边美智雄与美国国务卿克里斯托弗会谈后，宣布即使不解决"北方领土"问题，也要邀请叶利钦总统出席在东京举行的西方七国集团（G7）首脑会议。3月，针对法国提议召开西方七国首脑会议讨论援助俄罗斯问题，日本外相渡边美智雄提议，4月举行西方集团（G7）七国外长、财长会议讨论援助俄罗斯问题。4月，日本外相渡边美智雄因病辞去职务，武藤嘉文就任新外相。武腾嘉文外相在记者会上表示，对俄罗斯的援助将与两国关系问题分别推进。

对于俄罗斯方面来说，叶利钦总统本人也不希望把日俄关系搞得非常恶化，因为俄罗斯方面确实需要日本的经济援助来渡过难关。在这种形势下，叶利钦总统在事先没有与日本政府协商的情况下，突然宣布5月25日访问日本。叶利钦总统第二次宣布访问日本，无疑希望缓和因为上次延期访日而给双方关系带来的紧张局面。可是一周后，叶利钦总统又宣布取消这次访问活动。叶利钦总统第二次取消访问日本计划，具体原因不清楚，可是无疑更加促使日本方面产生反感。

1993年7月8日，俄罗斯总统叶利钦终于踏上日本国土，他是受邀请参加东京西方七国集团（G7）首脑举行的"7+1"会谈而来的。叶利钦总统在东京机场发表声明："去年9月没能实现访日感到遗憾！下次一定专程访日。我们将尽自身之力，秉承法律与公正的原则，披荆斩棘，为实现两国和平关系的完全正常化而不懈努力。"① 可以看出叶利钦是要竭力消除日本朝野对他上次推迟访日活动的不满情绪。日本政府在东京七国集团（G7）首脑会议期间，没有任何涉及双方领土问题的言辞。日本政府表现出积极支持俄罗斯的态度，在首脑会议的宣言里也没有涉及任何有关"北方领土"问题，反映出双方都希望缓和紧张关系的意愿。1993年的东京七国集团（G7）首脑会议与1992年的慕尼黑七国集团（G7）首脑会议相比，俄罗斯总统叶利钦似乎完全处于不同的环境中。

---

① 〔日〕御厨贵、中村隆英编：《宫泽喜一回忆录》，姜春洁译，北京，东方出版社，2009年，第272页。

东京七国集团（G7）首脑会议期间，俄罗斯总统叶利钦与日本首相宫泽喜一举行了两国首脑会谈，叶利钦总统决定在当年秋天访问日本。

1993年7月东京西方七国集团（G7）首脑会议结束后，日俄两国国内形势都出现了剧烈变化，日本宫泽喜一内阁下台，长期执政的"55体制"崩溃，俄罗斯国内发生了叶利钦总统武力镇压立法机构反对势力的"十月事件"。在"十月事件"结束一周后，1993年10月11~13日，叶利钦以俄罗斯国家总统的身份第一次正式访问日本。可以说叶利钦总统在两次推迟访日决定后，在日本方面的积极推动下，最终实现了访日，是两国关系历史上的大事。在叶利钦总统访问日本期间，10月13日双方发表了《东京宣言》和《经济宣言》。同样，俄罗斯总统第一次访问日本，双方讨论的核心仍然是"北方领土"问题。

10月12日，在全体成员出席的日俄两国首脑会谈上，细川护熙首相表示，一般认为日俄关系完全正常化，不仅对亚洲太平洋地区，而且对整个世界和平是有益的。叶利钦总统表示："日俄关系应该依据法律和正义原则发展。"[1] 叶利钦总统讲这句话后，询问身边的翻译人员，是否正确翻译了这句话？翻译人员答复说完全正确翻译了这句话，可以看出叶利钦总统对这句话的重视程度。细川护熙首相表示，日本对俄罗斯的经济援助是仅次于美国、德国的，协议为46亿美元经济援助，日本最大限度地作出了贡献。在全体成员会议上，日本首相细川护熙并没有涉及有关"北方领土"问题。叶利钦总统就日本战俘被扣留问题表示，这是全体主义基础上的非人类行为，并且表示道歉。[2]

在两国首脑单独会谈上，细川护熙首相提出了有关"北方领土"问题。细川首相高度评价了叶利钦总统给海部俊树首相的亲笔信，并且解释说日俄之间解决领土问题与缔结和平条约是当务之急，"北方领土"无论冠以什么名字，这些岛屿都是日本固有领土，是历史客观事实。"北方领土"问题被认为是过去"全体主义"的遗产，"领土问题的发生是全体主义的原因，但是这种解决应该采用民主的、人道的方法，日本方面准备在返还四岛后给予岛上俄罗斯居民以国民待遇，这样意味着在尽可能的范围内给予其充分的尊重。"细川护熙在这里使用了"全体主义"

---

[1] 佐藤和雄、駒木明義：《検証日露首脳交渉》，東京，岩波書店，2006年，第41頁。

[2] 末澤畅二、茂田宏、川端一郎編：《日露（ソ連）基本文書・資料集》（改訂版），東京，RPプリソティソゲ，2003年，第289頁。

一词，日本方面解释该词的意思为，既不是"共产主义"，也不是"斯大林主义"，而是一定意识形态统治下苏联共产主义基础上行为的综合词，与从过去共产主义中解放出来的新生俄罗斯没有关系，新生俄罗斯作为国家再次出现，意味着必须要克服主这些问题。① 细川首相进一步表示，日本方面也没有考虑叶利钦总统一次访问就可能解决领土问题。站在过去的交涉成果上，将其作为将来交涉的出发点，对于过去的交涉就是要确认四岛为日本的主权，确认1956年日苏共同宣言的有效性，其他没有涉及任何内容。

在两国首脑单独会谈上，俄罗斯总统叶利钦也就领土问题发表讲话。他首先表示对日本方面没有在非常困难的领土问题上采用俄方很难接受的类似最后通牒形式的语言而表示感谢！这实质上是暗地里批判日本政府过去对领土问题的做法。叶利钦总统表示："我们承认这一问题的存在，这些问题迟早是必须解决的。"叶利钦总统肯定地说："俄罗斯作为苏联的法定继承国，日本和苏联之间缔结的协定、条约，即使出现任何问题也要担负履行的责任和义务。这些应该以法律和正义原则为基础。"② 这里叶利钦总统明显回避涉及1956年日苏共同宣言，但是表示尊重这些协定、条约。叶利钦总统进一步表示："这些协定、条约有效期间，需要关注如何发展两国关系和两国人民的心理状况。"③ 叶利钦总统与细川首相就领土问题会谈，没有出现如戈尔巴乔夫总统与海部俊树首相会谈那样激烈的争吵局面，会谈在友好气氛中进行，但是会谈30分钟结束后也没有获得太大进展。

9月13日，日俄两国举行《东京宣言》、《经济宣言》等18份协定签字仪式。

《东京宣言》第二项就双方领土问题阐述为："日本国总理大臣与俄罗斯总统共同认为，在两国关系上必须克服过去的困难，就有关齿舞群岛、色丹岛、国后岛、择捉岛归属问题进行认真交涉。双方共同认为，该问题应站在历史的、法律的事实之上，在两国间达成一致的各文件及法律与正义原则基础上解决，为尽快缔结和平条约继续交涉，进一步实

---

① 長谷川毅：《北方領土問題と日露関係》，東京，筑摩書房，2000年，第317頁。
② 長谷川毅：《北方領土問題と日露関係》，東京，筑摩書房，2000年，第317頁。
③ 長谷川毅：《北方領土問題と日露関係》，東京，筑摩書房，2000年，第317頁。

现两国关系完全正常化。"① 这里双方确认了解决领土问题的三原则。第一，站在"历史的、法律的事实上"。第二，根据"两国间达成一致的各文件"。第三，根据"法律和正义"原则。按照日本方面的解释，所谓法律就是指齿舞、色丹，所谓正义就是指国后、择捉。但是俄罗斯方面不是这样解释的，俄罗斯方面认为所谓以"法律和正义原则"解决，就是要经过双方谈判，要根据情况来决定，或者说要经过讨价还价来实现。

日俄首脑会谈后，双方举行记者招待会，面对《朝日新闻》记者提出的确认1956年《日苏联合宣言》问题，细川首相答复说：日本和俄罗斯之间"所有条约及其他国际约束里当然包含1956年《日苏联合宣言》。就这一点，在昨天的会谈上总统表示'完全是这样的'，因此是正确的，如刚才说的应该理解为包括这一点。"② 叶利钦总统在答复俄罗斯记者提问时表示："我作为政治家，另外作为个人，发展日俄关系，必须使两国人民的心理更接近。从这点开始，我们的问题就能最终获得解决。这样的问题，现在不可能一刀两断地解决。这是我们自己的义务，作为原苏联的法律继承国，日本和原苏联之间缔结文字的所有文件及条约，不能够回避承担履行的义务。因此当然包括这份联合宣言。"③

叶利钦总统在各种场合多次提出日俄领土问题应该在"法律和正义原则"下解决，实质上是对日本方面提出立即返还"北方四岛"主张的反驳。1991年9月，叶利钦总统致函当时的日本首相海部俊树，就提出以"法律和正义原则"实行分阶段解决两国之间的有关领土问题争端。在戈尔巴乔夫执政末期，叶利钦与戈尔巴乔夫在政治权力争夺上是竞争对手，其中有关日苏两国之间领土问题就是双方相互指责的话题。在1990年5月29日，叶利钦就任俄罗斯联邦最高苏维埃主席后的第二个月，发表了俄罗斯联邦主权宣言，宣布有关俄罗斯领土变更必须要进行公民投票决定。这样就形成了在当时日苏之间有关领土问题的交涉，即便是戈尔巴乔夫政权承认返还领土，也可能在俄罗斯举行的公民投票中

---

① 末澤暢二、茂田宏、川端一郎编：《日露（ソ連）基本文書・資料集》（改訂版），東京，RPプリソティソゲ，2003年，第287頁。
② 長谷川毅：《北方領土問題と日露関係》，東京，筑摩書房，2000年，第319頁。
③ 末澤暢二、茂田宏、川端一郎编：《日露（ソ連）基本文書・資料集》（改訂版），東京，RPプリソティソゲ，2003年，第289頁。

被否决。此后,叶利钦又提出有关日苏之间领土问题谈判,涉及俄罗斯领土问题时必须有俄罗斯代表参加的要求,所以在以后日苏两国有关领土问题交涉中都有俄罗斯代表参加。1990年8月,叶利钦以俄罗斯联邦最高苏维埃主席的身份首次视察国后岛,在国后岛上叶利钦发表讲话说:"我来到这里才对千岛群岛的观念发生转变。虽然说这里环境比较恶劣,但是可以开发为疗养、观光、水产加工的地方,是一个不应该放弃的地方,首先应该考虑的是如何进行经济开发,而不是急于解决领土问题。到15~20年后,我们会最终解决问题。有关地区一定会为俄罗斯联邦所拥有。"① 在此之前的1990年1月,叶利钦曾经提出有关解决日苏两国之间领土问题的五阶段方案。叶利钦在戈尔巴乔夫执政时期反对把领土返还日本,到了他执政时期就能够这样返还日本吗?所谓以"法律和正义原则"解决,就是要经过双方谈判,要根据情况来决定,或者说要经过讨价还价来实现。如叶利钦总统在访问日本之前的1993年8月18日,针对日俄之间领土问题指出,要"进一步发展和扩大两国之间的经济和政治合作,为解决双边关系中最复杂的问题作准备"。这实际上又回到了戈尔巴乔夫执政时期向日本方面提出的主张。另外,俄罗斯外交部负责主管对日外交工作的副外长库纳泽,在1993年10月叶利钦总统访问日本后,被解除职务,转调为俄罗斯驻韩国大使,反映出俄罗斯政府一定程度上改变了过去的对日政策。

四、日本对俄"多层次接触"领土政策

1993年10月11~13日,俄罗斯总统叶利钦访问日本后,日俄两国关系并没有像人们预计的那样顺利推进,而是出现相反方向。"十月事件"后,俄罗斯国内举行议会选举,自由民主党成为俄罗斯议会第一大党,而叶利钦领导的执政党处于劣势地位。因为自由民主党公开反对领土问题上向日本作出任何让步,所以叶利钦政府将日俄首脑会谈刚刚签署的《东京宣言》暂时搁置一边。在日本政府苦心经营下,实现了俄罗斯总统叶利钦访问日本,并且双方签署了《东京宣言》,但是因为俄罗斯国内政治变化而处于搁置状态,使日本政府及国民深感解决"北方领土"问题的艰难。

---

① NHK日ソプロジェクト编:《こわがソ連の对日外交だ——秘録・北方領土交涉》,日本放送出版協会,1991年,第227~228页。

这种状况下，日本政府对俄的外交重点就是力争叶利钦政府确认《东京宣言》的有效性。1994年3月，日本外相羽田孜访问莫斯科，先后与俄罗斯外长科济列夫、总理切尔诺梅尔金（В. С. Черномырдин）举行会谈，但是叶利钦总统没有会见他，显然叶利钦总统要回避日本政府要求确认《东京宣言》的目的。此后日本政坛出现混乱局面，1994年4月细川护熙内阁辞职，羽田孜组成新的联合内阁，但是6月羽田孜联合内阁分裂，日本政坛出现社会党领导人村山富市（1924年3月3日生人）为首相，自民党干事总裁河野洋平为副首相兼外相的新内阁。

1994年11月末，俄罗斯副总理索斯科韦茨（О. Н. Сосковец）访问日本。这是俄罗斯方面在叶利钦总统1993年10月访日后，又一位俄罗斯要人访日。索斯科韦茨副总理与河野洋平外相举行会谈，河野洋平外相开始就提出"北方领土"问题，河野洋平外相表示不可回避的问题是解决"北方领土"问题，"该问题应该根据《东京宣言》解决，两国关系必须完全正常化"①。河野洋平外相提出"冷战结束了，可是日俄关系仍然遗憾，没有解决过去的遗留问题。日本国民支持俄罗斯的改革，但是不解决领土问题，国民对俄关系上仍然严峻，这一点与欧洲和俄罗斯关系不同"②。河野洋平外相显然又回到了"政经不可分"原则的道路上，日俄关系再次回到原来的老路了。索斯科韦茨副总理对此解释说，俄罗斯方面忠实于《东京宣言》，但是领土问题是复杂的，俄罗斯人民也是有感情的，不是能够立即解决的问题。显然俄罗斯方面也在从《东京宣言》向后退。在这种情况下，对于索斯科韦茨提出在千岛群岛开展日俄经济协作的提议，河野外相表示不解决"北方领土"问题是不可能的。对于索斯科韦茨提出日本支持俄罗斯加入亚太地区经济合作组织（APEC）问题，河野洋平外相也采取冷淡态度。在索斯科韦茨副总理与村山富市首相的会谈上，村山首相基本采取与河野洋平外相同样的立场，即坚持"政经不可分"原则处理两国关系问题。

1995年3月，俄罗斯外长科济列夫访问日本，在两国外长会谈上，河野洋平外相指责俄罗斯政府武力镇压国内车臣叛乱问题，引起俄罗斯政府强烈不满。与此同时，河野洋平外相对"北方领土"问题没有进展表示强烈不满。科济列夫外长解释说：确认《东京宣言》问题会涉及俄

---

① 佐藤和雄、駒木明義：《検証日露首脳交渉》，東京，岩波書店，2006年，第44頁。
② 佐藤和雄、駒木明義：《検証日露首脳交渉》，東京，岩波書店，2006年，第45頁。

罗斯国内政治状况,所以解决该问题是困难的。科济列夫要求日本支持俄罗斯加入亚太地区经济合作组织(APEC)问题,同样遭到河野洋平外相的再次拒绝。

日本政府对俄罗斯政策上,仍然主要关心"北方领土"问题,在没有实现自己意愿后,同样采取了对待当年苏联总统戈尔巴乔夫时期的对策,即施加压力,希望利用俄罗斯方面需要经济、技术援助的时机,迫使俄方接受日本主张。这种重复使用以往对策的结果,也只能是同样接受以往的结果。虽然苏联解体,如今换成俄罗斯,但是双方在"北方领土"问题上所处的环境并没有发生任何转变,如今的俄罗斯政府与当年苏联政府遇到同样的国内外环境,而日本政府又在采取同样的政策,结果只能如旧的。

日俄两国之间有关"北方领土"问题的解决没有任何进展的同时,俄罗斯总统叶利钦推行亲欧美的"一边倒"对外政策,不仅国内经济危机没有得到大的缓解,而且在外交关系上陷入迷惘。在经济上,虽然欧美国家向俄罗斯许诺给予大规模经济援助,但是口惠而实不在,有限度的经济援助就如杯水车薪。据统计,截至1997年底,西方国家对俄罗斯经济援助仅为265亿美元,而且相当部分是1996年俄罗斯经济形势略有好转之后提供的。① 从政治和军事上看,以美国为首的北大西洋公约组织,不顾俄罗斯的强烈反对,坚持东扩政策。这一严酷的事实表明,叶利钦总统企图依靠欧美国家力量发展壮大俄罗斯的政策,可以说完全是一厢情愿的幻想。叶利钦总统越来越认识到欧美国家对俄罗斯政策的实质,即"分化、弱化"俄罗斯的政策,其根本原因就是欧美国家不可能扶植起来一个强大的俄罗斯,这样将是无异于养虎遗患。

在上述大背景下,以1996年1月科济列夫外长下台,普里马科夫(Е.М. Примаков)担任新的俄罗斯联邦外交部长为标志,俄罗斯外交政策推行从亲欧美的"一边倒"政策,转变为"全方位"政策。1998年5月6日,俄罗斯外长普里马科夫发表文章《世界政治中的俄罗斯》,全面阐述俄罗斯"全方位"外交战略的基本内涵:(1)"在全球对峙时期结束之后,我们的任务是保障俄罗斯的安全和稳定,尤其是在周围地区"。(2)"作为国际舞台上的主角之一,俄罗斯不应只重视某一个方向,而

---

① 高连福主编:《东北亚国家对外战略》,北京,社会科学文献出版社,2002年,第250页。

应当奉行多方位外交政策"。(3) "俄罗斯是否有能力在国际舞台上起到一个大国的作用，没有理由怀疑这一点"。(4) "俄罗斯以其规模、实力、潜力、历史和传统，过去是、现在依然是国际关系中的一个主角"。(5) "目前正在向多极的和民主的世界结构过渡，正在取代那种以大国为基础（在不同时期有不同的力量平衡）的世界秩序。在这种情况下，对俄罗斯有利的是与世界上所有正在形成的各极建立建设性的伙伴关系，而不是建立灵活的或固定的联盟"。(6) "当然，在全球性对峙之后，俄罗斯与西方的关系，特别是与美国的关系有着极为重要的意义"。① 简单地概括说，俄罗斯"全方位"外交，即在不否认对欧美外交的重要性的同时，要重视并且加强与亚太及其他地区的外交。

在俄罗斯政府外交政策发生转变后，日本政府对俄罗斯政策也出现了转变。1996年1月11日，桥本龙太郎（1937年9月29日至2006年7月1日）内阁成立后，开始采取主动推动日俄关系发展的方针。1996年3月，新任外相池田行彦访问莫斯科，双方决定举行经济协作和贸易的政府间会谈，进一步就设置双方国防部部长级会谈达成一致。日俄政府之间确立了政治、经济、安全保障三大方面的对话机制。叶利钦总统会见了池田行彦外相，这与叶利钦总统两年没有接见羽田孜外相访问形成鲜明对比，表明俄罗斯政府期待与日本政府推行建设性政治对话。

1996年4月，桥本龙太郎首相利用出席莫斯科核安全首脑会议期间，与俄罗斯总统叶利钦举行了两人之间第一次首脑会谈。这是日本首相中曾根出席契尔年科葬礼后，相隔11年后日本首相访问莫斯科。双方在重新确认遵循《东京宣言》各项原则继续发展两国关系的基础上，就双方加强对话和军事交流等方面达成协议。桥本龙太郎首相在两国首脑会谈上并没有涉及有关"北方领土"问题。桥本首相会见后表示："我和叶利钦总统构筑了个人友好关系。相互直率地交换意见，我们期待寻找出相互妥协点。"② 这是第一次日本首相宣布与俄罗斯总统之间建立个人关系。

有关日本政府推行建立或者加强双方首脑私人关系外交，来解决"北方领土"问题，实际上在苏联领导人戈尔巴乔夫时期也曾经采用过，

---

① 高连福主编：《东北亚国家对外战略》，北京，社会科学文献出版社，2002年，第255页。

② 長谷川毅：《北方領土問題と日露関係》，東京，筑摩書房，2000年，第336頁。

只不过对待与戈尔巴乔夫建立私人关系问题，不如对待叶利钦的私人关系的感情投入力度大，但是本质是同样的。日本政府希望苏联或者新的俄罗斯领导人，能够依靠个人魄力果敢地决断接受日本在"北方领土"问题上的主张。日本政府的这种认识，实质上是建立在对苏联社会主义政权模糊认识基础上，日本认为苏联社会主义政权政治上高度垄断，或者说集权，所以该国家首脑可以个人决定国家大是大非问题。苏联总统戈尔巴乔夫时期，就可以看出日本政府多次劝说戈尔巴乔夫本人要在"北方领土"问题上作出果敢决断，要大胆地接受日本方面的"北方领土"主张。对于新俄罗斯领导人叶利钦总统的认识上，日本认为叶利钦本人性格豪爽，情绪容易激动，办事果断，雷厉风行等，如果加强对叶利钦总统本人的情感投入，可能叶利钦总统就会接受日本在"北方领土"问题上的主张，实现返还"北方四岛"的夙愿。这也就是日本政府方面推进首脑私人关系外交的本质所在。实质上，现代社会意义上的国家，无论采用什么样的国体、政体，其领导人都是由选举产生的，只不过这种选举手段或者途径存在一定差异，领导人都要向国家负责，向本国人民负责。现代社会意义上的国家，与封建社会时期的国家存在本质上的差别，封建社会国家属于皇帝个人所有，皇帝可以决定国家所有的事情，而现代社会意义上的国家真正决定权属于人民。社会主义国家绝非封建社会意义上的国家，社会主义国家是人民当家做主的国家，社会主义国家一般采取集体领导制，领导班子集体共同讨论决定事情。国家领导人如违反广大人民意愿，肯定将遭到本国人民抛弃，这是无论苏联领导人戈尔巴乔夫还是苏联继承者俄罗斯领导人叶利钦，在对待"北方领土"问题上都不敢轻易决断接受日本主张的根本所在。因为这种做将要违背广大人民群众的意愿，违背广大人民群众的意愿，也就意味着丧失了领导人统治的基础，丧失了领导人地位，这是他不敢轻举妄动的根本原因。

  日本首相桥本龙太郎宣布与俄罗斯总统之间建立个人关系后，双方关系明显出现发展变化。最明显的变化是，日本与俄罗斯之间安全保障方面的对话展开。1996年4月27~29日，日本防卫厅长官臼井日出男访问俄罗斯，这是日本防卫厅长官自第二次世界大战以来的首次访问。臼井日出男与俄罗斯国防部部长科列斯尼科夫（М. П. Колесников）举行会谈，双方签署了促进日俄安全保障对话协议，双方就有关相互通知军事演习、海军军舰相互访问、军官训练交流、共同通信演习等取得一致。此后日本方面在《防卫白皮书》里，取消了过去俄罗斯军事力量在亚洲的存在是第一不安定因素的言辞。当年7月，日本海上自卫队护卫舰"鞍马"号驶入海参崴港口，参加俄罗斯海军建军300周年活动。

1996年12月，俄罗斯政府任命负责亚洲事务的副外长帕诺夫（А. Н. Панов）担任俄罗斯驻日本大使，帕诺夫大使就任后，立即在东京举行记者招待会，发表了题为"走向21世纪的俄日关系与世界形势"的演讲，全面阐述了俄罗斯政府对日本政策的构想。帕诺夫大使认为，俄日关系在俄罗斯对外政策中居于优先地位，俄罗斯希望与日本建立"最大限度的友好睦邻关系"，如有可能的话建立"伙伴关系"；因为俄日之间不再分属于敌对阵营，不再互为威胁，不存在经济竞争，完全具备建立"全新伙伴关系"的条件。

针对"北方领土"问题，帕诺夫大使解释了俄罗斯对"北方四岛""搁置主权，共同开发"的政策设想。他表示，从理论上讲，俄日之间的领土争端"是有可能解决的"，但是要具备两个条件：一是双方认识到领土争端不可能分出胜负，二是双方舆论都认同"无损于本国利益的自然解决方式"。从逻辑上讲，双方都达到国内形势稳定，经济状况良好，政治领导强有力时，才有可能"找到彼此都接受的解决办法"。在理念上，双方应更深刻地认识改善两国关系的重要性。对俄罗斯方面来说，这将意味着"俄罗斯加强在世界和亚太地区的战略地位"；对日本方面而言，有利于"日本在国际舞台上发挥更为重要的作用"。帕诺夫大使指出：日本应该放弃"政经不可分"的观点，不应该把对俄经济技术合作视为"恩赐"，而应该看作是"对俄日关系发展的贡献"；双方固然可以坚持各自的原则立场，但应该着手解决实际问题，如"达成渔业协定和南千岛与北海道居民互免签证"，然后研究"在南千岛合作开发事宜"，事实证明，在领土问题上"妥协"、"凭实力对抗"或者"迅速解决"，都是行不通的；现实可行的渠道是遵循《东京宣言》的精神，继续对话，解决具体问题，全面发展关系，开展合作开发，为解决领土问题创造良好气氛。①

在这种背景下，1997年1月，日本桥本龙太郎内阁宣布调整对俄罗

---

① 佐藤和雄、駒木明義：《検証日露首脳交渉》，東京，岩波書店，2006年，第165頁。

斯政策，放弃了推行多年的"政经不可分"和"扩大均衡"原则，决定实施对俄罗斯"多层次接触"方针。

桥本龙太郎内阁实施的对俄罗斯"多层次接触"方针，其主要内容为：

（1）推进以"北方领土"问题为中心的和平条约谈判。
（2）开展首脑之间、部长之间的政治对话。
（3）对俄罗斯经济给予合作。
（4）与俄罗斯远东地区开展地区间合作。
（5）开展安全对话。
（6）在联合国等国际问题上进行合作。
（7）就东北亚地区稳定问题进行磋商。①

日本政府对俄罗斯"多层次接触"政策，与原来的"政经不可分"和"扩大均衡"原则相比较，明显具有了更大的灵活性。虽然该政策仍把解决"北方领土"问题放在首要位置，但是却不再是唯一追求的目标，是在谋求上述各领域平行取得进展的过程中，谋求"北方领土"问题的解决。可以说，日本的"多层次接触"方针，与俄罗斯提出的先扩大各个方面交流，创造出良好关系后，再共同努力寻找解决"北方领土"问题的方法，有一定共通处。

日本外务省对"多层次接触"政策进一步解释说：对俄"扩大均衡"政策方针已经不适应"冷战"结束后的国际局势和日本的国家利益，为开展面对世界的大国外交，必须不拘泥于"北方领土"问题，应该在各个领域、各个层次与俄罗斯方面进行广泛的接触交流，有效地发展日俄关系，因而提出"多层次接触"的新方针。日本外务省认为，"在安全与国际合作等各个领域，各个层次的接触，对日俄双方都有利"，应在不放弃领土主权要求的同时，全面发展日俄交流与合作，双边关系的进展不受领土问题的制约。

日本政府对俄罗斯政策转变的主要原因为：

第一，日本政府长期推行的"政经不可分"和"扩大均衡论"原则已经证明无计可施。随着俄罗斯政府放弃了亲欧美的"一边倒"政策，转变为"全方位"政策后，可以明显看出俄罗斯政府已经放弃了急于求

---

① 高连福主编：《东北亚国家对外战略》，北京，社会科学文献出版社，2002年，第152页。

助于欧美国家经济援助来摆脱危机，而是采取稳定局面，扩大联系，寻找更多的国家合作来恢复及发展经济。这必然使得日本企图利用俄罗斯急于求成，以经济援助为筹码来压迫俄罗斯返还"北方领土"的计谋失效。

第二，俄罗斯政府实施"全方位"对外政策后，不仅外交领域扩大，而且也使得欧美国家对俄罗斯的政策更加实际化。在一段时期内，俄罗斯不仅与主要大国的关系得到恢复发展，而且与中小国家的关系也获得发展。相反，如果日本再一意孤行，只会落到孤家寡人的地位。

第三，"冷战"结束后，日本的经济发展受到了严重挑战。在"冷战"时代，美国为使日本能够成为防止苏联势力在亚太地区扩张的"防波堤"，在经济方面能够容忍日本存在不正当竞争活动。但是"冷战"结束后，美国与日本的经济竞争明显成为两国关系的主要内容，使得日本经济长期处于一种低迷状态。俄罗斯不仅拥有日本十分缺少的资源，而且还拥有巨大的商品市场，特别是俄罗斯采取"全方位"政策后，不断扩大与亚太地区国家合作，使得日本认识到再坚持"政经不可分"原则，只能会使自己处于被动局面。

在日本政府对俄罗斯政策转变后，日俄两国关系得到明显变化。1997年1月桥本内阁宣布实施对俄罗斯"多层次接触"方针后，5月日本外相池田行彦访问莫斯科，宣布不再把俄罗斯是否能够参加西方七国集团（G7）首脑会议与"北方领土"问题挂钩，支持俄罗斯加入西方七国集团（G7）首脑会议。1997年6月，在美国丹佛举行的西方七国集团（G7）首脑会议上，俄罗斯总统叶利钦应邀以正式与会者的身份"自始至终"参加会议，并首次与七国首脑以八国集团首脑会议的名义共同发表"最后公报"。自此，西方七国集团（G7）首脑会议，最终演化为八国集团（G8）首脑会议格局。

在1997年6月美国丹佛举行的西方八国集团（G8）首脑会议期间，叶利钦与桥本龙太郎举行会晤，这是两人之间第二次首脑会谈。叶利钦总统正式提出两国建立"战略伙伴关系"，并且提议设立两国首脑"热线电话"。这次会谈上，叶利钦总统首次公开表示支持日本出任联合国安理会常任理事国，并且宣布俄罗斯的核导弹不再对准日本。

为了进一步推动日俄两国关系全面发展，1997年两国外长先后在莫斯科、香港、吉隆坡举行三次会晤，俄罗斯国防部长罗季昂诺夫

（И. Н. Родионов）和第一副总理涅姆佐夫（Б. Е. Немцов）相继访问日本，日本自民党领导人小渊惠三率领代表团访问俄罗斯。通过各个层次对话，就双方关系和国际问题广泛地交换意见，也带动了双方经济贸易关系发展。双方签署了一系列经济贸易协定，将在联合建设通讯网络、军转民技术培训等方面进行合作，日本同意向俄罗斯提供106亿日元的贷款，计划投资上百亿美元参与俄罗斯远东地区能源的开发，并达成了渔业协定。1997年日俄合资企业总资产额为15亿美元，双方贸易额达到60亿美元。在军事方面，两国签署了《军事合作议定书》，规定及时通报各自进行大规模军事演习的情况并相互派遣观察员，相互交换国防政策要点，建立军事方面代表团相互访问和军事专家定期磋商制度。1997年6月，俄罗斯太平洋舰队"维诺格拉多夫海军上将"号反潜驱逐舰访问日本，与日本海上自卫队军舰举行了以防止海上灾难为中心内容的联合演习。这是自第二次世界大战结束后两国海军方面进行的第一次联合演习。另外，两国海军达成定期相互访问协议。日本方面还准备向俄罗斯购买2到3架苏－27，或者米格－29战斗机，派飞行员赴俄罗斯考察战斗机性能和接受培训，并且日本为此拨款5000万日元。

1997年7月24日，桥本龙太郎在"经济同友会"组织的会议上发表重要演说。桥本龙太郎首相指出："对亚洲太平洋地区和平安定有重要影响的美日俄中四大国的相互关系中，日俄关系最后，这是不可否认的。"他主张："日本和俄罗斯的关系停滞于现在的水准，对于日俄双方利益，对于更加广泛的亚洲太平洋地区整体都是不利的，改善两国关系是面向21世纪两国政府应该处理的最优先的课题之一是肯定的。"① 在这样的大视野下，桥本提出今后对俄关系三原则："相互信赖、利益互惠、长期观点"②，在领土争端问题上强调照顾"相互利益"，本着"没有胜者与败者之分"的原则加以解决。桥本对于经济方面具体提出两个设想，一是提议以西伯利亚、远东地区为重点，以能源方面为中心展开与俄罗斯的经济合作。二是提议日本帮助俄罗斯培训青年人才。

1996年1月，桥本龙太郎内阁上台以后，日本外务省官员一直围绕

---

① 末澤畅二、茂田宏、川端一郎编：《日露（ソ连）基本文书・资料集》（改订版），東京，RPプリソティソゲ，2003年，第290页。
② 末澤畅二、茂田宏、川端一郎编：《日露（ソ连）基本文书・资料集》（改订版），東京，RPプリソティソゲ，2003年，第291~292页。

"北方领土"问题力图探索出新的思路，经过长期讨论归纳总结整理后，最终在 1997 年 8 月 12 日形成正式文件，题目为"领土问题解决今后政策选择路线"，并且打印上"机密/无限期"印章，特为此加上"总理专用文件"登记文件字样。这是日本政府 20 世纪 90 年代以来在领土问题上采用新立场后，第一次真正整理选择的路线。

"总理专用文件"开始部分为：坚持返还四岛为最终目标，首脑会谈协商主权问题的同时，在四岛上采用"共同活动"试图扩大我方存在，为迈出更大步伐选择路线，给予如下准备。（促进"北方四岛"融入现在的北海道经济圈，扩大我方存在，应认为是通向返还之路，为此"共同活动"是必要的，"陆上"与"海上"比较更加复杂，工作框架内交涉，那种"不接触"管辖权形式的解决肯定是困难的。）

"通过首脑会谈协商主权问题"的基本战略，明确记载"根据共同活动试图扩大我方的存在"方针。对于俄罗斯外长普里马科夫 1996 年 11 月访日时提出的"共同经济活动"提议，有必要采用何种对应措施。①

"总理专用文件"设置了三条选择路线，并且附带整理出"俄罗斯方面有利点"、"日本方面留意点"的"另外说明"。选择路线不是采用文字说明，而是采用并列关键词形式。桥本龙太郎只要把关键词记住，就可以与叶利钦的交涉中对应自如。

第一草案　和平条约②
——四岛主权确认（潜在主权）
——X 年俄罗斯的施政（齿舞群岛、色丹岛不即时返还）

第一选择路线为，俄罗斯承认日本对四岛拥有潜在主权，这时候缔结两国和平条约。另外，缔结和平条约后"X 年"间，日本方面承认俄罗斯在"北方四岛"施政属于合法的。这里括弧为原文件内容。

采用缔结和平条约划定国境线等手段让对方承认日本主权，现行俄罗斯的施政在一定时期不改变，由 1991 年中山太郎外相传达给苏联、俄罗斯领导人，继续采用日本最初的提议。

第一草案里应该注意的是写在括弧里的"齿舞群岛、色丹岛不即时

---

① 佐藤和雄、駒木明義：《検証日露首脳交渉》，東京，岩波書店，2006 年，第 156 頁。
② 佐藤和雄、駒木明義：《検証日露首脳交渉》，東京，岩波書店，2006 年，第 156～158 頁。

返还"部分。1956年《日苏联合宣言》里，明确记载缔结两国和平条约后，齿舞群岛、色丹岛返还日本。草案承认俄罗斯对"北方四岛"一定期间内的施政权是合法的，那么意味着日本方面不得不放弃《日苏联合宣言》里"缔结和平条约后返还两岛"。日本政府在冷战期间，一直指责苏联占领"北方领土"为"非法占领"，要求四岛即时、一揽子返还。这里日本方面采用这样的手段，目的是让俄罗斯承认1956年《日苏联合宣言》的有效性，同时也看出日本政府的立场出现180度转折。

有关"日本方面留意点"方面提出三点：

（1）"意味着放弃四岛非法占领论"（第二、第三草案也同样）。

（2）"为了抑制对四岛施政权的行使，有必要整理国内法律"（第二、第三草案也同样）。

（3）"1956年宣言的第九条款的实施成为顾虑。"[①]

日本政府之所以采用大胆转换方针，就是依据1993年《东京宣言》的规定，双方将根据"法律和正义"原则解决"北方四岛"归属问题，缔结两国和平条约。根据1956年两国缔结的《日苏联合宣言》规定，缔结和平条约后苏方返还两岛，现在改变为缔结和平条约后苏方返还全部四岛，如何落实1956年《日苏联合宣言》成为焦点。日本解释为，按照"法律"原则，应该返还齿舞群岛、色丹岛，按照"正义"原则，应该返还国后岛、择捉岛。

有关"俄罗斯方面有利点"方面也提出三点：

（1）"一次痛苦"。双方不是制定中间条约或宣言，而是直接缔结和平条约。对于俄罗斯方面来说，返还岛屿是"痛苦"的抉择，如返还齿舞群岛、色丹岛后，日本还要求返还国后岛、择捉岛，俄方还要面临"痛苦"的抉择。所以日本方面计划向俄方说明，最好"一次痛苦"返还四岛，免得两次返还而遭到两次"痛苦"抉择。

（2）这样意味着"当前（X年）施政实际状态没有必要改变，在国内给予说明"。叶利钦总统能对俄罗斯人民或者四岛居民说明"现状没有任何改变"。

（3）"相互经济交流成为可能"。俄罗斯方面一直要求开展双方经济交流活动，如承认俄罗斯施政权合法化就能够开展经济交流活动。

[①] 佐藤和雄、駒木明義：《検証日露首脳交渉》，東京，岩波書店，2006年，第156~157頁。

第二草案　第二联合宣言①
——返还齿舞群岛、色丹岛
——将继续协商国后岛、择捉岛
——可能限制的方向性（例如，延续 1855 年条约的处理）
——X 年后解决
——俄罗斯施政

第一草案事实上放弃了 1956 年《日苏联合宣言》，如被认为立脚点为《东京宣言》，第二草案的思路则以 1956 年《日苏联合宣言》为线索打开突破口。草案为 1956 年《日苏联合宣言》第九条款的规定，齿舞群岛、色丹岛在缔结和平条约后立即返还日本。国后岛、择捉岛的归属"继续协商"处理。这时候提出"沿用 1855 年条约处理"，即按照日本要求划定国境线，限定在择捉岛与得抚岛之间确定方向。

有关"日本方面留意点"方面：（1）举出"提高了损害有关国后岛、择捉岛主权立场的可能性"。两个岛屿不承认日本主权阶段，如承认俄罗斯施政，当然是危险的。（2）"国后岛、择捉岛的'明确返还方向性'，有必要确保达到明确返还道路。"可以说，第二草案是否能够成功，关键为是否能够确保"道路"。俄罗斯将来是否能够承认日本对国后岛、择捉岛的主权，双方达成一致是微妙的。对于"继续协商"决定是非常担心的。

有关"俄罗斯有利点"方面：（1）"引用 1956 年的宣言对国内容易说明"，因为承认俄罗斯施政。（2）"相互经济交流成为可能"。

第三草案　共同声明②
——四岛继续协商
——某种方向性，比《东京宣言》更加前进（例如，明确 1956 年联合宣言的规定和早期解决国后岛、择捉岛）
——X 年后解决
——（共同施政）

"X 年后"解决，确定期限是为了保证有关"北方四岛"继续协商，

---

① 佐藤和雄、駒木明義：《檢証日露首脳交渉》，東京，岩波書店，2006 年，第 158 ~ 159 頁。
② 佐藤和雄、駒木明義：《檢証日露首脳交涉》，東京，岩波書店，2006 年，第 160 ~ 161 頁。

这样的内容应包括在两国发表的共同声明里。在该草案的"注"中记载：要确定继续协商的"方向"，如不接受的话，不承认俄罗斯的施政权，而是选择要求共同施政权。

日本外务省制定这样三份"总理专用文件"草案，重要的共同点为，在"北方四岛"尚未返还日本阶段，考虑承认俄罗斯方面施政行为合法化。第一、第三草案为四岛，第二草案为除了返还齿舞群岛、色丹岛，承认俄罗斯统治现状为"合法"。俄罗斯施政合法化，俄罗斯要求的共同经济活动就可能成为法律。这里隐藏着日本有关"北方领土"问题上，对俄罗斯的政策出现根本性改变。

日本逐渐进入"北方四岛"，增加其存在感，促使当地俄罗斯居民增加对日本的亲近感。另外，决定日本的经济圈也纳入"北方四岛"，这是为了创造出返还道路的良好环境。日本方面认为，"促进北海道经济圈纳入四岛，增大我方存在，是返还的道路，为此'共同活动'是必要的"。贯彻这样三个草案的方针，外务省内部称为"四岛日本化"道路。

为了推动交涉"北方领土"问题取得进展，在1997年6月丹佛西方八国集团（G8）首脑会议期间，日本首相桥本龙太郎向俄罗斯总统叶利钦提议："总统，如果有机会，我们周末到西伯利亚或东京举行不系领带会谈吧？"叶利钦总统对此提议非常爽快地答复："可以！"[①] 于是1997年8月中旬，俄罗斯方面决定：这次首脑非正式会谈的地点确定为克拉斯诺亚尔斯克，俄罗斯方面对确定该地点解释为，其为莫斯科和东京的中间位置而已。

1997年11月1~2日，俄罗斯总统叶利钦与日本首相桥本龙太郎在俄罗斯东西伯利亚城市克拉斯诺亚尔斯克举行了非正式会晤，或者称为"不系领带会谈"，双方通过旨在加强两国经济合作的"叶利钦、桥本计划"。所谓"叶利钦、桥本计划"，是日本首相桥本龙太郎送给参加克拉斯诺亚尔斯克的俄罗斯总统叶利钦的最大礼物。所谓"叶利钦、桥本计划"包括"三个方面、六大支柱"，具体内容如下：

三个方面为：

（1）协助采取均衡开放经济化。

（2）协助市场化。

---

① 丹波實：《日露外交秘話》，東京，中央公論新社，2004年，第15頁。

(3) 协助开发能源方面。

六大支柱为：

(1) 在投资领域进行合作。

(2) 帮助实现俄罗斯经济与世界经济接轨。

(3) 对俄罗斯的改革给予强有力的帮助。

(4) 在大规模培训经理人员方面进行合作。

(5) 加强在能源领域的对话。

(6) 加强在和平使用核能问题方面进行合作。[1]

具体内容为：日本将对俄罗斯提供直接投资，参加俄罗斯远东地区的能源和资源开发，帮助俄罗斯实现西伯利亚铁路现代化，参加中俄天然气管道建设项目，支持俄罗斯加入亚太地区经济合作组织（APEC）和世界贸易组织（WTO），为俄罗斯培训1000名国家公务员和企业经营者，俄罗斯支持日本担任联合国安理会常任理事国，双方将建立两国首脑之间的"热线"联系，签订投资保护协定，进行渔业合作，在发生自然灾害时采取联合救援行动，合作开发新型核反应堆，举行海军联合军事演习。

日俄首脑克拉斯诺亚尔斯克非正式会议的最大亮点为，两国首脑达成"包括解决领土问题在内，力争在2000年结束前缔结和平条约"的协议。有关该问题，曾经参与会谈并且负责组织协调工作、时任日本外务省审议官的丹波实撰写的《日俄外交密话》（中央公论新社2004年版）里详细记述了整个过程。

1997年11月1日下午2点，两位首脑冒着小雨，乘坐游船航行在叶尼塞河上，准备参与钓鱼活动。在船舱里围坐一圈人，俄罗斯方面为总统叶利钦，第一副总理涅姆佐夫，总统府副官兼新闻官雅斯托罗秋斯基（С. В. Ястржембский）、外交部日本部部长卡鲁金（М. Ю. Галузин）担任翻译工作；日本方面为首相桥本龙太郎，官房副长官额贺福志郎，外务审议官丹波实，翻译为伊藤俊哉。双方人员一边观赏周围景色，一边举行会谈，气氛非常融洽，突然叶利钦总统提出"千岛群岛问题"。他表示自己记得很清楚《东京宣言》里的有关记载，考虑有必要在此基础上向前继续推动，共同努力使两国之间距离接近，争取在自己任职期间

---

[1] 丹波實：《日露外交秘話》，東京，中央公論新社，2004年，第19～20頁。

内解决该问题。桥本首相立即随声附和，强调领土问题不应留给下代人，在西方八国集团首脑会议上，也只有日俄两国关系不正常，这样的状况不应该持续下去。桥本首相接着吹捧叶利钦说：叶利钦总统缔造了新俄罗斯，推动俄罗斯民主主义、市场经济道路，能够与彼得大帝比肩、完成总统的历史使命！叶利钦总统受到如此吹捧后，也感到自己是俄罗斯历史上首位人民自由选举出来的总统，应该具有自信并且完成总统应该担负的责任！双方首脑就 2000 年结束前缔结和平条约的目标达成一致后，叶利钦总统要求摄影师记录下他与桥本首相为此祝贺的照片，叶利钦总统还提议大家举杯共同庆祝。①

可以说，叶利钦总统这样的提议完全出乎日本方面的预料，日本方面事先就如何在会谈上引导叶利钦总统讨论领土问题尚无好的对策。叶利钦总统在事先没有与俄罗斯外交部协商的情况下，提议在本世纪内解决领土问题、缔结和平条约。② 俄罗斯总统叶利钦能够突然作出这样的约定，充分反映出他本人情绪化的性格特征，也证明了日本方面极力实施所谓领导人私人外交的成就，日本方面将此约定增加"根据《东京宣言》"一词加入声明里。此后，日本方面认为应该抓住一切机会，争取在 2000 年结束前，在叶利钦个人政治力量上赌最后一把，也许能解决"北方领土"问题。

克拉斯诺亚尔斯克首脑非正式会谈后，11 月 2 日下午，在双方首脑共同举行的记者招待会上，日本首相桥本龙太郎表示：我与叶利钦总统一致认为，根据《东京宣言》，我们共同努力争取在 2000 年结束前实现缔结和平条约。对于桥本首相的上述言论，叶利钦总统表示肯定。③ 这就是日本方面此后复返强调的所谓克拉斯诺亚尔斯克双方就有关"北方领土"问题达成协定的内容。该协定一是意味着将"北方领土"问题再次作为日俄关系交涉的焦点；二是日俄两国对该声明实际上出现完全不同的期待，日本方面期待在本世纪内，即 2000 年结束前解决"北方领土"问题，而俄罗斯方面则期待在进行和平条约交涉的同时，在不改变"北方领土"问题的现状下，期待日本方面能够对俄罗斯进行大规模经

---

① 丹波實：《日露外交秘話》，東京，中央公論新社，2004 年，第 12~13 頁。
② 末澤畅二、茂田宏、川端一郎編：《日露（ソ連）基本文書・資料集》（改訂版），東京，RPプリソティソゲ，2003 年，第 295 頁。
③ 丹波實：《日露外交秘話》，東京，中央公論新社，2004 年，第 32~33 頁。

济援助。可以说双方的期待都是非现实的，缺少理智。

另外，在克拉斯诺亚尔斯克会谈期间，11月2日早餐会上，叶利钦总统曾经对桥本首相提出：俄罗斯"削减军队需要担负巨大的财政压力"，所以请求日本给予一定的资金协助。对于该请求，当时桥本首相表示可以具体讨论。克拉斯诺亚尔斯克会谈后，经过双方不断协商，最终日本方面确定，提供15亿美元融资并且不附加任何限制。日本上述举动无疑就是要拉近与叶利钦总统及俄罗斯方面的关系，推行所谓"多层次接触"方针，为推动2000年结束前缔结两国和平条约创造有利环境。

日俄首脑克拉斯诺亚尔斯克非正式会谈后，日俄关系出现明显发展。1997年12月27日，在俄罗斯联邦萨哈林州首府南萨哈林斯克，日本领事馆萨哈林分馆正式开馆，日本银行分行也开始营业。12月30日，在莫斯科，日俄双方经过13次艰苦谈判后，最终签署有关"北方四岛"周边海域日本渔业作业协定。为了进一步推动双方关系发展，日本方面开始极力促进俄罗斯加入亚太地区经济合作组织（APEC）的活动。桥本龙太郎首相亲自写信给美国总统克林顿，请求美国方面给予支持。1997年11月25日，在加拿大温哥华举行的亚太地区经济合作组织（APEC）首脑会议上，有国家反对俄罗斯当年加入，提出越南、秘鲁当年加入，俄罗斯明年再说，但是最后美国总统克林顿表示："不接受俄罗斯是错误的，应该欢迎包括俄罗斯的三个国家都加入！"① 这样俄罗斯最终实现了加入亚太地区经济合作组织（APEC）的梦想。日本方面在获知俄罗斯加入亚太地区经济合作组织（APEC）的消息后，立即通知克里姆林宫方面，对此俄罗斯方面表示感谢！

克拉斯诺亚尔斯克非正式会谈期间，双方首脑之间就约定，明年春天在日本举行第二次"不系领带会谈"。1998年4月18~20日，在桥本龙太郎首相的邀请下，叶利钦总统于周末赴日本静冈县伊东市川奈旅馆出席第二次两国首脑非正式会晤。实际上叶利钦总统在赴日参加非正式会谈前夕，3月23日解除了总理切尔诺梅尔金的职务，并且提名任命基里延科（С. В. Кириенко）为总理。但是该提名，4月10日、17日连续两次遭到俄罗斯议会拒绝，在尚未获得最后结果的情况下，4月18日叶利钦总统赴日参加非正式会谈。因此，这次叶利钦总统赴日参加非正式

---

① 丹波實：《日露外交秘話》，東京，中央公論新社，2004年，第22~23頁。

会谈,日本方面认为是叶利钦重视对日本关系的表现,也可以说是叶利钦总统吸取了几年前推迟访问日本活动带来的教训,这次没有回旋余地,只好如约访问日本了。

日本方面为这次日俄首脑川奈非正式首脑会谈准备了大量丰富多彩的欢迎活动,但是真实意图仍然是希望叶利钦总统在"北方领土"问题上接受日本方面主张。有关该问题,同样曾经参与会谈并且负责组织协调工作、时任日本外务省审议官的丹波实撰写的《日俄外交密话》里详细记述了整个过程。

4月19日上午,两位首脑乘坐游船参加钓鱼活动回来,休息一小时后,举行小范围内的两国首脑会谈。俄罗斯方面参加者为叶利钦总统、总统府副官兼新闻官雅斯托罗秋斯基;日本方面参加者为桥本龙太郎首相、外务审议官丹波实。这次会谈上,桥本龙太郎首相向叶利钦总统递交解决"北方领土"问题的新建议,即所谓川奈桥本提议。根据丹波实记载,当时叶利钦总统表示是"有趣味的提议"!但是在总统府副官兼新闻官雅斯托罗秋斯基小声提示后,叶利钦总统表示要拿回国内进行认真讨论后给予答复。①

有关川奈桥本首相建议的具体内容现在还是谜团,即使亲自参加者丹波实在撰写《日俄外交密话》里也公开说不打算说出实情,要等待日本政府正式解密档案时我们才可以了解真实内容。但是,根据日本媒体的猜测:第一,桥本龙太郎提议双方存在争议的岛屿不是决定主权,而是划分国境线。日本方面认为,采取划分两国的国境线,就会避免俄罗斯国内法律的阻碍,相对容易获得国会的批准。实际上,有关两国划分国境线问题,在苏联戈尔巴乔夫时期曾经向日本方面提出,但是立即遭到日本方面拒绝,现在日本方面却反过来又向俄罗斯方面提出。第二,桥本龙太郎提议即使划分国境线内归属日本领土的岛屿,一定期间内日本方面仍然承认俄罗斯方面拥有施政权。日本方面解释,这是采用"香港模式",意思为日本长期租借给俄罗斯。这两点内容确实反映出日本一定的让步意思,这实质上涉及两国划分国境线在哪里划分的问题。日本媒体一般认为,桥本龙太郎首相应该提议在择捉岛与得抚岛中间划分日俄两国国界线,以解决"北方领土"问题。对此叶利钦总统答复在下次

---

① 丹波實:《日露外交秘話》,東京,中央公論新社,2004年,第50~51頁。

首脑会谈上对桥本首相的提议给予答复。

有关川奈日俄两国非正式首脑会谈成果问题，丹波实在撰写的《日俄外交密话》里给予如下概述：

"有关经济合作方面：（1）两国首脑确认克拉斯诺亚尔斯克会谈以来、在落实'桥本、叶利钦计划'基础上，为了推动两国经济关系发展，继续实施扩大计划方面取得一致。（2）有关15亿美元无附加条件贷款，1998年内落实6亿美元。（3）作为'桥本、叶利钦计划'一环，讨论日本向俄罗斯投资，与俄罗斯合作设置投资公司，为此日本政府组成外务、大藏、通产等部门协商团队，5月初赴俄罗斯协商。（4）叶利钦总统高度重视由俄方提议的两国联合开展节约能源项目，提议日本方面参与库页岛能源开发项目。（5）俄罗斯请求日本方面合作，在莫斯科地区设置日本汽车制造企业。

有关缔结和平条约方面：（1）有关领土问题，日本提出新方案，俄罗斯方面决定讨论。（2）两国首脑为了推动落实克拉斯诺亚尔斯克取得的一致成果，决定加速工作，决定"缔结和平条约问题日俄共同委员会副外长级分会"举行下一次会议。（3）两国首脑一致认为，为了落实克拉斯诺亚尔斯克达成的一致成果而认真对话。这一成果作为原则，写入两国首脑为面向21世纪的日俄友好合作宣言，根据《东京宣言》第二项解决北方四岛归属问题。

有关营造解决"北方领土"问题的环境：（1）两国首脑一致认为，以与四岛岛民交流为目的，举办学术、文化、社会等方面交流活动，俄罗斯欢迎日本方面派遣专家参与交流活动。（2）桥本首相提出，向北方四岛提供最新型电力保障设备，讨论对四岛居民提供柴油机发电设备合作的可能性。叶利钦总统对日本方面的主动性给予高度评价。"[①] 另外，双方就有关安全保障对话、防卫交流、库页岛海上排除油污、日俄美联合演习、文化交流、政治对话等内容进行会谈。

我们从上述桥本龙太郎内阁时期对俄罗斯叶利钦总统召开的"不系领带会谈"外交活动看，可以说这是日本政府方面迄今为止对俄有关解决"北方领土"问题开展的最大规模外交活动。克拉斯诺亚尔斯克会谈、川奈会谈，具有非常好的连续性。克拉斯诺亚尔斯克会谈上，可以

[①] 丹波實：《日露外交秘話》，東京，中央公論新社，2004年，第52~55頁。

说叶利钦总统得意忘形,在仓促条件下主动提议2000年结束前缔结和平条约,日本方面可以说喜出望外,立即又附加以《东京宣言》为基础,即《东京宣言》第二项规定的解决"北方四岛"归属问题为缔结和平条约前提条件。日本方面此举无非要进一步确定2000年结束前缔结和平条约的真实含义,要解决日本人盼望已久的收回"北方四岛"问题。对于日本方面的提议,附加以《东京宣言》为基础,俄罗斯方面表示同意。在川奈会谈上,日本政府经过精心准备,桥本龙太郎最终提出所谓"川奈提议",即日本方面最终要求收回"北方四岛"的内容。虽然我们现在还无法了解所谓川奈桥本提议的真实内容,但是可以肯定,日本要求收回"北方四岛"实质性内容不会改变的。日本方面为了使俄罗斯能够接受这样的"川奈桥本提议",可以说精心设计了庞大的"诱饵",在两次"不系领带会谈"上都向俄罗斯方面伸出友好之手——提供大量的经济援助实惠、所谓"桥本、叶利钦计划"并且不断增添新内容。原本日本方面希望叶利钦总统在川奈会谈上能够如克拉斯诺亚尔斯克会谈上那样,再次得意忘形并爽快地答应"川奈桥本提议",可是叶利钦总统在助手提示下,表示要拿回国内认真讨论后给予答复。叶利钦的做法,可以说对日本方面是应该考虑到的结果,但是不是最好的结果,最好的结果是应该立即答复,然后日本方面抓住一定证据,直逼俄罗斯方面不得不接受现实。这是日本政府在"北方领土"问题政策上所采取的一贯作风,例如"松本、葛罗米柯信件",但是这次叶利钦并没有坠入日本人设置的圈套,等待叶利钦总统对"川奈桥本提议"答复,就成为日本政府今后急切等待的结果。

另外,有关川奈会谈上,桥本龙太郎首相提出解决"北方四岛"的新建议,日本政府原本是希望能够在秘密状态下与俄罗斯方面进行交涉探索,但是在当天两位国家首脑举行的共同记者招待会上,俄罗斯总统叶利钦却将该提议向媒体公开透露,似乎有意透露会谈中桥本龙太郎首相提出的"有趣味的提议"。这样做的结果,必然引起各国媒体特别是日本媒体的强烈兴趣及高度关注。有关叶利钦总统是否有意向媒体透露问题,日本部分学者及官员认为,叶利钦总统意图增加两国解决"北方领土"问题的难度。

五、日本为"2000年结束前解决领土问题"目标努力

日俄两国对于缔结和平条约问题存在着不同追求,或者不同理解,

对于尽快缔结和平条约本身并不存在异议，但是双方所追求的缔结和平条约的内涵却不同。俄罗斯方面希望尽快缔结两国和平条约，实现日本对俄罗斯经济、技术开发提供巨额资金援助。日本方面希望尽快缔结和平条约，实现收回"北方四岛"的夙愿。在缔结和平条约问题上，长期以来给世人感觉为苏联及俄罗斯方面更希望尽快缔结和平条约，而日本方面表现出并不积极的态度，甚至日本提出不归还"北方四岛"，坚决不缔结和平条约的强硬对策，表现出以缔结和平条约问题要挟俄罗斯方面的味道。实质上，在缔结两国和平条约问题上，苏联方面早就表现出如下态度：反正这些岛屿在自己手里掌控，不怕拖延时间，因为拖延时间对自己没有任何损害，相反拖延时间只会使日本方面遭受损害。因此，真正急于缔结和平条约的应该是日本方面，但是日本方面为缔结和平条约设置了前提条件，"一揽子"归还"北方四岛"，或者归还两岛，另外两岛留下谈判余地也可以接受。双方实际上采取比毅力、比耐力的战略，可谓相互消耗战略。

自1997年11月日俄首脑克拉斯诺亚尔斯克非正式会晤上，俄罗斯总统叶利钦提议在2000年结束前缔结和平条约后，对于日本方面来说，这不仅是解决"北方领土"问题的兴奋剂，而且也成为此后努力争取的目标。对于如何解决"北方领土"问题，1998年4月川奈举行的日俄首脑非正式会谈上，日本首相桥本龙太郎已经向俄罗斯总统叶利钦提出新建议，但是俄罗斯方面如何答复新建议，日本政府一直在急切等待中。

川奈非正式首脑会谈后，日本国内各大媒体都报道称，桥本龙太郎提议采用"划定国境线方式"解决两国之间"北方领土"问题然后缔结两国和平条约。俄罗斯国内媒体对日本媒体一味地报道有关"北方领土"问题，而不报道有关双方开展经济协助问题感到不满，这反映出两国社会舆论对改善两国关系所期待内容不同的特点。

两国首脑的两次"不系领带会谈"，让人感觉关系非常密切，两国首脑间也认为彼此关系非常密切了，至少俄罗斯总统叶利钦可能是这样认为的。所以1998年5月12日，在伯明翰举行的西方八国集团（G8）首脑会议前，俄罗斯总统叶利钦提议日本方面把2000年东京西方八国集团（G8）首脑会议的举办权转让给俄罗斯。叶利钦总统表示："2000年是我作为总统最后一年，如果尊敬的朋友桥本把2000年让给俄罗斯，争取获得2001年，那样我不仅对于他，而且对于支持该提议的所有首脑们都表示感谢！"① 俄罗斯是 1997 年丹佛西方七国集团（G7）首脑会议上才被承认正式资格的，按照惯例需要周转一遍后才能够轮到俄罗斯举办。

5月16日，在伯明翰西方八国集团（G8）首脑会议期间，预定的日俄首脑会谈时间因为桥本龙太郎参加西方七国单独首脑会谈（除俄罗斯外的七国首脑会谈）而迟到 10 分钟，使得俄罗斯总统叶利钦在会谈场地等待，俄罗斯方面及叶利钦总统本人对此产生极大反感，这次两国首脑会谈仅进行 5 分钟就草草结束了。这次会谈上，叶利钦总统正式向日本首相桥本龙太郎提出，要求将 2000 年西方八国集团（G8）首脑会议举办权转让给俄罗斯方面。对此桥本首相答复说："日本举办后，举办地为意大利、加拿大的顺序，日本很难接受俄罗斯的提议，因为日本一国不能决定，必须通过参加首脑会议的八个国家对话，最终决定。"② 由于日本方面的拒绝，使俄罗斯力图尽快举办西方八国集团（G8）首脑会议的愿望破灭，最终结果是 2002 年加拿大卡尔波里西方八国集团（G8）首脑会议上，决定赋予俄罗斯 2006 年西方八国集团（G8）首脑会议的举办权。另外，自从川奈日俄首脑非正式会谈后，日本政府一直急切地等待叶利钦总统对桥本首相的新建议给予正式答复，所以这次短暂会谈上，桥本首相急切地询问叶利钦首相："我在川奈口头提议，希望能够获得总统本人亲自答复！"对此叶利钦总统答复说："有关川奈提议正在讨论中，等到秋天桥本首相访问莫斯科时给予答复！"③

日本政府推动双方领导人加强私人关系的外交政策，使得成功地举办了克拉斯诺亚尔斯克、川奈两次首脑非正式会谈。日本虽然在双方会谈上极力表示愿意帮助俄罗斯推动经济改革，也为此投入了力量，甚至帮助俄罗斯加入亚太经济合作组织等，但是日本实质上所做出一切都是为了解决"北方领土"问题，为此日本最关心的也就是在川奈非正式首脑会谈上日本首相桥本龙太郎提出的解决"北方领土"问题的答复。这是日本对俄政策的核心，其他方面都是为此做的铺垫工作。而叶利钦似乎也完全清楚日本所要追求的核心利益，所以也一再推迟给予明确答复的时间。

对于俄罗斯方面推迟就"川奈桥本提议"给予答复问题，日本有学

---

① 佐藤和雄、駒木明義：《檢証日露首脳交涉》，東京，岩波書店，2006 年，第 199 頁。
② 佐藤和雄、駒木明義：《檢証日露首脳交涉》，東京，岩波書店，2006 年，第 202 頁。
③ 佐藤和雄、駒木明義：《檢証日露首脳交涉》，東京，岩波書店，2006 年，第 202 頁。

者认为，俄罗斯总统叶利钦是情绪化严重的人，容易受到情绪影响。伯明翰双方首脑会谈中，叶利钦总统等待桥本龙太郎首相的"意外"迟到事件；日本方面拒绝叶利钦提出的转让2000年八国集团（G8）首脑会议主办权，导致叶利钦总统本人反感，一定程度上直接影响了"2000年结束前缔结和平条约"的继续发展。日本学者的这种认识，实际上还建立在坚信加强双方首脑私人关系能促使叶利钦总统果敢地决定接受日本"北方领土"主张的信念。日本政府迷恋于加强双方领导人私人关系外交解决"北方领土"问题，一直持续到俄罗斯第二任总统普京当政初期。

对于日俄双方领导人两次非正式会谈成果看，实质上日俄双方在"北方领土"与"经济协助"两个平台上，各自的重点不同。日本方面所希望的是以最低或者适当的"经济协助"获取俄罗斯方面在"北方领土"问题上让步，而俄罗斯方面则希望的是以最低或者逐步在"北方领土"问题上让步，换取日本方面更大的或者不断增加的"经济协助"成果。日俄双方围绕着"北方领土"和"经济协助"相互较量，都希望对方能够作出让步，实现自己的愿望。

这种形势下，俄罗斯国内爆发了金融危机。1998年5月27日，俄罗斯金融市场上股票、债券、外汇三部分下跌，2～3周内海外投资者从俄罗斯市场同时撤走资金，债券市场流失6亿～7亿美元。导致俄罗斯金融危机的主要原因为，税收不足和过度依赖石油、天然气。俄罗斯税收法制不完备，企业普遍存在偷税漏税情况。俄罗斯外汇收入中石油、天然气出口占据70%，5月石油出口价格暴跌到每桶石油12美元左右。

俄罗斯国内金融危机爆发后，5月31日，美国总统克林顿发表声明，表示美国政府全力支持俄罗斯经济改革，避免俄罗斯出现经济危机。而此时日本政府则认为，桥本龙太郎首相不应该给叶利钦打电话安慰，"如选择现在打电话，叶利钦总统极大可能要直接提出援助问题。如出现这样的情况，拒绝肯定会引来不好的结果"①。6月8日，俄罗斯总统叶利钦出席德国举办的两国首脑会谈，双方共同讨论如何对付金融危机问题。在会谈后举行的记者招待会上，叶利钦总统表示："只要有科尔总理支持，防止投资流失就有保证了，这比获得5亿马克还重要。"② 这反映

---

① 佐藤和雄、駒木明義：《検証日露首脳交渉》，東京，岩波書店，2006年，第208頁。
② 佐藤和雄、駒木明義：《検証日露首脳交渉》，東京，岩波書店，2006年，第208頁。

出，此时俄罗斯方面最需要的是西方主要国家信心上的支持而非资金直接援助，这样日本政府又感到后悔没有及时给予俄罗斯信心上的支持。日本政府对待俄罗斯国内出现金融危机问题的表现，就是日本对俄罗斯态度的最真实写照，金融危机来时逃离得远远的，免得受到牵连，可是又念念不忘"北方领土"问题，乞求俄罗斯方面能够满足自己的愿望。

1998年夏天，金融危机也出现在亚洲地区，日本同样受到这次金融危机的巨大冲击。日本国民对桥本龙太郎内阁处理金融危机的方式表示不满，借国会参议院大选中自民党失败，追究桥本龙太郎内阁的责任。1998年7月12日，日本首相桥本龙太郎辞职，7月24日小渊惠三接任首相一职。

与此同时，在俄罗斯国内，基里延科内阁面对金融危机宣布卢布贬值，对外债务停止偿还等，俄罗斯金融机构处于崩溃边缘。8月13日，叶利钦总统解除基里延科总理职务，任命五个月前刚刚被撤换的切尔诺梅尔金（В. С. Черномырдин）为总理，可是遭到议会否决。在这种情况下，总统与国家杜马双方相互妥协，9月11日任命普里马科夫为总理。俄罗斯国内在任命总理问题上，总统不得不向国家杜马方面作出妥协行为，表明叶利钦总统在俄罗斯国内政治斗争中的威信已经大大下降了。

叶利钦任总统初期在俄罗斯国内受到人民群众广泛欢迎，实质上人民群众是希望他能够通过改革领导国家走上富裕道路，改善人民群众生活贫困的状态，但是叶利钦总统并未能兑现承诺，俄罗斯人民开始转变对叶利钦的态度并出现游行示威要求他下台。1998年10月7日，俄罗斯国内出现多年少有的大规模群众示威活动，要求叶利钦总统下台，首都莫斯科的克里姆林宫周边出现1.5万人示威活动。俄罗斯国内人民群众的不满情绪打击了叶利钦总统本人脆弱的身体，10月11日，叶利钦作为俄罗斯总统访问乌兹别克斯坦，在欢迎仪式上，叶利钦总统脚步不稳差点跌倒的镜头不断出现在世界各媒体上。

桥本龙太郎内阁下台，叶利钦总统政权不稳定及本人身体健康恶化，意味着借"叶利钦、桥本"首脑个人信赖关系来推动的克拉斯诺亚尔斯克思路的前提崩溃了。对于双方约定2000年结束前缔结和平条约的"政治赌博"问题，日本外务省必须重新验证。

为了推动2000年结束前双方缔结和平条约及解决"北方领土"问题计划落实，双方原计划1998年9月13~16日日本外相高村正彦访问俄罗斯，举行两国外长会谈。可是，9月10日，普利马科夫以俄罗斯总理候选人身份通知日本方面，外相访俄延期进行，日本被迫修改原计划。为弥补这一损失，日本决定派遣原首相桥本龙太郎以"外交最高顾问"身份访问俄罗斯，希望继续借用桥本龙太郎与叶利钦总统的私人关系来推动"北方领土"问题的解决。9月16日晚，叶利钦总统热情接待了老朋友桥本龙太郎，可是双方没有就有关缔结和平条约及领土问题进行任何讨论，此时的桥本已非昔日的桥本了。

1998年10月7日、15日，俄罗斯议会上下两院，即"联邦委员会"与"国家杜马"先后通过法案，恢复苏联时代的"对日本军国主义战争胜利纪念日"。不久管辖"北方四岛"的萨哈林州议会通过决议，决定执行该法案。俄罗斯方面明显要利用此法案牵制即将来访的日本首相小渊惠三。为了落实小渊惠三首相访问俄罗斯事宜，被推迟的日本外相高村正彦访问俄罗斯计划最终在10月16～18日实现了。高村正彦外相先后与俄罗斯总理普里马科夫、外长伊万诺夫（И.С. Иванов）举行会谈，但是叶利钦总统没有会见高村正彦外相。

日本政府的交涉方针为，高村正彦外相访俄作为小渊首相访俄工作的一部分，日本政府现在已经认识到进一步推动"北方领土"问题解决存在难度，如何在叶利钦总统权威下降之时，争取将克拉斯诺亚尔斯克和川奈首脑会谈达成的一致内容确认实现文字化，是日本政府此后对俄交涉的基础。两国外长会谈后发表共同声明，主要内容为：

（1）双方确认克拉斯诺亚尔斯克及川奈两国首脑之间达成的一致成果。

（2）对于川奈提议的答复，现在俄罗斯方面正在讨论中，小渊首相访俄时，与叶利钦总统之间就该问题举行对话。

（3）10月29～30日，就有关小渊首相访俄问题举行两国副外长级会谈。①

这样的会谈结果，日本方面感到非常满意。会谈后高村外相对记者表示："首相访俄的基础能够巩固"。11月5日，俄罗斯总统叶利钦否决了议会上下两院通过的"对日本军国主义战争胜利纪念日"法案，可以判断出，在小渊惠三首相访俄前，俄罗斯政府不希望出现这样不利于日

---

① 佐藤和雄、駒木明義：《検証日露首脳交渉》，東京，岩波書店，2006年，第237頁。

本首相访俄的环境。同一天，日本首相小渊惠三也打电话给俄罗斯总理普里马科夫，通知日本进出口贸易银行坚持不附加任何条件贷款 8 亿美元给俄罗斯的方针。这是 2 月小渊惠三作为外相访俄时承诺的 15 亿美元的一部分，实际上在此之前仅实施融资 4 亿美元，日本方面借机称俄罗斯国内金融混乱而搁浅了后续援助，这次是在小渊惠三首相的压力下决定实施的。双方首脑相互给予对方支持的态度，反映出都希望在小渊惠三首相访俄时能够有良好环境。

1998 年 11 月 11～13 日，小渊惠三以首相身份正式访问俄罗斯。这是 1973 年田中角荣首相访问苏联后时隔 25 年日本首相又一次正式访问。在此期间，1982 年 11 月日本首相铃木善幸因参加勃列日涅夫葬礼而赴苏联吊唁，1985 年 3 月日本首相中曾根康弘因参加契尔年科葬礼而赴苏联吊唁，所以日本首相正式受邀访问俄罗斯的机会是很珍贵的。

11 月 12 日上午 10 点半开始，俄罗斯总统叶利钦与日本首相小渊惠三举行首脑会谈，俄罗斯方面的参加者还有总统府负责外交事务的副官普里布基科，外交部日本部部长卡鲁金担任翻译工作；日本方面的参加者还有外务省审议官丹波实，翻译为伊藤俊哉。因为俄罗斯总统叶利钦的身体健康问题，所以这次两国首脑这次会谈实际上仅进行了 15 分钟。会谈开始后，叶利钦总统进行简单问候后，便向小渊惠三首相递交了"今年 4 月川奈首脑会谈时桥本首相提议的答复"，全文共计 A4 纸 4 页，采用俄文打印。

日本方面自从川奈非正式会谈上桥本龙太郎首相向叶利钦总统递交提议后，就一直急切地等待俄罗斯方面给予答复，现在最终等来"答复"了。获得俄罗斯方面的"答复"后，日本代表团人员在别的房间里立即组织人员一边翻译"答复"内容，一边分析"答复"内容。根据参加这次首脑会谈的日本外务省审议官丹波实所言，看到叶利钦总统递交的"答复"内容后，就马上意识到日本政府自从克拉斯诺亚尔斯克以来推行的对俄外交遭到彻底失败了。① 此时如何对待俄罗斯方面这样的答复内容呢？日本代表团此时没有多余时间认真考虑，如果完全或者立刻拒绝了俄罗斯方面这样的答复内容，必将损害日本首相相隔 25 年的正式访俄活动，同样也必将损害日俄两国今后关系的发展问题。与此同时，

---

① 丹波實：《日露外交秘話》，東京，中央公論新社，2004 年，第 72 頁。

小渊惠三内阁也面临国内金融危机的压力，当然也涉及政权稳定问题。日本代表团决定，将暂时不对"答复"内容表明态度，要拿回国内进行讨论后给予回答。①

11月12日上午11点10分开始，日俄首脑会谈举行双方全体人员参加的大会。会议上，小渊惠三首相代表日本方面表示：将俄罗斯方面递交的"答复"拿回国内认真讨论，下次叶利钦总统访问日本时给予回答。②

俄罗斯方面的"答复"提出："川奈提议实际上意味着俄罗斯承认日本在千岛群岛南部的主权。这已被认为是日本政府采用的极端方法。该提议无论如何也不能说是遵守双方都能够接受的'不损害双方政治立场'的原则。对于这一提议，确实无论我们的社会舆论还是议会都不能接受。"③ 俄罗斯政府对日本首相桥本龙太郎在川奈首脑非正式会谈上的提议给予明确的拒绝。

俄罗斯方面提交"答复"后，同时也准备了替代方案。该方案指出："我们维持与邻国日本面向未来的发展关系，面向未来的发展关系就要考虑解决国境线问题，对此提议要考虑的因素，就是不能脱离现实环境。两国继续探讨双方都能够接受的解决国境线方案，但是不一定非要在2000年前完成签署和平友好互助条约吧？考虑到俄罗斯方面的国会和社会舆论因素，也许我们存在一定的困难，然而我们肯定要与日本保持睦邻、友好关系的，希望能够从俄罗斯战略及国家利益方面给予理解。"④

俄罗斯方面的"答复"就领土问题提出如下方案：

第一，俄罗斯联邦和日本之间的国境划定，双方在可能的、全面友好的气氛里，确认该条约作为俄日关系的目标。为了双方都能接受，最终实现解决问题，采取如下对策：

（1）包括免签证扩大交流在内，促进该群岛及库页岛州全体居民和日本居民之间广泛接触。

（2）不损害双方的国家利益和政治立场，对该群岛经济或者其他共

---

① 丹波實：《日露外交秘話》，東京，中央公論新社，2004年，第72頁。
② 丹波實：《日露外交秘話》，東京，中央公論新社，2004年，第72頁。
③ 佐藤和雄、駒木明義：《検証日露首脳交渉》，東京，岩波書店，2006年，第251頁。
④ 佐藤和雄、駒木明義：《検証日露首脳交渉》，東京，岩波書店，2006年，第251頁。

同活动创造出良好的气氛和法律基础,制定特别的法律体制。

(3)根据《俄罗斯联邦政府和日本政府之间水产资源事业上有关协助若干问题协定》,扩大协助范围,进一步完善内容。

(4)在该群岛及相邻地区,为加强信赖、安全、透明性而努力。根据双方相互一致原则,采取必要的对应对策。

第二,在该群岛地区,俄罗斯联邦和日本的国境线划定,在双方都能接受的基础上,要不损害两国国家利益,考虑到历史遗留和现实,并且获得议会支持。

这时候,必须考虑如何解决俄日两国对于该群岛的历史问题的不同理解,以及两国之间长期存在的不信任和敌对情绪等问题。另外,根据历史事实,国际法的各项原则,要依据法律和正义。为了实现这一目的,两国就该群岛双方国境线划定问题,继续进行交涉,缔结另外的条约。①

这里可以看出,俄罗斯方面此时提出 2000 年结束前缔结《和平友好协助条约》不是决定国境线,只写入解决国境线问题为目标的内容,实际上国境线问题采用另外的条约将来解决。

俄罗斯方面的"答复"最后提出:"不希望急于给予答复,就该提议,请仔细阅读,深入讨论。对此日本方面的态度及提议,明年春天或者秋天我去日本正式访问时,请转达给我们。提议这期间我们两国继续在更广泛的领域展开合作。"②

俄罗斯方面这样的提议,日本显然不能接受。可以说,1993 年《东京宣言》以来,日本政府一直为解决"北方四岛"归属问题及缔结和平条约作出各种各样的努力,这次被俄罗斯方面完全推翻了。如果这样就缔结和平条约,那么在承认 1956 年《日苏联合宣言》基础上就应该缔结和平条约了!

日俄首脑会谈结束后,预定两国首脑举行的记者招待会、签字仪式、晚间总统主持的晚餐会,叶利钦总统都没有出席。叶利钦总统仅参加了首脑会谈及全体会议,时间仅为一个半小时,反映出俄罗斯总统叶利钦身体健康状况问题。

---

① 和田春樹:《北方領土問題——歷史と未來》,東京,朝日新聞社,1999 年,第 374 頁。

② 佐藤和雄、駒木明義:《檢証日露首脳交涉》,東京,岩波書店,2006 年,第 252~254 頁。

日俄首脑莫斯科会谈后，双方发表了《莫斯科宣言》，开篇便提出："在 21 世纪即将到来之际，当国际社会民主化进程和积极建设新型的、符合当代世界现实的国际协作关系的进程在继续之时，俄罗斯联邦与日本的作用与责任与日俱增，两国必须进行更加紧密的合作；相信目前已被自由、民主、法律至高无上和尊重人的基本权利等普遍价值观联系在一起的俄罗斯联邦和日本能够建立起符合其战略和地缘政治利益的建设性伙伴关系，包括在 1993 年 10 月 13 日签署的日俄《东京宣言》和本宣言的基础上的两国关系完全正常化。"① 俄罗斯方面多次呼吁双方构建伙伴关系，但是日本方面一致采取冷淡态度，这次小渊惠三首相最终同意接受，并且写入《莫斯科宣言》。

在全体会议上，日本首相小渊惠三提出，设置"国境划定委员会"、"共同经济活动委员会"两个机构作为今后两国的交涉舞台，对此俄罗斯方面表示接受。设置两个委员会问题，在事前由两国外交部之间协商一致同意。"共同经济活动"是俄罗斯方面曾经提出的建议，而"国境划定"是叶利钦总统在 1991 年发表的"给国民的公开信"里曾经提出的，所以俄罗斯方面没有理由不接受。日本方面把设置两个机构作为首脑会谈失败后补充的"成果"，同样俄罗斯方面也认为"共同经济活动"与"划定国境"两个问题并列提出是有一定意义的。另外，双方还就四岛原岛民及家属"自由访问"问题达成一致。俄罗斯方面过去实施日本原岛民免签证措施上限制每年访问四岛的次数，这次日本岛民如愿实现了"自由访问"的愿望。最后在双方发表的共同声明里，在日本方面要求下加入"鉴于对川奈日本方面提议俄罗斯方面答复的传达，以《东京宣言》、克拉斯诺亚尔斯克达成一致及川奈达成一致为基础，指示两国政府加速和平条约交涉。再次确认全力以赴在 2000 年结束前缔结和平条约的决心，为此在缔结和平条约日俄共同委员会框架内设置国境划定委员会达成一致。"② 小渊惠三首相正式访俄后，日本外务省并没有将叶利钦"答复"的内容完全向日本媒体传达，而是将设置国境划定委员会与原岛民自由往来"北方四岛"作为会谈结果向日本媒体加以宣扬。

莫斯科首脑正式会谈后，日俄双方都为推行本国路线而努力。1999

---

① 末澤畅二、茂田宏、川端一郎编：《日露（ソ连）基本文書·資料集》（改訂版），東京，RPプリソティソゲ，2003 年，第 300 頁。

② 佐藤和雄、駒木明義：《検証日露首脳交渉》，東京，岩波書店，2006 年，第 259 頁。

年 1 月 21 日，日俄两国在莫斯科举行副外长级会谈。日本外务省审议官丹波实对俄罗斯副外长卡拉辛（Г. Б. Карасин）公开表示："全力以赴在 2000 年结束前缔结"、"和平条约一定是解决四岛归属问题"，再次明确日本方面最低限度不让步的两点要求。但是，卡拉辛仅表示"主张是清楚的，但是应该重视大战后的状况"。2 月 21 日，在东京举行了日俄两国外长级会谈。俄罗斯外长伊万诺夫与日本外相高村正彦分别阐述就和平条约问题各自的立场而并草草结束。就缔结和平条约时间问题，伊万诺夫回避涉及 2000 年结束前这样的期限，只表示"守护缔结条约的大趋势"。

　　这样随着双方关系的发展变化，双方越来越认为到 2000 年结束前缔结和平条约不现实了。日本方面考虑如何使小渊惠三首相与叶利钦总统再次举行会谈，对于莫斯科首脑会谈正式拒绝的"川奈桥本提议"，有必要双方重新进行交涉。可是，此后有关叶利钦总统访问日本之事，日本方面想尽各种各样的方法邀请叶利钦总统尽快访问日本，目的是在叶利钦任期内解决"北方领土"问题，至少要把叶利钦任期间内所达成的日本方面认为有益的内容采用文字的形式确认下来，结果是俄罗斯方面采用各种方法推迟不定，这样迫使日本首相小渊惠三在 1999 年 6 月 20 日科隆西方八国首脑会议期间，在全体会议结束后，小渊惠三首相叫住叶利钦总统，采用类似强拉硬扯的方式，双方举行了 10 分钟"日俄首脑会谈"。小渊惠三首相急切地表示："秋天一定要访问日本！21 世纪是总统和我要创造的新时代，划定国境线及缔结和平条约这样的历史性工作，需要我们两人完成！"① 叶利钦总统表示"赞成"并表示"首相说的事情是我提议划定国境的事情"②。12 月 27 日，叶利钦给小渊惠三发来新世纪祝福亲笔信，"千年来到，期待相互努力在各个方面为两国协作打好基础！"这是叶利钦作为俄罗斯总统给日本方面发出的最后消息。

　　如果说日本政府对苏联时期戈尔巴乔夫政权内外政策不清楚的话，那么对于新的俄罗斯叶利钦政权的国内外政策，日本政府应该十分清楚，应该吸取以往经验教训，制定出相对有效的解决"北方领土"问题的对策。但是，日本政府在叶利钦时期采取的"北方领土"解决对策仍然停留在原来的水准上，虽然存在一定程度的改变，但是实质内容仍然没有

---

① 佐藤和雄、駒木明義：《検証日露首脳交渉》，東京，岩波書店，2006 年，第 269 頁。
② 佐藤和雄、駒木明義：《検証日露首脳交渉》，東京，岩波書店，2006 年，第 269 頁。

改变。日本长期以来自认为俄罗斯政府推行经济改革措施，必须依靠日本提供经济、技术援助，否则将无法获得真正成功。日本政府所采取的对俄"北方领土"问题对策，无论采取什么样的变化，都没有脱离这样的认识基础，可以说完全没有考虑相互妥协解决"北方领土"，坚持返还"北方四岛"的观点仍然占主导地位。

第八章 日本对俄"阶段性解决论"领土政策

一、日本提出对俄"阶段性解决论"领土政策

1999年最后的日子里,世界各地采用不同形式"庆祝2000年到来",各国政府对与人们日常生活密切相关的计算机2000年问题采取警备态度的时刻,1999年12月31日,俄罗斯联邦总统叶利钦突然宣布辞去国家总统职务,这一消息伴随着电波迅速传遍世界各地。

莫斯科时间12月31日正午,俄罗斯总统叶利钦突然出现在电视节目里,他宣布:"俄罗斯必须与新的政治家一起进入新千年!"① 之后他直接宣布自己辞职,宣布普京(В. В. Путин)作为自己的接班人成为新的俄罗斯联邦第二代领导人。叶利钦向全体俄罗斯人民表示:"我没有实现人民的梦想和希望,请求原谅!我确信俄罗斯能够从灰色停滞的全体主义的过去摆脱出来,人民将迅速进入明快、文明的未来!"②

普京是1999年8月被叶利钦任命为俄罗斯联邦总理的,叶利钦宣布辞去总统职务后,任命普京为俄罗斯联邦代理总统,同时还宣布将原来确定的2000年6月举行的总统大选提前到3月26日,这样就为普京本人能够顺利当选俄罗斯总统铺平了道路。

俄罗斯总统叶利钦在公开指名普京为代理总统后,给美国总统克林顿打了电话;2000年1月13日,叶利钦给中国国家主席江泽民打电话;1月15日,叶利钦给法国总统希拉克(J. R. Chirac)打电话。叶利钦没有给日本首相小渊惠三打电话,小渊惠三首相给叶利钦的亲笔信也没有收到叶利钦回信,这件事使日本方面感到非常郁闷!特别是日本外务省

---

① 佐藤和雄、駒木明義:《検証日露首脳交渉》,東京,岩波書店,2006年,第273頁。
② 佐藤和雄、駒木明義:《検証日露首脳交渉》,東京,岩波書店,2006年,第273頁。

感到身负巨大压力！日本政府在对俄政策方面，非常注重俄罗斯政府对待日本政府的外交举动，实际上内心非常渴望俄罗斯能够将日本作为大国，特别是世界级大国对待。日本认为自己是世界级大国，需要其他国家给予足够重视，特别是俄罗斯政府应该重视日本的地位。但是无论是原来的苏联，还是现在的俄罗斯，恰恰不给日本政府这个"面子"，往往在对外关系处理方面将日本置于靠后地位，使得日本政府非常不满。俄罗斯政府的这种做法，以及日本政府的反应，实质上是双方的国家关系、民族心理状态的真实写照。

日本政府此刻必须认真考虑，在普京执政时期采取怎样的对俄外交政策。普京执政时期即从1999年12月31日起，普京接替叶利钦成为俄罗斯联邦代理总统，并在2000年3月26日俄罗斯举行的总统大选中获胜，2000年5月7日，普京就任俄罗斯联邦总统。

普京（1952年10月生），圣彼得堡（原列宁格勒）人，列宁格勒大学法律专业毕业后，按照自己的意愿分配到苏联国家安全委员会（KGB）工作，1985~1990年在民主德国从事间谍工作，柏林墙推倒后，普京回国从事行政领导工作并迅速成长为"政治明星"。普京业余最喜欢日本柔道，10岁起学习柔道，1976年成为列宁格勒市柔道比赛冠军，但是普京却与日本方面没有任何联系。1995年普京作为圣彼得堡市副市长曾经受到日本外务省邀请访问过日本一周，这是日本外务省邀请俄罗斯政府有希望将来成为青年领导人访问日本的计划之一。即使普京成为俄罗斯政府副总理时，日本方面也没有留下任何印象，特别是学习柔道20年并取得非常优秀的成绩，却与日本方面没有任何联系，使日本感到吃惊。普京担任代总统后，与欧美国家首脑打了一圈电话后，2000年1月28日才与日本首相小渊惠三打电话联系。3月26日俄罗斯总统大选如期举行，普京在第一轮投票中就获得超过半数选票，顺利当选为俄罗斯总统。

普京总统上台后，日本政府似乎又看到了收回"北方领土"的希望。于是日本又在普京总统身上投入力量，希望仍然加强两国首脑之间的私人关系以解决"北方领土"问题，盼望普京能够大胆、果敢地决断，接受日本方面在"北方领土"问题上的主张，主要做法又是极力邀请普京总统访问日本。

2000年4月2日上午，日本首相小渊惠三因脑溢血突发跌倒而下台，新任日本首相森喜朗（1937年7月14日生）于4月28日借观看在俄罗斯圣彼得堡举行的世界冰球锦标赛之机赴俄罗斯访问，4月29日，两国首脑在冰球比赛期间举行了会谈，森喜朗极力邀请当时还是俄罗斯代总统的普京早日正式访问日本，获得普京同意。

2000年5月7日，普京正式就任俄罗斯联邦总统。7月21日，普京总统应邀出席在日本冲绳县名守市举行的西方八国集团（G8）首脑会议，这是普京作为俄罗斯总统第一次踏上日本国土。7月23日下午，俄罗斯总统普京与日本首相森喜朗在名守市宾馆举行约50分钟的会谈。森喜朗首相与普京总统最后敲定，普京总统正式访问日本的时间为2000年9月3~5日。

这次双方首脑会谈上，俄罗斯总统普京就日俄两国之间"北方领土"问题发表了自己的观点。普京指出："我的意见是，把两国关系与微妙问题相联系是最危险的，其阻止了两国关系正常发展。目前我们相互之间还提不出解决该问题的最好方法。这样的微妙问题致使两国社会舆论出现了微妙反应，森喜朗首相不能让日本社会舆论急剧变化，同样我在俄罗斯也不能。"① 普京所指的"微妙问题"，实际上是日俄两国之间的"北方领土"纠纷问题。接着普京采用淡淡的语气表明了自己的明确立场，他说："我们当然有必要考虑过去我们达成的内容。总之，克拉斯诺亚尔斯克以来达成了什么、采用了什么样的形式，有必要让其固定。我们不要忘记问题，要承认问题的存在，并在此基础上展开对话。我考虑不残留微妙问题的情况下，全面发展两国关系。如果与日本之间存在这样的问题，我们要认识并加以解决。""可是现在除俄罗斯与日本之外，同样存在这样的问题。在这里如发生急剧变化，肯定会带来恶劣影响，其他方面也许会发生数百万人付出生命的问题。这样的问题必须按照惯例正确处理。""必须顾及社会舆论，经常保持对话。伊万诺夫外长和河野洋平外相未能考虑这样方法，解除他们职务，应该任命新的外长。"②

归纳普京总统的上述谈话内容看：第一，只把领土问题当作焦点对待，阻止了整体关系发展。第二，如考虑双方国内社会舆论因素，不能采取急剧的解决对策。第三，应该再次确认并评价克拉斯诺亚尔斯克会

---

① 佐藤和雄、駒木明義：《検証日露首脳交渉》，東京，岩波書店，2006年，第293頁。
② 佐藤和雄、駒木明義：《検証日露首脳交渉》，東京，岩波書店，2006年，第294頁。

谈后的日俄两国关系整体出现的实际成绩。第四，对于解决领土问题，有必要促进两国关系整体发展。

针对俄罗斯总统普京的上述讲话，日本首相森喜朗表示："普京总统的讲话，我是这样理解的：包括这一点，下次会谈时就两国之间问题和国际问题进行交换意见。就有关微妙问题，我们不接触不可能实现全面发展。""我国有长期的历史，为了国民理解这些事情，我们应该付出努力。不推动全面对话无法解决微妙敏感问题。为使两国关系更加深化，我们优先考虑的课题至少是两国之间关系正常化吧！""正如大树首先要培养然后才能长出树枝和树叶，要更加努力探索出维护双方名誉和尊严的解决方法。""不涉及微妙问题，不可能实现关系全面发展！"①

森喜朗首相的上述讲话，可以说是针对普京总统的主张提出了反驳主张。森喜朗认为，日俄双方关系不可能脱离"北方领土"问题，回避讨论"北方领土"问题不可能实现日俄关系全面发展。森喜朗首相的讲话表明，森内阁将"北方领土"问题从"冷战"时代的"绝对优先课题"转变到"相对优先课题"位置上。可以说，森内阁认识到，日本冷战时期将"北方领土"问题作为对俄"绝对优先课题"已经束缚了外交活动空间。

2000年7月，名守市日俄首脑会谈后，日本外务省就"北方领土"问题交涉方针进行深入讨论后，确定下一步交涉方针，确认以1956年《日苏联合宣言》为交涉出发点，后来被称为"两岛先行返还论"，但是又担心这样的主张会引起误解为只返还两岛而结束交涉，所以称为"阶段性解决论"。

所谓"阶段性解决论"，是按照1998年8月日本外务省制定的"总理专用文件"第二草案设计的道路而制定的。第二草案主要内容为，缔结日俄和平条约，先将"北方四岛"中的齿舞群岛、色丹岛返还日本，残留的国后岛、择捉岛继续协商。1956年10月《日苏联合宣言》第九条款规定，苏联"满足日本国要求并且考虑到日本国的利益，同意将齿舞群岛及色丹岛让渡给日本国"。同时规定具体让渡时间为"缔结和平条约后"。1956年10月签署《日苏联合宣言》后，日本政府一直主张

---

① 佐藤和雄、駒木明義：《検証日露首脳交渉》，東京，岩波書店，2006年，第294~295頁。

"1956年没有能够缔结和平条约，是因为齿舞群岛、色丹岛以外的领土问题，即残留的择捉岛和国后岛问题"。

可以说"阶段性解决论"是日本传统主张的延续，即：

（1）俄罗斯要承认齿舞群岛、色丹岛为日本领土。

（2）根据情况，齿舞群岛、色丹岛在缔结两国和平条约前返还给日本，这时候在双方缔结和平条约前，双方先缔结中间条约。

（3）就有关国后岛、择捉岛归属问题进行交涉。

（4）确认四岛归属日本时，双方才缔结和平条约。

总之，"阶段性解决论"目标本质上还是要确认"北方四岛"主权归属日本，因此也可以说"阶段性解决论"并没有什么新异内容。同时也反映出日本政府要突破1956年日苏两国缔结的《日苏联合宣言》中有关领土问题的条款。《日苏联合宣言》规定，苏联"满足日本国要求并且考虑到日本国的利益，同意将齿舞群岛及色丹岛让渡给日本国"。同时规定具体让渡时间为"缔结和平条约后"，但是"阶段性解决论"却主张要缔结和平条约前先将齿舞群岛、色丹岛返还日本，为此缔结所谓中间条约。《日苏联合宣言》规定，日苏两国"实现正常外交关系以后恢复缔结和约的谈判"，日本方面认为继续谈判内容是交涉有关国后岛、择捉岛返还问题，而苏联方面则认为不存在这样的理解。实际上从《日苏联合宣言》字面上看，不存在"国后岛、择捉岛"字样，所以形成双方不同的解释。"阶段性解决论"却主张返还国后岛、择捉岛后，才缔结两国和平条约，这样显然大大超出《日苏联合宣言》有关领土问题条款的规定了。

2000年9月3~5日，俄罗斯联邦总统普京对日本进行正式访问。由于普京总统访日前在俄远东城市南萨哈林斯克明确表示："我们承认俄日两国存在领土问题，但仅此而已。"[1] 于是，先前日本国内舆论普遍认为普京总统在"北方领土"问题上绝不会让步、日俄两国年内缔结和约是困难的。但是这一次，日本为接待普京总统来访，可谓煞费苦心，绞尽脑汁。森喜朗首相一系列打破礼宾常规的做法，令俄罗斯人受宠若惊。可以说，日本方面对待俄罗斯的这位新总统，仍然采取加强首脑之间私人关系解决"北方领土"问题的对策，而且比叶利钦总统时期投入更大

---

[1] 佐藤和雄、駒木明義：《検証日露首脳交渉》，東京，岩波書店，2006年，第296頁。

力量，盼望这位喜欢日本柔道的俄罗斯总统能够接受日本方面在"北方领土"问题上的主张，实现日本人长期梦寐以求的夙愿。

9月3日，森喜朗破例赶到羽田机场，恭候普京总统伉俪一行。这样规格的礼遇已经大大超越了前苏联总统戈尔巴乔夫、俄罗斯前总统叶利钦访问接待了。随后更令俄罗斯礼宾官吃惊的是，森喜朗首相又坐进了普京总统的专车，亲自陪送他前往下榻的国宾馆。普京夫妇下榻的东京元赤坂迎宾馆里的总统套房，专门为迎接贵宾的莅临进行了重新装修，更换了各式家具，还专门摆上了榻榻米，以供普京闲来操练拳脚所用。由于普京酷爱发源于日本的柔道运动，7月份在参加冲绳西方八国首脑会议时，他还被日本方面授予了象征最高级别选手的黑腰带。

9月4日，日本天皇明仁和皇后美智子率领子女在东京的皇宫里设家宴招待普京伉俪一行，宴请的是地道的法国大菜。席间，明仁天皇谈到日本人非常喜欢俄罗斯文化，建议两国扩大在这一领域的合作。普京总统表示也希望有机会在莫斯科接待天皇一家人。宴会比预定的时间延长了15分钟，这在日本皇宫的礼仪中是非常罕见的。宴会之后，天皇又把普京总统夫妇送到门口，站在台阶上交谈了5分钟，天皇明仁一直站在台阶上目送普京总统车队的离去。

9月4日晚上，森喜朗首相为调节普京总统的紧张情绪，专门让礼宾官员送给普京一个叫"普蒂"的机器狗。这只狗不仅会跳舞、打滚，还会演奏俄罗斯国歌和俄民歌《三套车》，甚至还能讲几句俄语。9月5日下午，森喜朗首相为了让普京总统在离日前再放松一下身心，专门陪他前往东京市中心的柔道中心"讲道馆"，观看那里的学员练习柔道术。普京总统在日本方面一再的热情邀请下，也换上柔道服，上场与小选手们过了一下手。

众所周知，普京就任俄罗斯总统后提出：外交工作要为国内的经济建设服务。这一次普京总统率领的访日本代表团的经济色彩就非常浓厚，代表团成员包括负责经济事务的副总理赫里斯坚科（В. Б. Христенко）、俄罗斯国家电力总公司总裁丘拜斯（А. Б. Чубайс）、哈巴罗夫斯克州和萨哈林州的州长、远东巴什基尔共和国总统等地方官员。俄罗斯政府的意图十分明确：日本要想谈"北方领土"问题，就先给俄罗斯远东地区投资。俄罗斯代表团还带来了一整套经济合作项目，包括日俄联合开发远东的石油天然气资源，修建北海道至南萨哈林岛的海底隧道，进而把日本本土与俄西伯利亚铁路接通，建立欧亚大陆桥，在萨哈林岛修建一座大型热电站，通过海底电缆向日本送电等。可以看出，俄罗斯总统普京与他的前任叶利钦总统以及原苏联总统戈尔巴乔夫抱着同样目的访问日本，以解决"北方领土"问题为牵制，换取日本方面对俄罗斯的经济援助，或者说，俄罗斯希望在"北方领土"问题上作出有限让步，换取日本投入大量经济力量。

普京和森喜朗共进行了三次总共长达七个多小时的正式会谈。9月4日，森喜朗首相与普京总统举行第一轮会谈。森喜朗首相表示，有必要向俄罗斯方面说明，日本政府认为川奈提议即使现在看也应该是最好的提议，日本政府不接受莫斯科提议①。普京总统对桥本龙太郎在川奈首脑非正式会谈上的提议评价为"有勇气的成熟的提议"，可是"与俄罗斯政府考虑的方法完全不一致"。普京总统说到了1956年《日苏联合宣言》，"我是站在确认宣言的立场。过去存在否认（宣言）事实，但是我不这样考虑。根据以往谈判成果为基础进行谈判，我们没有异议。"② 普京总统首先提及1956年《日苏联合宣言》，森喜朗首相感到新谈判方针是正确的。9月4日下午和5日上午，双方又举行了两次首脑会谈，除了就有关和平条约进行谈判，没有实质性内容。

9月5日，双方签署了关于和平条约问题的共同声明，主要内容为：

（1）双方一致确认1997年克拉斯诺亚尔斯克协议以来所获得的实际成果。

（2）双方一致认为，为了实现克拉斯诺亚尔斯克协议而继续努力，已被确认的实际成果不可缺少，应该进一步巩固，并且最大限度地促进。

（3）双方一致认为，以包括《东京宣言》和《莫斯科宣言》在内的至今达成的所有协议为基础，为策划制定和平条约而继续进行交涉。

（4）普京总统邀请森喜朗首相正式访问俄罗斯，森喜朗首相接受邀请。③

---

① 指1998年11月12日，俄罗斯总统叶利钦向日本首相小渊惠三递交有关对日本原首相桥本龙太郎在川奈两国首脑非正式会谈上提议的答复。
② 佐藤和雄、駒木明義：《検証日露首脳交渉》，東京，岩波書店，2006年，第299頁。
③ 末澤昌二、茂田宏、川端一郎編輯：《日俄（苏联）基本文書、資料集》（修訂版），東京 RPプリソティソゲ，2003年，第309～310頁。

在双方讨论准备签署的共同声明草稿时，日本方面曾经提出要求把普京总统表示的"确认 1956 年《日苏联合宣言》的有效性"写入共同声明里，遭到俄罗斯外交部的拒绝。

这次两国首脑会谈，日本政府认为获取的最大成果就是俄罗斯总统普京承认 1956 年《日苏联合宣言》的有效性，这是日本方面长期以来争取俄罗斯方面给予承认的目标。日本因此感到可以期待交涉出现新的可能性。另外，这次会谈后，俄日双方还签署了 15 个旨在建立面向 21 世纪的创造性伙伴关系、展开全方位合作的相关文件。

9 月 5 日上午，森喜朗首相在第三次谈判后双方举行的联合记者招待会上，喜形于色地称："从现在起到 2000 年底还有时间。今年我们还要经常见面，今后也要常见面。确定与俄罗斯签署和平条约的日期并不是我们的谈判目的。莫斯科与东京准备努力解决阻碍两国关系发展的领土问题。"但是，从这次普京访问日本的结果看，俄日两国之间在领土问题上的想法并不完全一致，俄罗斯方面坚持把签署和平条约与解决领土问题脱钩；日本方面则坚持要把 1998 年 4 月桥本龙太郎首相提出的在"北方四岛"与得抚岛之间划分国界线的提议作为双方可以接受方案的基础。

二、伊尔库茨克会谈

2000 年 9 月 3~5 日，俄罗斯总统普京正式访问日本期间，因为普京总统承认了 1956 年 10 月《日苏联合宣言》的有效性，所以日本方面非常兴奋，认为是继续顺着普京认可的这种道路推动发展。在普京访日期间，邀请森喜朗首相访问俄罗斯后，日本外务省急切希望能够趁热打铁推动这种势头进一步向前发展，于是立即提议森喜朗首相 2000 年内实现访问俄罗斯的计划。日本外务省这样提议，充分反映出自身的急切心态，同时也反映出日本方面担心俄罗斯方面如产生任何"意外"，将导致普京对日政策出现变化。但是，日本外务省的提议却遭到俄罗斯外交部坚决拒绝。俄罗斯外交部指出，日俄首脑每年举行一次相互访问原则不能破坏。可以看出，俄罗斯政府及普京总统并不打算就"北方领土"问题的解决与日本进行如此急速的交涉。

2000 年 11 月 15 日，在文莱举行的亚太地区经济合作组织首脑会议（APEC）期间，日本首相森喜朗与俄罗斯总统普京举行首脑会谈，双方确定2001年在俄罗斯伊尔库茨克举行两国首脑会谈。文莱两国首脑会谈上，森喜朗首相提议在他正式访问俄罗斯前，派遣自民党总务局长铃木宗男作为"首相特使"，与俄罗斯安全保障会议秘书长谢尔盖·伊万诺夫（С. Б. Иванов）举行会谈，为两国首脑会谈进行事前协商准备，获得了普京总统的同意。

谢尔盖·伊万诺夫与普京同样出生于圣彼得堡，也是苏联国家安全委员会（KGB）出身，被认为是"普京最信任的人"。日本外务省希望通过建立这样的渠道来向普京总统的对日政策施加一定影响，实质上还是采用加强两国首脑私人关系的外交举措。

2000年12月25日，日本自民党总务局长铃木宗男与俄罗斯安全保障会议秘书长谢尔盖·伊万诺夫在莫斯科举行会谈。会谈上，铃木宗男递交给谢尔盖·伊万诺夫一张A4纸，称为"非正式文件"，其记载为："如果理解日本要求返还齿舞群岛、色丹岛，继续就国后岛、择捉岛进行交涉立场的话，能够缔结和平条约。"① 铃木宗男进一步转达说，日本方面希望森喜朗首相与普京总统的首脑会谈能够在明年1月下旬实现。对此谢尔盖·伊万诺夫认为，对日关系上最微妙的是如何处理领土问题，担心处理上存在危险，所以他表示："和平条约问题不是我应该处理的，让外交部讨论。"② 日本方面希望通过谢尔盖·伊万诺夫为窗口开展秘密渠道交涉，结果就这样被谢尔盖·伊万诺夫封闭了。

2001年1月16日，在莫斯科举行的两国外长会谈上，俄罗斯外长伊万诺夫向日本外相河野洋平询问："铃木宗男议员讲，返还齿舞、色丹，残留的两岛继续协商是什么意思？"河野外相马上解释说："是说协商残留的两岛归属问题。"对此伊万诺夫外长表示："如果是这样，该问题今后在两国外交部之间继续对话是可以的吧？"河野洋平外相立即表示："是这样的！"③ 从俄罗斯方面的反应看，俄罗斯外交部认为铃木宗男的提议是日本外务省的正式观点。俄罗斯外交部对铃木宗男交涉的内容质疑，使日本外务省感到对俄领土问题交涉上"二元外交"存在弊端，所以该事件出现后，日本国内经过自民党与外务省协商，立即取消了这种"二元外交"活动。

---

① 佐藤和雄、駒木明義：《検証日露首脳交渉》，東京，岩波書店，2006年，第304頁。
② 佐藤和雄、駒木明義：《検証日露首脳交渉》，東京，岩波書店，2006年，第304頁。
③ 佐藤和雄、駒木明義：《検証日露首脳交渉》，東京，岩波書店，2006年，第309頁。

虽然从铃木宗男的提议本身看，并没有对日本政府对"北方领土"问题的方针作出过大的外延扩展，但是这种秘密交涉对日本国内外交系统及俄罗斯方面都将产生不利影响，被认为日本对俄领土问题的处理存在"两元外交"特征。日本政府采用秘密交涉渠道解决"北方领土"问题，反映出日本为解决"北方领土"问题已经发展到急切而又不择手段的局面。我们可以理解，日本方面返还"北方领土"问题是朝野上下长久梦寐以求的夙愿，历届政府首脑都绞尽脑汁地希望能在"北方领土"问题上作出突破性贡献，以赢得历史留名、人民满意的政绩丰碑。但是，日本历届政府首脑无论采取什么样变化的策略，都不敢跨越双方长期形成的有关"北方领土"问题争论的基本框架，这就是日本方面要求返还"北方四岛"的底线，坚固不可动摇。同样，日本历届政府在"北方领土"问题上对俄交涉如何进展，进展程度如何，出现多少突破性成果，都成为其对俄政策成败的衡量尺度。

森喜朗内阁2000年4月成立时，日本《朝日新闻》社作了社会舆论调查，支持率为41%，可是5月森喜朗随意说出"日本是以天皇为中心的神国"言论后，支持率急剧下滑，5月下旬支持率仅为19%，此后支持率长期徘徊在低位状态，如2001年1月调查结果显示，支持率仍然为19%。可以说，日本森喜朗内阁已经处于垮台边缘。正在森喜朗内阁处于低位支持率状态下时，2001年2月10日上午，美国夏威夷海面美国海军核动力潜艇撞击了日本爱媛县渔业实习船，宇和水产高校的9名实习生死亡。据日本媒体透露，当时日本首相森喜朗正处在玩高尔夫球的兴奋时刻，接到报告后2个小时仍然继续玩球。事故发生三天后，日本国内社会舆论对森喜朗首相处理突发事件迟缓给予严厉批判，致使森喜朗首相的支持率明显迅速下降。3月10日，森喜朗首相将执政党自民党五位领导人召集到首相官邸，传达秋季预定的自民党总裁选举考虑，事实上表明森喜朗首相已经准备下台。在这种背景下，日本首相森喜朗与俄罗斯总统普京举行伊尔库茨克首脑会谈。

在日俄伊尔库茨克首脑会谈前夕，2001年3月22日，俄罗斯总统普京在莫斯科接受了日本NHK的采访。普京总统在谈到有关日俄交涉新焦点问题——1956年《日苏联合宣言》时，表示："苏联当时认为签署和平条约的条件，是同意将两岛让渡给日本的。该宣言是经过苏维埃最高会议批准的，即该宣言对于我们是义务。重新操作该宣言，签署和平条约，要落实这些条款。在宣言里没有记载让渡这些岛屿的任何条件吧？这是所有交涉的对象。"① 俄罗斯总统普京再次明确表示：1956年《日苏联合宣言》里记载缔结和平条约后，将齿舞群岛、色丹岛让渡给日本，这是俄罗斯方面应该承担的"义务"。这可以说是日本外务省长期努力获得的极大成果，因为在此前苏联及俄罗斯方面虽然承认1956年《日苏联合宣言》的有效性，但是对其第九条款（规定让渡两岛）的有效性存在疑问，不断提出时代过去了，机会丧失了，使日本希望返还两岛的愿望落空了。

2001年3月25日，日本首相森喜朗与俄罗斯总统普京在俄罗斯西伯利亚地区伊尔库茨克举行正式首脑会谈。森喜朗首相向普京总统递交了日本政府新的提议，并且解释说："缔结和平条约同时返还（齿舞、色丹）两岛，就国后岛、择捉岛的归属问题对话，是一部车的两个轮子。返还四岛，无论过去，还是现在、将来都是日本人考虑的。"②

我们归纳日本首相森喜朗上述讲话内容看：（1）要决定将齿舞群岛、色丹岛返还日本，就其返还时间与形式进行对话。（2）要清楚剩余的国后岛、择捉岛归属，日俄之间有怎样的见解，就其归属进行对话。这实际上是提议推进两个内容同时进行交涉，日本称为"车的两个轮子"、"同时并行协议"。

针对日本首相森喜朗的新提议，俄罗斯总统普京立即表示拒绝。普京指出："在联合宣言里没有记载国后岛、择捉岛"，讨论有关国后岛、择捉岛的归属问题，这是直接践踏了联合宣言。③ 两国首脑会谈后，双方签署了"伊尔库茨克声明"，记载了1956年《日苏联合宣言》为双方交涉的出发点，两国正式文件里第一次明确记载该宣言。这也成为森喜朗内阁推动"北方领土"问题的标志性成果。

"伊尔库茨克声明"主要内容为："双方确认，《日苏联合宣言》是两国之间外交关系恢复后就有关缔结和平条约交涉过程的出发点设定的基本法律文件。""双方一致认为，作为基础，根据《东京宣言》，就有关齿舞群岛、色丹岛、国后岛、择捉岛解决归属问题，缔结和平条约，为了两国关系完全正常化，促进今后交涉。""双方一致认为，解决的目

---

① 佐藤和雄、駒木明義：《検証日露首脳交涉》，東京，岩波書店，2006年，第313頁。
② 佐藤和雄、駒木明義：《検証日露首脳交涉》，東京，岩波書店，2006年，第314頁。
③ 佐藤和雄、駒木明義：《検証日露首脳交涉》，東京，岩波書店，2006年，第315頁。

的是让交涉活跃化，为缔结和平条约应尽早作出具体方面的决定。"①

从日本方面对"北方领土"问题的政策看，第一，"伊尔库茨克声明"最关键点为，明确记载1956年《日苏联合宣言》为"交涉过程的出发点"。第二，两国和平条约在决定四岛归属后缔结，《东京宣言》达成一致的方针被再次确认。所以日俄伊尔库茨克首脑会谈后，日本外务省官员表示，会谈是"日俄两国距离和平条约更加近一步的会谈"②。日本方面认为伊尔库茨克会谈可以成为今后两国交涉的重要基础。

三、小泉内阁的"日俄共同行动"领土政策

2001年4月26日，小泉纯一郎（1942年1月8日生）在自民党总裁选举中顺利击败所有对手获取胜利，并且组建新内阁。小泉纯一郎内阁成立后，根据日本《朝日新闻》社进行的社会舆论调查，小泉内阁获得了78%的支持率，这超过了历史上日本对内阁支持率的最高纪录，即细川护熙内阁74%的支持率。小泉纯一郎内阁在位三届（第87届、88届、89届），持续执政达5年5个月（2001年4月26日至2006年9月26日）时间，是日本"冷战"结束后执政时间最长的内阁。小泉内阁外相为田中真纪子，这位新外相就是1973年访问苏联的日本首相田中角荣的女儿，当年田中真纪子伴随父亲一起访问苏联，所以她上任后，在对俄政策上充分反映出她父亲当年的影子，使早已陷入混乱的对俄"北方领土"问题的交涉更加混乱。

4月26日，田中真纪子外相上任当天的记者招待会上，她谈到1973年父亲田中角荣担任首相访问莫斯科，与苏联共产党总书记勃列日涅夫举行首脑会谈时的情形，她说："当时就四岛是否一揽子返还出现争论，可是中途出现了先行返还两岛也可以的观点，方针出现转换。这不是又回到原点上，要认真讨论。"③ 4月27日，田中真纪子外相在接受记者采访时表示："我注意到'北方四岛'问题，森内阁的外交基本姿态，外交背景存在很大政治因素。我感到被引入歧途了。森喜朗首相（在伊尔库茨克）做

---

① 末澤畅二、茂田宏、川端一郎编：《日露（ソ连）基本文書·資料集》（改訂版），東京，RPプリソティソゲ，2003年，第316頁。
② 佐藤和雄、駒木明義：《検証日露首脳交渉》，東京，岩波書店，2006年，第315頁。
③ 佐藤和雄、駒木明義：《検証日露首脳交渉》，東京，岩波書店，2006年，第323頁。

了什么？我不知道！"① 这明显是否认了日俄伊尔库茨克会谈双方达成的一致。田中真纪子外相在5月16日众议院有关会议上答辩说："我认为调整日俄关系的起点，应该是1973年田中角荣首相和苏联共产党总书记勃列日涅夫的会谈，我曾经对此给予很大关注！"② 很明显，新任外相田中真纪子本人非常重视1973年父亲田中角荣与苏联共产党总书记勃列日涅夫会谈的重要性。当年田中真纪子以"第一夫人"角色伴随父亲访问苏联，参加了整个访问过程，留下非常深刻的印象。田中真纪子外相的一系列讲话，不仅日本外务省官员不清楚，而且俄罗斯外交部也不清楚，俄罗斯外交部官员不断向日本外务省官员询问真实意思是什么。

在田中真纪子外相不断否认日俄两国已经达成的有关"北方领土"问题交涉成果的情况下，日本首相小泉纯一郎借参加2001年7月意大利热那亚举办的西方八国首脑会议期间，7月21日与俄罗斯总统普京举行了第一次首脑会谈。会谈仅进行45分钟，小泉纯一郎首相在会谈上提出了日本政府对"北方领土"问题的原则立场，他表示："处理四岛归属问题缔结和平条约的立场，考虑在四岛返还的时间上缓和"③。小泉纯一郎首相在热那亚日俄首脑会谈前对同行的日本记者们表示："两岛先行论不能产生误解，最终'北方四岛'归属日本是明朗化的。以此为重点，以后四岛返还如何实现是下阶段问题。"热那亚日俄首脑会谈后，小泉纯一郎对同行的日本记者们表示："返还齿舞群岛、色丹岛要与国后岛、择捉岛的归属问题并行讨论。"④

在这次首脑会谈上，日本首相小泉纯一郎也希望与俄罗斯总统普京发展个人友好关系，在会谈上小泉首相表示自己喜欢古典音乐，特别是喜欢俄罗斯古典音乐，但是普京总统对此没有表现出兴趣！双方的这种话题因无法产生共鸣而结束了。这反映出，日本首相小泉纯一郎还寄托于前几任日本首相的做法，希望借用加强双方首脑的私人关系，凭借普京的果敢决断解决"北方领土"问题。但是，俄罗斯总统普京上台后，打出恢复俄罗斯民族自信心的旗号，对内主张恢复俄罗斯经济，对外主张恢复大国地位，俄罗斯国内出现民族主义高潮。这

---

① 佐藤和雄、駒木明義：《検証日露首脳交渉》，東京，岩波書店，2006年，第323頁。
② 佐藤和雄、駒木明義：《検証日露首脳交渉》，東京，岩波書店，2006年，第324頁。
③ 佐藤和雄、駒木明義：《検証日露首脳交渉》，東京，岩波書店，2006年，第328頁。
④ 佐藤和雄、駒木明義：《検証日露首脳交渉》，東京，岩波書店，2006年，第329頁。

种大环境下，普京不希望与日本领导人关系走得太近。另外，从普京本人性格看，与前任叶利钦完全不同，普京属于处世谨慎并且果敢的人，这样使得日本政府不得不放弃以往采用的加强双方首脑私人关系，以寻求俄罗斯领导人能够果敢决断"北方领土"问题的外交对策。

2001年10月21日，在中国上海举行亚太地区经济合作组织会议（APEC）首脑会议，小泉纯一郎首相借此机会与普京总统举行了第二次首脑会谈。这次首脑会谈上，日本首相小泉纯一郎表示："先前如不解决四岛归属问题就不能对话，这样就不能前进。我的考虑为，是否可以将齿舞群岛、色丹岛和国后岛、择捉岛并行讨论？这样虽然立场不同，但是在相互的认识中进行讨论，也是与森道路相一致的方法。"[①] 对此俄罗斯总统普京表示："在整体上理解首相的考虑，这样并行的对话也是可以的。"[②]

日本政府对于俄罗斯方面是否能够接受"北方四岛"并行讨论，出现长期争论，在上海日俄首脑会谈上，俄罗斯总统普京轻而易举地表示接受日本首相小泉纯一郎提出的"北方四岛"并行讨论的建议，使日本政府感到十分兴奋。

日本首相小泉纯一郎提出有关"北方四岛"并行讨论建议，是受到原首相森喜朗等人劝说的结果。在出席上海亚太地区经济合作组织（APEC）首脑会议前，10月5日晚，小泉首相与原首相森喜朗等人举行会谈，森喜朗就有关"北方领土"问题向小泉首相解释说："在领土问题上，只强调原则论，日本将陷入孤立地位。普京政权将长期执政俄罗斯，担心俄罗斯方面只返还两岛而逃脱掉了！这时候如能打开一点也是好的。现在有必要开始交涉！"[③] 小泉纯一郎首相接受了森喜朗等的劝说，同时也意味着小泉纯一郎首相放弃了外相田中真纪子坚持以1973年田中角荣与勃列日涅夫会谈结果为基础的主张。

2001年12月23日，日本外相田中真纪子接受日本《经济新闻》报社记者采访时，就有关"北方领土"问题并行讨论建议指出："这样做不行吧？必须采取另外的方法！"明显她在否认上海日俄首脑会议上，俄罗斯总统普京与日本首相小泉纯一郎之间达成的有关并行讨论"北方四岛"问题的协议。

---

① 佐藤和雄、駒木明義：《検証日露首脳交渉》，東京，岩波書店，2006年，第333頁。
② 佐藤和雄、駒木明義：《検証日露首脳交渉》，東京，岩波書店，2006年，第333頁。
③ 佐藤和雄、駒木明義：《検証日露首脳交渉》，東京，岩波書店，2006年，第334頁。

日本外相田中真纪子不时针对与俄罗斯方面交涉协商获得的一致成果发出不和谐声音，特别是公开提出与首相小泉纯一郎不同的有关"北方领土"问题的政策观点，使日俄两国有关交涉出现混乱局面。

2002年1月12日，经过日俄两国外交部门协商，确定2002年2月初，俄罗斯外长伊万诺夫访问日本，与日本外相田中真纪子举行两国外长会谈。

日本首相小泉纯一郎为推动已经与俄罗斯总统普京达成的路线，2002年1月18日，派遣日本前首相森喜朗访问莫斯科，与俄罗斯总统普京举行会谈，森喜朗携带了日本首相小泉纯一郎写给俄罗斯总统普京的亲笔信。信中提出"按照伊尔库茨克、上海会谈的结果，在政治决断上推进和平条约交涉。"① 对此普京总统表示"不用担心上海会谈的约束"②。这样表明俄罗斯政府仍然坚持上海两国首脑会谈达成的一致意见。

在确认俄罗斯总统普京仍然坚持双方已达成的协议后，日本首相小泉纯一郎决定撤换外相田中真纪子。田中真纪子本人就任外相后，在处理事务上不采取别人所能接受的方法而遭到多数人反对，处于孤家寡人境地。如日本媒体报道的那样，田中真纪子是小泉纯一郎上台的主要帮手，所以田中真纪子才如此大胆地不把小泉纯一郎这位首相放在眼里，但是田中真纪子的所作所为也最终导致2002年2月1日日本首相小泉纯一郎决定撤换她，任命的新外相仍为女性——川口顺子。田中真纪子犹如一股旋风般登上日本政治舞台，又如一股旋风般迅速离开政治舞台。她在日本政治舞台上的时间虽然不长，但是产生的结果却是深刻的。她在对待"北方领土"问题政策上，完全否认此前几届日本政府艰苦努力换来的对俄交涉结果，非要坚持将"北方领土"问题拉回到1973年的交涉水准上，这不仅使"北方领土"问题的解决处于倒退地位，而且还将双方交涉完全置于混乱状态，明显是非现实主义表现。

2002年2月2日，日本新任外相川口顺子与俄罗斯外长伊万诺夫举行了两国外长会谈。会谈就伊尔库茨克、上海举行的首脑会谈获得的一致意见为基础继续进行交涉，并且达成一致将于3月在莫斯科举行副外长级协商。根据日本媒体报道，这次两国外长会谈会就同时并行协议讨论方法进行协商。

---

① 佐藤和雄、駒木明義：《検証日露首脳交渉》，東京，岩波書店，2006年，第335頁。
② 佐藤和雄、駒木明義：《検証日露首脳交渉》，東京，岩波書店，2006年，第335頁。

正在小泉纯一郎内阁按照计划推进对俄交涉的进程中，日本国内突然爆发所谓"铃木事件"，导致日俄双方中断了高层往来和正在进行中的经济合作项目，两国的政治和经济利益受到损害，双方关系陷入低谷。

所谓"铃木事件"，是指日本前国会议员铃木宗男等人，在日本对俄"北方领土"问题上采取不同以往传统的政策，遭到国内反对势力强烈扼杀，并且涉嫌受贿罪、篡改文件罪等逮捕入狱。日本前国会议员铃木宗男在森喜朗内阁时期，在政府制定对俄"北方领土"问题政策上是具有极大影响力的人物。铃木宗男为日本自民党和国会负责对俄关系问题，是制定对俄"北方领土"问题谈判方针的策划者之一。为了使两国能够在2000年签署和平条约，铃木宗男提出恢复1956年《日苏联合宣言》精神，俄罗斯方面先行归还"北方四岛"中的齿舞群岛、色丹岛。铃木宗男曾经在普京总统和森喜朗首相之间穿针引线，如2000年4月曾经作为首相特使并携带森喜朗首相亲笔信赴莫斯科商谈两国首脑年内互访事宜，并且出席当年9月在东京进行的日俄首脑会谈，一直推动解决"北方领土"问题上四岛并行协议讨论方法。

但是，2002年2月20日，日本众议院预算委员会举行外务省问题集中审议会，日本共产党议员揭发自民党议员铃木宗男在国后岛援助建设俄罗斯工程——日本人和俄罗斯人友好之家的项目中，利用自己的政治影响力，干涉工程项目招标工作，提出该项目仅限于原籍根室管辖内从业者，迫使日本外务省把在"北方四岛"进行人道主义援助项目的合同分派给铃木宗男所在选区的一家公司——北海道津町建筑公司，并从中收受贿赂。

另外，铃木宗男还被揭发曾经发表过不当言论。铃木宗男曾经就有关"北方领土"问题发表过"归还不归还无所谓"的言论，否认先前自己提出的"先行归还两岛论"。2002年3月11日公布的有关外务省内部文件表明，1995年6月13日，铃木宗男曾经对当时外务省责任官员说："所谓'北方领土'问题，不过是出于国家的尊严才提出归还领土的主张。实际上，即使归还岛屿，也不会给国家带来任何利益。因此，要认识到战后50年都没能实现归还的现实，我国应该中止要求归还领土，同四岛展开经济交流。"① 此言论一经披露，立即引起日本社会舆论哗然，

---

① 佐藤和雄、駒木明義：《検証日露首脳交渉》，東京，岩波書店，2006年，第342頁。

也使日本政府在"北方领土"问题上的谈判陷入极大混乱。社会舆论对铃木宗男等人的所作所为给予严厉谴责，同时日本检察机关以涉嫌受贿罪、篡改文件罪将铃木宗男等人逮捕入狱。

日本国内对铃木等人的谴责活动，使日俄两国的交涉气氛顿时降温了。日本国内社会舆论又开始盛行对俄采取强硬论，主张日本政府对俄政策仍然要坚持"一揽子返还四岛"，坚决反对"两岛先行论"或者"四岛并行讨论方法"等。

针对日本国内社会舆论重新回归强硬立场的变化，俄罗斯国内也出现变化。2002年3月，俄罗斯国家杜马就"铃木事件"举行有关俄日领土问题的听证会并通过决议，建议总统和政府拒绝与日本进行就有关缔结和平条约问题的谈判，声称俄罗斯方面不需要缔结两国和平条约。3月14日，俄罗斯外长伊万诺夫在国家杜马大会上表示：有关返还齿舞群岛、色丹岛和归属国后岛、择捉岛，如两个车轮子对话，即"同时并行协议"，"我们表明不接受这样的思路"，"这是日本单方面的主张"。①

在这样的背景下，2002年6月13日，加拿大卡尔加里的卡纳纳斯基斯度假村举行的西方八国集团（G8）首脑会议前，日俄外长举行了会谈。这次会谈上，日本外相川口顺子并没有提及"同时并行协议"，明确表示该提议已经被放弃了。川口顺子外相取而代之提出了"日俄共同行动"计划，主张在解决"北方领土"问题基础上，增加探索有关经济协作、地球温室效应等环境问题、文化交流等更加广泛的课题，主要考虑推动两国协助关系发展。日本方面认为，这样可以提高解决"北方领土"问题的几率，在尽可能范围内扩大两国协作关系，不断努力调整环境。

6月27日，在卡纳纳斯基斯举行的西方八国集团（G8）首脑会议期间，日俄首脑举行了双边会谈，日本首相小泉纯一郎与俄罗斯总统普京达成一致，约定小泉纯一郎首相访问俄罗斯时，双方讨论"日俄共同行动"计划。

11月14日，日本外相川口顺子访问莫斯科，日俄双方外长会议上确定了日本首相小泉纯一郎访问俄罗斯的具体日程。

2003年1月9日，日本首相小泉纯一郎乘坐专机访问莫斯科。这是

---

① 佐藤和雄、駒木明義：《検証日露首脳交渉》，東京，岩波書店，2006年，第347頁。

新的俄罗斯联邦独立以来，继 1998 年小渊惠三访问后，第二位日本首相正式访问俄罗斯联邦。日本首相小泉纯一郎此番访问俄罗斯，不仅要讨论有关"北方领土"问题，而且还要讨论有关北朝鲜被绑架日本人问题及核武器问题、日俄能源合作开发问题等，并且希望俄罗斯能够在这些方面帮助日本。

1 月 10 日，小泉纯一郎首相与普京总统在克里姆林宫举行会谈，原计划举行一小时会谈，结果延长至三小时。两国首脑在会谈结束后发表了共同声明，提出"日俄共同行动"计划。

"日俄共同行动"计划主要内容为六个方面：

（1）深化政治对话："推动多层次并且全面对话"。

（2）和平条约交涉："克服过去的困难，开拓广泛的日俄伙伴关系新领域"。

（3）在国际舞台上协作："战略伙伴的对话与推进行动"。

（4）在贸易、经济领域协作："迈向信赖、行动——相互利益"。

（5）在防御、治安领域发展关系："为了两国和平与安全"。

（6）推动文化、国民交流："为了相互理解与深化友好"。[①]

在双方发表的共同声明里，列举了 1956 年《日苏联合宣言》、1993 年《东京宣言》、1998 年《莫斯科宣言》、2000 年普京访日联合声明、2001 年伊尔库茨克声明。两国首脑在该宣言里确认："全力交涉，努力解决有关齿舞群岛、色丹岛、国后岛及择捉岛归属问题，尽早缔结和平条约，实现两国之间关系完全正常化。"[②]

在联合声明签字仪式和晚餐会后，俄罗斯总统普京在克里姆林宫个人房间里，单独邀请了日本首相小泉纯一郎，身边只带一位翻译人员，双方举行了一个半小时的会谈。会谈后，日本首相小泉纯一郎表示，会谈气氛比较活跃，涉及广泛内容，如写入"日俄共同行动"计划那样，在尽可能广泛的范围内推动两国关系发展。在这一过程中，在任何阶段甚至最高水平上，抓住契机，打开解决"北方领土"问题的大门。日本政府的这种基本思路没有改变。小泉纯一郎首相对记者们表示："日俄共

---

① 末澤暢二、茂田宏、川端一郎編：《日露（ソ連）基本文書・資料集》（改訂版），東京，RPプリソティソゲ，2003 年，第 318～330 頁。

② 末澤暢二、茂田宏、川端一郎編：《日露（ソ連）基本文書・資料集》（改訂版），東京，RPプリソティソゲ，2003 年，第 317 頁。

同行动计划,成为今后日俄关系的海图。"

但是,2004年2月7日,在日本国内所谓"北方领土日"当天,小泉纯一郎首相却发表态度非常强硬的讲话。他指出:俄罗斯应当清楚地认识到,如果不归还日本的"北方四岛",那么双边关系就不可能获得正常发展。

2004年9月2日,日本首相小泉纯一郎乘坐海上保安厅的巡逻艇,从北海道根室市出发,海上视察了被俄罗斯控制的"北方四岛"。虽然由于天气原因未能窥清岛屿上的景物,但是小泉纯一郎首相此行引起俄罗斯方面极大反响。俄罗斯民众普遍认为:"日本首相近距离视察南千岛群岛,是对俄罗斯主权的公然蔑视和挑衅。"众所周知,每年的9月2日对日本来说是一个耻辱的日子,1945年9月2日是日本签署无条件投降书的日子。小泉纯一郎首相选择这一天以首相名义巡视"北方四岛",无疑要勾起日本国民战败留下的耻辱和伤痛,借机煽动民族主义情绪,为即将举行的日俄首脑会谈大造国内舆论准备。日本对于2004年3月再次当选的普京总统充满了期待,希望通过普京总统明年访问日本,为"北方领土"问题和缔结和平条约谈判寻找出突破口。

日本首相小泉纯一郎为什么一方面对俄罗斯总统普京提出"日俄共同行动"计划,力图努力推进"北方领土"问题;另一方面却在国内大肆提倡对俄罗斯采取强硬政策,试图采取强硬态度迫使俄罗斯政府在"北方领土"问题上让步?

第一,小泉纯一郎首相对解决"北方领土"问题国内外采取不同对策,主要为国内选举造势,转移国内政治视线,巩固执政地位。小泉纯一郎内阁在国内政策上,由于在养老金改革计划和出兵伊拉克等问题上办事不力,使得他领导的自民党在当年第20届参议院选举中以49票输给了在野党民主党。为了保存自民党的执政地位,小泉纯一郎首相非常需要在外交方面有所建树,其中最让人关注的莫过于与俄罗斯缔结和平条约,解决"北方领土"问题以及同朝鲜建立外交关系问题。小泉纯一郎的所作所为概括地说,就是要将外交问题转移到内政问题,以外交问题炒作给国内民众看,目的是要转移国内民众对其执政的不满情绪。我们知道,在国内对民众高调、强硬表示要俄罗斯返还"北方四岛",这根本无助于在外交上真正解决日俄两国领土问题,但是小泉纯一郎却非要这样做,只能解释为在对内政治上将外交问题作秀给民众看。这也并非小泉一郎的新发明，不过是效仿西方某些短视的政治家们经常采用的卑劣手段。

第二，煽动民族情绪，借机寻找与俄罗斯谈判的良机。"冷战"结束后，日本经济高速发展的因素丧失了，所以日本经济长期低迷。与此同时，日本国内民众的情绪也低落，丧失了对政治关心的热情。在这种状态下，2001年4月小泉纯一郎上台后，就以振兴日本民族精神为宣传口号，如他不顾广大昔日遭受日本侵略的亚洲国家人民的感情，一再参拜供奉甲级战犯的靖国神社，似乎显现出他强硬的姿态，不惧怕外国压力，以换得国内部分无知、利己主义民众的欢迎。小泉纯一郎特意选择9月2日视察"北方四岛"，也是借机煽动民族复仇主义情绪。小泉纯一郎已经与俄罗斯总统普京约定明年访问日本，势必造成日本国内民众对俄罗斯的不满情绪，对普京总统施加压力。从日本政府及媒体宣传看，在有关日俄关系发展问题上，始终认为俄罗斯方面应该主动向日本让步，因为俄罗斯经济发展需要日本的资金及技术帮助，否则俄罗斯经济无法真正发展，俄罗斯政府让步的具体措施就是按照日本方面的主张返还"北方四岛"。小泉纯一郎的对俄政策无疑也是如此，对于"北方领土"问题，在国际社会造势没人理睬，只好在国内民众中间造势，企图给即将来访的俄罗斯总统普京看，以加大施压力度。

第三，小泉纯一郎内阁对俄采取强硬态度，也与中国争夺石油出口路线问题有关。中国与俄罗斯就石油进口问题经过长期磋商后，正当中俄就"安大线"（安加尔斯克至大庆）即将达成协议时，2003年1月小泉纯一郎访问俄罗斯，强烈要求俄罗斯修建"安纳线"（安加尔斯克至纳霍德卡，后改为泰纳线），表示日本要每天从俄罗斯进口100万桶石油。2003年3月，俄罗斯能源部决定将"安大线"和"安纳线"合并，干线通往纳霍德卡，在中俄边界附近开岔，通往中国大庆的支线优先开工。日本获知后，4月派遣经济产业相平沼赳夫率领庞大的经济代表团访问莫斯科，以大型合作项目为诱饵，要求俄罗斯优先建设"安纳线"。5月，小泉首相访问俄罗斯，劝说俄罗斯优先建设"安纳线"。6月，日本政府又分别派遣前首相森喜朗和外相川口顺子访问俄罗斯。川口顺子外相表示，如果俄罗斯同意优先建设安纳线，日本除了提供40亿~50亿美元贷款修建输油管道外，还将提供75亿美元协助俄罗斯开发东西伯利亚油田，另外再提供10亿美元用于俄罗斯远东地区的城市建设。在日本巨额金钱的诱惑下，2004年6月30日俄罗斯政府正式决定放弃"安大线"计划。鉴于俄罗斯方面一味贪恋金钱、出尔反尔的做法，中国政府开始转向与哈萨克斯坦寻求合作开发石油。

伴随着俄罗斯石油对中国方面的价值急剧下降，日本政府也转变了对俄罗斯的态度。2004年7月18日，日本政府提出对俄罗斯外交新方针，放弃以前"不偏重'北方领土'问题而全面发展两国关系"的做法，重新提出将"北方领土"问题作为双方谈判的重点。小泉内阁实际上采取的对策为：以大规模采购俄罗斯石油为幌子，诱惑俄罗斯政府在"北方领土"问题上作出让步。

2004年9月3日，日本政府在小泉首相巡视"北方四岛"后，正式确认今后对俄罗斯外交的新方针，"即把'北方领土'问题作为日俄谈判的最优先课题"。这也意味着小泉纯一郎内阁放弃与俄罗斯总统普京达成的"日俄共同行动"计划，又回到"政经不可分"的对俄政策老路上了。日本外务省高级官员表示："不明确四岛的归属问题，就无法进行和平条约的谈判。"

2005年5月8～10日，日本首相小泉纯一郎应邀出席俄罗斯联邦主办的纪念反法西斯战争胜利60周年活动。这是日本首相第一次接受邀请参加俄罗斯举办的这种活动。2005年11月21日，俄罗斯总统普京应日本首相小泉纯一郎邀请访问日本。小泉纯一郎首相希望能利用这次首脑会谈，在"北方领土"问题上有所突破。但是，在两人举行的首脑会谈上，小泉纯一郎首相坚持"北方领土"问题的谈判应该遵循1993年的《东京宣言》，强调日俄之间的领土问题就是"北方四岛"问题，双方应该就"北方四岛"归属问题进行认真谈判。这就是日本方面所谓的"四岛并行论"，即要求双方就有关"北方四岛"归属问题一并讨论。俄罗斯总统普京则坚持按照1956年《日苏联合宣言》的规定，同意在签署两国和平条约后，归还日本齿舞群岛，色丹岛，其他问题不肯作出任何让步，理由就是这样的要求脱离了1956年《日苏联合宣言》的规定。这次首脑会谈由于双方在"北方领土"问题上毫无任何进展，所以最后双方没有发表联合声明。

在日俄双方就有关"北方领土"问题处于完全僵持局面时，发生了俄罗斯边防人员开枪射死日本渔民事件。2006年8月16日上午7点25分（莫斯科时间凌晨2点25分），俄罗斯边防部队巡逻船对侵入俄罗斯海域的一艘日本捕蟹船"第31吉进丸"进行拦截。在拦截过程中，俄罗斯边防人员先后采用俄语与英语多次向日本捕蟹船喊话，并且发射六枚专用绿色信号弹，但是日本捕蟹船并不理睬。在俄罗斯方面警告无效后，俄罗斯边防部队朝日本捕蟹船"第31吉进丸"逃跑方向开枪示警。俄罗斯边防人员解释为，并没有袭击该捕蟹船的意图，但是因海面风浪很大，以及日本捕蟹船"第31吉进丸"方面操作原因，结果造成日本捕蟹船"第31吉进丸"被击中。当俄罗斯边防人员登船检查时，发现一名日本渔民头部被击中死亡，其余三名渔民未受伤。俄罗斯边防人员将日本捕蟹船"第31吉进丸"及渔民带回国后岛进一步接受检查。

事件发生后，8月16日上午，日本外相麻生太郎随即紧急召见俄罗斯驻日本大使馆临时代办加卢金（М. Ю. Галузин）。麻生外相提出严重抗议，强调如果日本政府获得的情报准确无误的话，俄罗斯边防人员开枪射击地点为日本领海，这是非常严重的事件，日本方面是决不容许的。麻生太郎外相进一步提出，俄罗斯政府应该迅速向日本提供具体的实际情况，保证另外三名日本渔民的安全和健康，应该立刻释放扣留的渔民和渔船"第31吉进丸"，并且要道歉、赔款，处罚有关人员，保证今后不再发生类似事件，并且要赔偿日本渔民的各种损失。对此俄罗斯驻日本大使馆临时代办加卢金给予坚决拒绝，他强调日本渔船侵犯俄罗斯海域，从事非法捕捞活动，违反了俄罗斯法律。俄罗斯边防部队巡逻船对日本捕蟹船"第31吉进丸"射击是在警告勒令其停船接受检查无效后进行的，完全没有错误。8月16日，日本首相小泉纯一郎也发表谈话，指出这是非常令人遗憾的事件，必须向俄罗斯政府提出强烈抗议。日本首相府内迅速组成情报联系室，专门负责处理日本渔民被枪杀和被扣留事件。

对于该事件，俄罗斯联邦安全局发表谈话指出，俄罗斯边防部队被迫向日本渔船开枪射击是为了让这艘侵犯俄罗斯海域的渔船停下来接受检查，但是"该渔船没有回应俄罗斯边防人员停船检查的请求，而且操作十分危险，不允许俄罗斯检查人员靠近"，"俄罗斯边防人员才开枪示警"。另外，俄罗斯边防人员登上"第31吉进丸"后查获超过三吨非法捕捞的长毛蟹、章鱼等水产品，以及多个捕捞工具。俄罗斯外交部发言人指出，"显然，该事件的直接责任人以及放任渔民在俄罗斯海域非法捕捞的日本政府成员应该承担全部责任。"俄罗斯外交部指出，此前俄罗斯外交部曾经多次向日本政府提出解决非法捕捞问题的建议，但是日本政府都没有给予回应，俄罗斯方面对此表示非常遗憾。根据俄罗斯海上安全部门的统计资料显示，从1994年至今，俄罗斯海上边防部队共截获非法越界捕捞的日本方面渔船30多艘，渔民210人。同时指出，"第31吉进丸"渔船侵犯俄罗斯海域由来已久，根据俄罗斯方面资料显示，1988年和1994年该渔船都有过非法越界捕捞的记录。日本渔船在俄罗斯海域及俄罗斯专属经济区非法捕捞活动，每年给俄罗斯方面造成经济损失8亿美元。仅过去一年，俄罗斯海上边防部队就阻止了130起非法越界捕捞活动。

8月16日，日本的《读卖新闻》晚刊也发表文章，承认日本和俄罗斯之间签署的有关民间渔业协定，规定日本渔民可以在该岛附近海域捞海带，但是不能捕捞其他海产品。日本渔船"第31吉进丸"很可能在那里捕捞螃蟹，违反了日俄之间有关渔业协定的规定。该报纸同时刊登的示意图显示，日本渔船从事捕捞作业的贝壳岛附近海域完全位于日俄中间线俄罗斯一侧。实质上，日本渔船侵犯俄罗斯海域问题，涉及有关"北方领土"问题，日本方面从来不承认"北方四岛"为俄罗斯领土，所以日本政府以及渔民都认为这是在本国岛屿附近从事合法作业，这也是这种类似事件频繁发生的根本原因。

日本渔民被俄罗斯边防部队枪杀死亡事件发生后不久，2006年9月21日，日本首相小泉纯一郎结束了五年多的首相生涯，新的日本首相将面临如何处理日俄之间有关"北方领土"问题的难题。

四、麻生外相有关"平分北方四岛"言论

2006年9月26日，安倍晋三（1954年9月21日生）就任日本第90届首相，成为日本战后出生者首次出任日本首相的人，日本广大国民希望这位年轻的领导人能够扭转国内经济缓慢增长局面，同时也希望他能够在"北方领土"问题上有所推进。

2006年12月13日，日本国会外交事务委员会举行会议，日本外相麻生太郎突然发表了震惊世人的讲话。麻生太郎外相提出，如果根据以前所提出的建议，让日本方面获得最南端两个岛屿，俄罗斯方面则可以获得其余两个大岛屿，那么俄罗斯方面肯定获得绝大多数领土。麻生太郎外相提议，根据"北方四岛"的总面积进行划分，这样日本方面可以

获得"北方四岛"中的三个岛屿，同时还可以获得最北端择捉岛的 1/4 领土。对此麻生太郎外相解释说："讨论两个、三个或者四个岛屿，却没有把土地面积考虑在内，这是不能够接受的。"① 同时，麻生太郎外相还提出，解决日俄有关"北方四岛"主权争论问题，应该在俄罗斯总统普京任职期间完成，因为普京总统有诚意化解争端。俄罗斯总统普京任职期到 2008 年 5 月止。② 麻生太郎外相表示："普京总统是一个有影响力的人物，而且愿意解决领土问题，所以我们必须在他任职时解决这个问题。"③

麻生太郎外相此言一经被披露，立即引起日本国内外的轩然大波。日本最大的在野党民主党主席前原诚司公开反驳说，即使日本愿意与俄罗斯方面平分"北方四岛"，对象也要首先承认"北方四岛"为日本领土。日本外务省发言人也马上出面澄清，麻生太郎外相此言为个人言论，不代表日本政府观点，日本政府对"北方领土"问题的观点仍然没有发生任何改变，并且强调日本政府主张"北方四岛"为日本领土，俄罗斯方面应该全部归还日本，如不解决"北方四岛"归属问题，日本就不会与俄罗斯方面缔结和平条约。④ 日本内阁官房长官盐崎恭久没有对麻生太郎外相的这一言论发表任何评论。在北海道，安倍内阁北方政策担当大臣高市早苗也表示："在确认四岛主权归属后（与俄罗斯）缔结和平条约的外交方针没有变化，不坚守这一点，则至今我们作为依据的国际法便不能再使用。"在日本国内，民众普遍认为麻生太郎外相是在向俄罗斯方面"献媚"，以期待把俄罗斯方面吸引到谈判桌前，早日达成个人政绩。日本主要报刊《产经新闻》发表题目为"麻生外相在琢磨啥？"的社论文章，指出："外交最高责任人在国会的发言恐怕会葬送日本战后一贯坚持的'返还四岛'大原则。"社论指责麻生外相在事关国家利益和国家主权的重大问题上过于草率。该社论指出"活动家和普通国民正

---

① 张庆华：《日外相麻生太郎提议同俄罗斯平分北方四岛》，见中国新闻网，2006 年 12 月 15 日。
② 张庆华：《日外相麻生太郎提议同俄罗斯平分北方四岛》，见中国新闻网，2006 年 12 月 15 日。
③ 万艳：《日外相提出与俄平分北方四岛 遭国内猛批》，见中国日报网环球在线，2006 年 12 月 15 日。
④ 万艳：《日外相提出与俄平分北方四岛 遭国内猛批》，见中国日报网环球在线，2006 年 12 月 15 日。

在全国顽强开展'返还四岛'运动,对外相的言论产生了疑虑和动摇,外相有义务尽早说明真实意图何在。"该社论还指出"这四个日本固有的岛屿从未变成他国的领土,是斯大林在战后单方面非法占领的。即问题的渊源百分之百是前苏联的错误,因此单纯从算术和技术性出发寻找解决方案,本身就是没有道理的。"社论最后强调指出:"如果放弃'四岛返还'要求,就会成为先例,导致其他与国家利益和主权相关的问题上,被迫向他国作出让步,必会留下千古祸根。"[1]

俄罗斯政府对日本外相麻生太郎的此番言论也表示不满,俄罗斯外长拉夫罗夫在电视节目里语气平淡地说,"就算在公开场合表明大胆的见解,也不会对推进缔结和平条约有所助益",明确表示俄罗斯政府不会接受麻生太郎外相这一建议的。俄罗斯的年轻人则聚集在日本驻俄罗斯大使馆门前举行示威,抗议日本外相麻生太郎发表"侵犯了俄罗斯领土"的言论。

我们看到,日本外相麻生太郎的此番言论无疑是要在双方长期僵持而无法解决的"北方四岛"问题上寻找出一个突破口,但是这种建议却与日本政府一贯坚持的底线,即俄罗斯方面必须承认日本对"北方四岛"所拥有的主权主张形成尖锐冲突。在"北方四岛"问题上,日本方面主张,"北方四岛"是日本领土,俄罗斯应该全部归还日本,如不解决"北方四岛"归还,就不与俄罗斯缔结和平条约。而俄罗斯方面主张,根据1956年《日苏联合宣言》规定,俄罗斯方面只能归还齿舞群岛、色丹岛,而且前提条件是双方必须先缔结和平条约。麻生太郎的建议明显是希望在双方对立的主张中探索出妥协方案。

麻生太郎外相的新建议,与此前日本政府各种各样的提议相比较看,确实明显提升了一大步,明显具有一定的可操作性,或者说富有弹性。如果双方一旦确定相互妥协解决问题的方向的话,只能是在分割"北方四岛"问题上做文章,那么在如何分割上仍然存在很大的商谈空间。按照以往各自的主张,俄罗斯方面的底线是归还"北方四岛"中面积小、战略价值也小的齿舞群岛、色丹岛,而自己则保存着占"北方四岛"总面积93%、资源也更加丰富的国后岛、择捉岛。日本方面一直主张"北方四岛"全部归还,如果俄罗斯方面不归还日本将怎样,至今也没有找

---

[1] 龚常、梁薇:《提与俄平分北方四岛日外相麻生两头挨骂》,载《环球时报》,2006年12月15日。

到满意的答案!如果双方决定采取相互妥协的方法解决"北方四岛"问题的话,那么最终的关键点还在于国后岛、择捉岛的分割上。可以说,麻生太郎外相的新建议,如果采用数字表示,就是日本方面在"北方四岛"问题上占有了"3+1/4",即齿舞群岛、色丹岛、国后岛,以及择捉岛的1/4土地,而剩下的择捉岛的3/4则归属于俄罗斯方面。这样对于日本方面来说,既采用了总面积两等份平均分配以显示公平性,又采用"北方四岛"日本方面都均沾来满足国内民众的民族自尊心。

有关按照领土面积平分"北方四岛"的方案可谓惊世骇俗,麻生太郎外相也因此名声大噪。有关麻生太郎外相为什么提出这样的方案,日本社会舆论方面提出各种各样猜测。日本政府公开表示,这是麻生太郎外相的个人想法,不代表日本政府的政策。当然麻生太郎本人也是口无遮拦,上任以来曾经说出炮筒性格的言论,引起社会舆论哗然,所以这种言论从麻生太郎之口出,也比较符合他的个人性格,可是对这种说法信服的人很少。日本社会舆论多数认为,麻生太郎外相的此番言论,实际上应该是安倍晋三内阁对俄罗斯方面的试探性策略。因为在日本政坛上的传统是强调个人创意绝对服从集体意志,恐怕麻生太郎再如此炮筒性格,再如此口无遮拦,也不敢在重大严肃的外交课题上如此造次。更何况,就近年来麻生太郎的各种表现情况看,麻生太郎对俄罗斯的政策方针上还从来没有出现过任何松动迹象!另外一种猜测是说,麻生太郎外相不过是从原则上转达了俄罗斯方面的建议而已。日本媒体报道说,2005年11月23日,日本公明党代表太田昭宏访问俄罗斯期间,在与俄罗斯外交部会晤时,俄罗斯第一副外长杰尼索夫(А. Денисов)主动表示,普京总统无意冻结日俄之间领土问题,希望探索双方都能够接受的条件,但是俄罗斯方面并没有提出具体的成熟意见。日本媒体就此推测说:太田昭宏代表返回后,向安倍晋三内阁传达了杰尼索夫的原则性提议;安倍晋三内阁就此进行了认真讨论后,制定了面积平均划分和四岛均沾的方案;再由麻生太郎外相到国会进行试探。一旦遇到激烈反对的话,麻生太郎外相就以个人名义充当挡箭牌,承担所有的抨击,而安倍晋三内阁出面缓和社会舆论,平息这种言论带来的不利因素。

问题的关键是,麻生太郎发表此种言论后,没有对此言论所引起的社会舆论给予任何解释,安倍晋三内阁除解释为麻生太郎外相个人的言论之外,没有作出任何过多的解释性说明,使日本社会舆论更加感到这是个谜！麻生太郎放出这样的气球后，就没有下文了！

安倍晋三在任不足一年时间，于 2007 年 9 月 12 日辞去首相职务。日本国民期盼战后新生代能够带领他们走出目前困难局面的希望，就这样破灭了。

五、有关"北方领土"问题现状

福田康夫（1936 年 7 月 16 日生）于 2007 年 9 月 12 日就任日本第 91 届首相。2007 年 11 月 6 日，福田康夫首相会见了来访的俄罗斯副总理纳雷什金（С. Е. Нарышкин）。在双方会谈上，福田首相表示："普京总统在此前电话中讲'俄罗斯国内的政治日程不会影响日俄缔结和平条约的对话进程'，我对此深有同感。我们将继续努力，不让谈判出现停顿。"纳雷什金副总理对此表示："俄罗斯的立场是，决不能冻结就缔结和平条约开展的谈判。在推动两国关系朝着新局面发展的过程中，我们需要摸索双方都可以接受的解决方案。"① 福田首相就此表示："如果和平条约得以缔结，包括正在大力开发的俄罗斯远东地区在内，日俄经济交流将取得飞跃性发展。我们希望早日缔结和平条约。"② 在日本外相高村正彦与俄罗斯副总理纳雷什金的会谈上，高村外相表示，有必要谋求在解决领土问题上取得具体进展。纳雷什金副总理对此表示，俄罗斯政府不回避领土问题，准备与日本政府进行建设性谈判。

2007 年 12 月 13 日，再次出现俄罗斯海上警卫队在两国争议海域扣留日本渔船和渔民事件。12 月 13 日凌晨，俄罗斯海上警卫队在"北方四岛"之一的国后岛附近海域，扣留了 4 艘日本渔船和 11 名渔民，并且将渔船和渔民带到色丹岛上进行审查，日本渔民没有出现受伤情况。日本外务省负责俄罗斯事务的官员表示，日本政府"无法接受"俄罗斯扣留日本渔船及渔民行径的发生，因为日本享有对争议岛屿的主权，要求俄罗斯政府对此作出解释。

该事件发生后，俄罗斯外交部立即召见日本驻俄罗斯副大使并提出抗议。俄罗斯外交部指出，引发该事件的直接原因为，12 月 13 日库页岛海上警卫队巡逻艇在南千岛群岛海域发现 4 艘日本渔船非法越过俄罗斯国境，在遭到俄罗斯警卫队拦截时，日本渔船拒绝接受俄罗斯方面检

---

① 吴谷丰：《日俄两国同意推动北方四岛问题谈判》，见新华网，2007 年 11 月 6 日。
② 吴谷丰：《日俄两国同意推动北方四岛问题谈判》，见新华网，2007 年 11 月 6 日。

查，企图逃匿。俄罗斯外交部指责，这已经不是此类事件的首次发生，日本渔船越界次数不断增加，而且越来越带有蓄意性质。俄罗斯外交部在12月20日发表声明，指出12月13日就在俄日两国有关部门刚刚交换了2008年争议岛屿附近海域渔业合作条件文献后不久，4艘日本渔船就非法闯入俄罗斯领海，被俄罗斯海上警卫队扣留。声明强调指出："如果日本政府在今后最短时间内不能切实采取有效措施制止任何侵犯事件，仍然停留在口头上，俄罗斯政府将行使自己的权利，重新考虑日本渔民在该地区继续捕鱼的问题。"[1] 根据日俄两国有关部门达成的捕鱼事务协议，只有登记注册的船只才能在两国有争议的海域作业。日本渔业署的消息证明，参加本季度捕鱼的所有28艘登记注册的日本渔船已经都在13日返港。这样意味着13日被俄罗斯海上警卫队扣留的日本渔船可能不是协议授权的登记渔船。

为了推动"北方领土"问题解决，日本社会组织"日俄世界自然公园"于2008年3月23日向日本政府提议要求扩大世界文化遗产知床半岛自然保护区范围，补充列入俄罗斯管辖的南千岛群岛和得抚岛，以此增加在与俄罗斯就争议领土"北方四岛"归属问题谈判时的砝码。日本社会组织"日俄世界自然公园"提出的主要理由为，日俄必须共同研究、联合行动，保护鄂霍茨克海南部地区日益恶化的生态环境，减少近年来因南千岛群岛基础设施加速发展而造成的环境污染问题。日本社会组织"日俄世界自然公园"已经通过俄罗斯驻日本大使馆，向俄罗斯领导人发出正式呼吁，建议认真讨论这一问题。但是，俄罗斯方面对此未给予任何反应。[2]

2008年4月26日，日本首相福田康夫访问俄罗斯时，在莫斯科郊区的总统别墅里，福田康夫首相与普京总统举行会谈。福田康夫首相表示，为构筑更高层次的关系，日俄必须在和平条约谈判上取得进展，因此希望推动陷入僵局的"北方四岛"归属问题谈判。普京总统则表示，俄日将继续在和平条约问题上加强对话，"为取得进展创造必要条件"。在福田康夫首相与梅德韦杰夫的会谈上，福田首相提出，希望日俄就温室气

---

[1] 毕远：《俄罗斯准备禁止日本渔民在争议岛屿附近捕鱼》，见中国新闻网，2007年12月21日。

[2] 毕远：《日本社会组织建议把北方四岛列入自然保护区》，见中国新闻网，2008年3月25日。

体减排新框架进行密切合作。梅德韦杰夫表示，他愿意在减排问题上与日本展开合作，但是并没有对日本方面设定的减排目标作出明确答复。①

2008年5月7日，俄罗斯新总统梅德韦杰夫（1965年9月14日生）就任，任命前总统普京为新内阁总理。梅德韦杰夫为普京选定的接班人，接班人反过来回报，任命普京为内阁总理，这在俄罗斯历史上、甚至在世界政治发展中也是罕见的事情！

2008年7月，俄罗斯新总统梅德韦杰夫首次出席在北海道举行的西方八国集团首脑（G8）会议，7月8日，日本首相福田康夫与梅德韦杰夫总统举行首脑会谈。福田康夫首相表示："要将两国关系提高到更高的层次，有必要解决领土问题这一目前唯一悬而未决的政治问题，以消除国民间的隔阂。"梅德韦杰夫总统表示："毫无疑问，如果领土问题得到解决，俄日关系将上升到最高层次。目前的两国关系可以发生彻底的变化。"两国领导人都表示出要解决"北方领土"问题的意愿，但是也都没有提出新的建议。②

2008年9月1日，担任日本首相不足一年的福田康夫，也同样宣布辞去首相职务。日本方面不断出现首相任期不足一年而辞职的状况，使日本与俄罗斯在解决"北方领土"问题上，没有获得任何实质性的新进展，仍然基本处于小泉纯一郎任职期间的状况。小泉纯一郎任期内，对俄罗斯采取强硬政策，企图强硬迫俄罗斯方面作出一定让步，结果是事与愿违，欲速则不达。

2008年9月22日，麻生太郎（1940年9月20日生）就任日本第92届首相。虽然麻生太郎在安倍晋三内阁时期就任外相时曾经发表过惊人言论，但是就任首相后似乎是完全忘记了以前的言论，根本没有再次就此问题发表任何言论。

2009年7月3日，日本国会通过一项法律修正案，首次将"北方四岛"规定为日本"固有领土"。日本这一法律修正案的出台，无疑引来俄罗斯方面强烈抗议，肯定也招致俄罗斯方面出台更大的反弹措施。日本方面一边坚守"北方领土"政策毫不动摇，另一边不断出台刺激俄罗斯的措施，挑动两国的敏感神经，意欲提醒俄罗斯方面不要忘记日本有关"北方领土"问题的诉求。

---

① 金钟：《国际纵横：福田康夫访俄成果有限》，见新华网，2008年4月28日。
② 黄欢：《俄日准备尽快解决两国领土问题》，见凤凰资讯，2008年7月9日。

2010年，时值第二次世界大战结束65周年之际，俄罗斯政府采取一系列行动，使日本方面头痛不止。7月，俄罗斯国防部对外宣布，将在南千岛群岛地区择捉岛举行苏联解体后最大规模的军事演习，并且声称此次演习为6月29日开始举行的西伯利亚和远东地区实施的代号为"东方2010"大规模军事演习的一部分，演习时间为7月3~4日。根据俄罗斯国防部7月4日的报道说，择捉岛俄军演习投入兵力1500人、军车200辆，演习内容为包围并歼灭非法入侵武装势力作战。针对此次俄罗斯于择捉岛举行军事演习活动，7月5日，日本政府通过俄罗斯驻日本大使馆，向俄罗斯政府提出抗议，并表示："依照日本法律，'北方领土'属于日本领土，在此进行军事演习我们无法接受，对此感到遗憾！"① 并希望立刻停止军事演习活动。对于日本方面提出的抗议，俄罗斯方面则强硬反驳说："依照俄罗斯法律，南千岛地区属于我国领土，我们无法中止演习。演习的目的是打击恐怖分子、毒品和国际犯罪，并不是针对某一个国家。"②

2010年9月28日，俄罗斯总统梅德韦杰夫访问中国，当天中俄两国元首签署《关于第二次世界大战结束65周年联合声明》。联合声明严正指出："第二次世界大战留给人类的警示是严酷的。中俄坚决谴责篡改'二战'历史，美化纳粹和军国主义分子及其帮凶，抹杀解放者的图谋。《联合国宪章》和其他国际文件已对第二次世界大战作出定论，不容篡改，否则将挑起各国和各民族之间的敌对情绪。这种图谋会把我们带回到以意识形态划线处理国际关系的时代，导致国际社会为应对全球性挑战和威胁所作的努力付诸东流。"③ 中俄两国元首发表这样的联合声明，主旨十分明显，是针对日本战后以来所采取的一系列图谋篡改"二战"历史的举动。在第二次世界大战期间及战后初期，国际反法西斯联盟主要国家间签署了一系列惩罚日本法西斯国家的协定及条约，如日本窃取中国的台湾及其附属岛屿归还中国、苏联占据千岛群岛及库页岛南部、美国军事占领并且托管琉球群岛等。对此已签署无条件投降书的日本，却在战后不断挑战这一系列协定及条约，图谋篡改"二战"历史及挽回

---

① 孙冉：《日本不希望择捉岛军演影响日俄关系》，见中国新闻网，2010年7月8日。
② 孙冉：《日本不希望择捉岛军演影响日俄关系》，见中国新闻网，2010年7月8日。
③ 陈勇：《中俄发表二战65周年声明 抨击美国当年包庇法西斯》，见新华网，2010年9月30日。

战败损失。中俄两国作为国际反法西斯联盟的主要大国以及联合国安理会常任理事国,在战后65周年之际发表这样的联合声明,十分明确地宣布将采取联合行动维护"二战"胜利成果。

2010年11月1日,俄罗斯总统梅德韦杰夫亲自登上南千岛群岛(日本称之国后岛),这是苏联及现在俄罗斯方面首位以国家元首身份视察存在纠纷的千岛群岛地区的领导人。梅德韦杰夫总统在国后岛前后停留约四小时,在面向太平洋的码头前留影纪念,视察了幼儿园、电站、渔场等,并且承诺为该地区投入更大资金。视察后的梅德韦杰夫,在自己的微博网页上上传了亲自拍摄的许多有关国后岛的风光照片,并且写上"没有想到,我们俄罗斯竟然有这么多风景秀美的地方"①。俄罗斯总统梅德韦杰夫如此展现自己的好心情,而日本领导人则截然相反——气急败坏。当天,日本外相前原诚司紧急召见俄罗斯驻日本大使米哈伊尔·别雷(М. М. Белый),针对梅德韦杰夫总统登上南千岛群岛之事,向俄罗斯政府提出"严正抗议"。日本首相菅直人也表示俄罗斯总统梅德韦杰夫此举为"非常令人遗憾"的事件。笔者认为,以俄罗斯总统梅德韦杰夫登上南千岛群岛为标志,俄罗斯主动出击解决"北方领土"纠纷的新的对日政策开始实施了。

俄罗斯总统梅德韦杰夫要视察南千岛群岛这一事件早已放出了声音,俄罗斯方面透露原计划在梅德韦杰夫总统9月末访问中国后,在回国途中经俄罗斯远东地区时,顺路视察南千岛群岛,结果因天气因素放弃了行程。对此日本方面曾经提出强烈抗议,而俄罗斯方面完全不理会日方这样带有威胁性的抗议。此次为俄罗斯总统梅德韦杰夫10月末访问越南后,顺路成行的。10月30日,俄罗斯外长拉夫罗夫(С. В. Лавров)在河内表示,俄罗斯总统视察实际控制下岛屿,完全属于俄罗斯国家内政问题,与日俄关系"没有任何关联",此举并不影响两国关系。俄罗斯总统视察南千岛群岛地区,意思非常明显,就是要主动出击解决所谓"北方领土"问题,让日本方面知道俄罗斯绝不会放弃"北方领土"。与此同时,也意味着日本政府的抗议行为只能刺激俄罗斯总统必须视察该地区,而且是越早视察效果越好,否则肯定会引起国内外强烈反响!国内社会舆论肯定要指责梅德韦杰夫惧怕日本的压力,国际社会舆论也会

---

① 王卿:《俄罗斯总统发微博赞国后岛上美景 称登岛是义务》,见北方网,2010年11月2日。

笑话俄罗斯的软弱形象，无益于俄罗斯树立大国形象。

针对 11 月 1 日俄罗斯总统梅德韦杰夫登上千岛群岛一事，11 月 2 日，日本外相前原诚司宣布，日本将临时召回驻俄罗斯大使河野雅治。与此同时，前原外相也反复解释说，为"临时回国"，并非使用"召回"字眼，主要是"听取其汇报，以了解事件背景"。但是，俄罗斯方面却认为日本的做法让人不解，并且采取针锋相对的反击措施。11 月 2 日当天，俄罗斯外长拉夫罗夫举行记者招待会，说："日方因梅德韦杰夫总统视察千岛群岛而持续煽动情绪的做法令我们不解！"① 同时拉夫罗夫外长还表示，梅德韦杰夫总统对视察南千岛感到很满意，并且计划还要视察南千岛的其他岛屿。11 月 2 日当天，俄罗斯驻北约代表罗戈津也发表言论，指责道："日本不应该为此大动肝火，而是应当自责，责备自己对邻国发动的战争最终在 1945 年战败。因此，这个问题早就画上了句号。"他进一步指出：日本既是发动战争的国家，也是战败国，它签署了无条件投降书，这就意味着"将自己的领土交给战胜国"。现在"这是俄罗斯的岛屿，是主权下的领土。我们应该对此保持平静，通过外交手段对其想方设法企图破坏我们情绪的做法给予有力的回击。"②

12 月 4 日，日本外相前原诚司为对抗俄罗斯总统梅德韦杰夫视察南千岛群岛，乘坐海上保安厅的飞机进行所谓"空中视察""北方领土"，日本媒体刊登出日本外相前原诚司一手捧着地图，一手握着望远镜，在空中远眺"北方四岛"的图片。对此，俄罗斯外交部官员萨佐诺夫在新闻发布会上回应说："日本政治家可以在其本国领土，从远处欣赏我国令人惊叹的山水之美！"③

对于日本方面提出的具有威胁性、挑动性的抗议，俄罗斯方面采取进一步的有力回击，决定进一步派遣高级官员进行系列性考察活动。2010 年 12 月 13 日，俄罗斯第一副总理舒瓦洛夫对南千岛群岛地区进行了视察活动，舒瓦洛夫登上了国后岛、择捉岛。2010 年 1 月 20~23 日，俄罗斯国防部副部长布尔加科夫率领俄罗斯军事代表团考察南千岛群岛

---

① 童师群：《俄外长称日方就俄总统登岛一事反应令人无法接受》，见人民网，2010 年 11 月 2 日。
② 《俄常驻北约代表：千岛群岛主权归属问题早已画上句号》，见俄新网，2010 年 11 月 2 日。
③ 任景国：《日本新生代鹰派政治家制定了雄心勃勃的海洋战略，然而解决岛屿争端问题走霸道之途似乎行不通》，载《国际先驱导报》，2010 年 12 月 17 日。

地区，布尔加科夫副部长在国后岛、择捉岛先后考察了俄罗斯的空军基地及炮兵部队等驻守军事单位。2011 年 1 月 31 日至 2 月 1 日，俄罗斯联邦地区发展部部长巴萨尔金（В. Ф. Басаргин）率领史上最大的代表团登上南千岛群岛，考察当地经济发展计划的具体情况。2011 年 2 月 4 日，俄罗斯国防部长谢尔久科夫（А. Э. Сердюков）视察了南千岛群岛地区，他不仅视察了国后岛、择捉岛，而且还空中视察了色丹岛，他与当地驻军会见后表示，从今年开始俄罗斯要"推进武器装备的更新计划"，要加快驻军武器装备现代化的步伐。

俄罗斯政府派遣高级官员视察南千岛群岛地区的同时，也放出声音，邀请外国对南千岛群岛地区进行投资及合作性开发活动。俄罗斯方面准备合作开发南千岛群岛地区，主要邀请国家为周边的中国、韩国及日本。俄罗斯总统梅德韦杰夫于 2010 年 12 月底，在电视直播节目上公开表示俄罗斯打算与日本合作开发南千岛群岛地区，但是重申"南千岛群岛是俄罗斯联邦的领土"①。对于俄罗斯政府发出的合作开发"北方领土"的呼吁，日本政府采取拒绝姿态也是可想而知。2011 年 1 月 27 日，俄罗斯政府部门表示，如果日本政府继续坚持在共同开发南千岛群岛问题上采取的"消极立场"，俄罗斯政府将准备"邀请第三国"合作开发该地区。2011 年 2 月 9 日，俄罗斯总统梅德韦杰夫会见俄国防部长谢尔久科夫、俄地区发展部长巴萨尔金，他表示：俄罗斯将邀请邻国合作开发南千岛群岛地区。② 俄罗斯政府已经明确表示，2011 年 4 月前完成俄远东地区的部署，南千岛群岛地区是此次开发的重点地区。俄地区发展部长巴萨尔金表示，2 月 1 日已经向韩国企业发出了参加合作开发的邀请，韩国方面正在着手准备参加开发的方案。他还表示，3 月俄还将赴中国北京向中国企业介绍有关开发南千岛群岛的说明会。

可以说，此番俄罗斯主动出击要力图解决"北方领土"问题纠纷的姿态，完全改变了以往俄罗斯不断被动应对日本政府无休止呼吁的姿态。战后 60 多年间，俄罗斯虽然占据"北方四岛"，但是仅为放任其荒凉，无人经管，国家对该地区投资很有限，也造成日本方面幻想俄罗斯方面存在放弃的可能性。"北方四岛"虽然仅占俄罗斯国土面积的 0.029%，

---

① 耿锐斌：《俄总统称南千岛群岛是俄不可分割的领土》，见新华网，2011 年 2 月 9 日。
② 仲伟东：《俄总统梅德韦杰夫拟邀请邻国赴南千岛群岛合作》，见环球网，2011 年 2 月 9 日。

但是却拥有十分丰富的矿藏品及海产品资源,其大陆架的天然气储藏量约为 16 亿吨、黄金储藏量约为 1867 吨,还有银、钛、硫和铼等。其海域每年出产海产品约 80 万吨。俄罗斯专家认为,"北方四岛"具有的生物资源每年产值可达 15 亿~20 亿美元。目前,"北方四岛"被评估为总价值约 500 亿美元。①

此番俄罗斯政府大张旗鼓地宣布准备开发南千岛群岛地区,上至国家总统,下至一般部门官员频繁进行视察,不仅向日本方面证明俄罗斯方面绝不放弃的姿态,而且更加触动日本神经的是邀请第三国势力加入合作开发,这将使"北方领土"问题更加复杂化,特别是俄罗斯邀请中国、韩国,因为中韩两国同样与日本存在领土纠纷问题,将使日本围绕领土纠纷问题面临中俄韩三国势力对抗的局面出现,这将是致命的打击!

对于俄罗斯政府主动出击采取措施,力图要解决"北方领土"问题,日本方面除了外相前原诚司进行所谓"空中视察",2011 年 2 月 7 日,即日本国内确立的所谓"北方领土日",日本政府投入 2 亿日元,在报纸上做了 75 个整版的广告,广告上一个日本小女孩子,脸颊一侧画着日本国旗,另一侧则贴着"北方领土"地图,上面写着"北方领土回归,我也能贡献一己之力"②。当天,日本右翼团体成员还在俄罗斯驻日本大使馆前举行示威活动,并将俄罗斯国旗拖拉在地上行走,蓄意破坏。当天,俄罗斯驻日本大使馆还收到一封恐吓信件,信封内装有疑为来复枪使用的金属子弹,另外还有打印有"北方领土是日本领土"字样的纸张。日本政府及右翼团体所为,即反映出日本方面对俄罗斯主动出击力图解决"北方领土"问题的强烈不满,也反映出日本方面实在无可奈何的状态。

在这样的背景下,2 月 10~13 日,日本外相前原诚司按照原计划访问俄罗斯,除了举行两国外长会谈,俄罗斯总统梅德韦杰夫、总理普京都没有出面会见前原诚司,两国在有关"北方领土"问题上各说各的理由,毫无结果。在两国外长会谈后举行的共同记者招待会上,俄罗斯外长拉夫罗夫表示:"我们准备讨论向打算在千岛群岛开展商业活动的外国投资者提供优惠的可行性,我们的宪法允许这样做。"他还表示:千岛群岛拥有水产品加工、渔业基础设施建设、地热资源和旅游等众多非常具

---

① 杨冉冉:《俄日岛争,死结难解》,载《工人日报》,2011 年 2 月 12 日。
② 杨冉冉:《俄日岛争,死结难解》,载《工人日报》,2011 年 2 月 12 日。

有前景的联合开发项目，俄罗斯欢迎外国投资者参与开发，包括来自中国、韩国与日本的投资者。① 对此日本外相前原诚司则回应说："'北方领土'自古以来是日本领土"，日方反对外国投资者开发其"北方领土"。他表示："其他国家在'北方领土'上投资完全不符合日方立场，并会使局势复杂化。"他也急切地表示：日本政府高层将会研究"在不损害日本法律地位的前提下"，与俄罗斯在"北方领土"上开展经济合作的可能性。② 俄罗斯政府此番要在"北方四岛"上招商引资的措施，确实使日本方面看到问题的严重性，也击中日本方面的要害！日本外相也认为"会使局势复杂化"。特别是俄罗斯招商引资的对象，选择为与日本也存在领土纠纷的中国、韩国，更使日本心里没有底气！如何面对俄罗斯方面主动出击的措施，日本是主动参与"北方四岛"联合开发，还是仍然采取如旧的抗议措施，确实需要日本方面认真考虑了！2月19日，日本内阁官房长官枝野幸男搭乘海上保安厅飞机，也对"北方四岛"进行所谓空中视察活动。笔者认为，这样的举动对于解决"北方领土"问题毫无实际意义，结果只是进一步刺激俄罗斯坚持强硬的立场，对于扭转日本方面的被动局面没有任何好处！对于日本方面来说，现在不是斗气的时刻了！俄罗斯政府已经主动出击了，如果没有出台新的对策，日本面对的将是更加被动的局势！

我们对日本对俄"北方领土"问题进行全面梳理后，可以看到，战后"北方领土"问题形成及发展过程中，日本始终处于被动地位。两国交涉或者谈判，实质上是双方国家综合实力的较量。第二次世界大战后的日本，以战败无条件投降后走入国际社会，而苏联作为世界大国、反法西斯战争最主要的国家之一，战后国际关系体系——雅尔塔体系的策划者之一、联合国安理会五大常任理事国之一、对国际社会起到决定作用的大国之一，显然双方在政治方面无法对称比较的。在经济方面，虽然日本自1968年成为资本主义世界第二大经济强国，但是苏联及俄罗斯的经济发展也不是处于举步维艰的困难地位。日本是世界经济强国，特别是在资金、技术方面强于俄罗斯，但是俄罗斯是世界上唯一不缺少任何自然资源的国家，丰富的自然资源使俄罗斯国家可以维持庞大的经济机器正常运转。日本长期使用经济手段，力图压迫苏联及俄罗斯方面在

---

① 田冰：《俄欢迎外国投资争议岛屿，日本表示反对》，见中国新闻网，2011年2月12日。
② 田冰：《俄欢迎外国投资争议岛屿，日本表示反对》，见中国新闻网，2011年2月12日。

"北方领土"问题上作出让步，结果是无济于事，即可说明这样的道理。在军事方面，后冷战时期的俄罗斯，虽然军事力量不如以前那样耀武扬威，但是世界军事强国的姿态仍然尚存，无人能够在军事方面使俄罗斯低头让步是明显的事实。

俄罗斯方面所称"南千岛群岛"，也就是日本方面所称"北方四岛"，虽然仅占俄罗斯领土面积的0.029%，但是却拥有重要的地理位置及战略价值。千岛群岛是俄罗斯的鄂霍次克海与太平洋的天然分割线，如果俄罗斯归还"北方四岛"，俄罗斯的太平洋出海口将被封死。如果这一战略要地被他国控制，鄂霍次克海就成为"死海"，俄罗斯远东地区面向世界的大门就将被堵死了。同样，"北方四岛"对于日本的战略价值也是毋庸置疑的。"北方四岛"实际上是屏护日本北海道北端安全的重要保障。日本国土面积狭小，缺乏战略屏障，如果能够收回"北方四岛"的话，则能够在北海道北端构筑起一道天然防御屏障，对日本本土起到战略防御的作用，另外，还能够平衡俄罗斯在远东及太平洋的影响力。更重要的是，收回"北方四岛"也是日本摆脱战败历史阴影，进而挤进世界政治大国行列的重要标志，这也是日本朝野矢志不渝，为夺回"北方四岛"而进行不懈努力的重要因素。

第九章 对有关"北方领土"问题的认识

一、日本学者对"北方领土"问题的认识

日本学者公开出版了大量有关"北方领土"问题的研究成果,我们这里无法作出准确的统计,我们选择出比较具有代表性的著作加以介绍,加深我们对该问题的认识。日本研究"北方领土"问题最著名学者木村汎撰写的《日、美、俄迈向新时代的构想——从"北方领土"窘境中走出》(钻石社1993年版)中,提出解决有关"北方领土"问题有利于日美俄三国利益的观点。

关于日本人如何认识"北方领土"问题,木村汎认为:"对于日本,领土纠纷问题,基本上是国家象征与国家威信问题。俄国占领'北方四岛',意味着日本人不仅遭到第二次世界大战的惨败,而且还丧失日本有限领土的很大部分。总之,'北方领土'问题成为现代(日本)意识和政治的明确制约。即使今天,日本仍然认为自己不过是'小岛国',如不纠正这种丧失领土的错误,特别是相对比德国再次统一的事实看,自己还不能成为西方列强中名副其实的成员。"① 对于俄国,"这些岛屿处置,与其说具有实质性,不如说具有象征性及国家威信问题。俄罗斯经历了1991年国家解体这一恐怖事件后,鉴于目前政治、经济混乱局面,如俄罗斯出卖或丧失领土的话,对于俄罗斯人民都是不能接受的。现在俄罗斯政府最关注的是如何维护自身稳定,必须十分谨慎,防止政治上

---

① 木村汎:《日・美・ロ.新時代へのシナリォ——[北方領土]ジレンマからの脱出》,東京,ディャモンド社,1993年,第33~34頁。

的竞争对手抓住任何可被误解的行为。"①

木村汎认为,日本解决"北方领土"问题具有三个重要理由:"第一,也是最重要的,是安全保障利益问题。苏联改革失败、解体、混乱、内战,对日本安全保障将带来深刻威胁。如果俄罗斯能够成功地加入先进民主主义列国行列,俄罗斯对于日本的威胁就会削弱,日本的防务经费将削弱,亚太地区就会成为安全地域。稳定、友好的俄罗斯,比日本拥有四个小岛更具有意义。第二,如从长远看,俄罗斯是能够给日本提供巨大商业机会的神秘国家。如今后10年,俄罗斯成功地迈向市场经济,与日本相邻的库页岛、西伯利亚、远东地区的石油、天然气将获得开发。另外,宇宙产业技术各种工艺学方面的协作,可能产生巨大市场。第三,作为重要的国际问题,日本对领土纠纷所采取的政治姿态,将会对美国、欧洲,以及其他经济合作国家产生影响,他们不会过低评价日本。可以说,俄罗斯正经历世界历史上最重要的转化之一,日本在世界舞台上能够承担某些领导作用,不仅追求经济利益,而且还要追求政治利益,这是绝好机会。但是,如日本不能超越争夺四岛主权的狭小视野与利益,将会丧失机会的。"② 以上论述可以看出,"稳定、友好的俄国,比日本拥有四个小岛来说更具有意义"。但是,如何建立稳定、友好的日俄关系?在日本人看来要想建立稳定、友好的日俄关系,关键是俄罗斯方面必须返还"北方四岛",这实质上又回到了问题的原点。

木村汎认为,"北方领土"问题在日俄两国存在五个方面障碍:

第一,双方存在心理障碍因素。

俄罗斯方面:(1)现在处于推进变革中,社会秩序、公共价值、社会道德舆论及普通大众意识上,苏联解体后应该再现"伟大的俄罗斯"的理念,所以俄罗斯人民强烈反对在领土问题上作出任何让步。(2)仍然残留旧的政治思维及价值体系,政治家及人民普遍采取冷淡态度。(3)人民普遍不知道"北方领土"问题的历史过程及法律依据,俄罗斯人民存在对包括"北方四岛"在内的千岛群岛早就拥有主权的误解。(4)两次战争、两次军事冲突,日本出兵西伯利亚,这些被苏联正式的

---

① 木村汎:《日・美・口. 新時代へのシナリォ——[北方領土] ジレンマからの脱出》,東京,ディャモンド社,1993年,第32頁。
② 木村汎:《日・美・口. 新時代へのシナリォ——[北方領土] ジレンマからの脱出》,東京,ディャモンド社,1993年,第34~35頁。

宣传活动增加了效果，俄罗斯人民普遍对日本抱有深刻敌意，不信任，猜疑。（5）担心因返还岛屿而"丧失面子"，采用减少人民的耻辱感行动。（6）担心采取任何让步都会被认为"出卖"岛屿。

日本方面：（1）战争、军事冲突，苏联破坏1941年缔结的《日苏中立条约》，致使56万日本人成为俘虏，西伯利亚非法拘留造成6万日本人死亡，在日本国民心中留下深刻印迹，对俄罗斯敌意，不信任，猜疑。这种心态，特别是"冷战"期间因日本政府的宣传活动而加大。（2）残留旧的政治、战略思维及价值体系。（3）与德国相比较，对第二次世界大战缺乏责任感，结果因苏联背叛而被夸大程度。

第二，双方存在政治障碍因素。

俄罗斯方面：（1）不同政党与各种团体之间的竞争关系，或者任何有关内容都能成为获得人们支持攻击对手的手段，任何领土让步都会受到"爱国主义"者的攻击，因此"北方四岛"纠纷，成为右翼政治家和民主主义阵营各派系攻击的目标。（2）行政权力与立法权力之间对立。即总统及内阁与议会之间对立。后者具有很强的保守色彩，有关领土问题的任何妥协都将遭到反对。（3）因政治领导层脆弱而导致很难作出政治决断，表现出踌躇、慎重。叶利钦的政治支持基础源于草根人群，因而制约了他的行动。（4）库页岛地区行政领导人多数倾向于保守煽动活动，他们因反对返还"北方四岛"而获得竞选中的加分效果。（5）俄罗斯内部存在分裂或解体倾向，政治家担心对日本作出领土让步将引发"多米诺骨牌"效应，会对国内分裂主义势力起到火上浇油的效果。（6）俄罗斯外交重点放在西方国家，与其相对比，并不重视与日本的关系，俄罗斯认为与美国、欧洲建立良好关系，就可以获得充分补偿。

日本方面：（1）现在政府政治上表现脆弱，执政党自民党内派系与集团的利益及思维不完全一致，导致不敢采取大胆、果敢的行动。（2）担心有关"北方四岛"问题上作出任何一点妥协姿态，都将成为这些派系与集体可利用的政治斗争道具。（3）有关"北方四岛"问题的解决方式，日本各政党早就达成一致并且通过国会作出决议，即"任何情况下，最终必须承认日本对'北方四岛'拥有主权"。这样实际上，日俄两国之间任何探索相互间都能接受的妥协的灵活性被消除了。（4）现在日本几乎不存在亲俄罗斯倾向的空间。（5）日本外交政策的重点在美国、欧洲、东南亚。

第三，双方存在军事障碍因素。

俄罗斯方面：（1）担心向日本返还"北方四岛"，将让俄罗斯在该地区的安全保障及军事战略处于明显不利局面。事实上，该地区周边裁减军备交涉没有获得任何进展。俄罗斯方面担心，美国保持自身军事力量，并具备监视俄罗斯海军太平洋舰队的能力。（2）主要保守、传统势力反对任何领土让步，军事、政治组织也反对。

日本方面：实现返还"北方四岛"当然是高兴的事情，日本自卫队允许俄罗斯军队一定时期内保留军事基地，并且实行"北方四岛"非军事化，海峡航线自由。但是，对于日本政府承诺能让步决定，自卫队可能要表示反对。

第四，双方存在经济障碍因素。

俄罗斯方面：如果返还"北方领土"，意味着将丧失巨大的经济利益，丧失鄂霍次克海的"北方四岛"周边200海里专属经济区及大陆架。

日本方面：（1）日本担心，如果返还"北方四岛"，对于"北方四岛"的开发及俄罗斯居民的"补偿"，需要支付数十亿美元资金。（2）日本担心，俄罗斯归还"北方四岛"的前提条件是支付巨额资金援助俄国经济发展。

第五，双方存在国际障碍因素。

俄罗斯方面：（1）俄罗斯担心在领土问题上作出让步，国际社会认为其软弱，将大大削弱其国际威信与影响力。（2）俄罗斯担心在领土问题上作出让步，会引起德国、芬兰、中国以及原苏联加盟国等方面的领土要求。

日本方面：（1）如日俄关系正常化，意味着日本在亚洲地区政治影响力扩大，最终被认为日本在亚洲地区有扩大霸权主义的野心。中国、朝鲜、韩国对日俄关系正常化持否定态度。（2）担心将引起中国、韩国等国家，对钓鱼岛及其他领土问题的纠纷加剧。①

木村汎基于对日本国内有关"北方领土"问题的认识，提出日本与俄罗斯相比较，存在恐惧心理：

（1）日本人仍认为本国地理上属于"小岛国"，丧失"北方领土"对于日本人心理打击巨大。无论如何，日本都应该收回北方四岛主权与

---

① 木村汎：《日・米・ロ. 新時代へのシナリォ——［北方領土］ジレンマからの脱出》，東京，ダィャモンド社，1993年，第37~42頁。

控制权，在日本各政党一致要求下，国会通过收回"北方四岛"的决议。在20世纪50年代，日本也许存在妥协的可能性，但是随着日本国力增强，特别是今天日本完全没有妥协的余地。

（2）有关"北方领土"问题何时解决，日本缺少紧迫感。"北方领土"问题实质上成为象征，几乎没有日本人主张采取妥协而尽快解决。日本人多数坚持无论如何都要贯彻原则立场，为解决"北方领土"问题已经坚持40年，绝不妥协再坚持40年。

（3）日本政府及官员，对于"北方领土"问题存在失败的恐惧感，只要站在原则立场上断然要求返还"北方四岛"，即使实际上没有获得任何进展，但是也不用承担任何责任。与其相反，如果采取灵活方法，未能遵照日本方面的原则解决问题，该提议者及执行者就将成为严厉攻击的目标。日本曾经出现两三位这样悲惨命运者，多数日本人还记忆犹新。

（4）日本多数官员，如大藏省官员认为，不解决"北方领土"问题，就不用担心巨额财政支出问题，相反如果解决"北方领土"问题，要向"北方四岛"投入大量资金开发，要向俄罗斯援助大量资金，担负巨额财政支出。

（5）日本人对俄罗斯改革如何发展认识不足，日本长期以来追随美国，依赖美国的安全保障，对于俄罗斯改革如何发展，存在依赖美国的心理状态。

（6）日本国内研究俄罗斯问题的专家们，多数认为美日两国对俄罗斯影响力有限，认为对俄罗斯经济援助计划，对俄罗斯不会产生实质性影响力，仅是表示善意而已。

（7）现在日本政府都是短命的，党内派系争斗、领导人被丑闻困扰，统治力软弱。①

木村汎在分析不利因素的同时，也提出自己有关解决"北方领土"问题的设想。木村汎设计出三套方案，本书不考虑就此长篇累述，归纳看，无论哪套方案都丝毫未改变日本坚持返还"北方四岛"的原则立场。木村汎是日本国内研究"北方领土"问题的著名专家，他在该书中仍然表现出一贯的立场，就是日本一定要收回"北方四岛"！

---

① 木村汎：《日・美・ロ.新時代へのシナリォ——［北方領土］ジレンマからの脱出》，東京，ダイヤモンド社，1993年，第106~109頁。

实质上，有关如何解决"北方领土"问题，也正如书名那样"日、美、俄迈向新时代的构想——从'北方领土'窘境中走出"。木村汛与其他多数学者一样，把解决"北方领土"问题的希望寄托于美国人方面，祈求美国人帮助收回"北方四岛"。木村汛提出："如果能够尽快解决领土纠纷问题，日俄两国实现关系完全正常化，日本主动，就能够落实西方国家对俄罗斯的经济、政治改革援助，亚太地区'冷战'局面就会很快结束，就可能构筑日美俄三国合作伙伴关系。"① 对于美国政府长期采取回避卷入日俄"北方领土"纠纷问题的对策，木村汛希望极力劝说当今美国政府能够如"杜鲁门总统及马歇尔国务卿创造出'马歇尔计划'那样，发挥出领导作用。像埃及总统萨达特访问耶路撒冷那样，拿出勇气来！像叶利钦总统处理八月危机那样采取果敢行动"②。

自称日本"海外"学者的原贵美惠主编的《［在外］日本研究者的视角看日本外交——现在、过去、未来》（藤原书店2009年版）论文集中，原贵美惠本人撰写了一篇题目为"被分割的东亚和日本外交——从历史检讨中探寻诸问题解决方法"的论文。我们从该论文可以看出，核心点就是希望"北方领土"问题能够获得国际社会的帮助解决。

第一，提出奥兰群岛解决模式。

该论文最后部分，作者提议日俄"北方领土"问题的解决可以参考北欧地区奥兰群岛的处理方式，即寄托国际社会组织裁决处理。奥兰群岛问题，是指1917年芬兰从俄罗斯统治下获得独立为契机引起的国际纠纷事件。奥兰群岛居民多数为瑞典裔人，他们希望能归属瑞典，瑞典方面也极力支持其拥有民族自决权，但是芬兰方面对此表示坚决拒绝。瑞芬两国因该事件导致关系紧张，为此英国出面委托刚成立不久的国际联盟处理。1921年国际联盟理事会通过《芬兰奥兰群岛自治法》决议，决定奥兰群岛主权归属芬兰，群岛居民享有高度自治权，公用语言为瑞典语，群岛为非武装、中立地带。1921年正式实施此裁决后，经过90年历程至今各方面均严格遵守此裁决，堪称解决国际纠纷的典范。

原贵美惠认为："日俄交涉陷入死胡同，如充分考虑居民利益、权益

---

① 木村汛：《日・米・ロ.新時代へのシナリォ——［北方領土］ジレンマからの脱出》，東京，ダィャモンド社，1993年，第88頁。
② 木村汛：《日・米・ロ.新時代へのシナリォ——［北方領土］ジレンマからの脱出》，東京，ダィャモンド社，1993年，第109頁。

的话,'北方领土'继续驻扎俄罗斯军队,探讨'采用多国间框架'、尊重居民的利益、'非武装化、中立化'是值得的。这里所说的'北方领土''居民',既要考虑到俄罗斯'现在居民',也要考虑到日本'原来居民'、阿伊努人'最早居民',与历史上瑞典籍居民占多数的奥兰群岛相比,事情更加复杂。但是,如该问题按照日本近年推动的'人类安全保障'思路处理的话,该政策对外具有说服力,另外也可以获得国内的支持与理解。"①

针对两地具备的战略地位及地区安全保障问题,原贵美惠提出:"'北方领土'和奥兰群岛,各自处于太平洋与鄂霍次克海、波罗的海与波的尼斯湾出海口位置,都具有重要的战略地位。这些岛屿如敌对势力设置军事基地,不仅对于当事国,而且对于地区周边国家的安全保障都构成威胁。因此,与奥兰群岛一样,'北方领土'非武装化,不仅对日俄两国,而且对整个东亚地区的和平与安全都产生巨大影响。"②

笔者认为,原贵美惠就日俄"北方领土"问题的解决,考虑到奥兰群岛这个案例,反映出作者仍然希望寄托"多国间框架"的设想。实际上,两个国际纠纷事件存在许多不同点。简略分析如下:

(1)日俄"北方领土"问题是第二次世界大战带来的结果,战时同盟国主要三大国首脑已达成《雅尔塔协定》,将其让渡给俄罗斯。无论日本如何否认其决定性,还是美国如何辩解其作用,但是其存在是真实的,是无可否认的历史事实;奥兰群岛问题是芬兰刚从俄罗斯获得独立,群岛居民要求归属祖籍国而引发的国内纠纷问题,不存在任何国际协定。

(2)"北方领土"由俄罗斯控制,岛屿上居住的完全是俄罗斯人;奥兰群岛虽由芬兰掌控,但群岛居民主体为瑞典裔人,这是该事件最核心的问题,也是"北方领土"问题无法比拟的。

(3)所处对象不同,无论芬兰还是瑞典都属于欧洲北部小国,面对国际社会压力显然只能表现出无可奈何的心态来接受国际裁决;"北方领土"问题,面对的是世界大国俄罗斯,国际社会对俄罗斯的压力有限,另外更重要的是,国际社会也不可能因"北方领土"问题而对俄罗斯施

---

① 原貴美惠編:《[在外]日本人研究者がみた日本外交——現在、過去、未来》,東京,藤原書店,2009年,第178頁。
② 原貴美惠編:《[在外]日本人研究者がみた日本外交——現在、過去、未来》,東京,藤原書店,2009年,第178頁。

压，显然解决"北方领土"问题的主动权在俄罗斯人手中。日本人希望通过国际裁决解决北方领土问题，但是俄罗斯人不同意，这也仅为日本人的梦想而已。

笔者认为，原贵美惠就日俄"北方领土"问题的解决，考虑到奥兰群岛的案例，一方面反映出日本学者急切希望解决"北方领土"问题的心态；另一方面也反映出作者缺乏现实性考虑，理想主义色彩浓重。仅考虑其结果无限美好，却没有考虑其实现缺乏可行性。对于俄罗斯人，一是不可能接受国际社会对其控制下领土的裁决；二是更不可能考虑让"北方四岛"原日本居民返回。日本学者也许考虑如奥兰群岛般，"北方四岛"主体居民为日本人，缔造第二个奥兰群岛。实际上，"北方四岛"问题日俄双方争论的焦点是主权问题，奥兰群岛不存在主权争论问题，如北方四岛归属俄罗斯方面，日本方面肯定不会接受，俄罗斯也肯定不会承认日本拥有主权，这就是问题的实质所在。

第二，日本国内无法接受在"北方领土"问题上妥协。

原贵美惠在本篇论文中提出：对于解决有关领土纠纷问题，在双方交涉过程中，"'向对方大幅度让步'，或'交涉失败'，两国间交涉很容易被国内作出'输赢'的结论，当事国政府就要考虑保住面子"①。所以日本与周边国家领土纠纷的立场几十年坚持不变。日本政府要"保住面子"，政府的"面子"实际上是社会舆论的反映，社会舆论反映出的实际是民族心理状态。

"北方领土"问题长期无法获得解决，特别是作出各种各样努力后的今天，实际上任何日本人心里都非常清楚，不作出妥协根本无法解决"北方领土"问题，为何日本不敢面对现实作出妥协？这是什么样的民族心理在作怪呢？

长期以来，日本国内各政党、内阁以及他们操纵下的各种媒体势力，从来不是面对"北方领土"的现实情况，诱导国民思考实际，思考如何以最小代价换取更大利益问题。相反日本及国民对搁置此问题却表现出无所谓的态度。日本国家或国民不惧怕长期搁置"北方领土"问题，誓死同俄罗斯人对抗到底。

更有甚者，日本国内各政党、内阁以及他们操纵下的各种媒体势力，

---

① 原貴美惠編：《［在外］日本人研究者がみた日本外交——現在、過去、未来》，東京，藤原書店，2009 年，第 173 頁。

面对无法解决"北方领土"问题的现实，竟然将其作为操纵国内政治选举的"道具"加以利用。例如，日本政府领导人多次出现乘坐飞机或军舰进行所谓视察"北方四岛"的活动，此举根本无助于解决问题，无非就是要借此诱导国内社会舆论，转移国内社会矛盾焦点问题。日本国内各政党、内阁以及他们操纵下的各种媒体势力，越是对有关领土纠纷问题显示出强硬态度，越能够赢得日本国内社会舆论的支持，造成各届内阁绝对不敢改变已有的对外强硬立场，即"要考虑保住面子"。实际上，"北方领土"问题成为日本政客手中的"道具"，为其换取大量选民支持。

日本社会为何表现出这样类似"歇斯底里"的社会舆论状态？说到底就是日本人内心深处挥之不去的"战败国"民族心态在作怪。日本自1945年8月15日宣布无条件投降后，这种战败的事实就深深烙刻于每一位日本国民心田，挥之不去！日本人不敢说"战败"，更不敢提"无条件投降"，而是采用"终战"一词来掩饰，日本人"投降日"变成了"终战日"。因为"战败"、"无条件投降"已经沉重打击了大和民族，日本人希望将其越快忘怀越好，不敢刺激这一深深凝刻于民族心灵上的伤疤！这就是日本人对待过去的侵略历史，对内保持"沉默"、对外保持"装聋作哑"姿态，企盼世人都能够快速忘记的心态！这种挥之不去的心态，成为战后日本民族主义的根源之一。为了重新树立日本民族的信心，就要尽快忘怀"战败"、"无条件投降"的阴影，对内努力发展经济，对外努力收回战败投降所丧失的领土。

日本人将收回"北方四岛"作为是否能够抹去"战败投降"遗迹的标志。日本人存在根深蒂固的仇视俄罗斯的民族情怀，指责俄罗斯人不遵守中立条约而对日开战，俄罗斯人仅参战一周就获取日本大片领土；指责俄罗斯人战后初期将50余万日本人强行带到西伯利亚寒流地带劳动改造，致使数万日本人饥寒交迫中死于异国他乡；指责俄罗斯人不允许日本回到传统渔场作业，致使日本渔民被迫改变渔业区域而造成巨大损失；特别是指责俄罗斯非法占领日本固有领土，致使大和民族蒙受奇耻大辱。日本人这种根深蒂固的民族主义心理，决定了任何日本人都不敢作出让步举措。对俄罗斯人妥协、让步，就会触及日本民族内心深深的伤痕。忍耐、坚持，这就是日本民族对俄罗斯的反抗。知不可为而为之，这就日本民族对待"北方领土"问题的心态。

第三，借助外力探寻"北方领土"问题的解决。

原贵美惠提出："仅在当事国的框架内不可能解决，要探寻这些问题的起源，超越当事国间的框架，放置于多国框架内探讨，探寻出解决的线索。"① 这一观点，实际上也是站在日本国家利益角度考虑的，日本深知仅凭本国能力无法实现本国在"北方领土"问题上所希望的结果，要想实现本国所希望出现的结果只有借助外力帮助。

实际上，原贵美惠撰写此篇论文的主旨，就是要让美国人清楚，是美国主导下的《旧金山对日媾和条约》派生出今天"未解决的诸问题"，导致日本"北方领土""丧失"的结果，美国不应熟视无睹，而是该有义务帮助解决。

日本从开始就祈求美国插手帮助解决，希望借助美国收回"北方四岛"。如前文所述，吉田茂时期，1950 年 3 月初美国政府将《暂时备忘录》递交日本后，日本政府感到美国政府可能对将来日苏两国间领土问题采取不介入方针，所以极力劝说美国政府继续关注领土问题。1950 年 3 月 16 日，日本政府把对这份《暂时备忘录》的答复文件送到美国政府，劝说美国在有关千岛群岛的最终归属上"应由包括日本在内的有关国家对千岛群岛的定义作出规定"②。鸠山一郎时期，如前文所述，当日苏交涉出现不利时，日本政府就两次致信于美国求助，希望美国提供有利证据来帮助日本扭转不利局面。美国对于日俄"北方领土"问题的对策如何？实际上，原贵美惠也十分清楚，美国制造出"未解决诸问题"，就是要在有关国家间打下"楔子"。美国完全出于本国战略利益考虑而采取对"北方领土"政策，为什么还要求助之？也许出于无奈选择，希望看在日本追随美国这么多年的"情感"上，祈求美国帮助日本渡过此"关"。

日本也希望能够获得国际社会特别是西方盟国的大力支持。例如，宫泽喜一时期，在美国方面的支持下，1992 年 7 月 8 日慕尼黑西方七国首脑会议政治宣言里有如下内容："我们欢迎俄罗斯宣布将依据法律和正义的原则推行外交政策。我们信任俄罗斯这样宣布，通过解决领土问题

---

① 原贵美惠编：《［在外］日本人研究者がみた日本外交——現在、過去、未来》，東京，藤原書店，2009 年，第 173 頁。

② 田中孝彦：《日ソ国交回復の史的研究——戦後日ソ関係の起点：1945～1956》，東京，有斐閣，1993 年，第 30 頁。

成为日俄关系完全正常化的基础。"① 实际上,西方同盟国对于"北方领土"问题,也仅为冠冕堂皇地发表声明而已,绝不肯为该问题而得罪俄罗斯。

日本还在国际社会上大打"悲情牌"。日本利用各种机会及手段,特别是利用每年一届的联合国大会时机,指责苏联及现在的俄罗斯无理、非法占领"北方领土",日本受超级大国欺辱、侵略等。目的非常明显,就是塑造日本正义、公正的形象,以此换取国际社的同情、理解,在国际社会舆论方面塑造出谴责俄罗斯的气氛,以此对俄罗斯施加国际压力。但是,在国际社会里,由于日本作为第二次世界大战的发动者之一,长期残酷侵略他国的行径已经在国际社会留下深刻的印迹,曾经遭受日本侵略的各国人民永远不会忘记日本人的残暴性,因此,日本在国际社会打出的"悲情牌"很难奏效!

笔者认为,原贵美惠的观点实际上代表大多数日本学者对待"北方领土"问题的认识,既感到问题的急迫性,又感到无可奈何。"北方领土"问题的解决,历史事实证明,相互对抗无法解决问题,借用外力施压更是事与愿违,只能寻求相互都能接受的条件,走妥协道路。

二、对有关"北方领土"问题的认识

我们论述了日本政府对"北方领土"问题政策形成、发展及演变的过程后,如何认识日俄之间的"北方领土"问题?进一步说,日俄"北方领土"问题为什么长期难以解决?对于这一问题,笔者认为不仅要考虑"北方领土"问题形成的各种因素如今的变化情况,而且也要考虑如今困扰该问题解决的主要因素是什么。

思考一:"北方领土"问题形成因素及今日如何发展变化?

第一,"北方领土"问题的形成是日俄两国历史上长期争夺领土发展演变的结果。

从历史角度看待"北方领土"问题,是深刻认识该问题的重要前提之一。第二次世界大战后出现所谓"北方领土"问题,绝非孤立现象,而是日俄两国历史上相互争夺领土演变发展的必然结果。

---

① 末澤暢二、茂田宏、川端一郎編:《日露(ソ連)基本文書·資料集》(改訂版),東京,RPプリソティソゲ,2003年,第529頁。

在世界近现代历史发展中，俄国与日本是两个具有非常典型的对外侵略扩张特征的国家，可以说两国的近现代历史就是对外侵略扩张的历史。仅就俄国和日本两国比较看，在对外侵略扩张方面俄国要早于日本，或者说俄国是比日本更早发动对外侵略扩张的国家。世界近代历史是欧洲列强国家向亚非拉发展中国家不断发动侵略的历史，位居欧洲东北部的俄国发动对外侵略扩张时，日本还处于封闭、落后、贫穷的状态，俄国是打破日本故步自封状态、迫使日本处于半殖民地边缘的主要西方国家之一。早期俄国对日本的强势态度，也是后来日本民族对俄国产生报复心态的重要根源之一。然而"后起之秀"日本在对外侵略扩张道路上，很快在争夺千岛群岛、库页岛问题上与俄国形成对抗性态势。1855年缔结的《日俄友好条约》，双方在千岛群岛以得抚岛和择捉岛为界，划分两国在千岛群岛地区的国境线；1875年缔结的《库页岛、千岛群岛交换条约》，千岛群岛完全归属日本，库页岛完全归属俄罗斯，这是两国最早全面划分国境线的条约。但是，日本在1904~1905年日俄战争获得胜利后，又迫使俄国签署不平等的《朴次茅斯条约》，以北纬50度为界，将库页岛南部原属俄国的领土割让给自己，由此在库页岛形成以北纬50度线为界两国分别控制的局面，这是日本第一次主动改变两国已经划定的国境线。1917年俄国爆发十月社会主义革命，日本借机出兵俄国领土远东及西伯利亚，并且以"庙街事件"为由，出兵占领了俄国领土库页岛北部，这是日本第二次主动改变两国已经划定的国境线，日本占领了1875年《库页岛、千岛群岛交换条约》规定的完全属于俄国的库页岛。虽然按照1925年《日苏基本条约》的规定，日本归还了库页岛北部地区，但是苏联方面必须承认日本人拥有库页岛南部的合法性，必须承认日本人在库页岛北部地区拥有石油、煤炭开采权，即日本人在北库页岛的利权。第二次世界大战末期，苏联方面就是打着"为日俄战争失败报仇"而参加对日作战行动的。此时苏联参加对日作战，实际上日本已完全处于战败地位，苏联参战的结果是轻易获得包括"北方四岛"在内的整个千岛群岛和整个库页岛，不仅报了日俄战争之仇，而且还占领了日本方面所称的"固有领土'北方四岛'"。日本方面自认为损失过大而不肯接受这样的现实，一直主张苏联及俄罗斯方面应该返还"北方四岛"，并且坚持主张几十年不动摇。俄罗斯方面能够轻易归还"北方领土"吗？现在还没有人能够给予信服的答复！20世纪20年代，苏联政府为使日本从库页岛北部撤军，被迫接受承认不平等的《朴次茅斯条约》继续有效，被迫承认日本在库页岛北部拥有石油、煤炭开采权。此后苏联政府为收回库页岛北部利权与日本政府展开反复周旋，最后日本在战败投降前夕，为换取苏联采取中立政策而归还利权。难道双方的历史记忆就能这样消失吗？难道国际社会真正出现了所谓"正义和法律"吗？

日俄双方在有关"北方领土"问题争论上，还常常引用有关历史事实证据，寻找有利于自己的历史证据让对方让步，结果是领土纠纷问题被一再拖延。"北方领土"问题是历史上两国长期相互争夺领土的后果，这是不可回避的客观事实。关键是如何看待这些历史问题，是否还要纠缠于历史旧账上。这种纠缠何日才能了结，无人能够给出信服的答案来。现在仍然纠缠于往日历史旧账，结果只能是使人们陷入昔日的痛苦回忆中而无法自拔，徒增仇恨感。如何促使人们下决心抛弃历史旧账，向前看，看未来发展，这是双方当权者应该思考的问题。

第二，"北方领土"问题的形成是第二次世界大战带来的直接结果。

日本方面有关"北方领土"问题的主张，可以说早在1955～1956年两国就恢复邦交正常化谈判的过程中就已经阐述清楚，虽然经历几十年，内容却仍然没有实质性变化。即首先"北方四岛"无条件归还，剩下的千岛群岛及库页岛南部，由包括日本在内的有关国家参加国际会议讨论决定归属问题，核心问题是无条件归还"北方四岛"，其他内容可以因此而考虑放弃。

"北方四岛"是在第二次世界大战结束前夕，被苏联军队占领的。日本自1931年发动侵略中国东北的"九一八"事变后，持续14年不断扩大对外侵略战争，特别是1945年5月德国法西斯势力宣布投降后，最后仅剩下日本法西斯势力负隅顽抗。日本法西斯势力最后时刻考虑如何在本土决战，与此同时，反法西斯联盟国家考虑的重点就是如何使日本法西斯势力尽快投降。这也是苏联出兵参加对日作战的大背景。如果没有日本发动对外侵略战争，如果没有最后负隅顽抗进行所谓本土决战，就不可能留给苏联出兵参加对日作战的机会，当然也不存在苏联出兵占领"北方四岛"的结局了。苏联这次出兵参加对日作战，既可以理解为按照反法西斯联盟约定而出兵，同时也可以理解为依靠武力与日本争夺领土。如本书第一章所述，在雅尔塔会议期间，1945年2月8日，斯大林与罗斯福举行会谈，罗斯福讲："战后把库页岛南部和千岛群岛归还苏联毫无困难。"对此斯大林讲："如果满足了上述政治条件，人民就会知道对日作战是为国家利益，也会使最高苏维埃很容易通过决定。"在日苏两国领土争夺过程中，这次是苏联方面主动采用武力改变两国国境线划定，也可以讲是历史上两国相互争夺领土斗争的继续。

历史上日俄两国多次采取战争手段改变以往国境线的划分，战争手段是否能够真正解决领土问题？战争手段是否为新领土纠纷的起点？该结论现在所有人都应该清楚了。第二次世界大战结束以来，日俄双方没有因"北方领土"问题而引发新的战争，这就说明这一道理双方都已经清楚认识了。此外，第二次世界大战后的国际环境已经不允许双方发生大规模战争，特别是日本和俄罗斯这样的世界大国之间，再次爆发战争的可能性已经降低了。战争给人带来的不是胜利欢笑，而是更加痛苦的回忆。无论战胜国还是战败国，战争结果都是一样，人民遭受巨大痛苦，世界无宁日。

第三，国际"冷战"，特别是美国"冷战"政策是导致"北方领土"问题形成的重要外来因素。

我们知道，在第二次世界大战期间，美国政府对苏联政策的最重要内容，就是要促使苏联早日放弃对日中立政策并且参加对日作战。美国为此而承诺在战后将"北方领土"割让给苏联，而且这一承诺甚至到战争结束时也没有更改过，苏联出兵是按照美英苏三国首脑签署的《雅尔塔协定》执行的。苏联出兵确实促使日本法西斯势力最后下决心接受无条件投降，同样也减少美国军队因进攻日本本土而付出巨大伤亡，这是不能篡改的客观历史事实。但是，日本投降即"二战"结束后，美国却因为国际"冷战"遏制苏联势力扩展空间，有意将《雅尔塔协定》的内容空洞化，否认对《雅尔塔协定》内容的承诺。《雅尔塔协定》是苏联获得"北方领土"最重要的法律依据，否认《雅尔塔协定》就是否认苏联拥有"北方领土"的合法性。同样，美国否认《雅尔塔协定》也为日本主张拥有"北方领土"留下法律余地。

在战后美国主导对日媾和过程中，以遏制苏联势力靠近日本本土为目的，采用否认《雅尔塔协定》态度的，最终完全按照美国的国家利益来处理"北方领土"问题。美国在《旧金山对日媾和条约》中规定，日本方面放弃对千岛群岛及库页岛南部主权及主权依据，但是又不规定日本放弃上述领土的最终归属国。这无疑给日俄两国留下继续争论的祸根，俄罗斯缺少获得上述领土主权的法律依据，日本放弃上述领土没有归属国家，自然认为自己仍然有收回领土的余地。

在1955~1956年间，日苏两国就恢复邦交正常化问题进行谈判，这是两国之间解决有关"北方领土"问题的最好时机，但是美国仍然没有放弃插手。在美国主导《旧金山对日媾和条约》时期，美国对日本一直主张拥有"北方四岛"主权的肯求不予理睬，然而此时却表现出热情的支持态度。在旧金山对日媾和会议上，美国代表杜勒斯仅在报告条约起草时表示，美国政府认为齿舞群岛不属于日本宣布放弃的千岛群岛范围，而其他三岛没有任何表态说明。即使美国政府认为齿舞群岛不属于日本宣布放弃的千岛群岛范围，也仅仅是说说而已，在签署的媾和条约里没有任何表示或者注释说明等。但是，到20世纪50年代中期日苏恢复邦交正常化谈判时，美国却表示支持日本政府向苏联方面要求返还"北方四岛"，并且对日本政府施加压力，警告美国绝不承认日本政府在"北方领土"问题上向苏联方面让步，国务卿杜勒斯甚至采用所谓"22条款"来威胁日本外相重光葵。

实质上，在战后国际冷战期间，日本与苏联之间的"北方领土"问题，成为美国控制日本并遏制苏联的工具。战后初期日本国内很长时间内存在强大的"中立主义"势力，他们要求日本在国际"冷战"环境下采取中立态度，不卷入东西方国际"冷战"危机，以求避免战争悲剧重现。美国方面则希望将日本塑造成国际"冷战"中西方阵营在亚太地区对抗苏联为首的东方阵营的"防波堤"，阻止社会主义势力在亚太地区扩张。所以美国方面肯定不愿意看到日苏关系获得缓和，并且极力阻止双方达成妥协。美国采用的手段，就是支持日本方面要求返还"北方四岛"，并且表示不接受日本在领土问题上作出任何妥协。另外，美国方面控制日苏之间"北方领土"问题，也存在占据日本冲绳岛军事基地的因素。苏联占据"北方四岛"，一定程度上缓解了日本国内民众对美国占据冲绳岛等军事基地的反对。

国际"冷战"环境下，美国出于维护本国利益的考虑，对日苏之间"北方领土"问题采取出尔反尔政策，促使双方矛盾不断激化。国际"冷战"结束后，美国方面仍然采取漠视态度，观望日俄双方就有关"北方领土"问题争论不休。美国时而也采取冠冕堂皇的表态，希望双方妥协解决"北方领土"问题，但是毫无实质性内容。日俄两国是互补性极强的两大邻国，如果双方关系得到缓和，无论是日本还是俄罗斯的经济发展肯定都将获得飞跃式前进。美国既不希望俄罗斯方面获得日本巨大的经济、技术援助，也不希望日本方面获得俄罗斯丰富的自然资源。无论是俄罗斯还是日本，两者快速发展都将对美国今天的国际地位构成不利影响。日俄两国长久地就"北方领土"问题争论下去，这是符合美国国家利益的。

第四，日本政府对"北方领土"问题的对策是形成争论的重要因素。

我们从前面的论述中已经了解到，实际上日本政府对"北方领土"问题具体要求的内容，存在一个很长时间的发展变化过程，甚至就连"北方领土"的概念，也是在20世纪50年代中期日苏双方就有关恢复邦交正常化谈判过程中才制造出来的，日本政府伴随"北方领土"问题具体要求内容不断调整变化而随之制定出相应的对策。

在战后初期，日本吉田茂内阁时期，对"北方领土"问题政策制定的基础或者说政策的落脚点，就是乞求获得美国方面同情、帮助而收回丧失的领土。吉田茂内阁承认库页岛南部地区，为日本在1904～1905年日俄战争中打败俄国后，迫使俄国签署不平等的《朴次茅斯条约》而获得，也就是说属于通过战争手段获得的领土。按照日本战败接受《波茨坦公告》的规定，库页岛南部属于日本放弃的领土范围。有关千岛群岛部分，吉田茂内阁则主张将千岛群岛划分为两部分，千岛群岛南部，即国后岛、择捉岛，以及齿舞群岛、色丹岛（日本主张齿舞群岛、色丹岛属于北海道一部分，不属于千岛群岛范围）应该保持日本所有，而千岛群岛北部交由联合国委托统治，实质上就是不承认苏联拥有。

战后初期的日本一片狼藉，百业待兴，面对苏联已经占领的千岛群岛，日本如何收回？吉田茂内阁首先考虑利用美苏国际"冷战"形势，只要日本追随美国及西方阵营，日本方面的主张肯定能够获得美国及西方阵营国家的支持。吉田茂内阁其次考虑利用《开罗宣言》所谓"领土不扩大原则"，认为反法西斯联盟已经宣布"三国决不为自身图利，也无扩展领土的意图"，这样苏联就不应该在战后继续占领日本领土。再次，吉田茂内阁考虑美国一定要亲自参加日苏领土问题的解决，不希望自己单方面与苏联交涉领土问题，认为日本无力与苏联就有关领土问题交涉获得成功。第四，吉田茂内阁考虑向美国方面提出，如果苏联不参加对日媾和会议的话，就不应该在美国主导下的对日媾和条约上规定有关领土问题，实质上仍然希望利用国际"冷战"及美苏对抗局面收回有关领土。

日本吉田茂内阁的上述努力并没有获得美国方面支持，美国政府完全按照本国利益处理日苏领土问题，对于日本政府的这些要求，可以说完全不理睬。美国政府主导的《旧金山对日媾和条约》规定，日本放弃千岛群岛及库页岛南部所有权利及权利根据，并且没有考虑如日本所希望的那样保留"北方四岛"领土主权。虽然《旧金山对日媾和条约》没有规定日本放弃领土最终归属国家，但是这并非考虑到日本方面的要求，而是美国方面完全出于当时国际"冷战"需要而规定的。《旧金山对日媾和条约》有关日苏"北方领土"问题的规定，可以说是近现代国际关系史上的奇迹，也是前所未闻的特例，是造成日俄两国至今深深陷入领土纠纷泥潭的重要因素。

吉田茂内阁的政策并没有能够获得成功，同样鸠山一郎内阁在"北方领土"问题上也没有获得成功。鸠山一郎内阁主张调整日苏关系，是从现实和未来发展考虑的，是完全现实性的考虑。从现实考虑，就是鸠山一郎内阁提出对苏交涉五大问题：战俘遣返问题、北太平洋渔业问题、加入联合国问题、"北方领土"问题、结束两国战争状态问题。从未来考虑，就是鸠山一郎内阁要尝试日本政府走自主外交道路问题，实质上追随对美外交政策并非出于日本方面的真实本意，日本政府只不过从现实考虑而被迫作出这样的选择而已。鸠山一郎内阁推行对苏关系调整政策就是战后日本政府推行自主外交道路最初的尝试。

鸠山一郎内阁调整对苏关系，从现实和未来考虑，是制定对"北方领土"问题政策的基础，或者说立脚点。鸠山一郎内阁对"北方领土"问题的政策，与吉田茂内阁的政策最大不同点就是不依靠美国方面。但是，当时这也是非现实性考虑，鸠山一郎内阁无法抵制来自美国方面的极力干涉，最终只能被迫选择搁置"北方领土"问题。20世纪50年代中期日苏两国恢复邦交正常化谈判，也是双方第一次就有关"北方领土"问题直接交涉，也是双方相互摸底的过程。可以说，双方最初都不了解对方就有关"北方领土"问题要求的具体内容是什么。鸠山一郎内阁初期制定"北方领土"问题对策，企图以高报价低回收手段，要求就有关千岛群岛及库页岛南部归属问题为交涉对象，采用主动放弃大部分领土换取收回小部分领土的策略，可是日本提出主动放弃的地区实质上已在苏联的掌控中，日本方面提出的交换条件完全是凭空对话。在不得已的情况下，日本方面暗示返还齿舞群岛、色丹岛为最低妥协条件，但是当苏联方面表示接受条件后，又立即改口要求增加返还国后岛、择捉岛，明显出尔反尔。一向自称做事严谨的日本人，这次出尔反尔后，带来的后果巨大，此后苏联方面不肯在领土问题上作出任何让步，这是导致领土问题交涉无法推动的直接因素。

日本鸠山一郎内阁提出返还齿舞群岛、色丹岛为最低条件，实质上完全是从日本当时所处地位的现实性考虑的。当时的日本和苏联各种实力对比完全不成比例，而且这些领土又完全在苏联方面的掌控中，苏联方面能够返还日本多少领土，日本方面内心完全没有底。但是，当苏联方面接受日本暗示的最低妥协条件后，日本方面确实发生了变化。首先，日本认为苏联方面还有可能作出让步，这是完全出于自身本能的考虑。其次就考虑到美国方面因素，鸠山一郎内阁绝不敢轻易接受苏联条件而达成双方妥协结果，担心引起美国方面反对。在日苏两国谈判过程中，美国方面不断向日本政府发出所谓备忘录，如果日本真要违反美国意愿而独自决断的话，肯定会影响日美同盟关系。当时的日本不仅在美国的严格控制下，而且在美国扶持下已走上经济发展快车道，日本发展经济需要美国帮助。战后的日本在美国扶持下发展，这是鸠山一郎内阁也无法改变的客观现实，实质上鸠山一郎内阁推行所谓自主外交，也不过是在美国允许的范围内进行"横向扩展"的尝试，绝对不敢与美国分手而另辟蹊径。

在日本政府多次尝试促使苏联方面作出妥协让步失败后，外相重光葵被迫准备选择接受苏联提出的条件，返还齿舞群岛、色丹岛而达成双方妥协时，不仅鸠山一郎内阁给予否决，而且美国方面也威胁说要采用"26条款"吞并冲绳群岛。鸠山一郎内阁不接受重光外相的主张，主要也考虑到美国的因素，这就是当时日本政府所面临客观现实环境，无法抗拒来自美国方面的干涉。美国方面对日苏领土问题政策的实质，就是不希望双方的在该问题上达成妥协，利用双方领土纠纷控制两国关系，逼迫日本成为美国战车上的反苏先锋。

鸠山一郎内阁最终在不得已情况下，选择搁置领土纠纷恢复两国邦交正常化对策，双方最终签署《日苏联合宣言》，"北方领土"问题就成为两国之间的遗留问题，拖延至今未能解决。领土纠纷显然是逃避现实的对策，搁置领土纠纷将来如何解决显然是未知数，也许朝有利方向发展，也许朝不利方向发展，无法预知。20世纪50年代中期日苏恢复邦交谈判，既是双方第一次就有关"北方领土"问题直接交涉，也可以说是双方解决"北方领土"问题的第一个良机，就这样丧失了。

20世纪60年代初，日美修改安全保障条约，引起苏联方面极大反感，苏联提出返还齿舞群岛、色丹岛的新条件，以及后来否认双方之间存在领土纠纷，显然是针对此所采取的报复行为。此后日本政府20多年为争取苏联方面承认双方之间存在领土纠纷问题而进行艰苦努力，这可以说是双方领土纠纷问题争论中节外生枝的部分，无非是给该问题的解决增加了更大难度。在这一过程中，日本政府逐渐认识到自己手中经济、技术"武器"的重要性，开始提出所谓"政经不可分"原则，并且此后长期使用不肯放弃。

日本政府就解决"北方领土"问题采取所谓"政经不可分"原则，具体是什么时候、什么人提出的，现在笔者手中还缺少资料证明。但是，我们可以认定，伴随日本经济飞速发展，特别是到20世纪60年代末，日本成为资本主义世界第二大经济强国后，开始逐渐认识到自己手中经济、技术"武器"的重要作用，我们看到最早是田中角荣内阁时期，针对苏联方面提出共同开发西伯利亚问题时，日本方面提出"不解决领土纠纷，就不进行大规模经济合作"的主张。日本政府自认为"政经不可分"原则是对付苏联方面最有力的"王牌"武器，可是"政经不可分"原则实质上也是双刃剑，既刺伤了苏联及俄罗斯方面，也刺伤了日本方面，因为日本至少丧失了周边最近的原料产地及销售市场，同时也证明很难获得预想的效果。1985年3月，苏联领导人戈尔巴乔夫上台后，他推行的"新思维"外交确实给整个国际社会带来巨大改变，美苏"冷战"结束了，中苏关系获得缓和，苏联为首的社会主义阵营解体了，长期分裂的德国实现了统一等，但是日苏关系仍然处于原地踏步状况。造成这样结果的原因，就是日本长期推行"政经不可分"原则。

针对苏联领导人戈尔巴乔夫推行改革后期，日本政府推出所谓"扩大均衡"政策；针对新生俄罗斯政府领导人叶利钦更加极力地推行改革，日本政府又推行所谓"多层次接触"政策；针对俄罗斯第二代领导人普京,日本政府推行所谓"阶段性解决论"、"日俄共同行动"政策等,但是这些政策的核心点仍然为"政经不可分"论,只不过给"政经不可分"论换上了几件外衣,或者作了一定程度上装饰而已,本质内容并没有改变。日本学者一般认为,20世纪最后10多年,具体说就是戈尔巴乔夫执政后期、叶利钦统治时期,应该是日本解决"北方领土"问题的最佳时期,但是日本方面却毫无实质性收获。日本学者对"北方领土"问题与德国统一问题进行对比分析,撰写了许多文章,笔者认为很有深度,也具备客观性认识,德国能够利用这样"千载难逢"的时机实现国家统一,而日本却没有认识到这个时机的珍贵性,这确实深深刺激了日本的有识之士,但愿日本政府能够引起重视。

思考二:如今困扰"北方领土"问题解决的主要因素是什么?

第一,双方对历史纠纷问题的认识对立无法缓解。

我们前面论述了"北方领土"问题的形成是双方历史上相互争夺领土发展演变的结果。同样,时至今日双方就有关"北方领土"问题的争论上仍然各自引据历史资料证明己方主张的正确性,以试图驳倒对方的主张。这样争论的结果是至今也无法驳倒对方,而且相反加剧了争论。双方对历史纠纷问题有不同解读,形成对历史纠纷认识对立的局面无法缓解,成为如今困扰"北方领土"问题解决的主要因素之一。

双方对历史资料的不同解读,主要内容大体如下:

(1) 双方就有关"北方四岛"不属于日本在《旧金山对日媾和条约》中放弃的千岛群岛范围争论。

首先,日本方面主张,根据1855年《日俄友好条约》规定,双方在千岛群岛的分界线在择捉岛与得抚岛之间,千岛群岛北部属于俄国,千岛群岛南部属于日本。按照1875年《库页岛、千岛群岛交换条约》规定,日本以控制的库页岛南部换取属于俄国的千岛群岛北部,这次双方的交换与属于日本的千岛群岛南部无关,所以千岛群岛南部不应该属于《旧金山对日媾和条约》放弃的范围。针对日本的主张,苏联及俄罗斯反驳说,千岛群岛南部不属于千岛群岛范围简直是无稽之谈,无论从地理学还是从各种国际条约方面看,这种解释都是毫无道理的。另外,苏联及俄罗斯方面还提出,日本采用战争手段迫使俄国于1905年签署不平等的《朴次茅斯条约》,迫使俄国方面割让库页岛南部,结果导致以前双方所签署条约完全丧失有效性,因此日本方面没有资格引用1855年《日俄友好条约》和1875年《库页岛、千岛群岛交换条约》。

其次，日本方面主张"北方四岛"是"固有"领土，解释为"北方四岛"在第二次世界大战结束前，一直被日本统治的，或者"从来没有被外国人统治的"。对此苏联及俄罗斯方面指出，千岛群岛最早居民应该是阿伊努人（日本早期也称虾夷人），阿伊努人从北海道逐渐北上进入千岛群岛并且长久定居生存。日本没有资格说该地区为"固有"领土，日本也是征服阿伊努人后才成为当地主人的。

再次，日本方面主张虽然《旧金山对日媾和条约》中宣布本国放弃千岛群岛及库页岛南部地区，但是苏联及俄罗斯不是该条约的签字国，因此日本是否对苏联及俄罗斯方面放弃上述领土还没有决定。苏联及俄罗斯方面反驳说，虽然本国不是该条约的签字国，却并不能够改变日本按照条约规定放弃对千岛群岛的权利、权利根据、请求权的事实。因为这一事实符合国际法，具有绝对性，涉及《旧金山对日媾和条约》以外的国家。

（2）双方有关《雅尔塔协定》和《开罗宣言》作用问题争论。

首先，日本方面主张，自己没有参加《雅尔塔协定》，在接受投降时并不知道《雅尔塔协定》存在，所以该协定对自己没有约束力。对此苏联及俄罗斯反驳说，日本方面在接受投降时是无条件接受投降的，所以战后没有讨价还价的资格，战争中同盟国签署的所有协定及条约，日本方面都应该无条件地接受，当然应该包括接受《雅尔塔协定》。

其次，日本引用美国单方面的解释，提出《雅尔塔协定》不过是战时同盟国之间的秘密协定，对于战后日本的领土问题没有法律约束力，战后日本领土问题的规定，应该通过媾和条约决定。苏联及俄罗斯方面则反驳说，《雅尔塔协定》是战时三国首脑共同签署的协定，应该具备法律效力。美国单方面否认《雅尔塔协定》的效力完全属于冷战思维作怪，应该遭到严厉批判的。

再次，有关《开罗宣言》，日本方面一直主张苏联及俄罗斯方面违反了《开罗宣言》有关"领土不扩大原则"。日本认为战争中反法西斯联盟已经在《开罗宣言》中宣布"三国决不为自身图利，也无扩展领土的意图"，这样苏联就不应该在战后继续占领日本领土。苏联及俄罗斯方面反驳说，反法西斯同盟国向苏联让渡千岛群岛被认为是历史的正当行为,《雅尔塔协定》给予了法律上的承认。

我们这里可以看到一个很有趣的问题,《雅尔塔协定》和《开罗宣言》都是战时同盟国之间签署的协定,但是日本却采取完全不同的对待态度。日本提出自己不是《雅尔塔协定》的签字国,因此不受该协定约束,但是同样日本也不是《开罗宣言》的签字国,却极力援引《开罗宣言》所谓"领土不扩大原则"加强本国主张。让人很自然地感到,似乎日本对有利于本国的战时条约就极力援引,不利于本国的战时条约就极力抛弃。

(3) 双方对有关1956年《日苏联合宣言》规定苏联返还齿舞群岛、色丹岛是否仍然有效争论。

1956年《日苏联合宣言》是战后双方签署的第一个条约,但是随着时间推移,双方就该条约有关苏联返还齿舞群岛及色丹岛问题的有效性也产生分歧,形成争论焦点之一。苏联方面最早对返还两岛问题设置新条件及后来发展成否认双方之间存在领土问题,是赫鲁晓夫时期针对新修改的《日美安全保障条约》而提出的。此后双方长期就是否存在领土问题而不断出现争论,直至戈尔巴乔夫执政末期,苏联方面才真正承认双方存在领土纠纷问题。但是,戈尔巴乔夫也提出该条约有关返还两岛的约定已经过时了,需要根据新的现实形势重新考虑该问题。到新的俄罗斯联邦独立后,叶利钦总统、普京总统的态度则非常明确,双方有关领土纠纷问题的交涉,可以1956年《日苏联合宣言》为基础交涉,也承认返还两岛的约束,但是也必须按照条约约定,签署和平条约后实施。新的俄罗斯领导人的这种态度,实质上又把领土纠纷问题推回到了1956年两国交涉的水准。

日本方面为反对苏联返还两岛附加条件及否认双方间不存在领土纠纷问题而进行了可谓艰苦卓绝的努力,到戈尔巴乔夫推行"新思维"外交末期,才最终获得实现。但是,日本方面的真正目标并非要回到1956年《日苏联合宣言》的交涉水准,而是要实现返还"北方四岛"的最终目标。日本方面一直主张,该条约规定恢复两国邦交正常化"继续交涉",就是指要"继续交涉"如何返还国后岛、择捉岛问题。而苏联及俄罗斯方面则不接受这样的解释,普京总统曾经明确指出,条约规定缔结和平条约后返还齿舞群岛、色丹岛,日本方面提出的返还国后岛、择捉岛要求,已经完全超出了该条约规定,因为该条约里没有记载任何有关返还国后岛、择捉岛问题。

现在双方就该条约返还领土问题的主张，俄罗斯方面表示，返还齿舞群岛、色丹岛没有问题，但是必须要先缔结两国和平条约，然后实施返还两岛，主张按照条约规定实施。而日本方面则主张，只有返还"北方四岛"才有可能缔结两国和平条约，或者俄罗斯方面先返还齿舞群岛、色丹岛，并且承认日本对国后岛、择捉岛拥有潜在主权，返还时间及条件可以缓和处理，这样才能够缔结两国和平条约。对此俄罗斯方面反驳，日本的主张已经超出该条约规定的内容，对此给予坚决拒绝。我们可以看出，实质上双方争论的焦点仍然是返还两岛或返还四岛，数十年争论的主题仍然还是同一内容。

（4）双方对所谓"葛罗米柯、松本俊一信笺"性质及作用形成争论。

我们在前面已经论述过有关"葛罗米柯、松本俊一信笺"问题。1956年9月，在鸠山一郎首相访问莫斯科前，日本方面为了确认苏联方面同意两国恢复邦交正常化后继续就领土问题进行谈判，特意派遣国会众议院议员松本俊一赴莫斯科，并采用交换信笺方式，同时要求苏联方面也采用信笺方式答复。当时苏联第一副外长葛罗米柯如日本所愿，按照松本的来信思路回信答复："苏联政府了解到日本政府信中所述之见解，同意在恢复两国正常外交关系后，继续进行关于包括领土问题在内的缔结和平条约的谈判。"所谓"葛罗米柯、松本俊一信笺"，日本方面认为是重大胜利，认为是双方有关"北方领土"问题交涉中最重要的文件之一。鸠山一郎首相为首的日本代表团能够在1956年10月19日签署《日苏联合宣言》，接受赫鲁晓夫主张删除"继续就包括领土问题在内缔结和平条约进行交涉"中的"包括领土问题在内"部分文字表述，就是认为自己手中已经掌握了"葛罗米柯、松本俊一信笺"。甚至在1987年7月22日，日本原首相中曾根康弘与戈尔巴乔夫总书记举行的会谈上，中曾根康弘提出日苏双方交涉应该以"葛罗米柯、松本俊一信笺"为基础。但是，无论原来的苏联还是现在的俄罗斯，对于"葛罗米柯、松本俊一信笺"的重要性都采取否认态度，都认为其只不过是双方往来的信笺而已，没有什么约束力。实际上，从戈尔巴乔夫执政末期以来，包括新的俄罗斯领导人叶利钦、普京，都承认双方之间存在领土纠纷，而且承认双方领土纠纷对象为"北方四岛"，苏联及俄罗斯方面称为"南千岛问题"。

承认双方交涉对象，并不等于承认返还对象；承认双方交涉对象，虽然意味着残留一定的返还希望，但是距离真正返还要走多么远的路程，无人能够知晓。该路程是否存在危险，该路程是否值得坚持走下去，需要认真考虑。

另外，1991年10月4日，《消息报》发表了苏联外交部非常重要的历史文件，1853年2月24日俄国沙皇尼古拉一世签署并且于当年2月27日发出了给普佳京总督就有关与日本交涉的指令。该指令表示，尼古拉一世承认"俄罗斯的最南端为得抚岛"。该历史文件发表后，日本朝野上下曾经一时十分兴奋，认为找到了更加有利的证据，更加坚信收回"北方四岛"要求的正确性。可是俄罗斯方面对此反应冷淡，150多年前沙皇尼古拉一世承认双方以得抚岛与择捉岛之间划分国境线，实际上双方在1855年2月签署《日俄友好条约》，对于上述内容给予了确认。这样一份历史文件的发表，对于今天双方交涉"北方领土"问题具有多大价值，特别是对今天的俄罗斯能够具有多大约束力，日本应该有清醒的认识态度。

领土纠纷问题的形成往往存有历史因素，如何看待双方的历史纠纷问题，是向前看还是向后看？是考虑如何清算历史旧账，还是求得未来共同发展？是顽固坚持领土主张不放，还是相互妥协中寻找更大利益？日本与俄罗斯两国的有识之士肯定能够作出正确选择。

第二，双方民族仇视心理无法缓解。

我们知道，"北方领土"问题长期得不到解决，很重要的因素是双方民族仇视心理作用的结果，双方互不信任，相互仇视。这种民族仇视心理形成的重要因素，一是历史上长期相互争夺领土带来相互伤害造成的结果。二是战后国际"冷战"期间相互对峙及相互敌意宣传带来的结果。日本方面指责苏联斯大林时期做法错误，实质上日本方面也存在这种敌意宣传活动，误导日本国民对苏联及俄罗斯情况的认识。双方应该认识到这种敌意宣传是相互的，不是单方面行为。

归纳看，日本多数人对俄罗斯的不满情绪集中在如下几点：

（1）所谓被拘留者问题。"二战"结束后，苏联共计俘获57.5万日本战俘，除了少部分死亡，其余人及部分平民被扣留在其远东及西伯利亚地区进行强迫劳动改造，因天气寒冷及生存条件恶劣，造成数万日人葬于异国他乡。1950年4月苏联方面遣返510409人后①，停止继续遣返工作，导致部分被扣留日本人难获遣返，最终于1956年10月双方恢复邦交正常化后，才彻底解决遣返问题。

对于所谓被拘留者问题，苏联领导人戈尔巴乔夫、外长谢瓦尔德纳泽等人多次就该问题向日本国民表现歉意。俄罗斯领导人叶利钦等人也多次就该问题向日本国民表示歉意。伴随苏联及俄罗斯方面不断表示歉意，日本国民的不满民族情绪也开始逐渐缓解。日本人对葬身于苏联远东及西伯利亚地区的国人感到悲伤，并上升成民族仇恨心理，我们可以理解，表示同情。但是，日本人对于当年对外侵略造成数千万的中国人死亡却很少感到悲伤，我们不理解。我们大家都知道，战争所造成的民族伤痛确实很难磨灭。今天日本部分领导人及民众参拜供奉甲级战犯的靖国神社，这不就是向当年被侵害的民族伤口上撒盐吗？虽然日本此举遭到受害国人民强烈反对，但是普通日本民众却听之任之，并未表现出同情受侵害国家人民的任何举动。再如日本每年8月举行大规模纪念长崎、广岛原子弹爆炸受害者的悼念活动，媒体也大力宣传造声势，可是却对中国南京大屠杀事件百般抵赖，对于当年日本侵略造成的成千上万中国人民的牺牲，对于战后主动放弃战争赔偿要求的中国政府及人民，日本政府及国民又是什么态度？同样是受害者却不同对待，我们不理解。

(2) 所谓苏联违反中立条约问题。1941年3月13日，日苏两国正式签署《日苏中立条约》，有效期为五年，按照规定，在条约有效期前一年时，苏联方面宣布不再延长条约期限，但是不等于废除条约，所以1945年8月苏联对日宣布开战时，应该为《日苏中立条约》有效的期内，因此苏联违反了中立条约规定。

有关苏联违反中立条约问题，日本多数人认为苏联方面的这种行为是"背信弃义"，应该遭到谴责。笔者在这里引述学者长谷川毅在《北方领土问题与日俄关系》（筑摩书房2000年版）一书中的观点，他认为日本人产生这种认识，实际上是将日苏之间的战争关系与整个第二次世界大战相分割的结果。② 苏联对日宣战实质上是整个第二次世界大战中的一个环节而已，苏联对日宣战加速了日本法西斯势力投降，从而早日

---

① 石丸和人、松本博一、山本剛士：《動き出した日本外交》戦後日本外交史（2），東京，三省堂，1983年，第34頁。

② 長谷川毅：《北方領土問題と日露関係》，東京，筑摩書房，2000年，第58頁。

结束战争，是应该给予肯定的。日本自 1931 年 9 月 18 日发动对中国东北侵略战争后，至 1945 年 9 月 2 日签署无条件投降书，这是日本法西斯势力发动对外侵略扩张的整个过程，不应该取其一而忽略其他方面的做法。

另外，在苏德战争期间，日本制定了"关东军特别大演习"计划，即所谓"关特演"计划。该问题是战后东京国际军事法庭审判内容之一，但是战后日本方面却很少有人了解内容，日本多数人只知道苏联人不遵守《日苏中立条约》，却不了解当年日本法西斯势力也曾不遵守该条约中立义务。日本法西斯势力当年没有执行"关特演"计划，原因是该计划所制定的开战条件尚未出现。当年日本军部制定"关特演"计划，决定对苏开战的条件为，苏联远东军西撤减少到一半数额时，日本关东军以其一倍兵力发动进攻。① 但是苏联方面并未实施军队西撤，加之中国东北地区天气寒冷，日本军队增加兵力困难等因素，最终放弃该计划。对于日本关东军大规模调兵遣将准备实施"关特演"计划，苏联方面是了解的，这也是苏军没有实施西撤行动的根源。日本本身并不能做到严格遵守该条约，又何必指责对方国家？

（3）所谓苏联非法占领日本固有领土问题。日本方面认为，"北方四岛"是日本固有领土，苏联占领是非法的，这也导致战后日本人形成仇视俄罗斯民族心理的重要因素。

有关苏联非法占领日本固有领土问题，对于日俄两国"北方领土"问题纠纷的是非判断，本文无法给出最终结论，因避免涉嫌干涉他国问题。但是我们注意到，日本官员及学者们发表了大量有关"北方领土"问题的研究成果，却很少研究真正造成"北方领土"问题形成的根本原因是什么。日本官员及学者们历来以逻辑思维敏捷而著称，却"忽略"客观分析事件起因部分，外人很难了解其中因缘。笔者作为第三方学者，非常明显或者简单地就看到，"北方领土"问题形成的真正原因，是日本法西斯势力发动的对外侵略战争，如果没有日本法西斯发动的对外侵略战争，就根本不可能出现战后所谓"北方领土"问题。

这就涉及日本方面长期推行否认发动这一场侵略战争的历史观宣传问题。日本学者及媒体至今仍然将"投降日"称为"终战日"；将"侵

---

① 日本国际政治会、太平洋战争原因研究部编：《太平洋戦争への道》（5），東京，朝日新聞社，1963 年，第 321 頁。

略"称为"进入"。对于日本历史教科书问题,更是对于当年日本发动侵略事件的解释上采取遮遮掩掩的方法,大事化小、小事化了的态度。日本方面认为,否认过去的侵略历史,可以使日本青年人不再陷入沉重的历史负罪感中,以此来振兴民族精神。妄图使日本青年人抛弃历史负罪感,轻松地融入国际社会,这实际上是自欺欺人。难道连过去的侵略历史都不敢承认的民族,能够被国际社会所接受吗?难道自己忘记了侵略历史,别人也会忘记这段沉重的历史吗?只有勇敢地面对过去的历史,以史为鉴,吸取教训,才能获得国际社会的理解,才能够理直气壮地生活在国际社会里,获得别人的尊重。仅就日俄"北方领土"问题而言,日本官员及学者们"忽略"对该问题真正形成原因的分析,媒体方面更是对此避而不谈,结果只能加剧日本国民对俄罗斯人的民族仇视心理,这种民族仇视心理是导致该问题长期无法解决的重要因素。

(4)所谓苏联扣留日本渔船及渔民问题。战后苏联方面不断以侵犯领海为由,扣留敢于闯入"北方四岛"附近海域作业的日本渔船及渔民,苏联海上边防部队不仅没收渔船及捕捞工具,而且还处以高额罚款及监禁等,甚至多次出现苏联边防军开枪打死日本渔民事件。

有关苏联扣留日本渔船及渔民问题,根源就是双方有关"北方领土"问题纠纷的直接严重后果。由于日本方面认为"北方四岛"属于本国固有领土,渔民到"北方四岛"附近海域捕鱼作业是合理合法行为。苏联方面则认为属于侵犯领海行为,故对不经允许而擅自闯入的日本渔船采取扣押对策,战后苏联边防部队扣押的日本渔船很大比例是"北方四岛"附近海域的。

日苏两国相邻的海域,是世界上著名的太平洋北部渔场,可以说眼前的渔业资源双方都希望据为己有,不许他人染指。战后苏联占领了包括"北方四岛"在内的整个千岛群岛及库页岛南部,也就是说控制了整个太平洋北部渔场,使得日本在北太平洋渔场捕捞作业更加困难。从这些扣押事件发生的次数看,也是随着日苏两国关系变化而增减。在两国关系缓和时,扣捕渔船事件就相对减少;当两国关系紧张时,扣押渔船事件就明显增加,可以说扣捕渔船事件成为苏联方面制约日本方面的一种手段,渔业纠纷问题是日苏两国关系发展变化的晴雨表。

日本方面认为,无辜的渔民被苏联军警枪杀是犯罪行为,既激起日本的民族仇恨,也激起日本国民要求收回"北方领土"的强烈欲望。如何化解渔业纠纷问题，需要等待"北方领土"问题的解决结果。

第三，双方政府都利用"北方领土"问题为政治经营的道具。

日俄"北方领土"问题长期得不到解决存在各种因素，但是双方政府都一定程度上存在利用"北方领土"问题作为其政治经营服务的意味。在苏联解体前夕，苏联领导人戈尔巴乔夫与俄罗斯领导人叶利钦，就存在利用"北方领土"问题牵制对方调整对日关系的特征。

日本政府同样也利用"北方领土"进行政治炒作。如日本领导人，或者是首相或者是外相，乘坐舰艇进行所谓海上视察"北方四岛"活动。1981年9月10日，日本首相铃木善幸首相为第一位视察"北方四岛"的首相。2004年9月2日，日本首相小泉纯一郎乘坐海上保安厅的巡逻艇，从北海道根室市出发，海上视察了被俄罗斯控制的"北方四岛"。小泉纯一郎首相选择的做法及日期，意图为让国内民众感到领导人重视该问题，并借此展示日本方面的强势态度。实质上，俄罗斯方面根本不惧怕日本的这样挑衅行为，这种做法除了一时斗气或者政治作秀，对于该问题的解决没有任何好处，反而刺激对方，造成问题的解决难度加大。

再如日本政府往往在对内政策的推行难以获得预期效果，民众支持度明显下降时，内阁为了获取民众支持度，或者说换取民众选票，在对外政策上大造声势，往往以"北方领土"问题为题大做文章。如1973年10月田中角荣首相访问苏联时，双方首脑谈判一开始就用激烈的言辞正面提出"北方领土"问题，这种单刀直入、不按规定提问的方式使苏联领导人感到非常烦恼。勃列日涅夫总书记对此冷淡地答复说："苏联领土是大，但是苏联不能生产领土，我们不能割让任何领土。"双方领导人之间如此对话，让人很自然地理解为，这不是解决问题，而是在斗气，对于解决"北方领土"问题完全无助。

又如2005年11月21日，俄罗斯总统普京访问日本，在双方首脑会谈上，小泉纯一郎首相对俄强硬地提出所谓"四岛并行讨论"，俄罗斯总统普京立即回应说，这样的要求完全超出了1956年《日苏联合宣言》规定的范围。日本领导人多次如此看似强硬却毫无收效的行为，只能解释为完全是为了迎合日本国内民族主义情绪而进行的政治作秀表演。这种作秀表演不仅无利于解决领土问题，反而使解决该问题更加艰难。使人感到日本领导人并非考虑如何尽快解决领土问题，而是考虑如何利用

"北方问题"来协调应和国内社会舆论，为自己选举造势，换得选民投票。

从日俄两国领导人的表现看，似乎双方都不急于解决"北方领土"问题。日本领导人认为，俄罗斯方面要想发展经济就必须求助于日本经济、技术帮助，所以俄罗斯肯定会求助于日本，即始终坚持"政经不可分"原则，俄罗斯自然就会返还领土换取经济、技术帮助。俄罗斯领导人认为，日本是被动求助于返还领土，领土在俄罗斯掌控中，所以日本方面必须求助于俄罗斯。如何换取俄罗斯同意返还领土？需要日本方面付出一定代价。双方领导人在"北方领土"问题上交涉，始终都不肯相互作出实质性妥协让步，就是最好的证明。但是，"北方领土"问题还始终是双方领导人交涉的话题内容之一，不断地出现在媒体报道中，又始终不见明显进展，这就是"北方领土"问题最明显的特征。

第四，双方各种利益相互争夺不肯让步。

"北方领土"问题具有各种利益诱惑，此方面的文章已经发表很多了，本书不想就此问题多加叙述。但是，早在1955~1956年日苏两国就恢复邦交正常化交涉时，苏联领导人赫鲁晓夫就说过，苏联方面不怕领土问题采取拖延政策，因为"北方领土"现在处于苏联方面掌控中，拖延政策对于苏联方面没有任何损失。确实，"北方领土"现在完全控制于俄罗斯方面，日本方面坚持采取不妥协、不让步政策，现在还看不出来前景如何。也许还要等待几十年，甚至更长。

2006年12月13日，时任日本外相麻生太郎提出所谓按照面积平分"北方四岛"的言论，虽然刚一提出就遭到国内外各种各样的谴责，但是这种建议确实有新内容，我们不管建议内容是否合理，但是这确实是带有相互妥协味道的建议。新的三代俄罗斯领导人，他们对"北方领土"问题并不回避，但是他们都强调要在双方都能够接受的条件下解决"北方领土"问题。什么是双方都能够接受的条件，显然现在日本方面坚持的主张不是俄罗斯方面所能接受的条件，否则该问题早就解决了。双方都能够接受的条件，明显就是相互妥协的条件下解决"北方领土"问题。日本方面如何采取妥协政策，我们现在还看不清楚，因为麻生太郎的提议立即遭到日本国内各种各样谴责，自此消失了。

有关"北方四岛"问题，俄罗斯方面占有主动性，因为俄罗斯实际占有"北方四岛"是客观事实，也就是说相互妥协解决"北方四岛"问题的关键点,是看俄罗斯方面能够作出多大让步。也要看俄罗斯方面作出这样的让步能够换取多大利益。俄罗斯希望能够在"北方四岛"问题上作出一定让步,来换取日本在经济援助方面的巨大利益。但是这种领土上的让步,能够换取多大经济利益,不清楚。长期以来苏联及俄罗斯方面一直主张日本方面给予经济援助,以缓和苏联及俄罗斯方面对日本的民族仇视,等苏联及俄罗斯的社会舆论对日本友好时,即创造出有利于解决"北方四岛"问题的社会舆论环境时,双方再来谈判解决"北方四岛"问题。可是日本方面也不知道在俄罗斯需要投入多大经济援助才能够实现,或者说才能换来国内社会舆论缓和。日本方面在小心翼翼地尝试投入,投入一定程度后就会马上观察俄罗斯方面反应如何,唯恐投入过量或者白白投入而得不偿失。这方面日本人明显不同于德国人,也就无法获得德国人的成就。

  日俄两国就"北方领土"问题的争论已经有数十年了,特别是经历了戈尔巴乔夫时代与叶利钦时代、普京时代,可以说有关解决方法的争论经历过多次高潮。出现过双方横眉冷对,也出现过双方似乎友好热情相待,但是无论如何,时至今日两国之间有关"北方领土"问题仍然没有实质性进展。但是,我们应该客观地承认,现今"北方领土"问题越来越朝着现实性解决的方向发展。形成这种发展趋势的原因是,日俄两国之间已经认识到,仅靠强压政策是解决不了问题的。如超级大国苏联依靠自己的政治、军事强权力量没有使日本屈服;同样,经济大国日本依靠自己的经济、技术强权力量,也没有使苏联及俄罗斯屈服。那么如何解决呢?靠武力解决在现实环境下又是不可能的,只有走两国平等协商之路。不可否认,现今日俄两国关系中最重要的交涉问题仍然是"北方领土"问题,两国似乎在共同开发"北方四岛"问题上意向趋同,但是有关"北方四岛"的主权到底归谁所有仍然是两国之间争论的焦点。日本方面表现为,要求俄罗斯方面承认日本拥有"北方四岛"的"潜在"主权,在此基础上两国共同开发"北方四岛"。俄罗斯方面表现为,要求日本方面承认俄罗斯拥有"北方四岛"的主权,在此基础上欢迎日本参加"北方四岛"的开发,并且以此为基础带动其远东及西伯利亚地区发展。"北方四岛"问题是日俄两国之间关系发展中最大的障碍,如果这个最大障碍能够得到解决,日俄两国关系必将得到新的发展。如果日俄两国关系得到新的发展,必将给东北亚地区及亚太地区,乃至国际关系带来巨大影响。

日本学者及媒体人都认为，苏联解体前的戈尔巴乔夫时期，是解决"北方领土"问题的最佳时期，日本没有能够抓住时机。特别是与德国统一问题相对比看，这种认识更加深刻。日本方面虽然也作出一定让步，如采用"扩大均衡"、"多层次接触"等政策，但是根本原则毫无动摇，即坚持苏联方面必须承认日本对"北方四岛"拥有主权，或者潜在主权，决不作出任何妥协。日本方面这些所谓让步措施，无非就是要为返还"北方四岛"创造环境而已，实质内容没有改变。

在日俄两国，多数普通民众认为，返还或者放弃领土就是出卖领土，出卖领土就是卖国行为，相反，主张返还或者反对放弃就是维护领土，维护领土就是爱国行为。面对多数普通民众的心理状态，维护领土就是维护国家利益行为，出卖领土就是损害国家利益行为，那么什么是真正的国家利益，什么是国家最大利益？在维护国家最大利益前提下，是否可以考虑作出一定妥协让步来换取实现国家利益最大化，需要认真思考。

我们探讨日本对"北方领土"政策时，也要探讨日本对有关纠纷问题的不同对策。日本朝野上下几十年坚持"归还'北方四岛'"不动摇，日方解释为"北方领土"问题是本国战后唯一"尚未解决的"遗留领土问题，解决"北方领土"问题不仅意味着日本实现领土完整，而且还意味着日本彻底扭转"战败国"地位，是成为真正的"正常国家"的标志。但是，众所周知，日本战后遗留问题何止仅"北方领土"问题，还有如慰安妇问题、劳工问题、化学武器遗存问题、民间战争赔款问题等。对于此类战后遗留问题，日本朝野上下一概装聋作哑，采取尽量拖延时间战术。因为"北方领土"问题日本是受害方，而其他战后遗留问题为其他国家是受害方。日本拖延时间战术，目的是造成当事者年事增长而逐渐消失，此类战后遗留问题也逐渐被淡化。日本这种自欺欺人的对策，难道真能实现吗？不要忘记当年同样是法西斯国家的德国朝野上下则采取完全不同于日本的对策解决战后遗留问题，德国的做法不仅给当年的法西斯国家日本作出了榜样，同样也鼓舞当年受到日本法西斯侵略迫害的国家人民坚持斗争及争取获得应有补偿。

我们知道日本与周围国家都存在领土纠纷，如日本与中国存在钓鱼岛群岛主权纠纷问题、日本与韩国存在独岛（竹岛）主权纠纷问题、日本与俄罗斯存在"北方领土"主权纠纷问题。日本在对待上述问题时采取完全不同的对策，值得我们深入探讨。日本与俄罗斯北方领土主权纠纷问题，采取"政经不可分"对策；日本与韩国的独岛（竹岛）领土主权纠纷问题、日本与中国的钓鱼岛领土主权纠纷问题则采取"政经分离"对策。同样是领土主权纠纷问题，日本针对不同国家采取不同对策说明什么问题，值得我们深入探讨。例如，中日之间钓鱼岛领土主权纠纷问题，日本现在控制钓鱼岛，所以日本主张"政经分离"，即不要因为钓鱼岛领土主权纠纷问题影响到双方经济贸易关系发展，因为日本经济发展需要中国庞大的贸易市场拉动。相反，如中国在钓鱼岛领土主权纠纷问题上采取"政经不可分"政策，例如，近来日本方面扣留中国渔船事件发生后，引起我国有关企业限制对日出口稀土，日本方面借机大肆炒作，各种声音不断出现，似乎对中方的做法无法理解，实际上这一举动非常容易理解，因为日本对待"北方领土"问题就是如此之举。日俄之间"北方领土"主权纠纷，俄罗斯方面实际控制着"北方领土"，日本则坚持几十年"政经不可分"对策，不归还"北方领土"，日方就不与俄方开展大规模经济贸易交流活动，目的非常明确，就是要以经济贸易手段逼迫俄方让步。这完全如中国古语所言：只许州官放火，不许百姓点灯。这是彻头彻尾的强盗逻辑。

参考书目

（中文书目）

[1]〔美〕马士·宓亨利：《远东国际关系史》下册，姚曾廙译，北京，商务印书馆，1975年。

[2] 宋成有、李寒梅等：《战后日本外交史》，北京，世界知识出版社，1995年。

[3] 黑龙江社会科学院西伯利亚研究所编：《苏联西伯利亚与远东经济概括》，北京，人民出版社，1983年。

[4] 于群：《美国对日政策研究》，长春，东北师范大学出版社，1996年。

[5] 冯昭奎等：《战后日本外交（1945～1995）》，北京，中国社会科学出版社，1996年。

[6] 方连庆等编：《战后国际关系史（1945～1995）》（上下），北京，北京大学出版社，2000年。

[7] 吉田嗣延等：《日本北方领土》，吉林师范大学外国问题研究所日本研究室编译，上海，上海译文出版社，1978年。

[8] 吴廷璆主编：《日本史》，天津，南开大学出版社，1994年。

[9]〔苏〕尼基塔·谢·赫鲁晓夫：《赫鲁晓夫回忆录》（全三卷），述弢、王尊贤、袁坚、范国恩、郭家申译，北京，社会科学文献出版社，2006年。

[10] 南开大学历史系日本史研究室编：《日本北方领土问题论文及资料选编》，上海，上海人民出版社，1980年。

[11]〔苏〕安·安·葛罗米柯：《永志不忘——葛罗米柯回忆录》（上下卷），伊吾译，北京，世界知识出版社，1989年。

[12]〔日〕吉泽清次郎编：《战后日苏关系》，叶冰译，上海，上海

人民出版社，1977年。

［13］〔日〕鸠山一郎：《鸠山一郎回忆录》，复旦大学历史系日本史组译，上海，上海译文出版社，1978年。

［14］黄定天：《东北亚国际关系史》，哈尔滨，黑龙江教育出版社，1999年。

［15］周启乾：《日俄关系简史（1697～1917）》，天津，天津人民出版社，1985年。

［16］〔美〕W. 艾夫里尔·哈里曼、伊利·艾贝尔：《哈里曼回忆录——与丘吉尔、斯大林周旋记》，吴世民等译，北京，东方出版社，2007年。

［17］〔美〕哈里·杜鲁门：《杜鲁门回忆录》（上下卷），李石译，北京，东方出版社，2007年。

［18］〔苏〕米·谢·戈尔巴乔夫：《戈尔巴乔夫回忆录》（上下卷），述弢译，北京，社会科学文献出版社，2003年。

［19］〔日〕御厨贵、中村隆英编：《宫泽喜一回忆录》，姜春洁译，北京，东方出版社，2009年。

［20］〔日〕服部卓四郎：《大东亚战争全史》第1卷，张玉祥等译，北京，商务印书馆，1984年。

［21］栾景河主编：《中俄关系的历史与现实》，开封，河南大学出版社，2004年。

（日文书目）

［1］外務省編：《日本外交文書》（平和条約の締結に関する調書）（第一册至第五册），東京，外務省，平成14年。

［2］外務省編：《日本外交文書》（サンフランシスコ平和条約調印、発効），東京，外務省，平成21年。

［3］鹿島和平研究所編：《日本外交主要文書·年表》（1）（1941～1960年），東京，原書房，1983年。

［4］鹿島和平研究所編：《日本外交主要文書·年表》（2）（1961～1970年），東京，原書房，1984年。

［5］鹿島和平研究所編：《日本外交主要文書·年表》（3）（1971～1980年），東京，原書房，1985年。

[6] 日露、日ソ関係200年史編集委員会、杉森康二、藤本和貴夫編：《日露、日ソ関係200年史——日露の出合からシベリァ干渉まで》，東京，新時代社，1983年。

[7] 真相編集局編：《日本の対ソ蔭謀》，東京，人民社，1948年。

[8] ボリス・スラヴィソスキー：《考証日ソ中立条約——公開されたロシア外務省機密文書》，高橋実、江沢和弘訳，東京，岩波書店，1996年。

[9] 西春彦監修：《日本外交史》第15巻，東京，鹿島平和研究所出版会，昭和45年。

[10] 崛内謙介監修：《日本外交史》第21巻，東京，鹿島平和研究所出版会，昭和46年。

[11] 西村熊雄監修：《日本外交史》第27巻，東京，鹿島和平研究所出版会，昭和46年。

[12] 吉澤清次郎監修：《日本外交史》第28巻，東京，鹿島和平研究所出版会，昭和48年。

[13] 吉沢清次郎監修：《日本外交史》第29巻，東京，鹿島平和研究所出版会，昭和48年。

[14] 工藤美知尋：《日ソ中立条約の研究》，東京，南窓社，1985年。

[15] 細谷千博：《サソフラソシスコ媾和への道》，東京，中央公論社，昭和59年。

[16] 坂本徳松、甲斐静馬：《返せ北方領土》，東京，青年出版社，1977年。

[17] アレクサンドル・パノ：《不信カラ信賴へ——北方領土交渉の内幕》，高橋实、佐藤利郎訳，東京，サィマル出版会，1992年。

[18] 国際シンポジゥム組織委員会編：《エリッィンの対日政策》，東京，人間の科学社，1992年。

[19] NHK日ソプロジェクト編：《こわがソ連の対日外交だ——秘録・北方領土交渉》，東京，日本放送出版協会，1991年。

[20] ボリス・スラビンスキー：《無知の代償——ソ連の対日政策》，菅野敏子訳，東京，人間の科学社，1991年。

[21] 国際シンポジゥム組織委員会編：《轉機に立っ国際情勢と日

ソ関係の展望》，東京，人間の科学社，1990年。

　　［22］加藤寛編：《ロシアとどぅ付き合ぅか——21世紀の日露関係を考ぇる》，東京，PHP研究所，1996年。

　　［23］田中孝彦：《日ソ国交回復の史的研究——戦後日ソ関係の起点：1945～1956》，東京，有斐閣，1993年。

　　［24］日本国外務省、ロシァ連邦外交部編：《日露領土問題の歴史に関する共同作成資料集》，東京，1992年。

　　［25］香島明雄：《中ソ外交史研究：1937～1946年》，京都，世界思想社，1990年。

　　［26］ァジァ調査会編：《北方領土を読む》，東京，プラネット出版，平成3年。

　　［27］ロシァ史研究会編：《日露2000年——隣国ロシァとの交流史》，東京，彩流社，1993年。

　　［28］ボリス・N・スラヴインスキ：《千岛占领一九四五年夏》，加藤幸廣訳，東京，共同通信社，1993年。

　　［29］木村汎：《日・美・ロ. 新時代へのシナリォ——［北方領土］ジレンマからの脱出》，東京，ディャモンド社，1993年。

　　［30］日本外務省編：《日ソ交渉史》，東京，巖南堂書店，昭和44年。

　　［31］日本外務省編：《日露交渉史》，東京，原書房，昭和44年。

　　［32］茂田宏、末澤昌二編：《日ソ基本文書・資料集》，東京，世界の動き社，昭和63年。

　　［33］《日露関係の40年》編輯委員会編：《日露関係の40年——日ソ国交回復から［東京宣言］まで》，東京，日本・ロシァ協会，平成8年。

　　［34］中山隆志：《ソ連軍進攻と日本軍、満洲1945、8、9》，東京，国書刊行会，平成3年。

　　［35］富田武：《戦間期の日ソ関係：1917～1937》，東京，岩波書店，2010年。

　　［36］ボリス・スラヴィンスキー：《日ソ戦争への道——ノモンハンから千島占領まで》，加藤幸廣訳，東京，共同通信社，1999年。

　　［37］石丸和人、松本博一、山本剛士：《動き出した日本外交》戦

後日本外交史（2），東京，三省堂，1983年。

[38] 重光晶：《北方領土とソ連外交》，東京，時事通信社，昭和58年。

[39] 吉田嗣廷：《北方領土》改定新版，東京，時事通信社，昭和48年。

[40] 落合忠士：《北方領土問題——その歴史的事実・法理・政治的背景》，東京，文化書房博文社，1992年。

[41] 久保田正明：《クレムリンの使節——北方領土交渉：1955~1983》，東京，文藝春秋，1983年。

[42] ェリ・ェヌ・クタコフ：《日ソ外交関係史》第1~3巻，ソビェト外交研究会訳，東京，刀江書院刊，昭和44年。

[43] 長谷川毅：《北方領土問題と日露関係》，東京，筑摩書房，2000年。

[44] 佐藤和雄、駒木明義：《検証日露首脳交渉》，東京，岩波書店，2006年。

[45] 末澤畅二、茂田宏、川端一郎編：《日露（ソ連）基本文書・資料集》（改訂版），川崎，RPプリソティソゲ，平成15年。

[46] 和田春樹：《北方領土問題——歴史と未来》，東京，朝日新聞社，1999年。

[47] 進藤榮一監修、国際親善交流センター編：《日ソ平和の条件》，東京，にんげん社，1987年。

[48] 丹波實：《日露外交秘話》，東京，中央公論新社，2004年。

[49] 松本俊一：《モスクワにかける虹——日ソ国交回復秘録》，東京，朝日新聞社，昭和41年。

[50] 新関欽哉：《日ソ交渉の舞台裏——ある外交官の記録》，東京，日本放送出版協会，平成元年。

[51] 原貴美惠：《サンフランシスコ平和条約の盲点——ァジア太平洋地域の冷戰と「戰後未解決の諸問題」》，広島，渓水社，平成17年。

[52] 原貴美惠編：《［在外］日本人研究者がみた日本外交——現在、過去、未来》，東京，藤原書店，2009年。

[53] 油橋重遠：《戰時日ソ交涉小史（1941~1945）》，東京，霞ケ

関出版，昭和 49 年。

　[54] 村川一郎編：《ダレスと吉田茂――フリソストソ大学所藏ダレス文書を中心として》，東京，国書刊行会，平成 3 年。

　[55] 日本国際政治会、太平洋戰争原因研究部編：《太平洋戰争への道》5，東京，朝日新聞社，1963 年。

　[56] 三浦陽一：《吉田茂とサンフランシスコ講和》（上下卷），東京，大月書店，1996 年。

后　记

　　研究战后日本与苏联及俄罗斯关系史的学者们，都离不开研究日本对"北方领土"问题政策内容，因为该问题是战后日本对苏联及俄罗斯关系的核心内容，对于笔者来说也是如此。日本学者们确实发表了许多有关日本对"北方领土"问题政策的学术专著，但是至今还没有见到对该问题整个来龙去脉的系统性研究成果，也许笔者收集成果条件所限，或者说孤陋寡闻。

　　笔者接触该问题，是撰写《日苏关系史（1917～1991）》（人民出版社2005年版）时期，原因就是研究战后日苏关系史，必须围绕日本对苏联"北方领土"问题政策而展开，这就是前期研究阶段。2003年年底该书交稿出版后，笔者真正进入全面研究日本对"北方领土"问题政策的研究阶段。如今已经过去十年了，再次递交书稿进入出版程序时，自己的心情也十分复杂。一方面是心情喜悦，因为十年的研究成果终于要出版了，有一种获得丰收的喜悦心情！另一方面就是心情忐忑，感觉对该问题的研究还存在许多不足，许多问题没有探讨清楚，还需要进一步深入探讨。本书是笔者阶段性研究成果，更希望能够为学界同仁深入研究该问题起到铺路石作用。

　　关于"北方领土"问题，可以说经常被国内外各类媒体提及，特别是近几年，每当俄罗斯领导人视察"北方领土"的岛屿时，日本朝野都会出现激烈的反对声浪，国内外各类媒体都会争先恐后地报道。我们理解媒体报道人员的心情，这毕竟是两个世界级大国之间所发生的事件。所谓"北方领土"问题（俄方称南千岛），实际上已经成为战后国际关系史上的"老话题"，什么时候能给该"话题"画上"句号"，现在还无法看出迹象。

　　近来因日本野田政府推行所谓钓鱼岛"国有化"问题，使得中国领土钓鱼岛成为世界各大媒体关注的热点。实际上，我们将日本对待"北方领土"问题的主张，与对待钓鱼岛问题的主张相对比看，就会发现存在许多自相矛盾的地方。日本在"北方领土"问题上对待俄罗斯的"矛"，恰恰是在钓鱼岛问题上对待中国的"盾"。如日本指责苏联通过武力非法占领"北方领土"，难道日本通过中日甲午战争占领中国领土钓鱼岛就合法吗？如日本引用《开罗宣言》，指责苏联违反《开罗宣言》"领土不扩大"原则，而对于《开罗宣言》同时规定战后将台湾及附属岛屿归还中国，日本却装聋作哑。如日本主张战后领土主权变更必须通过缔结和平条约，指责苏联根据《雅尔塔协定》获得"北方领土"主权不合法，难道日本根据1971年缔结的《日美归还冲绳协定》就能获得钓鱼岛主权吗？类似这样自相矛盾的事例还有许多，我们在此不再赘述。实质上，日本战后对待周边国家的外交政策，就是绞尽脑汁尽量减少或者弥补因战败投降而造成的损失，根本没有考虑如何弥补因发动对外侵略战争给周边国家造成的巨大损失。确实如人们常说的那样，日本与周边国家间领土纠纷问题，实质上就是如何看待过去日本的侵略历史问题。日本人最反感周边国家经常提及其过去的侵略历史，但是骨子里却念念不忘要篡改侵略历史。日本人将与周边国家争夺领土，看成是消除战败投降遗迹的标志。实际上，我认为日本战败投降的最大标志，应该是美国在日本国内的大量驻军问题，这是日本人最大的耻辱标志。这一标志如何消除，至今难寻迹象。另外，国人应该关注日俄之间"北方领土"问题的发展趋势，如该问题获得突破，日俄关系必定出现转变，肯定会给东北亚地区局势带来影响，中国将如何对应？需要未雨绸缪！

笔者准备向出版社递交书稿前，开始构思如何撰写后记内容，自然想起当年读博士研究生期间，自己曾经询问导师彭树智先生，关于博士毕业论文是否必须写后记问题。彭先生答复说：必须要写后记，这是学术道德问题，要通过这样的方式，感谢所有曾经帮助过你的人。确实，当我怀着喜悦的心情看到研究了十年的成果就要出版时，心里就会想起在研究历程中曾经帮助过自己的人们，没有他们的真情帮助，也不会有我今天的喜悦。笔者在申报项目时，获得福建师范大学王晓德教授、东北师范大学于群教授、南开大学杨栋梁教授的大力推荐，感谢三位专家的支持！本书引用的外文资料首先来源于南开大学日本研究院图书馆，其次就是自己曾经作为客座教授身份访学的日本立命馆大学图书馆，还有北京国家图书馆。我们教研室的肖玉秋教授在俄文翻译方面，给予我很大帮助！博士研究生江振鹏、程浩、陈林博帮助我查找及翻译外文资料，还有当年的硕士研究生佟大群，他是最早帮我查找有关英文资料的。在这里我真诚地表示谢意！

本书的出版要感谢国家社科规划办设置"国家社科基金后期资助项目"，社会科学基础性研究成果，确实需要大量时间积累而成，非常适合笔者的研究性格。本书在申报"后期资助项目"过程中，获得许多专家评委执教，按照专家们的意见，笔者进行了认真修改，对于各位匿名评审专家们的辛苦工作，笔者在这里真诚地表示谢意！

最后，笔者还要感谢中央编译出版社的李小燕编辑，她积极主动联系、认真负责工作的态度，使得本书能够很快完成出版的各项程序。

李　凡

2013年1月10日晚

图书在版编目（CIP）数据

日本"北方领土"问题政策研究／李凡著.
—北京：中央编译出版社，2013.6
ISBN 978-7-5117-1668-2

Ⅰ.①日…
Ⅱ.①李…
Ⅲ.①日本北方领土问题－对外政策－研究
Ⅳ.①D831.3

中国版本图书馆 CIP 数据核字（2013）第 121976 号

日本"北方领土"问题政策研究

出版人	刘明清
出版统筹	薛晓源
责任编辑	李小燕
责任印制	尹 珺
出版发行	中央编译出版社
地　址	北京西城区车公庄大街乙5号鸿儒大厦B座（100044）
电　话	（010）52612345（总编室）　（010）52612340（编辑室）
	（010）66161011（团购部）　（010）52612332（网络销售）
	（010）66130345（发行部）　（010）66509618（读者服务部）
网　址	www.cctphome.com
经　销	全国新华书店
印　刷	北京中兴印刷有限公司
开　本	787毫米×960毫米　1/16
字　数	436千字
印　张	27.25
版　次	2013年6月第1版第1次印刷
定　价	79.00元

本社常年法律顾问：北京市吴栾赵阎律师事务所律师　闫军　梁勤
凡有印装质量问题，本社负责调换。电话：（010）66509618